财政问题的新思考

——中国财政发展协同创新中心2018级硕士学位论文选集

李俊生　姚东旻　主编

中国财经出版传媒集团
中国财政经济出版社

图书在版编目（CIP）数据

财政问题的新思考：中国财政发展协同创新中心2018级硕士学位论文选集／李俊生，姚东旻主编．-- 北京：中国财政经济出版社，2022.4

ISBN 978 - 7 - 5223 - 1181 - 4

Ⅰ.①财… Ⅱ.①李… ②姚… Ⅲ.①财政政策－中国－文集 Ⅳ.①F812.0 - 53

中国版本图书馆 CIP 数据核字（2022）第024557号

责任编辑：庄　莉　　　　责任印制：刘春年
封面设计：陈宇琰　　　　责任校对：徐艳丽

财政问题的新思考
——中国财政发展协同创新中心2018级硕士学位论文选集
CAIZHENG WENTI DE XIN SIKAO
——ZHONGGUO CAIZHENG FAZHAN XIETONG CHUANGXIN ZHONGXIN 2018 JI SHUOSHI XUEWEI LUNWEN XUANJI

中国财政经济出版社 出版

URL：http：//www. cfeph. cn
E - mail：cfeph@ cfeph. cn

社址：北京市海淀区阜成路甲28号　邮政编码：100142
营销中心电话：010 - 88191522
天猫网店：中国财政经济出版社旗舰店
网址：https：//zgczjjcbs. tmall. com
北京财经印刷厂印刷　各地新华书店经销
成品尺寸：165mm×240mm　16开　26.25印张　468 000字
2022年4月第1版　2022年4月北京第1次印刷
定价：108.00元
ISBN 978 - 7 - 5223 - 1181 - 4
（图书出现印装问题，本社负责调换，电话：010 - 88190548）
本社质量投诉电话：010 - 88190744
打击盗版举报热线：010 - 88191661　QQ：2242791300

总目录

目　录

控制权框架下 PPP 项目的最优合约结构

——基于不完全合约和市场垂直竞争理论的研究

The PPP Projects' Optimal Contracts Structure under the Framework of Controlling Power

——A Research Based on the Theories of Incomplete Contracts and Market Vertical Competition

李浩阳

摘 要

近年来，公私合作（Public-Private Partnership，PPP）模式受到政府的大力推广，已经成为我国公共品供应的重要方式。在我国的 PPP 模式实践中，大量 PPP 项目涉及具有部分竞争性质的特殊准公共品，这使得厘清政府与市场的关系、合理安排政府与厂商的权责利配置结构成为 PPP 治理的关键工作。当前，学界和业界均认同不合理的权责利关系是我国 PPP 实践的一大风险点，其容易诱使主体做出不当决策甚至导致 PPP 项目失败退库。因此，如何合理地配置 PPP 项目中的权责利结构，是一个亟待解决的现实问题。在竞争性准公共品的语境下，上述问题涉及对两种关系的梳理：政府与合作厂商之间的“合作”关系、政府与非合作厂商之间的“竞争”关系。本文通过理论建模，分别利用不完全合约框架和市场垂直竞争框架刻画政府与合作厂商、政府与非合作厂商之间的互动关系，最终建立起一个两阶段完全信息动态博弈模型，通过模型推导的方式讨论 PPP 模式的最优合约结构，进而回答与之相关的三方面现实问题：第一，厂商接受何种结构的 PPP 合约？第二，政府视角的最优合约结构满足哪些条件？第三，合约结构的优化将对社会福利产生什么影响？

针对政府与合作厂商之间的“合作”关系，理论上看，由于 PPP 项目的执行过程可视为政府与厂商缔结并实施合约的过程，公私之间的权责利关系可由 PPP 合约结构刻画。鉴于现实中公私之间的合约往往是不完全的，本文采用不完全合约框架将 PPP 合约结构划分为两个维度：“约定控制权”和“剩余控制权”。其中，“约定控制权”指收入和成本分配比例等事前可预期、可证实的确定性事项，“剩余控制权”指决定公私之间交易费用的一系列事前不可预期、不可证实的非确定性事项。

针对政府与非合作厂商之间的“竞争”关系，本文在综合考虑前人的研究成果和 PPP 项目的现实特征的基础上，采用市场垂直竞争框架刻画公共品供应的建设和运营过程。具体而言，在“建设期”，厂商的质量改善投入决定产品质量的可生产范围；在“运营期”，不同厂商之间展开质量和价格竞争，满足具有差异化偏好的消费者需求，此时消费者剩余指标可表示社会福利水平。

在上述理论模型框架下，本文通过理论推导得到如下结论：

第一，厂商是否接受PPP合约的决策不受“剩余控制权”结构影响，仅由政府提出的“约定控制权”结构决定。“约定控制权”的边界条件由两种市场结构特征决定，消费者偏好水平越高、公共品生产成本越低，厂商可接受的收入和成本分配比例范围就越大。同时，市场内高质量厂商比低质量厂商更容易接受政府提供的PPP合约，政府可将公共品的生产成本部分或全部转嫁给高质量厂商，但低质量厂商仅接受对自己有利的合约。

第二，政府的最优“约定控制权”结构需满足受合作厂商选择、产品生产难度、消费者偏好水平等多项因素影响的一项动态关系，而最优“剩余控制权”仅取决于政府对合作厂商的选择。当政府足够“仁慈”时，其会与高质量厂商合作，并赋予其完全的“剩余控制权”来激励其改善产品质量；而当政府不够“仁慈”时，其会与低质量厂商合作，且此时政府难以激励厂商改善产品质量，因此所有“剩余控制权”结构无差异。

第三，市场均衡状态下的消费者剩余水平也取决于政府“仁慈”的程度。当政府足够“仁慈”时，改善消费者境况是政府优先考虑的事项，通过激励厂商改善产品质量，政府可以提高消费者剩余水平；而当政府不够“仁慈”时，提高PPP项目收益的优先级更高，政府无动机改善消费者境况，此时消费者剩余水平处于较低的固定值。

第四，本文简述了上述模型结论对现实PPP项目实践的启示含义，结合体育、养老、医疗卫生等领域的PPP实践情况验证理论模型的合理性。在现实的PPP模式治理过程中，政府应首先依据自身对社会福利的评价情况选择合作厂商，其次观察市场上的产品生产难度特征和消费者偏好特征，设计符合最优条件的“约定控制权”结构，最后将最优水平的“剩余控制权”赋予合作厂商。

本文的贡献如下：第一，以往研究PPP合约结构的文献较少讨论政府与市场的互动关系，本文基于我国PPP实践的现实特征，从政府与非合作厂商的“竞争”关系视角入手，将市场竞争机制作为代表性市场机制引入PPP合约结构分析框架中，为该领域的分析提供了一个新视角；第二，当前针对市场垂直竞争的相关讨论集中在私人部门中，较少涉及对政府主体的讨论，本文丰富了市场垂直竞争分析框架的应用范围；第三，现有文献较多地忽视政府分担的PPP项目成本对政府决策的影响，本文将政府效用函数划分为PPP项目利润和消费者剩余两部分，综合反映政府决策依据，更贴合PPP项目的现实实践情况。

关键词：公私合作　控制权结构　不完全合约　市场垂直竞争　纳什均衡

Abstract

Recent years, Public-private partnership (PPP) has been an important approach that the government promotes vigorously to supply public goods. In practice, a number of PPP projects aim specifically to supply public goods with partial nature competitiveness, which make it essential for the government to manage PPP projects that the government's relationship with the market and the competitive firms are clarified. Currently, both the academic scholars and the practical experts acknowledge that the unfit relations of power, responsibility and interest are one of the major risks in PPP practice, which may cause the subjects to make improper decisions and even lead the PPP projects to failure. Therefore, it's an urgent and practical to discuss how to decide an allocation of power, responsibility and interest fit for PPP projects. In the context of partially competitive public goods, this issue involves the work to sort out two kinds of relationships in PPP projects: the one is the 'cooperation' between the government and the cooperative firm, the other is the 'competition' between the government and the non-cooperative firm. This paper builds a two-stage complete information dynamic game model where the 'competition' and the 'competition' relationship are described by the framework of incomplete contracts and market vertical competition, respectively. Then we use this model to discuss the PPP contracts' optimal structure and answer three realistic problems related: 1. What kind of PPP contracts will be accepted by the firm? 2. What are the optimal contracts structure from the government's perspective? 3. What effect will the optimization of contract structure have on social welfare?

As for the 'cooperation' relationship between the government and the cooperative firm, given that the implementation of PPP projects may be seen as a process in which the government signs and implements contracts with the firm, we use the contracts structure to describe this 'competition' relationship. Considering that the PPP contracts are usually incomplete, we divide the PPP contracts structure into two dimensions by the framework of incomplete contracts: the 'agreed controlling power' and the 'residual controlling power'. The former refers to the certain matters that can be anticipated and verified beforehand such as the allocation ratio of income and cost. The latter refers to a series of uncertain matters that cannot be anticipated and verified beforehand.

As for the ‘competition’ relationship between the government and the non-cooperative firm, we refer to previous research and the practical features of PPP projects, then decide to use the framework of market vertical competition to describe the construction and operation process of supplying public goods. In the construction process, the firms’ quality improvement investment determines the range of product quality. In the operation process, different firms compete on quality and price to meet the needs of consumers with differentiated preferences, where the social welfare can be measured by the consumers’ surplus.

Under the framework of the above model, this paper draws the following conclusions:

Firstly, the decision of whether to accept the PPP contracts is not affected by the ‘residual controlling power’ structure, but only by the ‘agreed controlling power’ structure. The boundary conditions of the ‘agreed controlling power’ structure are determined by two market features: the range of acceptable allocation ratio of income and cost becomes wider as the level of consumer preference becomes higher and the cost of public goods production becomes lower. Meanwhile, high-quality firm is more easily to accept the PPP contracts than the low-quality firm. The government can transfer all the cost to the high-quality firm, while the low-quality firm only accept contracts which are beneficial for it.

Secondly, the government's optimal ‘agreed controlling power’ structure is one that meets a dynamic relation determined by the factors of the cooperation firm's quality, the cost of public goods production and the level of consumer preference, while the optimal ‘residual controlling power’ structure only determined by the cooperation firm's quality. The government will cooperate with and give full ‘residual controlling power’ to the high-quality firm and when it's ‘benevolent’ enough, which can motivate the firm to improve product quality. When the government isn't ‘benevolent’ enough, it will cooperate with the low-quality firm, which cannot be motivated to improve product quality and makes all potential ‘residual controlling power’ structure indifference.

Thirdly, the level of consumer surplus is also determined by how ‘benevolent’ the government is. When the government is ‘benevolent’ enough, it will give priority to improving the consumers’ welfare, which can be done by motivate the firm to improve product quality. However, when the government isn't 'benevolent' enough, the government has no motive to improve the consumers' welfare, and it will enhance the revenue of PPP projects first, making the consumers' surplus change into a low fixed level.

In the end, we briefly sum up the implications of the conclusions for the governance of PPP projects, as well as verify the rationality of the model by considering the PPP practice in areas such as sports, old-age care, medical and health care. In reality, the government should firstly choose the cooperation firm it prefers, then design the 'agreed controlling power' structure that meet the optimal conditions by observing the features of product cost and consumer preference, and give the optimal level of the 'residual controlling power' to the cooperation firm.

The potential contributions of this paper are as follows: 1. The previous literature on PPP contracts structure rarely consider the interaction between the government and market, and we introduce the market vertical competition into the model as a representative market mechanism, which provides a new perspective for the analysis of this field. 2. The current discussion on market vertical competition focuses on the private sector and seldom involves the government, thus our analysis makes the application range of the framework of market vertical competition more wider. 3. The current literature ignores the impact of PPP project cost shared by the government on government's decision, while we divide the government's utility function into two parts: the profit of PPP projects and the consumers' surplus, which is more aligned with the PPP projects' practice.

Keywords: Public-private partnership; The structure of controlling power; Incomplete contracts; Market vertical competition; Nash equilibrium

1. 绪论

1.1 研究背景与问题

公私合作（Public-Private Partnership，PPP）模式是指政府和私营厂商合作，共同向消费者提供产品的一种方式（Maskin 与 Tirole，2008）。目前，随着政府的大力推广，PPP 模式已然成为我国公共品供给的重要方式①。在我国官方文件中，公共品领域的 PPP 模式被定义为政府选择并与一定社会资本订立合同，由社会资本提供公共服务，由政府支付相应对价的一种产品供给方式。根据上述定义可知，明确公私间权责利关系所涉及的具体范畴，优化公私间权责利关系所涉及的政策安排，是我国 PPP 模式治理的关键环节。近年来，财政部出台了一系列相关政策文件以规范 PPP 模式实践中各方主体之间的权利关系、风险分配、利益分享等要素设计②。然而，不合理的权责利关系仍然是我国 PPP 项目实践的一大风险点，容易诱使 PPP 项目主体做出不当决策甚至引致 PPP 项目失败退库（Hodge 与 Greve，2007；赵晔，2015；张兵，2019）。由此可见，如何合理配置政府、厂商等 PPP 模式有关主体之间的权责利关系是我国 PPP 模式实践中亟待解决的现实问题。

根据财政部政府和社会资本合作中心（CPPPC）公开的 PPP 项目管理库信息，我们可以观察到当前我国政府对 PPP 项目治理和评价的基本逻辑。具体而言，通过梳理 PPP 在库项目的物有所值评价报告、财政承受能力报告、项目可行性研究报告等公开资料，我们可以将 PPP 项目的治理和评价逻辑归纳为对两组互动关系的配置：一是政府与合作厂商之间的“合作”关系，二是政府与非合作厂商之间的“竞争”关系。一方面，针对与合作厂商的“合作”关系，政府既会对自身的履约能力、财政承受能力等因素

① 参见国办发〔2015〕42 号、财金〔2016〕90 号等文件。

② 参见财金〔2016〕92 号、财金〔2017〕50 号、财金〔2019〕10 号等文件。

做出评价，又会从运营能力、融资能力等方面考察合作厂商对 PPP 项目的执行能力；另一方面，针对与非合作厂商的“竞争”关系，政府会从市场风险、潜在竞争程度等维度分析 PPP 项目的市场竞争力。最终，政府会综合考虑这两方面互动关系的配置情况，进而判断是否开展 PPP 项目的执行工作。由此可知，要想解决 PPP 下主体之间的权责利分配问题，就需要考虑政府如何合理地配置其在 PPP 项目实践过程中与合作厂商、与非合作厂商之间的两组互动关系。政府对 PPP 项目治理和评价的逻辑维度如表 1 – 1 所示。

表 1 – 1　　政府对 PPP 项目治理和评价的逻辑维度

两组关系	政府与合作厂商的“合作”关系	政府与非合作厂商的“竞争”关系
治理与评价维度	1. 项目环节是否能整合至同一合同； 2. 厂商是否能控制和管理风险； 3. 政府是否能鼓励厂商创新； 4. 政府是否具有履约和监督能力； 5. 项目是否能够具备融资能力。	1. 市场是否具有经济吸引力； 2. 是否存在市场竞争主体； 3. 项目收入是否可靠稳定； 4. 项目行业是否具有示范性。

资料来源：笔者根据财政部和社会资本合作中心公布的 PPP 国家级示范项目公开资料自行整理做出。财政部和社会资本合作中心官网网址：https：//www. cpppc. org/。

基于上文对我国 PPP 项目治理和评价的现实逻辑的梳理，我们拟通过理论建模分别刻画 PPP 项目执行过程中政府与合作厂商、政府与非合作厂商的两组互动关系，进而讨论政府应该如何合理地配置 PPP 项目所涉及的主体间关系的问题。

首先，我们采用不完全合约框架刻画政府与合作厂商之间的“合作”关系。一般而言，一个 PPP 项目中政府与合作厂商之间的权责利关系由这两方主体间签订的合同确立和约束，从理论上看，这些合同中涉及的相关条款可以抽象地表示为主体间缔结的合约，因此可以采用合约理论相关的模型来刻画 PPP 模式涉及的主体间权责利关系。由于时间的不确定性和合约的有限性，政府和合作厂商之间的合约往往是不完全的，即存在不可预期、不可事前证实的一系列影响合约关系的事件（Ameden 与 Rausser, 2013）。在不完全合约的框架下，政府和厂商之间的合约关系可划分为“约定控制权”和“剩余控制权”两部分，其中“约定控制权”指能够在事前写进合约的、具有确定性的权利和义务，而“剩余控制权”则是指出现未在合约中事前规定的事件时，针对该事件进行处理的权利和义务（Hart, 2003；李俊生与姚东旻，2016）。因此，如何配置 PPP 项目实践中政府与合作厂商之间的权责利关系问题可以抽象为不完全合约框架下针对“约定控制权”和“剩余控制权”的合约结构设计问题。

其次，我们将产业组织理论中的市场垂直竞争框架作为代表性的市场机制引入模型，以刻画政府与非合作厂商之间的“竞争”关系。根据前文的梳理工作可知，一方面，现实中的PPP项目所供应的公共品往往具有部分竞争性质，即在政府执行PPP项目之前，相关市场已存在其他供应公共品的市场主体，而政府参与的PPP项目与这些市场主体构成“竞争”关系。另一方面，PPP项目的执行过程往往可以分为“建设期”和“运营期”两个阶段：在“建设期”，PPP项目主体为项目融资并建设项目所需的必要设施，此时项目暂无法向居民供应公共品；在“运营期”，项目建设完成，开始向居民供应公共品，且其与现有市场主体共同满足居民对公共品的差异化需求。

鉴于此，本文拟基于不完全合约和市场垂直竞争的理论框架构建一个两阶段完全信息动态博弈模型，以讨论PPP项目合约中的最优“约定控制权”和“剩余控制权”分配结构，进而明确PPP模式中权责利关系配置的完善逻辑。具体而言，我们借鉴Hart（2003）将博弈划分为“建设期”和“运营期”两期。在“建设期”期初，政府和合作厂商缔结初始合约，明确“约定控制权”结构，包括确定的、事前可签约的收入分享和成本分担结构；在“建设期”内，厂商需要处理以质量创新为代表“剩余控制权”相关事项，即选择质量改善投入，该投入决定其在“运营期”的产品可生产质量范围。考虑到近年来PPP模式规范文件强调PPP项目实践需充分发挥市场机制的作用①，我们将研究对象限定于提供具有部分排他性、竞争性公共品的PPP项目，并借鉴新市场财政学的“市场平台观”（李俊生，2017），将PPP项目实践所涉及的政府、厂商、消费者均视为市场“平台”的参与主体，进而将市场垂直竞争机制引入PPP项目的“运营期”分析，为PPP模式的合约分析提供一个新视角。通过论证理论模型与PPP现实实践的一致性，本文证明模型推导的研究结论对优化准公共品领域内PPP模式的权责利结构，提高PPP模式下公共品提供效率以及实现公共利益最大化具有一定启示意义。

1.2 研究方法与创新

本文拟构建一个动态博弈模型以讨论PPP项目中的最优“约定控制权”和“剩余控制权”合约结构，进而回答PPP模式的最优权责利关系配置问题。本文的主要研究内容包括：第一，为了刻画政府与合作厂商之间的“合作”关系，我们借鉴Hart（2003）的模型设定，考虑一个包括“建设

① 参见财金〔2016〕90号、发改投资〔2017〕2059号、财金〔2019〕10号等文件。

期”和“运营期”的两期博弈过程以刻画现实 PPP 项目的执行过程，考虑到政府与合作厂商缔结的合约的不完全性，我们设定政府与合作厂商在“建设期”期初签订初始合约，随后合作厂商分别在“建设期”处理以质量创新为代表的非确定性事项；第二，鉴于目前讨论 PPP 模式控制权分配的文献未重视市场机制的作用，为了合理刻画政府与非合作厂商之间的“竞争”关系，我们基于新市场财政学的“市场平台观”，将市场垂直竞争机制引入分析框架中，并论证理论模型与 PPP 项目实践的一致性，充分考虑政府、厂商与机制间的交互作用；第三，鉴于现有文献较少地考虑现实财政融资约束对政府决策的影响，我们充分考虑政府分担 PPP 项目成本可能对其造成的财政压力，进而设计包括经济效益和社会福利两部分的政府效用函数，综合反映政府决策的现实依据。

本文的研究方法包括理论建模方法和针对模型推导结果的文本分析方法。梳理现有通过理论建模方法讨论 PPP 合约结构或市场竞争的文献可知，市场竞争结构、生产成本类型等模型参数设置的不同将会导致研究结论出现显著差异（Baake 与 Boom，2001；Wang，2003）。因此，在进一步展开本文的分析之前，首先需要论证本文拟采用的模型框架与 PPP 项目现实实践的一致性，进而增加本文模型分析的可信度。具体而言，论证包括两方面：一方面，需证明 PPP 项目所供应公共品的竞争性质，以此验证本文将市场垂直竞争机制引入模型的可信性；另一方面，需证明合约主体的策略参数设计符合 PPP 项目的实践情况，以此说明模型分析结论的可信性。鉴于此，本节将分别针对上述两个方面展开论证。

1.2.1 研究对象的竞争性质论证

首先，PPP 项目所供应公共品的竞争性质。将市场垂直竞争机制引入模型讨论 PPP 最优合约结构是本文的一大创新点，为保证该创新设计的可信度，需证明现有 PPP 模式的实践经验与模型一致，在项目执行过程中，相关的产品存在竞争性的市场环境，即产品供应链上存在竞争性。为达到上述要求，本文将研究对象限定于提供具有竞争性质的准公共品的 PPP 项目。

其次，阐述本文限定研究对象范围的理论依据。从理论上看，纯公共品具有完全的非竞争性和非排他性，私人产品具有完全的竞争性和排他性（Samuelson，1954；Buchanan，1968），而准公共品则属于介于纯公共品和私人产品之间的一类产品，具有部分竞争性和排他性，现实生活中常见公共品如学前教育、医疗服务、部分付费使用的基础设施等均属于准公共品（陈其林与韩晓婷，2010）。准公共品的特殊性质使得其供给存在两面性：

一方面，部分的竞争性和排他性要求其通过市场机制提供以满足市场效率，但市场机制可能导致其普惠性无法体现；另一方面，准公共品往往又具有满足居民基本生存和生活需要的普惠性，需要通过政府提供以满足普惠性需求，但政府供给可能出现种种无效率的情况；因此，单纯依靠私人部门或政府部门均难以实现准公共品的有效供给（Demsetz，1970；Sehmidtz，1987；张维迎，2008）。不少学者的研究证明，政府和私人部门合作可以解决准公共品的两面性所造成的矛盾（Savas，2000；卫志民，2006）。由此可知，PPP 模式作为公私合作的一种典型模式，具有同时满足准公共品提供的市场效率要求和公共普惠要求的潜力。因此，将市场垂直竞争机制作为代表性市场机制引入模型中，有助于解释 PPP 实践过程中政府与市场的互动机理，并从理论视角挖掘 PPP 模式在提供准公共品方面的潜力。

最后，阐述本文限定研究对象范围的现实依据。在现实中的 PPP 模式实践中，向市场提供具有竞争性质的准公共品已是 PPP 模式的重要职能。一方面，近年来，财政部、国家发改委及其他相关职能部门先后发文规范农业、城镇综合开发、养老、旅游等竞争性领域的 PPP 项目实践①，表明政府逐渐重视起在竞争性准公共品领域推广 PPP 模式的工作。另一方面，数据显示，提供准公共品已成为 PPP 项目职能的重要组成部分。根据财政部和社会资本合作中心“全国 PPP 综合信息平台项目管理库”（下文简称管理库）信息显示，目前管理库内 PPP 项目可划分为 17 个行业领域，其中城镇综合开发、教育、旅游、医疗卫生、体育、养老、农业、其他 8 个行业领域的项目目标均涉及提供具有竞争性的准公共品，如表 1 - 2 所示。

表 1 - 2　　管理库内 PPP 项目的竞争性划分

项目性质	行业领域	“建设期”设施建设	“运营期”产品服务	竞争对手
竞争性	城镇综合开发	服务中心、办公楼、标准化厂房	物业产品	其他房地产商
	教育	学校及其他配套设施	教育服务	其他学校
	旅游	旅游景点、客运设施、路网建设	旅游服务	其他景点
	医疗卫生	医院及其他配套设施	医疗服务	其他医院
	体育	各式体育设施	体育服务	其他体育场所
	养老	养老院、康复中心	养老服务	其他养老院
	农业	农产品生产、加工园地	农产品	其他农产品
	其他	停车场、厂房、文教医疗中心	准公共产品服务	其他产品服务

① 参见发改农经〔2016〕2574 号、发改投资〔2017〕328 号、财金〔2017〕86 号、文旅旅发〔2018〕3 号等文件。

为进一步阐述本文限定研究对象范围和对 PPP 项目执行过程的阶段性划分，设定在现实 PPP 模式实践中的合理性，我们分别针对上述 8 个竞争性行业领域，将财政部和社会资本合作中心管理库内各行业的代表性项目作为案例，通过归纳公开资料信息来论证代表性项目竞争对手的存在性：

第一，对于城镇综合开发行业，以编号 32032200020077 的 PPP 项目为例，该项目在“建设期”涉及供电、给排水、停车位、园区道路等基础设施的建设环节，在“运营期”则包括吸引新能源、新材料、科技软件研发等行业的企业入驻并向这些入驻企业提供物业相关服务等运营环节。当地其他提供商业用房出租业务的房地产商构成该项目的竞争对手。

第二，对于教育行业，以编号 360521202004240002 的 PPP 项目为例，该项目在“建设期”涉及办公楼、运动场、游泳馆等相关设施的建设环节，在“运营期”则包括向学校师生提供相关教育服务等运营环节。当地其他提供教育服务的民营学校和教育机构构成该项目的竞争对手。

第三，对于旅游行业，以编号为 520201202007160001 的 PPP 项目为例，该项目在“建设期”涉及综合服务楼、演示厅、餐厅等功能用房以及相关配套设施的建设环节，在“运营期”则包括向消费者提供综合休闲服务以满足其休闲需求等运营环节。当地其他民营景点和休闲服务场所构成该项目的竞争对手。

第四，对于医疗卫生行业，以编号为 36100000043736 的 PPP 项目为例，该项目在“建设期”涉及业务楼、床位、地下车库等医院相关设施的建设环节，在“运营期”则包括向消费者提供卫生材料供应、配套设施维护维修、住院陪护等医疗相关服务的运营环节。当地其他提供类似医疗服务的医疗机构构成该项目的竞争对手。

第五，对于体育行业，以编号为 33030400042169 的 PPP 项目为例，该项目在“建设期”涉及体育场、游泳馆以及道路工程、停车场等相关配套设施的建设环节，在“运营期”则包括向消费者提供运动、健身等相关体育服务的运营环节。当地其他提供类似体育服务的场所构成该项目的竞争对手。

第六，对于养老行业，以编号为 43128100035756 的 PPP 项目为例，该项目在“建设期”涉及养老中心以及配套的室内外工程的建设环节，在“运营期”则包括向消费者提供养老养生、疗养医养等相关养老服务的运营环节。当地其他民营养老机构构成该项目的竞争对手。

第七，对于农业，以编号为 532328202002180001 的 PPP 项目为例，该项目在“建设期”涉及对农产品批发市场相关的构建筑物的建设环节，在“运营期”则包括经营该农产品批发市场，向农产品买卖双方提供交易场所的运营环节。当期其他农产品批发市场构成该项目的竞争对手。

第八，对于其他行业，其项目的内容主要涉及农业、交通、体育、环保等多个领域的综合基建工程，仍然可以采用上述文字逻辑来论证 PPP 项目的执行过程符合“建设期”与“运营期”的两阶段划分，并且 PPP 项目提供的产品服务具有明显的竞争性质。

上文分别在 8 个竞争性行业领域中选取具有代表性的 PPP 项目案例，通过归纳和展示这些 PPP 项目的具体信息，可以证明其符合本文模型的基本设定。整体来看，截至 2020 年 10 月 30 日，上述 8 个竞争性行业领域的 PPP 入库项目共 2070 项，投资金额达 32884 亿元。可见，从行业领域覆盖面上看，通过 PPP 模式提供竞争性准公共品已是 PPP 实践的常态。本文将市场竞争机制引入模型以讨论 PPP 项目的最优合约结构，对于上述推广工作具有一定的指导和启示意义。

1.2.2 主体策略参数的合理性论证

本文将市场垂直竞争机制作为典型市场机制引入模型，在此竞争结构下，主体策略参数的设置将会显著影响分析结论。因此，本文还需要论证主体策略参数设置与 PPP 现实实践的一致性，以此证明研究结论的可信度。具体包括：两阶段博弈设定、“运营期”市场结构设定、政府效用函数设定。

首先，本文设定博弈分为“建设期”和“运营期”两个阶段，原因如下：（1）以往讨论 PPP 模式下最优合约结构的经典文献如 Hart（2003）、Bennett 与 Iossa（2006）等在考察各国 PPP 项目实践后，均将其划分为“建设期”和“运营期”两个阶段，并使用两阶段博弈模型来刻画该过程，本文借鉴前人的研究成果，沿用该设定以刻画竞争性 PPP 项目的实践过程；（2）本文对我国 PPP 项目实践，特别是具有竞争性质的 PPP 项目实践进行考察和梳理，结果表明我国 PPP 项目实践过程仍普遍适用于“建设期”与“运营期”的两阶段划分，“建设期”主要包括各式生产设施的建设工作，而“运营期”主要包括产品服务的生产和供应工作；（3）前文已通过案例论证的形式证明 8 个竞争性行业领域的 PPP 模式实践满足“建设期”与“运营期”的两阶段划分设定，本文在竞争性 PPP 项目的语境下将市场机制引入“运营期”的模型分析，将 PPP 项目实践过程划分为两个相对独立的阶段，能够较为方便地区分分析主体和分析对象。

其次，本文设定“运营期”市场结构为可变成本下的垂直竞争结构，原因如下：（1）以往研究表明，在表 2 所示的行业领域内，各式准公共品均具有明显的质量差异，如教育（聂娟与辛士波，2018）、旅游（黄毅等，2013）、医疗（刘婵与付红艳，2013）、养老（张良文等，2019）等，因此可利用市场垂直竞争框架来刻画具有质量差异的产品生产情况；（2）本文设定“运营期”厂商生产产品不存在固定成本，只具有变动成本，原因是我们已通过“建设期”厂商的质量改善投入刻画其建设生产设施的过程，同时由前述论证可知将生产设施的建设过程置于“建设期”更符合 PPP 项目的现实实践过程；（3）对于厂商的变动成本设定，以往文献存在固定形式（Choi 与 Shin，1992）和变动形式（Ronnen，1991；Motta，1993）两种形式，本文选用变动形式来刻画产品生产的变动成本，即设定厂商的变动成本与产品质量成正比，原因是现有文献更多地采用变动形式，同时质量正相关的变动形式也更符合经济直觉，对于表 2 所示 8 个竞争性行业领域的 PPP 项目，我们可以采用与前文类似的文字逻辑来论证这些 PPP 项目涉及的变动成本能够使用变动形式来合理刻画。

具体而言，我们仍选用前文论证中涉及的案例项目作为 8 个竞争性行业领域的代表性项目，进而论证这些项目的可变成本形式可以通过变动形式来合理刻画。

第一，对于城镇综合开发行业，案例项目在“建设期”存在供电、给排水、停车位、园区道路等基础设施建设成本，这些建设成本在本文的模型中表现为“建设期”的质量改善成本。而在“运营期”，案例项目存在物业服务的相关运营和维护成本，入驻企业越多，物业服务涉及范围越广，其产生的运维成本就越高。

第二，对于教育行业，案例项目在“建设期”存在办公楼、运动场、游泳馆等相关设施的建设成本，这些建设成本在本文的模型中表现为“建设期”的质量改善成本。而在“运营期”，案例项目存在相关教育服务的运营和维护成本，项目设施容纳的学生数量越多，教育服务涉及范围越广，其产生的运维成本就越高。

第三，对于旅游行业，案例项目在“建设期”存在综合服务楼、演示厅等功能用房以及相关配套设施的建设成本，这些建设成本在本文的模型中表现为“建设期”的质量改善成本。而在“运营期”，案例项目存在相关休闲服务的运营和维护成本，购买休闲服务的消费者数量越多，休闲服务涉及范围越广，其产生的运维成本就越高。

第四，对于医疗卫生行业，案例项目在“建设期”存在房屋、床位、车库等医院相关设施的建设成本，这些建设成本在本文的模型中表现为“建设期”的质量改善成本。而在“运营期”，案例项目存在相关医疗卫生服务的运营和维护成本，项目设施容纳的医患数量越多，医疗卫生服务涉及范围越广，其产生的运维成本就越高。

第五，对于体育行业，案例项目在“建设期”存在体育场、游泳馆以及相关配套设施的建设成本，这些建设成本在本文的模型中表现为“建设期”的质量改善成本。而在“运营期”，案例项目存在相关体育服务的运营和维护成本，体育设施容纳的消费者数量越多，体育服务涉及范围越广，其产生的运维成本就越高。

第六，对于养老行业，案例项目在“建设期”存在养老中心以及配套的室内外工程的建设成本，这些建设成本在本文的模型中表现为“建设期”的质量改善成本。而在“运营期”，案例项目存在相关养老服务的运营和维护成本，养老设施容纳的老人数量越多，养老服务涉及范围越广，其产生的运维成本就越高。

第七，对于农业，案例项目在“建设期”存在农产品批发市场相关的构建筑物的建设成本，这些建设成本在本文的模型中表现为“建设期”的质量改善成本。而在“运营期”，案例项目存在经营该农产品批发市场的运营和维护成本，交易农产品的人数越多，其产生的运维成本就越高。

第八，对于主要涉及多行业综合基建工程的其他行业，仍然可以采用上述文字逻辑来论证 PPP 项目在“建设期”存在建设成本，且该建设成本在本文的模型中表现为“建设期”的质量改善成本。而在“运营期”，这些 PPP 项目存在一定运营和维护成本，且该运维成本可以通过变动形式的可变成本来刻画，即项目提供产品的质量越高，则产品生产的边际成本越高，服务提供的维护费用越高。

最后，本文设定政府效用函数包括以 PPP 项目中政府利润表示的经济效益维度和以消费者剩余表示的社会福利维度，原因如下：（1）多数现有研究 PPP 合约结构的文献均直接将社会福利函数设定为政府效用函数，该设定隐含地假设了政府往往是仁慈的，而忽略了现实中政府可能的逐利情况；（2）在现实中，各级政府推广 PPP 项目时往往受到财政融资约束产生的成本限制，近年来，国内外大量学者在研究中重点考虑财政融资约束对政府行为的现实影响（Alberto et al.，2010；张凌云与齐晔，2010；杜彤伟等，2020）。因此，将经济效益维度引入政府效用函数不仅更符合现实情况，而且更能体现本文研究的理论意义。

基于上述研究方法和模型设置，本文采用逆向归纳法依次求解“运营期”和“建设期”的博弈均衡，进而回答以下问题：第一，假设厂商的保留效用为 0，根据均衡时厂商的利润表达式分析在“建设期”期初，厂商会接受何种结构的初始合约；第二，将均衡结果代入政府效用函数，进而推导出最优的 PPP 合约结构，包括成本和收益分配比例表示的“约定控制权”结构和交易成本指标表示的“剩余控制权”结构；第三，使用消费者剩余表示社会福利函数，讨论 PPP 合约结构的优化对社会福利的影响。

与以往相关文献相比，本文具有以下三方面潜在贡献：第一，借鉴新市场财政学理论的“市场平台观”，将市场竞争机制引入 PPP 模式控制权分配的分析框架中，为该领域的分析提供了一个新视角。第二，当前对市场垂直竞争机制的讨论集中在私人部门中，较少涉及对政府主体的讨论，本文丰富了市场垂直竞争分析框架的应用范围。第三，现有相关文献较多地忽视现实财政融资约束对政府决策的影响，不少文献简单地将代表性消费者的效用等社会福利函数作为政府决策的唯一依据，忽略了政府分担的项目成本可能对其造成财政压力，进而影响 PPP 项目的执行。对此，我们将政府效用函数划分为 PPP 项目利润和消费者剩余两部分，综合反映政府决策依据，更贴合 PPP 项目的现实实践情况。本文的研究结论对优化 PPP 模式的权责利结构，提高 PPP 模式下公共品提供效率具有一定启示意义。

1.3 论文结构

本文后续结构安排如下：第二部分为文献述评，鉴于后文借鉴不完全合约框架和市场垂直竞争框架两方面研究来建立理论模型，我们分别对这两个领域的现有文献进行梳理，进一步明确本文的研究问题，即如何合理配置 PPP 模式下政府、合作厂商、非合作厂商等主体之间的互动关系。第三部分构建本文的理论模型，先描述本文所研究问题的背景环境，再在此基础上分别针对政府、合作厂商、非合作厂商以及消费者等四方主体做出假设，建立起博弈模型以后，后文再分析。第四部分通过逆向归纳法求解博弈模型的均衡结果，包括“运营期”市场垂直竞争的均衡结果和“建设期”政府和合作厂商的均衡策略。第五部分为结果分析，通过上一章求解的均衡结果讨论三方面问题：厂商接受何种结构的合约？政府的最优合约结构具有何种结构？政府对合约结构的优化如何影响社会福利？第六部分为管理启示，总结模型引理和命题的现实含义，解释模型推导结果对现实 PPP 项目实践的启示意义。第七部分对本文的研究结论进行总结，并指出未来进一步研究的方向。

本文的主要研究结构如图 1－1 所示。

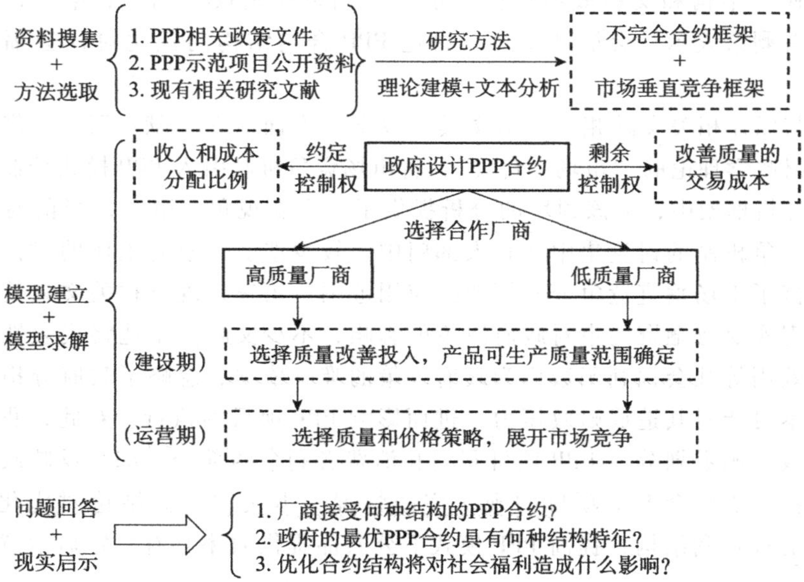
资料搜集
+
方法选取
1. PPP相关政策文件
2. PPP示范项目公开资料
3. 现有相关研究文献
研究方法
理论建模+文本分析
不完全合约框架
+
市场垂直竞争框架
收入和成本分配比例
约定控制权
政府设计PPP合约
剩余控制权
改善质量的交易成本
选择合作厂商
高质量厂商
低质量厂商
模型建立
+
模型求解
(建设期)
选择质量改善投入，产品可生产质量范围确定
(运营期)
选择质量和价格策略，展开市场竞争
问题回答
+
现实启示
1. 厂商接受何种结构的PPP合约?
2. 政府的最优PPP合约具有何种结构特征?
3. 优化合约结构将对社会福利造成什么影响?

图 1-1　研究结构图示

2. 文献述评

针对现实 PPP 项目治理和评价重点考虑的两组关系，本文分别采用不完全合约框架刻画政府与合作厂商之间的“合作”关系，采用市场垂直竞争框架刻画政府与非合作厂商之间的“竞争”关系。当前，这两个理论框架领域均存在丰富的文献研究，因此，我们首先对这两方面文献进行梳理，以此明确本文的研究问题。

2.1 不完全合约框架下的 PPP 合约结构

2.1.1 文献梳理

梳理在不完全合约框架下讨论 PPP 模式的控制权分配问题的现有文献。

不完全合约（Incomplete Contract）是指在时间的不确定性、人的有限理性、信息的不完全性等因素的影响下，交易双方难以达成完全合约，其缔结的合约往往具有有限性，即会受到一系列未被强调的、预期之外的、不确定的事件的影响（Maskin 与 Tirole，1999a；Douglas 与 Robert，2001）。Grossman、Hart 以及 Moore 等三位学者最先从产权角度提出不完全合约理论（即 GHM 模型），并将之用于讨论两家厂商合作生产私人产品时的剩余控制权分配问题。其中，Grossman 与 Hart（1986）从博弈的角度证明当合约不完全时，由特定一方购买所有剩余控制权是最优情况；Hart 与 Moore（1990）进一步从剩余控制权的角度考察产权变化对人力资本利用效率的影响；Hart（1995）通过省略事后决策步骤来简化模型，进而综合展示了前两者的研究结论。GHM 模型的主要结论是，合约的不完全性将导致交易双方的投资无效率，通过将剩余控制权分配给对投资重要的一方，可以有效激励其进行事前投资。在此之后，Hart et al.（1997）将公共部门引入 GHM

模型，从而构建出讨论公共部门与私人部门间剩余控制权分配问题的 HSV 模型，把不完全合约框架的应用范围推广至公私合作领域中。HSV 模型的主要结论是，剩余控制权赋予私人部门进行成本创新和质量创新的两类动机，完全私有和完全公有都会对两类动机造成扭曲，最优的剩余控制权分配结构取决于对两种扭曲的权衡。21 世纪以来，随着西方发达国家以及诸多国际组织的 PPP 实践经验和相关理论在世界范围得到大力推广，学术界关于 PPP 模式的理论研究也日渐增加，越来越多的学者开始在 PPP 模式的背景下讨论公私合约结构和控制权分配问题。Hart（2003）将两阶段“捆绑”分发给同一个承包商作为 PPP 模式的关键特征，进而在 HSV 模型的基础上建立了一个两期动态博弈模型以刻画 PPP 模式内政府与私人部门的合作过程，该模型分析显示，当“运营期”事项可签约时，PPP 模式优于“非捆绑”的传统模式。随后，不少学者在 Hart（2003）的分析框架之上进行改进。Bennett 与 Iossa（2006）在不完全合约的框架下比较了政府授权给承包商的合约结构以及政府与承包商成立联合企业的 PPP 合约结构，分析显示当剩余控制权的分配能够激励承包商进行同时提高社会福利和生产成本的创新时，PPP 合约结构更优。Hoppe 与 Schmitz（2013）则将与未来成本有关的私人信息因素纳入 Hart（2003）的分析框架，模型结果表明，剩余控制权的分配结构将影响私人信息的搜集成本以及厂商的创新努力程度，进而影响政府对 PPP 项目的决策。

近年来，国内也有不少学者开始关注 PPP 模式的控制权分配问题。张喆等（2009）指出以往文献对剩余控制权结构的设定多采用 0/1 配置，即仅考虑完全私有和完全公有两种情况，而未能考虑公私双方同时拥有部分剩余控制权的情况，因此，应将连续参数纳入分析框架并反映剩余控制权结构。随后，孙慧与叶秀贤（2013）、安慧等（2014）等学者均借鉴张喆等（2009）的模型设置，使用连续线性比例参数表示剩余控制权分配结构，进而讨论 PPP 模式下的最优剩余控制权结构。此外，还有学者尝试从 PPP 合约结构的内涵角度进行讨论，如李俊生与姚东旻（2016）在借鉴 Hart（2003）的“剩余控制权”定义基础之上提炼出“约定控制权”的概念，拓展了 PPP 合约结构的内涵与外延。上述相关研究整理如表 2-1 所示。

表 2-1　PPP 模式下控制权分配相关文献

文献	核心内容
Grossman 与 Hart（1986）、Hart 与 Moore（1990）、Hart（1995）	GHM 模型：不完全合约导致投资无效率，应将剩余控制权分配给对投资重要的一方。
Hart et al.（1997）	HSV 模型：最优剩余控制权结构取决于对两种创新动机的权衡。

续表

文献	核心内容
Hart（2003）、Bennett 与 Iossa（2006）、Hoppe 与 Schmitz（2013）	构建基本的 PPP 合约结构分析框架，比较 PPP 模式和传统承包模式的效率差异。
张喆等（2009）、孙慧与叶秀贤（2013）、安慧等（2014）	使用连续的比例参数表示剩余控制权结构，讨论公私双方均拥有部分剩余控制权的情况。
李俊生与姚东旻（2016）	借鉴“剩余控制权”定义提炼出“约定控制权”的概念，扩展 PPP 合约结构的内涵外延。

2.1.2 文献述评

综合上述文献可知，尽管近年来学术界对 PPP 模式控制权的分配问题已有较多讨论，取得了较为丰富的成果，但仍存在一些可改进之处：第一，大部分现有文献对 PPP 合约结构的分析局限于对剩余控制权的分析，而很少考虑事前可确定、可签约事项组成的“约定控制权”结构；第二，大量现有文献将市场机制视为“黑箱”，简单地设定定价、收益等指标为固定外生参数或抽象函数，未充分考虑 PPP 项目执行过程中政府、厂商与市场作用机制的交互（Maskin 与 Tirole，2008；Bettignies 与 Ross，2009；Bin et al.，2010；Hoppe et al.，2013）。

2.2 市场垂直竞争框架下的竞争均衡

针对现有文献在上述两方面的缺陷，本文拟从以下两方面进行改进：一方面，参考李俊生与姚东旻（2016），将 PPP 合约结构划分为“约定控制权”结构和“剩余控制权”结构，其中“约定控制权”结构由事前初始合约中的成本分配比例和收益分配比例表示，而“剩余控制权”结构由合作厂商进行质量改善投入过程中的交易成本指标表示，进而通过“约定控制权”和“剩余控制权”两个维度讨论最优的 PPP 控制权结构。另一方面，借鉴新市场财政学的“市场平台观”，本文以提供具有部分竞争和排他性质的准公共品的 PPP 项目为研究对象，使用市场垂直竞争机制表示政府主体与市场的交互过程，将之引入分析框架中，再论证理论模型与 PPP 项目实践的一致性，以此反映市场对 PPP 项目的内生作用机理。市场垂直竞争机制是产业组织理论的研究内容，当前已有不少学者对之进行了分析和应用，以下梳理该领域的文献。

2.2.1 文献梳理

研究市场垂直竞争的文献通常将产品的质量差异称之为垂直差异，主要在产品异质性的前提下集中讨论寡头厂商的质量竞争与价格竞争问题（Dixit，1977）。Shaked 与 Sutton（1983）定义垂直产品差异（Vertical Product Differentiation，VPD）为一种与产品质量相关的市场条件：当所有质量的产品以相同价格出售时，消费者偏好于更高质量的产品。Gabszewicz 与 Thisse（1979）首次在双寡头垄断的条件下研究垂直竞争对市场均衡的影响，研究结果表明，均衡的存在性取决于消费者异质性大小和产品垂直差异程度，只有当消费者异质性足够大，市场才能够容纳两家差异化厂商，且厂商会扩大垂直差异以避免价格竞争。Shaked 与 Sutton（1982）在 Gabszewicz 与 Thisse 的模型基础上讨论第三方进入市场的影响，结果显示，垂直竞争具有"有限性"（Finiteness）和"自然垄断性"（Natural Obligopoly），由于进入者总是追求高质量优势从而迫使现有厂商退出，市场的非合作均衡仅可在两家厂商间维持。近年来，相关学者主要在放宽模型假设与模型的实践应用两方面进行研究。赵德余等（2006）将双寡头市场中的产品差异化、消费者偏好等因素结合进行研究，并放宽假设以讨论存在厂商成本差异、消费者选择行为以及重复博弈等条件下的市场均衡情况。Rhee 与 Thomadsen（2016）将基于消费者行为的定价（Behavior-based Pricing）问题纳入分析框架，研究表明，产品垂直差异的不对称性将使厂商的质量决策产生均衡偏离，进而引发质量调整。

2.2.2 文献述评

通过上文的梳理可知，现有研究市场垂直竞争的文献大多涉及同产业内私人部门与私人部门之间的博弈，而较少考虑政府代表的公共部门在市场竞争中的作用。本文将市场垂直竞争作为政府与市场的代表性交互机制应用至最优 PPP 控制权结构的讨论，拓宽了市场垂直竞争机制的应用范围。

3. 理论模型

当前，PPP模式已被广泛用于向居民提供具有部分竞争性质的特殊公共品。为了实现PPP模式的这一职能，政府需要重点考虑两方面关系，即政府与合作厂商之间的“合作”关系以及政府与非合作厂商之间的“竞争”关系。一方面，政府与合作厂商之间的“合作”关系可以通过不完全合约框架来抽象刻画，一个合理的合约结构不仅是PPP模式成立的前提条件，政府与合作厂商双方任一方拒绝合作都会导致PPP模式无法执行，而且会影响合作厂商的创新动机、交易成本等因素，进而决定了公共品供应在生产建设阶段的效率。另一方面，除了PPP项目所涉及的合约之外，政府与非合作厂商之间的“竞争”关系则体现了产品运营阶段政府与市场之间的互动关系，通过市场竞争机制，政府与不同厂商向市场内的消费者提供差异化的产品，满足其对产品质量的异质性偏好，不仅能够提高消费者的整体福利水平，而且是实现市场效率的必要路径。在实践中，政府往往无法直接影响市场机制，或者直接影响市场机制会造成无效率（Tollison，1982；陈振明，1998；吴敬琏，2004），但可以通过调整PPP合约结构影响公共品的生产建设过程，进而对公共品供应的市场竞争结果形成间接作用。因此，要保障PPP模式的公共品供应职能，政府应设计有效的PPP合约结构，合理分配自身与合作厂商之间的权、责、利等关系，既保证合作厂商接受合作，又维护自身在PPP模式内的利益。

接下来，我们将首先描述本文的研究问题，接着分别利用不完全合约框架和市场垂直竞争框架来刻画PPP模式下政府与合作厂商的“合作”关系以及政府与非合作厂商的“竞争”关系，进而构建一个两阶段完全信息动态博弈模型，用以讨论政府的最优PPP合约结构。

3.1 问题描述

本文的研究目的是基于政府的角度来讨论最优 PPP 合约结构。考虑一个存在明显竞争性质的准公共品行业，该行业拥有一条由两家竞争性厂商构成的供应链①，两家厂商分别向市场内的消费者提供不同质量的产品（分别称之为低质量厂商和高质量厂商）。接着，考虑政府与其中一家厂商（合作厂商）以 PPP 模式的形式展开合作，成立联合企业共同向消费者提供公共品，在此条件下，这个 PPP 项目的执行效果受到两方面因素影响：第一，政府与合作厂商的合约结构配置将影响公共品的生产建设；第二，政府与非合作厂商的市场竞争将影响公共品的销售运营，如图 3-1 所示。

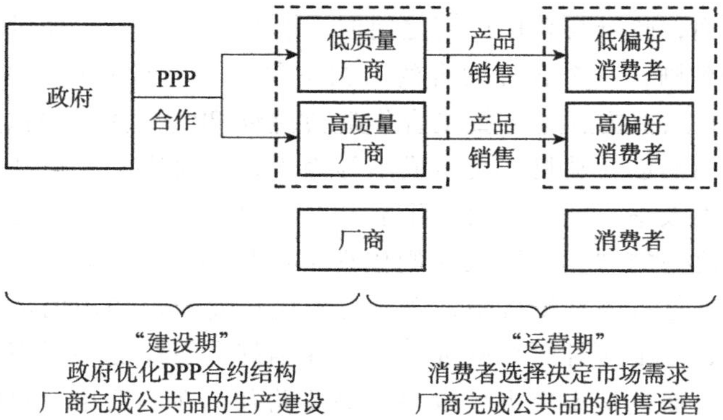

图 3-1 PPP 模式下竞争性公共品的供应链图示

我们借鉴 Hart（2003）、李俊生与姚东旻（2016）的研究，构造了一个两阶段完全信息动态博弈模型，并使用不完全合约框架来刻画政府与合作厂商之间的"合作"关系。在"建设期"，政府需选择合作厂商，再先验地设计 PPP 合约结构，将之提供给合作厂商，合作厂商接受政府提供的合约后，将会投入产品的生产建设过程。在"运营期"，我们参考 Wauthy（1996）提出的市场垂直竞争框架，用以刻画政府与非合作厂商之间的"竞争"关系：厂商将就不同质量的产品展开质量竞争和价格竞争，假设每位

---

① 显然，尽管现实中的准公共品市场常处于寡头垄断结构，但可能不是双寡头的形式，也可能存在三家或三家以上的竞争性厂商。本文为简化分析，假设市场中仅存在两家厂商，其原因在于考虑三家以上的厂商时，市场均衡无解，详细证明过程参见附录。因此，我们将厂商数量简化为两家。在现实中，对任意一家厂商，其可以将市场上的所有其他厂商视为一家厂商，此时市场竞争环境便与本文的假设相同了。

消费者至多购买一单位产品，其将依据自身效用最大化选择最优消费策略，则消费者的消费策略将决定厂商满足的市场需求，最终厂商完成产品的销售运营过程，各方主体获得博弈支付。

3.2 模型及符号设置

令政府、厂商、消费者等三方主体均为理性人，则其会以自身效用最大化作为决策依据。在“建设期”期初设计 PPP 合约时，政府会观察市场上厂商和消费者的特征信息，在合作厂商接受 PPP 合约的前提条件下设计出最有利于自身的 PPP 合约。随后，合作厂商与非合作厂商均观察到政府提供的 PPP 合约信息，依据自身利润最大化选择最优策略，包括“建设期”的最优质量改善投入水平、“运营期”的最优质量策略和最优价格策略。最终，消费者观察到市场上不同产品的质量和价格信息，做出最优消费策略。综上可知，政府、厂商、消费者三方主体的博弈时序如图 3－2 所示。

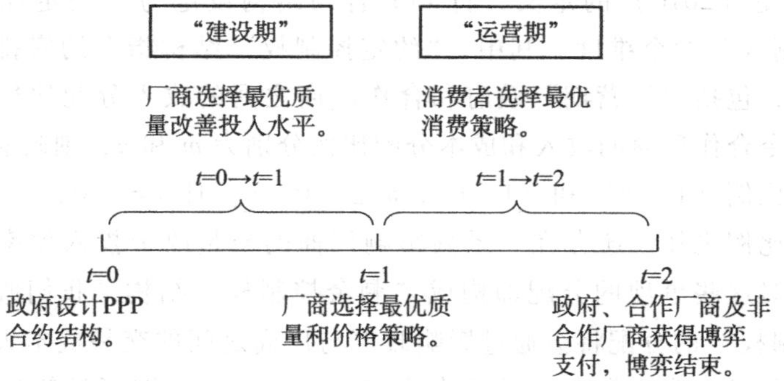

图 3－2　PPP 模式下各博弈主体的决策顺序

为方便行文，在“建设期”，我们分别使用下标“g”和“n”表示政府和合作厂商；在“运营期”，分别使用下标“1”和“2”表示低质量厂商和高质量厂商。接着，我们分别针对政府、合作厂商、非合作厂商、消费者等主体做出如下假设：

假设 1　政府向合作厂商提供的 PPP 合约结构包括两个维度：“约定控制权”和“剩余控制权”。政府的效用函数也包括两个维度：PPP 项目的经济效益和社会福利，政府将依据效用最大化选择最优策略。

针对 PPP 合约结构维度的设定，现有讨论 PPP 最优合约结构的文献大多仅考虑“剩余控制权”结构和合约中的非确定性事项对合约执行效果的影响。诚然，“剩余控制权”的分配结构是 PPP 合约分析的一大要素，其不仅对企业的经营效率具有显著作用（王雷，2014，2016），而且是影响政府项目治理决策的内在逻辑（周雪光，2015）。PPP模式作为公私合作的一种公共品供应方式，同时涉及政府和私人两部门，因此上述“剩余控制权”的两方面影响将通过PPP合约集中体现，应将其作为PPP合约结构的重要成分予以重点讨论。但是，除“剩余控制权”和非确定性事项外，PPP合约中的确定性事项也是影响合约执行的基本要素之一。一方面，有学者认为“剩余控制权”对企业经营的影响有限，相反股权结构等确定性事项的分配结构是影响企业治理的主要因素（Maskin与Tirole，1999a，1999b；郝云宏，汪茜，2015）；另一方面，梳理财政部和社会资本合作中心公开的PPP案例合同文书可知，政府在PPP合约中与厂商约定收益、成本等确定性事项的分配形式，是我国PPP模式治理的基本形式，而这些确定性事项的分配对PPP合约的执行效果往往起到决定性作用。例如，在编号为3600000043287的PPP项目中，政府与中标企业约定由企业全资设立PPP项目公司，并通过使用者付费的回报机制收回成本和获得利润，而对应的项目可行性报告的论证也建立在此约定的基础上。鉴于此，我们参考李俊生与姚东旻（2016）的定义，将PPP合约结构设定为“约定控制权”和“剩余控制权”两个维度。其中，“约定控制权”结构指合约安排的确定性事项结构，包括“运营期”政府和合作厂商之间的收入分配比例和成本分配比例，令合作厂商的收入和成本分配比例分别为 m 和 n，则政府为成本和收益分配比例 $(1-m)$ 和 $(1-n)$，$m\in[0, 1]$ 且 $n\in[0, 1]$。除收入、成本分配比例之外，还存在一系列影响厂商的质量改善投入效率的非确定性事项，对这些事项的分配即构成“剩余控制权”结构。我们假设政府对“剩余控制权”的分配将会通过影响政府与厂商之间的交易成本大小，进而对质量改善投入造成作用。通过构造交易成本指标 ρ 即可计算厂商的“剩余控制权”分配比例（具体计算方法参见假设2）。

针对政府效用函数的设定，梳理文献可知，以往相关研究普遍将政府效用函数与社会福利函数等同，在此条件下政府的最优策略即最大化社会福利水平的决策。与这些研究不同，我们设定政府效用函数包括两个维度，除社会福利维度外，还包括PPP项目的经济效益维度，做出该设定的理由如下：第一，将政府效用函数与社会福利函数等同是隐含地假设政府是完全“仁慈”的利他主义者，然而，公共选择学派的学者指出，现实中的政府往往不是利他的，而是追求个人利益的、利己主义的“经济人”（Buchanan，1968，1988），甚至会滥用自身的市场特权产生寻租行为，对社会福利造成负面影响（Murphy et al.，1993；李世刚与尹恒，2014），因此，在政府效用函数中单一地考虑社会福利维度有所不妥。第二，在本文的设定中，政府会按一定比例承担“运营期”的 PPP 项目成本，这一设定与现实情况是一致的。根据前文展示的 PPP 案例可知，在 PPP 现实实践中，政府会以一定形式与厂商分担项目成本。然而，政府无法无限地承担成本，其在现实中的成本承担能力受到财政融资能力的硬约束，并且这一约束会显著地影响政府决策行为（冯海波与郑婷婷，2005；张凌云与齐晔，2010）。因此，若在政府的效用函数中不考虑其对 PPP 项目成本的承受能力，本文的模型将无法准确地刻画 PPP 模式下政府行为的决策逻辑和依据。第三，本文设定政府效用函数包括 PPP 项目的经济效益和社会福利两个维度，综合体现了上述两方面的考量。一方面，我们通过社会福利维度将政府设定为部分“仁慈”的，另一方面，通过政府从 PPP 项目中获取的利润（收入 - 成本）来体现政府对个人利益的追求。具体而言，政府效用函数表达式如下所示：

$$v_g = \pi_g + \gamma CS \tag{3-1}$$

其中，π_g 为政府从 PPP 项目中获取的利润，由其分配的收入减去成本表示，体现政府效用中的经济效益维度；CS 为市场内的消费者剩余水平，体现政府效用中的社会福利维度；γ 为政府在 PPP 项目的效益评估中对社会福利的评价系数，体现政府“仁慈”的程度，γ 取值越大，政府就越“仁慈”（$\gamma>0$）。根据该式可知，政府对某一特定 PPP 项目的效益评估存在两种潜在评价标准：一方面，若 γ 取值较低，即政府较为利己时，较高的项目利润会激励政府实施 PPP 项目，此时 PPP 项目利润越高，政府效用水平越高；另一方面，若 γ 取值较高，即政府较为“仁慈”时，项目利润的权重较小，政府会更多地考虑项目的社会福利，社会福利水平越高，政府效用水平越高。

假设 2　合作厂商的决策分为两个阶段：先在“建设期”选择质量改善投入，之后在“运营期”选择产品质量和产品价格，合作厂商将依据利润最大化选择最优策略。

我们将 PPP 模式下合作厂商的决策过程划分为“建设期”和“运营期”两个阶段：在“建设期”，合作厂商不产生收入，而只能进行项目前期建设所需的质量改善投入；在“运营期”，合作厂商通过向消费者供应产品获得收入，同时承担可变成本。这一设定不仅在现有文献中被广泛应用，而且符合我国 PPP 项目实践的现实情况。仍以编号为 3600000043287 的 PPP 项目为例，该项目的中标公告明确将项目合作期划分为两个部分：2 年建设期和 23 年运营期。在 2 年建设期中，中标企业承担项目工程建设的工作，投入一定建设成本；在 23 年运营期中，中标企业将通过使用者付费的方式获得收入，同时承担一定运营成本。

具体而言，在“建设期”，我们假设合作厂商将在接受政府提供的合约后，选择质量改善投入 $\rho E(s)$，这项投入可以在事后被观测到，但无法在事前证实，因而不可在事前签约，属于典型的非确定性事项。该项假设具有以下三方面含义：第一，合作厂商的质量改善投入将决定“运营期”内合作厂商所供应产品的可生产质量范围，即在“建设期”投入 $\rho E(\bar{s})$ 的合作厂商在“运营期”可生产产品质量范围为 $s_n \in (0, \bar{s}]$。第二，$\rho \in [\rho_{min}, \rho_{max}]$ 表示政府对“剩余控制权”的分配所产生的交易成本水平，当政府将“剩余控制权”完全赋予合作厂商时，合作厂商在质量改善事项上拥有完全的自主权，此时交易成本最小，即 $\rho = \rho_{min}$；当政府完全保留“剩余控制权”时，合作厂商在质量改善事项上没有任何自主权，需完全听从政府指示，此时交易成本最大，即 $\rho = \rho_{max}$；当政府将部分“剩余控制权”赋予合作厂商时，合作厂商拥有部分的自主权，此时可通过公式 $l = \frac{\rho_{max} - \rho}{\rho_{max} - \rho_{min}}$ 计算合作厂商拥有的“剩余控制权”比例，用以表示 PPP 合约的“剩余控制权”结构。第三，我们假设当政府与高质量厂商合作时，$\rho_{max} = 1$ 且 $\rho_{min} = \rho_0$，当政府与低质量厂商合作时，$\rho_{max} = \rho_0$ 且 $\rho_{min} = 0$，该假设的含义是：与高质量厂商相比，低质量厂商具有一定质量改善优势，可通过模仿高质量厂商的生产工艺来降低一定的质量改善投入（该项假设将在后文推导中得到验证）。第四，考虑到现实中厂商的质量改善投入通常具有两项特征：一是投入水平与可生产产品质量范围成正比，即厂商在“建设期”选择的质量改善投入水平越高，那么在“运营期”，其所能提供的产品质量上限就越高；二是可生产产品质量范围越大，所需边际投入水平越高，即厂商可以生产的产品质量上限越高，其工艺技术就越先进，要想继续改进产品生产的工艺技术，就需要更高的边际质量改善投入水平。使用数学语言描述，即 $E'(s) > 0, E''(s) > 0$，我们令 $E(s) = \beta s^2 (\beta > 0)$，该函数满足上述特征。

在“运营期”，我们假设合作厂商将依据利润最大化在产品的可生产质量范围中选择最优质量策略，并且选择最优价格策略。同时，假设合作厂商在“运营期”无固定成本，仅有可变的边际成本。令产品供应的可变成本为 αs_i（$i = 1, 2, \alpha > 0$）。其中，s_i 为合作厂商选择生产的产品质量，α 为外生的可变成本系数，表示产品的生产难度，当产品质量固定时，生产难度越大，α 取值越高，产品供应的边际成本越高。类似的可变成本设定不仅广泛应用于讨论市场垂直竞争机制的相关文献中（Wauthy，1996；Rhee 与 Thomadsen，2016），而且符合竞争性公共品供应的现实情况。以养老行业为例，在 PPP 模式下，中标企业需要首先在“建设期”建设房屋建筑、场地、建筑设备等基础设施，接着在“运营期”承担租金、设备维护、职工薪酬等运营成本。一般而言，当床位数固定时，养老服务的质量越高，其设备维护费用、职工薪酬水平也越高昂。因此，上述设定能够较好地反映 PPP 项目的运营现实。

假设 3　非合作厂商可视作在“建设期”拥有完全自主权、在“运营期”获得全部收入并承担全部成本的特殊厂商，非合作厂商也将依据利润最大化选择最优策略。

在 PPP 模式下，与合作厂商相比，非合作厂商在公共品供应过程中存在以下三点差异：第一，在“建设期”，非合作厂商与政府之间无合作关系，非合作厂商可以自行选择质量改善投入，该过程不受政府与合作厂商之间的 PPP 合约的影响；第二，在“运营期”，非合作厂商不与政府分享产品销售的收入或分担产品生产的成本。基于此，我们首先假设非合作厂商在“建设期”拥有完全的自主权，其质量改善投入的交易成本始终处于最低水平，即 $\rho=\rho_{\min}$。现有研究表明，在不完全合约的理论框架下，一体化的企业比非一体化的供应结构具有更低的交易成本（Hart，1995），也有学者利用现实数据从经验上证明一体化企业在交易成本上的优势（卢闯等，2013）。因此，本文沿用该设定。其次，假设非合作厂商在“运营期”独立运营，获得全部收入并承担全部成本，即 $m=1$ 且 $n=1$。在现实实践中，对于一家供应公共品的厂商，即便政府未以 PPP 模式与之展开合作，其也有可能通过财政补贴等其他形式干预厂商运营，这些干预措施显然无法通过本文的模型刻画。为简化分析，我们将这种情况剔除出考虑范围，仅集中讨论政府仅通过 PPP 模式的方式介入准公共品市场的情况。

假设 4　消费者对产品具有差异化偏好，将依据效用最大化原则选择消费策略。

我们假设市场上的消费者对产品具有差异化偏好，当消费者购买不同质量和不同价格的产品时，其将会获得不同水平的效用。现有文献存在多种消费者效用函数的形式设定，其中，与市场垂直竞争机制相关的研究主要参考 Mussa 与 Rosen（1978）的模型设置，将消费者效用函数设定为如下形式：

$$u_j = s\theta_j - p \tag{3-2}$$

本文沿用这一模型设置，将消费者效用函数设定为式（3-2）所示的形式。其中，参数 s 和参数 p 分别表示消费者 j 消费的产品质量和价格，消费者效用水平与产品质量呈正相关，与产品价格呈负相关；θ_j 为影响消费者效用的质量系数，可以用于表示消费者对产品的偏好程度，θ_j 取值越大，消费者 j 的偏好程度就越高，为方便行文，下文将之简称为消费者偏好系数。令市场上的消费者偏好系数存在上限，即 $\theta_j\leqslant\theta_0$，且其在 $(0,\ \theta_0]$ 上呈均匀分布（$\theta_0>\alpha$），则 θ_0 可以表示市场上消费者整体的外生偏好特征，θ_0 取值越大，消费者整体对产品的偏好程度就越高，消费者整体的需求就越迫切。

最后，假设消费者会依据效用最大化选择最优消费策略。令消费者的保留效用为0，则将之与购买不同产品的效用两两进行比较，可以得到“运营期”不同厂商的市场需求：第一，偏好系数在 $\theta\in\left[\frac{p_1}{s_1},\frac{p_2-p_1}{s_2-s_1}\right)$ 范围内的消费者将购买低质量的产品，此即为低质量厂商满足的市场需求范围；第二，偏好系数在 $\theta\in\left[\frac{p_2-p_1}{s_2-s_1},\theta_0\right]$ 范围内的消费者将购买高质量的产品，此即为高质量厂商满足的市场需求范围。① 比较可知，与购买低质量产品的消费者相比，购买高质量产品的消费者普遍具有更大的偏好系数，即其产品偏好程度更高。因此，我们称购买高质量产品的消费者为高偏好消费者，购买低质量产品的消费者为低偏好消费者。市场垂直竞争下的市场结构如图3－3所示。

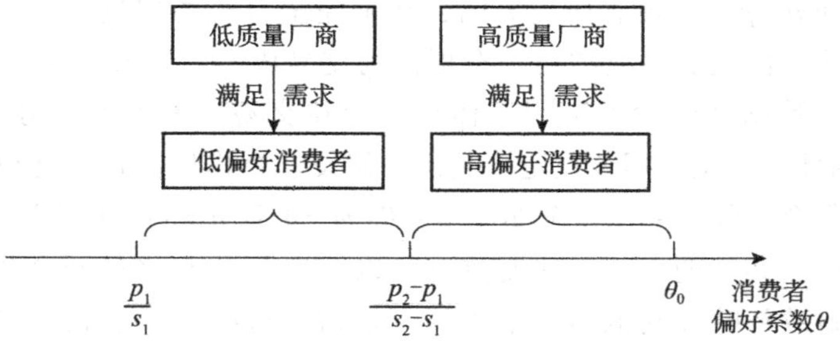

图3－3　市场垂直竞争下的市场结构

本文使用的参数符号说明如表3－1所示。

表3－1　符号说明

参数符号	参数说明	参数符号	参数说明
m	合作厂商收入分配比例	u	消费者效用
n	合作厂商成本分担比例	s	厂商产品质量
ρ	质量改善投入的交易成本	p	厂商产品价格
l	合作厂商分配的“剩余控制权”比例	q	厂商满足的市场需求
γ	政府的社会福利评价系数	α	厂商边际成本的质量系数
CS	消费者剩余	β	厂商质量改善投入的质量系数
v	政府和厂商效用	θ	消费者的偏好系数
π	政府和厂商“运营期”利润	θ_0	消费者偏好系数下限

① 此处隐含地假设每位消费者至多购买一个单位的产品，并且当购买低质量产品和购买高质量产品无差异时，消费者会选择购买高质量产品。

4.

模型求解

在上一部分中，我们将 PPP 项目执行过程抽象地划分为“建设期”和“运营期”两个阶段，接着分别采用不完全合约框架来刻画“建设期”内政府和合作厂商之间的“合作”关系、采用市场垂直竞争框架来刻画“运营期”内政府和非合作厂商之间的“竞争”关系。最终，我们构建了一个两阶段完全信息动态博弈模型。接下来，我们将采用逆向归纳法求解模型的均衡结果，具体过程如下：首先，针对“运营期”阶段，在两家竞争性厂商的视角下求解最优质量策略和最优价格策略；其次，针对“建设期”阶段，在合作厂商的视角下求解最优的质量改善投入水平；最后，在政府的视角下，求解最优的“约定控制权”结构和最优的“剩余控制权”结构。求解过程如图 4－1 所示。

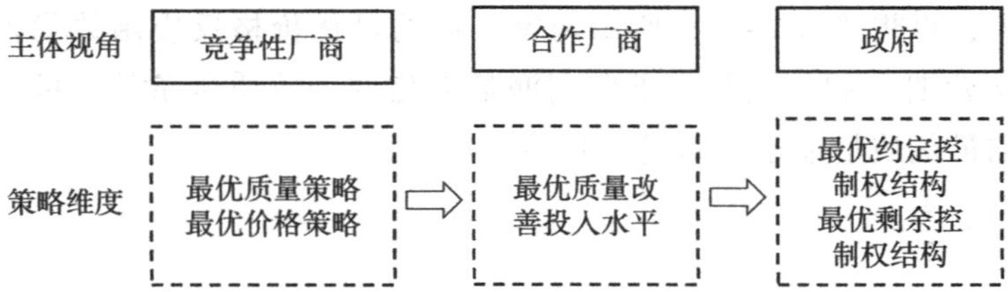

图 4－1　模型均衡的逆向求解过程

4.1　“运营期”模型求解过程

在“运营期”内，两家竞争性之间展开市场垂直竞争（其中一家厂商为非合作厂商，另一家厂商为政府与合作厂商联合成立的联合企业）。其中，低质量厂商向消费者提供质量和价格为 s_1、p_1 的产品，其满足的市场需求为 q_1，高质量厂商向消费者提供质量和价格为 s_2、p_2 的产品，其满足

的市场需求为 q_2。据此，我们可以联立两家厂商在“运营期”的利润函数，如式（4－1）所示：

$$\begin{cases}\pi_1 = (p_1 - \alpha s_1)q_1 \\ \pi_2 = (p_2 - \alpha s_2)q_2\end{cases} \tag{4-1}$$

在式（4－1）中，$s_1 \leqslant \bar{s}_1$ 且 $s_2 \leqslant \bar{s}_2$，其含义是两家厂商在“运营期”阶段选择的质量策略的上限受到其在“建设期”阶段选择的质量改善投入的约束，而 q_1 和 q_2 的表达式分别可以通过前文计算的低偏好消费者和高偏好消费者的偏好系数分布求出，如式（4－2）所示：

$$\begin{cases}q_1 = \int_{\frac{p_1}{s_1}}^{\frac{p_2-p_1}{s_2-s_1}} 1\mathrm{d}\theta = \dfrac{p_2 - p_1}{s_2 - s_1} - \dfrac{p_1}{s_1} \\ q_2 = \int_{\frac{p_2-p_1}{s_2-s_1}}^{\theta_0} 1\mathrm{d}\theta = \theta_0 - \dfrac{p_2 - p_1}{s_2 - s_1}\end{cases} \tag{4-2}$$

将式（4－2）所示市场需求表达式代入两家厂商在“运营期”阶段的利润函数，求解利润最大化的一阶价格条件，可以得到两家厂商的最优价格反应函数，如式（4－3）所示：

$$\begin{cases}p_1^* = \dfrac{s_1(\theta_0 s_2 + 3\alpha s_2 - \theta_0 s_1)}{4s_2 - s_1} \\ p_2^* = \dfrac{s_1(2\theta_0 s_2 + 2\alpha s_2 - \theta_0 s_1 + 3\alpha s_2)}{4s_2 - s_1}\end{cases} \tag{4-3}$$

接着，再将式（4－3）所示两家厂商的最优价格反应函数代入两家厂商的“运营期”利润函数，求解利润最大化的一阶质量条件，可以得到两家厂商的最优质量策略，如式（4－4）所示：

$$\begin{cases}s_1^* = \dfrac{4}{7}s_2^* \\ s_2^* = \bar{s}_2\end{cases} \tag{4-4}$$

最后，将式（4－4）所示两家厂商的最优质量策略代入两家厂商的最优价格反应函数，即式（4－3），可以得到两家厂商的最优价格策略表达式，如式（4－5）所示：

$$\begin{cases}p_1^* = \dfrac{(\theta_0 + 7\alpha)\bar{s}_2}{14} \\ p_2^* = \dfrac{(\theta_0 + 3\alpha)\bar{s}_2}{4}\end{cases} \tag{4-5}$$

式（4－4）与式（4－5）分别是厂商在“运营期”阶段的最优质量策略和最优价格策略，将两者联立便可以得到“运营期”阶段两家竞争性厂商进行市场垂直竞争后的市场均衡结果。观察该市场均衡结果，我们可以得到如下引理：

引理 1　在“运营期”，两家厂商的最优质量和价格策略与高质量厂商在“建设期”的质量改善投入有关，而低质量厂商在“建设期”的质量改善投入不影响其在“运营期”的最优决策。两家厂商的最优价格策略还受到产品生产难度和消费者偏好水平的影响。

引理 1 具有如下四层含义：

第一，由式（4-4）可知，在“运营期”阶段，高质量厂商的最优质量策略为其可生产产品质量范围的上限 $\bar{s}_2$，即高质量厂商总是会在能力范围内尽可能地生产更高质量的产品。进一步观察高质量厂商的利润函数可知，高质量厂商在“运营期”阶段具有质量提高动机的原因是提高产品质量水平能够使高质量厂商获得更高的利润水平①。同时，联系假设 2 可知，高质量厂商可生产的产品质量上限又由其在“建设期”的质量改善投入决定，质量改善投入水平越高，则其可生产的产品质量上限也越高。引理 1 表明，高质量厂商在“建设期”支付一定质量改善投入后，在“运营期”总是会“顶格”生产，而不会生产任何低于其可生产质量上限的产品。

第二，低质量厂商在“运营期”阶段的最优质量策略为 $\frac{4}{7}s_2^*$，这一结果表明低质量厂商将会以高质量厂商的产品质量为基准，供应中间档次质量的产品。由式（4-4）可知，低质量厂商的最优质量策略与低质量厂商在“建设期”的质量改善投入无关②，这是低质量厂商在“建设期”阶段对高质量厂商的工艺技术模仿行为导致的。引理 1 表明，在“建设期”，高质量厂商的质量改善投入水平决定了高质量厂商的可生产质量范围，进而确定了低质量厂商的最优质量策略，接着，低质量厂商会通过工艺技术模仿行为支付尽量减少自身所需的质量改善投入，而不会支付任何超出其最优质量策略之外的质量改善投入。

第三，由式（4-5）可知，两家厂商在“运营期”阶段的最优价格策略与高质量厂商的质量改善投入水平呈正相关。根据前两点含义可知，高质量厂商的质量改善投入水平越高，其可生产质量的上限水平越高，进而会同时提高高质量厂商和低质量厂商的最优质量策略，而更高的产品质量会相应地提高市场内消费者接受的产品价格水平。对式（3-2）所示的消

---

① 关于高质量厂商在“运营期”阶段的质量提高动机的详细证明过程参见附录。

② 此处隐含地假设了 $\frac{4}{7}s_2^* \leqslant \bar{s}_1^*$，若该条件不满足，则低质量厂商的最优质量策略仅有角点解。后文对“建设期”的求解过程将验证该假设。

费者效用函数 $u_j = s\theta_j - p$ 进行符号变换可以得到 $p = s\theta_j - u_j$，由该式可知，当效用水平等其他因素保持不变时，产品质量 s 越高，消费者接受的价格水平 p 就越高，产品质量每提高一个单位，消费者接受的价格水平将提高 θ_j 个单位。同时，比较可知 $p_2^* - p_1^* = \frac{5\theta_0 + 7\alpha}{28} > 0$，即高质量厂商的最优价格策略高于低质量厂商的最优价格策略，这是由于高质量厂商所提供的产品质量高于低质量厂商，使得市场内消费者愿意向高质量厂商支付更高的价格，而仅愿意向低质量厂商支付较低的价格。

第四，外生参数 α 和 θ_0 也会影响两家厂商的最优价格策略，其中，参数 α 表示产品的生产难度，参数 θ_0 表示消费者整体偏好水平。参数 α 和 θ_0 的取值越大，两家厂商的最优价格水平越高，产生这一现象的原因是：一方面，产品生产难度增大会导致供应成本增加，由式（4－1）所示两家厂商的利润函数可知，当产品质量等其他因素固定时，外生参数 α 每增加一个单位，厂商 i 生产产品的边际成本就会增加 s_i 个单位，因此，产品生产难度增加会使厂商需要通过提价来补偿提高的产品生产成本；另一方面，消费者偏好程度提高代表其需求变得更为迫切，根据消费者接受的价格公式 $p = s\theta_j - u_j$ 可知，当产品质量等其他因素不变时，消费者偏好水平每提高一个单位，消费者可以接受的价格水平将对应地提高 s 个单位，因此，迫切的消费者偏好程度将使消费者愿意支付更高的价格。

接下来，将式（4－4）与式（4－5）所示“运营期”阶段的市场竞争均衡结果代入式（4－1）所示的厂商利润函数中，可以得到均衡状态下两家厂商的均衡利润水平，如式（4－6）所示：

$$\begin{cases} \pi_1^* = \dfrac{(\theta_0 - \alpha)^2 \bar{s}_2}{48} \\ \pi_2^* = \dfrac{7(\theta_0 - \alpha)^2 \bar{s}_2}{48} \end{cases} \tag{4-6}$$

其中，高质量厂商的均衡收入和均衡成本表达式分别为 $\frac{7(\theta_0 - \alpha)(\theta_0 + 3a)\bar{s}_2}{48}$ 和 $\frac{7(\theta_0 - \alpha)a\bar{s}_2}{12}$，低质量厂商的均衡收入和均衡成本表达式分别为 $\frac{(\theta_0 - \alpha)(\theta_0 + 3a)\bar{s}_2}{48}$ 和 $\frac{(\theta_0 - \alpha)a\bar{s}_2}{6}$。同时，我们可以推导出均衡状态下的消费者剩余水平：

$$CS^* = \int_{\frac{p_1^*}{s_1^*}}^{\frac{p_2^* - p_1^*}{s_2^* - s_1^*}} (s_1\theta - p_1)\,\mathrm{d}\theta + \int_{\frac{p_2^* - p_1^*}{s_2^* - s_1^*}}^{\theta_0} (s_2\theta - p_2)\,\mathrm{d}\theta = \frac{7(\theta_0 - \alpha)^2 \bar{s}_2}{24} \tag{4-7}$$

根据式（4－6）和式（4－7），我们可以得到如下引理：

引理 2 政府对合作厂商的选择将会影响 PPP 项目在“运营期”的项目收益。“运营期”各方收益和社会福利均与高质量厂商的质量改善投入水平有关，同时也受到产品生产难度和消费者偏好水平的影响。

引理 2 具有如下三层含义：

第一，在“运营期”阶段，市场内存在两家竞争性厂商，其中一家为政府和合作厂商一同设立的联合企业，另一家为非合作厂商，因此，政府在“建设期”期初对合作厂商的选择将会显著影响 PPP 项目在“运营期”阶段的项目收益。具体而言，如果政府选择与高质量厂商合作，则 PPP 项目的“运营期”收益为高质量厂商的均衡利润水平 π_2^*；反之，如果政府选择与低质量厂商合作，则 PPP 项目的“运营期”收益为低质量厂商的均衡利润水平 π_1^*。根据式（4－6），比较 π_1^* 和 π_2^* 表达式可知，在“运营期”的均衡状态下，高质量厂商供应公共品的利润水平比低质量厂商高出六倍，高质量厂商的利润水平高于低质量厂商的原因在于高质量厂商在市场需求范围和定价水平两方面均具有优势①。因此，与同低质量厂商合作相比，政府与高质量厂商合作将会获得更高的 PPP 项目收益。

第二，当政府对合作厂商的选择保持固定时，PPP 项目的“运营期”收益还受到三方面因素的影响：高质量厂商可生产的最高质量水平、产品生产难度以及消费者偏好水平。其中，高质量厂商的最高质量水平由其在“建设期”的质量改善投入决定，因此，高质量厂商在“建设期”增加质量改善投入，将会提高其可生产质量的上限水平，进而提高厂商利润水平，其影响厂商利润的内在机制已于引理 1 中分析，此处不再赘述；产品生产难度与 PPP 项目收益呈负相关关系，联系引理 1 可知，这是由于产品生产难度增加将会提高厂商生产的边际成本，进而从成本角度削减厂商获得的利润；消费者偏好水平与 PPP 项目收益呈正相关关系，这是由于消费者偏好水平越高，消费者接受的价格水平也就越高，进而从收入角度使厂商获得的利润增加。

第三，与厂商利润类似，市场均衡状态下的社会福利水平也受到三方面因素的影响：高质量厂商的质量改善投入水平、产品生产难度以及消费者偏好水平。其中，社会福利水平与高质量厂商的质量改善投入水平呈正相关关系，这是由于高质量厂商提高质量改善投入会同时使两家厂商在“运营期”提供的产品质量提高，由消费者效用函数 $u_j = s\theta_j - p$ 可知，产品质量提高会增加市场上每个消费者的效用水平，进而使整体社会福利水平提高；类似地，产品生产难度降低、消费者偏好水平增加也会增加市场上

① 关于高质量厂商产生利润优势的两方面原因的详细证明过程参见附录。

每个消费者的效用水平，进而使整体社会福利水平提高，因此，社会福利水平与产品生产难度呈负相关关系、与消费者偏好水平呈正相关关系。此外，比较式（4－6）所示的厂商利润水平和式（4－7）所示的社会福利水平可知，虽然同时受到上述三方面因素的影响，但两者对这三方面因素变化的敏感程度不同，其中，社会福利水平的敏感程度明显高于厂商利润水平的敏感程度①，因此，当政府采用PPP模式的方式介入市场时，需要特别注意自身行为对社会福利水平产生的影响。

4.2 “建设期”模型求解过程

由引理2可知，在PPP模式下，政府对合作厂商的选择将会影响“运营期”的市场均衡结果，此外，我们在上一部分设定不同厂商在“建设期”存在差异化的质量改善投入结构。因此，在求解“建设期”市场均衡的过程中，需要分别讨论政府与高质量厂商合作、政府与低质量厂商合作两种不同情况。

4.2.1 政府与高质量厂商合作

首先，考虑政府与高质量厂商合作的情况。此时高质量厂商为合作厂商，低质量厂商为非合作厂商。对合作厂商，令 $\lambda_m = \frac{7(\theta_0 - \alpha)(\theta_0 + 3a)}{48}$，$\lambda_n = \frac{7(\theta_0 - \alpha)a}{12}$，其中，$\lambda_m$ 和 λ_n 均为由市场结构特征（产品生产难度和消费者偏好程度）决定的外生参数，则合作厂商从PPP项目中分得的“运营期”收入和成本可以分别使用 $m\lambda_m\bar{s}_2$ 和 $n\lambda_n\bar{s}_2$ 表示，又因合作厂商在“建设期”的质量改善投入为 $\rho\beta\bar{s}_2^2$（$\rho \in [\rho_0, 1]$），我们可以推导出合作厂商的效用函数为：

$$\nu_n = (m\lambda_m - n\lambda_n)\bar{s}_2 - \rho\beta\bar{s}_2^2 \tag{4-8}$$

根据式（4－8），求解合作厂商效用最大化的一阶条件 $\frac{\partial v_n}{\partial \bar{s}_2} = 0$，可以得到合作厂商在“建设期”阶段的最优质量改善投入水平：

① 关于社会福利水平和厂商利润水平对影响因素敏感程度的详细比较过程参见附录。

$$\bar{s}_2^* = \frac{m\lambda_m - n\lambda_n}{2\rho\beta} = \frac{7(\theta_0 - \alpha)(\theta_0 m + 3\alpha m - 4\alpha n)}{96\rho\beta} \tag{4-9}$$

式（4－9）表明，当政府与高质量厂商合作时，合作厂商的最优质量改善投入水平同时受到两方面因素的影响：一是 PPP 合约结构，具体包括“约定控制权”结构和“剩余控制权”结构；二是外生的市场结构特征参数，具体包括产品生产难度和消费者偏好水平。进一步观察式（4－9）可知，合作厂商的最优质量改善投入水平与收入分配比例呈正相关关系，与其成本分担比例呈负相关关系，与交易成本呈负相关关系；同时，合作厂商的最优质量改善投入水平还与产品生产难度呈负相关关系，与消费者偏好水平呈正相关关系①。

接着，再考虑政府的视角，此时政府效用函数可以表示为：

$$\nu_g = [(1-m)\lambda_m - (1-n)\lambda_n]\bar{s}_2 + \frac{7(\theta_0 - \alpha)^2}{24}\gamma\bar{s}_2 \tag{4-10}$$

将式（4－9）表示的最优质量改善投入水平代入式（4－10）所示的政府效用函数，求解政府效用最大化的一阶“约定控制权”条件 $\frac{\partial v_g}{\partial m}=0$ 和 $\frac{\partial v_g}{\partial n}=0$，再将这两个条件联立就可以得到政府与高质量厂商合作时的最优“约定控制权”结构，如式（4－11）所示：

$$m = \frac{8\alpha n + (\theta_0 - \alpha)(2\gamma + 1)}{2(\theta_0 + 3\alpha)} \tag{4-11}$$

同理，求解一阶“剩余控制权”条件，$\frac{\partial v_g}{\partial \rho} = 0$，可以得到最优“剩余控制权”结构，如下所示：

$$l^* = \frac{1-\rho^*}{1-\rho_0} = 1 \tag{4-12}$$

结合式（4－11）所示的最优“约定控制权”结构和式（4－12）所示的最优“剩余控制权”结构，可以观察到如下几点现象：

第一，政府的最优“约定控制权”结构需要满足一项由产品生产难度、消费者偏好水平等外生市场结构特征以及政府自身社会福利评价系数决定的动态条件。具体而言，在这项动态条件中，最优的收入分配比例与成本分配比例呈正相关关系，与社会福利评价系数呈正相关关系；同时，最优的收入分配比例与产品生产难度和消费者偏好水平的相关关系则由成本分

① 合作厂商（高质量厂商）的最优质量改善投入水平与各个影响因素的相关关系证明详见附录。

配比例和政府社会福利评价系数的取值关系决定，且最优的收入分配比例与二者的相关关系方向相反①。

第二，政府的最优“剩余控制权”结构则是将其完全赋予合作厂商，使其拥有完全的自主权，此时 PPP 项目在“建设期”阶段的交易成本达到最小水平。

4.2.2 政府与低质量厂商合作

接着，再考虑政府与低质量厂商合作的情况。此时低质量厂商为合作厂商，高质量厂商为非合作厂商。对合作厂商，令 $\lambda_m = \frac{(\theta_0 - \alpha)(\theta_0 + 3a)}{48}$，$\lambda_n = \frac{(\theta_0 - \alpha)a}{6}$，其中，$\lambda_m$ 和 λ_n 也是由市场结构特征（产品生产难度和消费者偏好程度）决定的外生参数，则合作厂商从 PPP 项目中分得的“运营期”收入和成本可分别用 $\frac{4}{7}m\lambda_m\bar{s}_2$ 和 $\frac{4}{7}n\lambda_n\bar{s}_2$ 表示，又因合作厂商在“建设期”的质量改善投入为 $\rho\beta\bar{s}_1^2(\rho \in [0,\rho_0])$，我们可以推导出合作厂商的效用函数为：

$$\nu_n = \frac{4(m\lambda_m - n\lambda_n)\bar{s}_2}{7} - \rho\beta\bar{s}_1^2 \tag{4-13}$$

其中参数 $\bar{s}_2$ 的取值由非合作厂商决定。为计算市场均衡状态下参数 $\bar{s}_2$ 的最优水平，我们需要考虑非合作厂商的效用最大化问题。此时，非合作厂商的效用函数为：

$$\nu_2' = \frac{7(\theta_0 - \alpha)^2\bar{s}_2}{48} - \rho_0\beta\bar{s}_2^2 \tag{4-14}$$

对非合作厂商，求解效用最大化的一阶条件 $\frac{\partial v_2'}{\partial \bar{s}_2} = 0$，可以得到参数 $\bar{s}_2$ 的最优取值，为：

$$\bar{s}_2^* = \frac{7(\theta_0 - \alpha)^2}{96\rho_0\beta} \tag{4-15}$$

将式（4-15）代入式（4-13）所示的合作厂商效用函数，求解合作

---

① 政府的最优收入分配比例（合作厂商为高质量厂商）与各个影响因素的相关关系证明详见附录。

厂商效用最大化的一阶条件 $\frac{\partial v_n}{\partial \bar{s}_1}=0$，可以得到：[①]

$$\bar{s}_1^*=\frac{4}{7}\bar{s}_2^*=\frac{(\theta_0-\alpha)^2}{24\rho_0\beta} \tag{4-16}$$

式（4－16）表明，当政府与低质量厂商合作时，“约定控制权”结构和“剩余控制权”结构均对合作厂商的最优质量改善投入水平没有影响，由此可知，此时 PPP 合约结构不是合作厂商最优质量改善投入水平的影响因素，其仅受到外生的市场结构特征参数的影响。具体而言，合作厂商的最优质量改善投入水平与产品生产难度呈负相关关系，与消费者偏好水平呈正相关关系[②]。

之后，再考虑政府的视角，此时政府效用函数可以表示为：

$$\nu_g=[(1-m)\lambda_m-(1-n)\lambda_n]\bar{s}_1+\frac{7(\theta_0-\alpha)^2}{24}\gamma\bar{s}_2 \tag{4-17}$$

将式（4－15）和式（4－16）表示两家厂商的最优质量改善投入水平代入式（4－17）所示的政府效用函数，求解政府效用最大化的一阶“约定控制权”条件 $\frac{\partial v_g}{\partial m}=0$ 和 $\frac{\partial v_g}{\partial n}=0$，将这两个条件联立，便可以得到政府与低质量厂商合作时最优“约定控制权”结构，如下所示：

$$m=\frac{8\alpha n+2(\theta_0-\alpha)}{\theta_0+3\alpha} \tag{4-18}$$

同理，求解政府效用最大化的一阶“剩余控制权”条件，可以得到 $\frac{\partial v_g}{\partial \rho}=0$ 恒成立，即此时剩余控制权结构不影响政府效用和市场均衡结果。

针对上述推导的市场均衡结果，可以观察到如下几点现象：

第一，政府的最优“约定控制权”结构需要满足一项由产品生产难度、消费者偏好水平等外生市场结构特征决定的动态条件，并且该项动态条件与政府自身的社会福利评价系数无关。具体而言，在这项动态条件中，最优的收入分配比例与成本分配比例呈正相关关系，同时，最优收入分配比

---

① 注意，在“建设期”质量改善投入的约束下，当合作厂商的质量改善投入水平 $\bar{s}_1<\frac{4}{7}\bar{s}_2^*$ 时，合作厂商的效用函数变为 $\nu_n=\frac{4(m\lambda_m-n\lambda_n)\bar{s}_1}{7}-\rho\beta\bar{s}_1^2$。同时，对合作厂商是高质量厂商的情况，我们也可以采用类似的步骤求解非合作厂商（低质量厂商）在“建设期”的最优质量改善投入，得到 $\bar{s}_1^*=\frac{4}{7}\bar{s}_2^*$ 的结果。该结果验证了前文所做的推断：低质量厂商会以高质量厂商的质量策略为基准，供应中间档次质量的产品。

② 合作厂商（低质量厂商）的最优质量改善投入水平与各个影响因素的相关关系证明详见附录。

例与产品生产难度呈负相关关系，与消费者偏好水平呈正相关关系①。

第二，PPP合约的“剩余控制权”结构不影响政府效用，任意形式的“剩余控制权”结构都会导致同样的市场均衡结果，此时，对政府而言，任意的“剩余控制权”结构都是最优的。

4.2.3 小结

综合上述推导过程求解的市场均衡结果，可以得到如下引理：

引理3　高质量厂商和低质量厂商分别在“建设期”拥有差异化的最优质量改善投入水平。当政府与高质量厂商合作时，其质量改善投入受到PPP合约结构、外生的产品生产因素和消费者偏好因素影响；当政府与低质量厂商合作时，其质量改善投入仅与外生因素有关。

引理3具有如下三层含义：

第一，根据“运营期”求解过程可知，两家竞争性厂商在“建设期”的质量改善投入水平是影响其“运营期”最优策略、社会福利水平等市场均衡结果的关键内生因素，而通过上述“建设期”求解过程可知，不同厂商在“建设期”的质量改善投入水平也有所不同。因此，政府在“建设期”期初对合作厂商的选择，将会通过影响厂商在“建设期”的最优质量改善投入水平，进而对“运营期”的市场均衡结果产生作用。由此可知，对于政府而言，在设计PPP合约的过程中，除了“约定控制权”结构和“剩余控制权”结构之外，“与哪家厂商合作”也是应当重点考虑的一项策略维度。

第二，当政府与高质量厂商合作时，合作厂商的最优质量改善投入受到各种内生和外生因素的影响。其中，内生因素即政府设计的PPP合约结构，具体包括“约定控制权”结构和“剩余控制权”结构，因此，当政府希望提高准公共品市场内产品供应的质量水平时，其可以通过优化PPP合约结构来激励合作厂商支付更高水平的质量改善投入，进而达到提高产品供应质量的目的。而影响最优质量改善投入的外生因素即外生的市场结构特征，具体包括产品生产难度和消费者偏好水平，政府可以从市场上观察到这些外生参数信息。

第三，当政府与低质量厂商合作时，合作厂商的最优质量改善投入不受PPP合约结构影响，而仅由外生的市场结构特征因素决定。产生这种现

① 政府的最优收入分配比例（合作厂商为低质量厂商）与各个影响因素的相关关系证明详见附录。

象的原因是此时合作厂商为低质量厂商，而低质量厂商在“建设期”具有模仿高质量厂商的工艺技术以节省投入的动机，所以政府无法通过优化 PPP 合约的方式来激励其改善产品供应质量。不过，此时政府仍然可以通过观察产品生产难度、消费者偏好水平等外生的市场结构特征因素来确定合作厂商的质量改善投入。

5. 结果分析

在上一部分中，我们采用逆向归纳法，在不同市场主体的视角下求解其效用最大化问题，最终分别得到“运营期”和“建设期”两个阶段的均衡结果。分析结果显示，高质量厂商在“建设期”的质量改善投入水平是影响政府、厂商效用以及社会福利水平等市场均衡结果的关键因素，其不仅受到内生的 PPP 合约结构影响，还与产品生产难度、消费者偏好水平等外生因素以及政府对合作厂商的选择有关。接下来，在本部分，我们将基于上述模型求解结果，进一步分析 PPP 合约结构相关的三方面现实问题：第一，对合作厂商而言，其将会接受何种结构的 PPP 合约？第二，对政府而言，在合作厂商接受合约的前提条件下，什么样的 PPP 合约结构是最优的？第三，对市场而言，政府对 PPP 合约结构的优化会如何影响社会福利水平？

5.1 厂商的可接受合约范围

我们先讨论厂商愿意接受的 PPP 合约结构满足什么条件。根据本文模型的博弈时序可知，在“建设期”期初，政府先向合作厂商提供一定的 PPP 合约，此时合作厂商可以选择接受或者不接受该合约。由此可知，合作厂商接受政府提供的合约是讨论最优 PPP 合约结构的前提条件：如果合作厂商接受合约，则政府与合作厂商建立起基于 PPP 合约的“合作”关系，后续才存在执行 PPP 合约和建设 PPP 项目的步骤，此时讨论最优 PPP 合约结构才有意义；如果合作厂商不接受合约，则政府与合作厂商之间不存在“合作”关系，PPP 合约也不发生任何效力，此时讨论 PPP 合约结构毫无意义。因此，在分析最优 PPP 合约结构之前，我们需要保证合作厂商接受政府提供的合约。

先考虑政府与高质量厂商合作的情况。此时合作厂商为高质量厂商，将式（4-9）所示最优质量改善投入水平代入式（4-8）所示的高质量厂商效用函数，可以得到市场均衡状态下高质量厂商的效用为：

$$\nu_n^* = \frac{49(\theta_0 - \alpha)^2(\theta_0 m + 3\alpha m - 4\alpha n)^2}{9216\rho\beta} \tag{5-1}$$

令厂商的保留效用为0，则当市场均衡状态下的厂商效用小于其保留效用时，厂商不会接受政府提供的合约。根据式（5-1）可知，$\nu_n^* \geq 0$ 恒成立，其中，高质量厂商的最优质量改善投入水平 $\bar{s}_2^* = \frac{7(\theta_0 - \alpha)(\theta_0 m + 3\alpha m - 4\alpha n)}{96\rho\beta}$，根据定义应有 $\bar{s}_2^* > 0$，据此可以进一步推导出高质量厂商接受 PPP 合约的条件，如式（5-2）所示：

$$m > \frac{4\alpha}{\theta_0 + 3\alpha} n \tag{5-2}$$

式（5-2）表明，当政府在"建设期"期初选择与高质量厂商合作时，为了保证高质量厂商愿意接受合约，政府设计的 PPP 合约需要满足一项与参数 m 和参数 n 相关的动态条件，即 PPP 合约的"约定控制权"结构将会决定高质量厂商是否接受合约，而交易成本参数 ρ 及其表示的"剩余控制权"结构不影响高质量厂商是否接受合约。

再考虑政府与低质量厂商合作的情况。此时合作厂商为低质量厂商，将式（4-15）和式（4-16）所示的厂商最优质量改善投入水平代入式（4-13）所示的低质量厂商效用函数，可以得到市场均衡状态下低质量厂商的效用为：

$$\nu_n^* = \frac{(\theta_0 - \alpha)^3[(\theta_0 + 3\alpha)m - 8\alpha n - 2\theta_0 + 2\alpha]}{1152\rho\beta} \tag{5-3}$$

经检验，此时两家厂商的最优质量改善投入 $\bar{s}_1^*$ 和 $\bar{s}_2^*$ 均满足定义。令厂商的保留效用为0，根据 $\nu_n^* \geq 0$ 可以推导出低质量厂商接受 PPP 合约的条件，如下所示：

$$m \geq \frac{8\alpha n + 2(\theta_0 - \alpha)}{\theta_0 + 3\alpha} \tag{5-4}$$

式（5-4）表明，当政府在"建设期"期初选择与低质量厂商合作时，为了保证低质量厂商愿意接受合约，政府设计的 PPP 合约也需要满足一项与参数 m 和参数 n 相关的动态条件，并且该条件与参数 ρ 的取值无关。因此，PPP 合约的"约定控制权"结构也会决定低质量厂商是否接受合约，而"剩余控制权"结构不影响低质量厂商是否接受合约。

结合式（5-2）和式（5-4）所示结果，可以归纳得到如下命题：

命题1　合作厂商是否接受 PPP 合约由合约的"约定控制权"结构决定，不受"剩余控制权"结构影响。为保证合作厂商接受合约，政府设计

的收入分配比例和成本分配比例需满足一项由产品生产难度和消费者偏好水平等外生市场结构特征决定的动态条件。

命题1表明，式（5-2）和式（5-4）所示的动态边界条件是讨论最优PPP合约结构的前提条件，只有在该边界条件内，合作厂商才会接受政府提供的PPP合约。如果这一动态边界条件不满足，则合作厂商在“建设期”期初就不会选择接受政府设计的PPP合约，此时讨论PPP合约结构无意义。图5-1展示了合作厂商的收入分配比例和成本分配比例对该边界条件的影响。

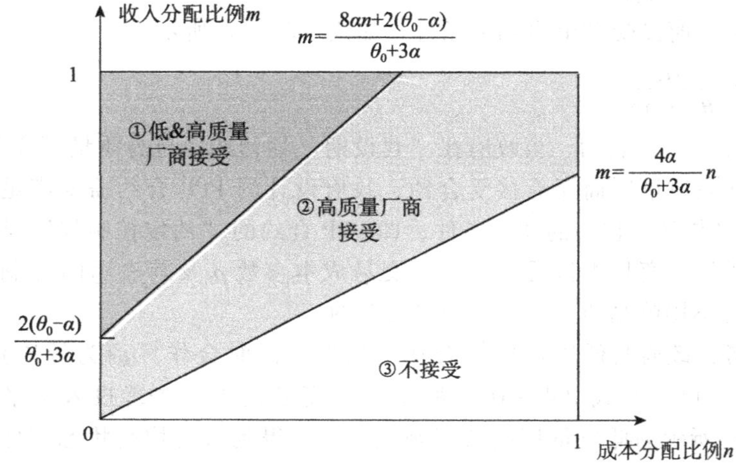

图5-1　合作厂商的可接受合约范围

图5-1中横轴和纵轴分别表示合作厂商在“运营期”分得的成本比例和收入比例。由$m\in[0,1]$和$n\in[0,1]$定义的范围展示了所有可能出现的潜在“约定控制权”结构，在此定义范围内，式（5-2）和式（5-4）所示的边界条件将所有潜在“约定控制权”结构划分为三块区域：第一，在区域①内，无论政府选择与高质量厂商合作还是与低质量厂商合作，合作厂商都会接受PPP合约；第二，在区域②内，只有高质量厂商会接受政府提供的PPP合约，而低质量厂商不接受合约；第三，在区域③内，无论是高质量厂商还是低质量厂商都不会接受合约，政府无法同任何厂商缔结PPP合约。根据图5-1可以分析命题1的三层含义：

第一，无论是高质量厂商还是低质量厂商，只有当政府分配给合作厂商足够多的项目回报时，合作厂商才会接受政府提供的PPP合约。在图5-1中，对任意的成本分配比例n，当参数n取值固定时，只有当收入分配比例m高于一定水平时，合作厂商才会接受政府提供的PPP合约；而当收入分配比例m较低，即合作厂商分得的项目回报较少时，其不会接受PPP合约。产生这种现象的原因是高质量厂商和低质量厂商在市场竞争过程中均具有盈利的要求，即只有当市场均衡状态下的利润为正时，厂商才会选择参与市场竞争，如果市场均衡状态下的利润为负，则厂商会选择退出市场，不会参与市场竞争。因此，当政府设计的收入分配比例较低时，合作厂商从 PPP 项目中分得的收入不能覆盖其成本，此时合作厂商无法从市场竞争中获取正的利润，其不会参与市场竞争，更不会接受政府提供的 PPP 合约；而当政府设计的收入分配比例较高时，合作厂商从 PPP 项目中分得的收入高于其成本水平，此时合作厂商可以从市场竞争中获取正的利润，其才会接受政府提供的 PPP 合约，进而参与市场竞争。

第二，相较于高质量厂商，低质量厂商在与政府合作时会要求更高的收入比例。比较图 5 - 1 中的区域①和区域②可知，当成本分配比例 n 固定时，低质量厂商所要求收入分配比例 m 的边界水平明显高于高质量厂商要求的边界水平。该结果表明，当成本分配比例 n 取值等其他条件一致时，同选择与高质量厂商合作的策略相比，政府需要向低质量厂商分配更多的收入才能保证低质量厂商接受 PPP 合约。产生这种现象的原因是在“运营期”阶段的市场均衡状态下，低质量厂商的利润水平明显少于高质量厂商的利润水平。我们在引理 2 的分析中已经指出，与低质量厂商相比，高质量厂商在“运营期”具有明显的利润优势，而这种利润优势来源于市场需求优势和定价水平优势两个方面。其中，高质量厂商的定价水平优势使得其在“运营期”能够获得更高水平的边际利润，当成本分配比例保持固定时，高质量厂商仅需要较低的收入分配比例就能覆盖其运营成本；而低质量厂商的情况则恰恰相反，其在“运营期”获得的边际利润水平相对较低，当成本分配比例保持固定时，低质量厂商需要覆盖的运营成本水平明显高于高质量水平，因此，低质量厂商会要求更高的收入分配比例。

第三，无论政府选择与高质量厂商还是低质量厂商合作，政府都可以通过两种方式来激励合作厂商接受其提供的 PPP 合约：提高合作厂商的收入分配比例、降低合作厂商的成本分配比例。一方面，结合上述两点分析可知，对于图 5 - 1 中区域③所示的任意 PPP 合约，高质量厂商和低质量厂商都不会选择接受合约，此时政府可以通过提高收入分配比例即参数 m 的取值来改善这个问题，一旦合作厂商的收入分配比例提高至能够覆盖其运营成本的水平，合作厂商就会选择接受 PPP 合约。另一方面，与上述两点分析类似，我们也可以通过固定合作厂商的收入分配比例 m 来对成本分配比例 n 进行比较静态分析，当参数 m 取值固定时，只有在成本分配比例 n 较低的条件下，合作厂商才会接受政府提供的 PPP 合约。具体而言，对于图 5 - 1 中区域③所示的任意 PPP 合约，政府可以通过降低成本分配比例即

参数 n 的取值来改善合作厂商不接受 PPP 合约的问题，一旦合作厂商的成本分配比例降低至其运营成本能够被收入覆盖的水平，合作厂商就会选择接受 PPP 合约。

特别地，如果以合作厂商分配相同的收入比例和成本比例（即 $m=n$）作为"按劳分配"的标准进行分析：当 $m>n$ 时，合作厂商分配的收入比例高于成本比例，即合作厂商"多拿少做"，此时 PPP 合约对合作厂商有利；相反，当 $m<n$ 时，合作厂商分配的成本比例高于收入比例，即合作厂商"多做少拿"，此时 PPP 合约对合作厂商不利。据此，可以进一步得到如下引理：

引理 4　当政府与低质量厂商合作时，合作厂商只接受对自己有利的 PPP 合约；当政府与高质量厂商合作时，合作厂商可以在一定程度内接受对自己不利的 PPP 合约。特别地，通过同时提高收入分配比例和成本分配比例，政府可能能够将"运营期"阶段的 PPP 项目成本完全转嫁给合作厂商。

引理 4 具有如下两层含义：

第一，当政府选择与低质量厂商合作时，由图 5－1 可知，低质量厂商只有在 PPP 合约的收入分配比例高于成本分配比例时才会选择接受合约，此时 PPP 合约对低质量厂商有利。特别地，即便在完全不承担任何"运营期"成本（$n=0$）的情况下，低质量厂商仍然会要求其收入分配比例高于一定水平 $\left(m \geqslant \frac{2(\theta_0-\alpha)}{\theta_0+3\alpha}\right)$。只要 PPP 合约的收入分配比例低于该水平，低质量厂商就不会接受政府提供的 PPP 合约，因此，政府难以要求低质量厂商在"运营期"承担过多成本。

第二，当政府选择与高质量厂商合作时，情况则恰恰相反，即便 PPP 合约的收入分配比例略小于成本分配比例，高质量厂商仍然会选择接受 PPP 合约，此时 PPP 合约对高质量厂商不利。特别地，当收入分配比例高于一定水平（$m>\frac{4\alpha}{\theta_0+3\alpha}$）时，即便政府要求高质量厂商承担所有"运营期"成本（$n=1$），高质量厂商依旧会选择接受 PPP 合约，即政府可以通过提高收入分配比例来将"运营期"成本完全转嫁给高质量厂商。

产生上述现象的原因仍然是高质量厂商相对于低质量厂商的利润优势。由于高质量厂商在"运营期"能够获取较高的边际利润，即便政府分配给其较高的成本比例，高质量厂商依然能够获取正的利润；相反，低质量厂商在"运营期"获取的边际利润水平较低，只要政府分配给其的收入比例不足，低质量厂商就无法获取正的利润。

5.2 政府的最优合约结构

我们再考虑在合作厂商接受 PPP 合约的前提条件内，政府角度下的最优 PPP 合约结构。在“建设期”期初，政府可以观察到市场上的各种外生结构特征信息，具体包括两家竞争性厂商的特征信息、消费者的偏好特征信息等。接着，政府会依据自身观察到的信息来选择合作厂商并且依据自身效用最大化原则来设计最优的 PPP 合约结构，具体包括最优“约定控制权”结构和最优“剩余控制权”结构。本节将先分别讨论政府选择不同合作厂商时的最优 PPP 合约结构，接着再通过比较不同情况下的政府效用大小来讨论政府选择合作厂商的逻辑依据。

5.2.1 政府与高质量厂商合作

先考虑政府与高质量厂商合作时的最优 PPP 合约结构。在上一部分中，我们针对政府效用函数，通过求解政府效用最大化的一阶条件，得到最优“约定控制权”结构和最优“剩余控制权”结构分别如式（4-11）和式（4-12）所示，将两式联立，便可以得到此时政府的最优 PPP 合约结构，如下所示：

$$\begin{cases} m = \dfrac{8\alpha n + (\theta_0 - \alpha)(2\gamma + 1)}{2(\theta_0 + 3\alpha)} \\ l^* = 1 \end{cases} \tag{5-5}$$

根据式（5-5）所示政府与高质量厂商合作条件下的最优 PPP 合约结构，可以得到如下引理：

引理 5　当政府与高质量厂商合作时，在政府的角度下，最优的“约定控制权”结构为由收入分配比例 m 和成本分配比例 n 构成的一项动态条件，最优“剩余控制权”结构为赋予合作厂商完全的自主性。

引理 5 具有如下三层含义：

第一，当政府与高质量厂商合作时，为了使自身效用满足最大化条件，政府需要重点设计 PPP 合约的“约定控制权”结构（包括收入分配比例 m 和成本分配比例 n），使之满足一项由产品生产难度、消费者偏好水平等外生市场结构特征以及自身社会福利评价系数决定的动态条件。具体而言，政府应当首先观察这些市场上的外生参数水平和自身社会福利评价系数，接着调节 PPP 合约中的收入分配比例和成本分配比例，最终使其满足如式

(5－5) 所示的动态条件。对参数 n 的任意取值，都存在一个与之对应的参数 m 取值，该取值会使政府效用达到最大化的目标①。

第二，针对上述最优"约定控制权"结构的动态条件中的其他因素，包括产品生产难度、消费者偏好水平等外生因素以及政府自身的社会福利评价系数，可以进一步分析，当成本分配比例 n 保持固定时，政府的社会福利评价系数越高，其分配给合作厂商的收入分配比例 m 也就越高；反之，当收入分配比例 m 保持固定时，政府的社会福利评价系数越高，其分配给合作厂商的成本分配比例 n 就越低。产生这种现象的原因是政府的社会福利评价系数越高，社会福利维度在政府效用函数中所占权重就越高，政府就越发"仁慈"，此时政府具有提高合作厂商在"运营期"获取的利润水平，以激励合作厂商提高产品质量水平，进而增进社会福利水平的动机。由引理 1 可知，高质量厂商在"运营期"阶段具有质量提高动机，并且高质量厂商的"运营期"利润水平越高，其质量提高动机的强度就越大；而由引理 2 可知，产品质量的提高会通过增加市场上每个消费者的效用水平，进而使社会福利水平提高。结合引理 1 和引理 2 可以推断，当政府比较"仁慈"时，社会福利水平的提高能够显著增加政府效用，因此，此时政府会通过提高厂商收入分配比例或降低厂商的成本分配比例的方式来激励其提高产品质量，进而促使社会福利水平和自身效用水平提高。此外，产品生产难度、消费者偏好水平等外生市场结构特征对参数 m 和参数 n 的相关关系则需要分情况讨论，并且这部分内容已在上一部分求解推导过程中予以分析，此处不再赘述。

第三，当政府与高质量厂商合作时，最优的"剩余控制权"结构是将"剩余控制权"完全分配给合作厂商，这一结果意味着合作厂商在质量改善投入等非确定性事项上拥有完全的自主权，此时合作厂商执行 PPP 合约产生的交易成本处于最低水平。产生这一结果的原因是通过降低合作厂商在"建设期"质量改善投入环节的交易成本水平，政府能够促使合作厂商提高在"运营期"提供的产品质量，进而提高社会福利水平和政府自身的效用水平。结合引理 1 和引理 2 可知，当高质量厂商在"建设期"阶段质量改善投入水平保持固定时，交易成本水平越低，其在"运营期"提供的产品质量就越高。因此，通过将"剩余控制权"完全赋予高质量厂商，政府能

① 此处的分析存在一个前提条件，即合作厂商（高质量厂商）在"建设期"期初选择接受政府提出的 PPP 合约。根据前文命题 1 的分析可知，高质量厂商接受 PPP 合约并不是一个必然发生的结果，而是需要满足一个动态的边界条件。因此，这里实际上隐含地假设了政府的最优"约定控制权"结构满足这项保证高质量厂商接受合约的边界条件。经检验，式 (5－5) 所示的最优"约定控制权"结构满足上述边界条件，进而验证了这一隐含假设的合理性。详细检验过程参见附录。

够使交易成本处于最低水平，即保证厂商提供的产品质量处于最高水平，进而将社会福利维持在最优水平，政府自身也会获得最优的效用水平。

5.2.2 政府与低质量厂商合作

接着，再考虑政府与低质量厂商合作时的最优 PPP 合约结构。类似地，通过联立上一部分中求解的市场均衡结果，我们可以得到此时政府的最优 PPP 合约结构，如式（5-6）所示：

$$\begin{cases} m = \dfrac{8\alpha n + 2(\theta_0 - \alpha)}{\theta_0 + 3\alpha} \\ l \in [0,1] \end{cases} \tag{5-6}$$

根据式（5-6）所示政府与低质量厂商合作条件下的最优 PPP 合约结构，可以得到如下引理：

引理 6　当政府与低质量厂商合作时，在政府的角度下，最优的“约定控制权”结构也是由收入分配比例 m 和成本分配比例 n 构成的一项动态条件，而“剩余控制权”结构不影响政府效用。

引理 6 具有如下三层含义：

第一，当政府与低质量厂商合作时，为了使自身效用满足最大化条件，政府也需要重点设计 PPP 合约的“约定控制权”结构，使之满足一项由产品生产难度、消费者偏好水平等外生市场结构特征以及自身社会福利评价系数决定的动态条件。具体而言，政府应当首先观察这些市场上的外生参数水平和自身社会福利评价系数，接着调节 PPP 合约中的收入分配比例和成本分配比例，最终使其满足如式（5-6）所示的动态条件。对参数 n 的任意取值，都存在一个与之对应的参数 m 取值，该取值会使政府效用达到最大化的目标①。

第二，针对上述最优“约定控制权”结构的动态条件中的其他因素，包括产品生产难度、消费者偏好水平等外生因素，可以进一步分析，当成本分配比例 n 保持固定时，产品生产难度越低或是消费者偏好水平越高，其分配给合作厂商的收入分配比例 m 也就越高；反之，当收入分配比例 m 保持固定时，产品生产难度越低或是消费者偏好水平越高，其分配给合作厂

① 与引理 5 中的分析类似，此处的分析也存在一个前提条件，即合作厂商（低质量厂商）在“建设期”期初选择接受政府提出的 PPP 合约，这一前提条件的含义是隐含地假设了政府的最优“约定控制权”结构满足这项保证低质量厂商接受合约的边界条件。经检验，式（5-6）所示的最优“约定控制权”结构满足上述边界条件，进而验证了这一隐含假设的合理性。详细检验过程参见附录。

商的成本分配比例 n 就越低。与引理 5 不同的是，当政府选择与低质量厂商合作时，其最优“约定控制权”结构不受自身社会福利评价系数的影响，产生这种结果的原因是低质量厂商不具有与高质量厂商类似的质量提高动机。结合引理 1 和引理 2 可知，低质量厂商在“建设期”会通过模仿高质量厂商的工艺技术来节省成本，在“运营期”也会以高质量厂商的产品质量为基准提供中等质量的产品，也就是说，无论在“建设期”还是在“运营期”，低质量厂商在制定与产品质量相关的策略时都会锚定高质量厂商的策略，低质量厂商自身不存在质量提高动机。因此，政府无法通过优化收入分配比例 m 或成本分配比例 n 来激励低质量厂商提高产品质量，也无法优化社会福利水平或是自身效用水平。

第三，当政府与低质量厂商合作时，“剩余控制权”结构不影响政府效用，也不影响市场均衡结果，也就是说，此时对政府而言，所有可能的“剩余控制权”结构之间不存在差异。产生这一现象的原因依然在于低质量厂商在“运营期”不具有质量提高动机。由引理 1 可知，无论交易成本为何种水平，低质量厂商的最优质量策略都具有唯一的确定值，所以，此时政府无法通过降低交易成本的方式来激励低质量厂商提高产品质量，进而也无法对社会福利水平或是政府自身效用水平产生作用。因此，对政府而言，无论采取何种“剩余控制权”结构，政府都只会获得同样的市场均衡结果，此时，任意的“剩余控制权”结构均是政府角度下的最优“剩余控制权”结构。

5.2.3 最优 PPP 合约结构与合作厂商的选择

结合引理 5 和引理 6，可以得到如下命题：

命题 2　在 PPP 模式下，政府的最优“约定控制权”结构受到合作厂商、产品生产难度、消费者偏好水平以及政府自身的社会福利评价系数等多项因素的影响，而最优“剩余控制权”仅取决于政府对合作厂商的选择。

命题 2 具有如下三层含义：

第一，当政府设计“约定控制权”结构时，其应当首先考虑对合作厂商的选择。当政府与不同厂商合作时，最优收入分配比例 m 和成本分配比例 n 之间的动态关系也有所不同。

第二，在选定合作厂商后，政府需要观察产品生产难度、消费者偏好水平等外生因素设计最优的收入分配比例和成本分配比例。如果政府与高质量厂商合作，则其还应考虑自身社会福利评价系数的影响，当成本分配比例固定时，政府的社会福利评价系数越高，最优收入分配比例越高。这是因为政府越“仁慈”，就越有动机通过提高合作厂商的收入分配比例来激励其增加质量改善投入，进而使产品质量提高，消费者境况得到改善。

第三，与“约定控制权”结构不同，最优的“剩余控制权”结构仅取决于一种因素——政府对合作厂商的选择。当政府与高质量厂商合作时，最优的“剩余控制权”结构是将“剩余控制权”完全分配给合作厂商以降低交易成本，进而提高社会福利水平和政府自身效用水平；当政府低质量厂商合作时，“剩余控制权”结构不影响市场均衡结果，同时也与政府效用无关，因此，此时对政府而言所有可能的“剩余控制权”结构之间无差异，任意“剩余控制权”结构都是政府角度下的最优“剩余控制权”结构。

5.2.4 政府选择合作厂商的依据

我们再考虑政府对不同合作厂商的选择问题。首先，将式（5-5）所示最优 PPP 合约结构代入政府效用函数，得到政府与高质量厂商合作时的均衡效用，如下所示：

$$v_{g,2}^{*} = \frac{49(\theta_0 - \alpha)^4(2\gamma + 1)^2}{18432\rho_0\beta} \tag{5-7}$$

接着将式（5-6）所示最优 PPP 合约结构代入政府效用函数，得到政府与低质量厂商合作时的均衡效用，如下所示：

$$v_{g,1}^{*} = \frac{(\theta_0 - \alpha)^3[49\gamma(\theta_0 - \alpha) - 2\theta_0 - 6\alpha]}{2304\rho_0\beta} \tag{5-8}$$

式（5-7）和式（5-8）中下标“1”和“2”分别表示政府与低质量厂商合作、政府与高质量厂商合作。对政府而言，如果 $v_{g,2}^{*} > v_{g,1}^{*}$，则与高质量厂商合作更优；反之，如果 $v_{g,2}^{*} < v_{g,1}^{*}$，则与低质量厂商合作更优。令 $v_{g,2}^{*} - v_{g,1}^{*} = 0$，可以得到政府选择合作厂商的边界条件，如下所示：

$$\gamma^{*} = \frac{1}{2} + \frac{\sqrt{\theta_0^2 + 2\alpha\theta_0 - 3\alpha^2}}{14(\theta_0 - \alpha)} \tag{5-9}$$

根据式（5-9），可以得到如下命题：

命题 3　政府对合作厂商的选择取决于其“仁慈”的程度。当政府较为“仁慈”时，其社会福利评价系数取值较大，此时与高质量厂商合作更优；反之，政府的社会福利评价系数取值较小，与低质量厂商合作更优。

命题 3 具有如下两层含义：

第一，政府对合作厂商的选择由其社会福利评价系数取值决定。社会福利评价系数的大小表示政府“仁慈”的程度，当政府较为“仁慈”时，社会福利在其效用函数中的比重较大，政府对社会福利较为重视，因此，改善消费者境况相较于提高 PPP 项目收益而言更为重要。此时，与高质量厂商合作能够提高供应的产品质量，使市场上的消费者能够购买到更高质量的产品，进而提高社会福利水平和政府自身效用，因此，与高质量厂商合作是更优的选择。

第二，当政府不够“仁慈”时，其社会福利评价系数取值较低，此时社会福利在政府效用函数中的比重相对较小，政府更重视从 PPP 项目中获得的收益水平。此时，与低质量厂商合作虽然无法激励其改善产品质量，对消费者境况无益，但能够降低产品的生产成本，进而提高政府从 PPP 项目中获得的收益水平，因此，与低质量厂商合作是更优的选择。

第三，政府的“仁慈”程度存在一个均衡点，表现为社会福利评价系数的阈值 γ^*。当政府的“仁慈”程度处于该均衡水平时，PPP 项目所产生的社会福利和经济利益对政府效用的边际贡献恰好相等，即该点是一单位社会福利与一单位经济效益的无差异点。

图 5－2 展示了政府的“仁慈”程度对其选择合作厂商的影响。图中 γ^* 是社会福利评价系数取值的阈值，政府可以通过观察自身社会福利评价系数取值与阈值的大小关系，进而判断出最优的合作厂商：当 $\gamma > \gamma^*$ 时，政府比较“仁慈”，此时与高质量厂商合作是更优选择；当 $\gamma < \gamma^*$ 时，政府不太“仁慈”，此时与低质量厂商合作是更优选择；当 $\gamma = \gamma^*$ 时，与高质量厂商合作、与低质量厂商合作之间无差异。

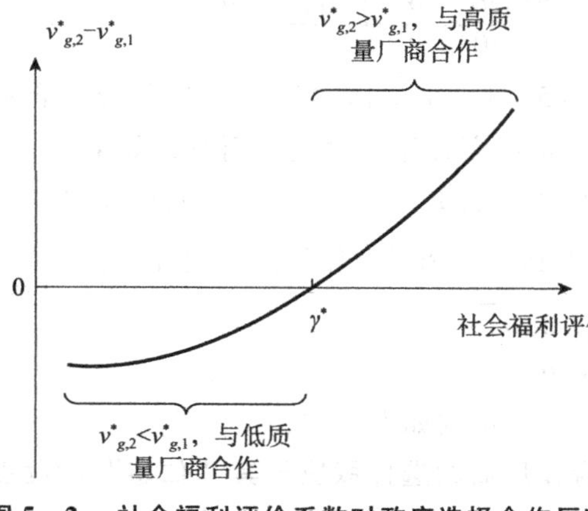

图 5－2　社会福利评价系数对政府选择合作厂商的影响

5.3 合约优化对消费者剩余的影响

我们最后考虑政府优化 PPP 合约结构的过程对社会福利水平的影响。我们采用消费者剩余指标表示社会福利水平，由前文的分析可知，虽然消费者剩余指标是政府效用的组成成分之一，但改善消费者境况不是政府的唯一目标。在一定条件下，提高 PPP 项目收益等事项的优先级更高，此时政府可能会做出有损社会福利的决策。因此，我们需要单独分析政府优化 PPP 合约结构的社会福利效应。

由上一部分的模型求解过程可知，市场竞争均衡状态下，消费者剩余水平为 $CS^* = \frac{7(\theta_0 - \alpha)^2 \bar{s}_2}{24}$。由此可知，“运营期”的消费者剩余水平取决于高质量厂商在“建设期”的质量改善投入水平。又根据前述分析可知，当政府与高质量厂商合作时，高质量厂商的最优质量改善投入水平如式（4－9）所示，再将式（5－5）所示的最优 PPP 合约结构代入，可以得到此时最优质量改善投入为：

$$\bar{s}_2^* = \frac{7(\theta_0 - \alpha)^2 (2\gamma + 1)}{96\rho_0\beta} \tag{5-10}$$

同理，由上一部分的模型求解可知，当政府与低质量厂商合作时，高质量厂商的最优质量改善投入水平不受政府与低质量厂商之间的 PPP 合约影响，其表达式为：

$$\bar{s}_2^* = \frac{7(\theta_0 - \alpha)^2}{96\rho_0\beta} \tag{5-11}$$

接着，分别将式（5－10）和式（5－11）代入消费者剩余表达式，可以得到政府与高质量厂商合作时以及政府与低质量厂商合作时，均衡状态下的消费者剩余水平，如下所示：

$$CS_2^* = \frac{49(\theta_0 - \alpha)^4 (2\gamma + 1)}{2304\rho_0\beta} \tag{5-12}$$

$$CS_1^* = \frac{49(\theta_0 - \alpha)^4}{2304\rho_0\beta} \tag{5-13}$$

式（5－12）和式（5－13）中下标“1”和“2”分别表示政府与低质量厂商合作、政府与高质量厂商合作。联系命题 2 可知，当政府较为“仁慈”时，其会选择与高质量厂商合作，此时消费者剩余水平如式（5－12）所示；当政府不够“仁慈”时，其会选择与低质量厂商合作，此时消费者剩余水平如式（5－13）所示。据此，我们可以推导出消费者剩余水平的最

终表达式，如下所示：①

$$CS^{*}=\begin{cases}\dfrac{49\ (\theta_0-\alpha)^4(2\gamma+1)}{2304\rho_0\beta}, & \gamma^{*}\geqslant\dfrac{1}{2}+\dfrac{\sqrt{\theta_0^2+2\alpha\theta_0-3\alpha^2}}{14(\theta_0-\alpha)}\\ \dfrac{49\ (\theta_0-\alpha)^4}{2304\rho_0\beta}, & \gamma^{*}<\dfrac{1}{2}+\dfrac{\sqrt{\theta_0^2+2\alpha\theta_0-3\alpha^2}}{14(\theta_0-\alpha)}\end{cases} \tag{5-14}$$

根据式（5－14），可以得到如下命题：

命题4　市场均衡状态下的消费者剩余水平也取决于政府“仁慈”的程度。当政府的社会福利评价系数高于一定阈值时，政府越“仁慈”，消费者剩余水平越高；当政府的社会福利评价系数小于阈值时，消费者剩余水平为产品生产难度、消费者偏好水平等外生因素决定的固定值，不受政府社会福利评价系数的影响。

命题4具有如下三层含义：

第一，市场均衡状态下的社会福利水平由政府的社会福利评价系数取值决定。联系命题3可知，政府“仁慈”程度不同时，其会选择不同的合作厂商，进而影响厂商供应的产品质量，因此会产生不同的消费者剩余水平。

第二，当社会福利评价系数取值高于阈值时，政府比较“仁慈”，消费者剩余水平与政府的社会福利评价系数呈正相关关系，这是由于此时政府会选择与高质量厂商合作，并通过激励高质量厂商提高产品质量来改善消费者境况；而当社会福利评价系数取值低于阈值时，政府不够“仁慈”，消费者剩余水平与政府的社会福利评价系数无关，这是由于此时政府会选择与低质量厂商合作，而低质量厂商供应的产品质量与PPP合约结构无关，不受政府影响，因此政府无法通过调整PPP合约结构来改善消费者境况。

第三，比较式（5－14）所示两种情况可知，政府足够“仁慈”时的消费者剩余水平始终高于政府不够“仁慈”时的消费者剩余水平。这是因为当政府足够“仁慈”时，改善消费者境况是政府优先考虑的事项；而当政府不够“仁慈”时，提高PPP项目收益才是优先考虑事项，改善消费者境况的优先级不高、不受重视。

图5－3展示了政府的“仁慈”程度对均衡状态下消费者剩余水平的影响。

---

① 假设当政府与高质量厂商合作、与低质量厂商合作无差异时，政府会选择与高质量厂商合作。

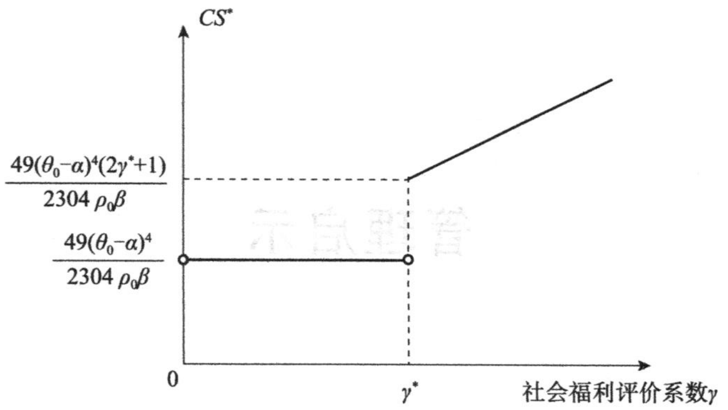

图 5－3 社会福利评价系数对消费者剩余水平的影响

6.

管理启示

本文在政府通过 PPP 模式向居民供应公共品的背景下，讨论了政府与合作厂商之间缔结的最优 PPP 合约结构问题。考虑到对于竞争性公共品的供应，政府需要在 PPP 项目执行过程同时考虑两组关系：政府与合作厂商之间的“合作”关系、政府与非合作厂商之间的“竞争”关系，我们分别采用不完全合约框架和市场垂直竞争框架来刻画这两组关系，最终构建了一个包含政府、厂商和消费者三方主体的两阶段完全信息动态博弈模型，进而通过理论推导分析了与最优 PPP 合约结构相关的三方面现实问题：对厂商，何种结构的 PPP 合约是可接受的？对政府，何种结构的 PPP 合约是最优的？对市场，PPP 合约结构会如何影响消费者境况？根据公开资料可知，目前我国的 PPP 项目管理库中城镇综合开发、教育、旅游、医疗卫生、体育、养老、农业、其他等 8 个行业领域的 PPP 项目符合上述具有部分竞争性质的公共品语境特征，本文的理论模型和研究结果可以应用到这些领域的 PPP 项目实践中，对 PPP 项目的现实治理可能具有以下启示：

启示 1　为保证合作厂商接受政府提供的 PPP 合约，政府应当重点设计合约的“约定控制权”结构，避免合作厂商因享受过少收入或承担过多成本而拒绝接受合约。

合作厂商在“建设期”期初接受政府提供的 PPP 合约是 PPP 项目能够成功执行的前提条件，只有在此条件下讨论最优 PPP 合约结构才有意义。通过命题 1 的分析，我们发现合作厂商是否接受 PPP 合约取决于合约中的“约定控制权”结构，包括厂商在“运营期”的收入分配比例和成本分配比例，而不受合约的“剩余控制权”影响。具体而言，当成本分配比例固定时，要使合作厂商接受 PPP 合约，政府需使合作厂商享受的收入分配比例高于一定阈值；当收入分配比例固定时，要使合作厂商接受 PPP 合约，政府需使合作厂商承担的成本分配比例低于一定阈值。由此可知，在现实中，为了避免合作厂商拒绝接受 PPP 合约的情况，政府需要重点设计 PPP 合约的“约定控制权”结构，具体可以通过两种路径来激励厂商：第一，提高厂商享受的收入分配比例；第二，降低厂商承担的成本分配比例。两种路径在现实中的PPP项目实践中都可以找到对应案例：一方面，对于体育等领域的PPP项目，其不具有长期稳定的收入途径或是收入难以使用货币来衡量，因此政府常常通过财政预算出资来分担合作厂商的成本，满足PPP项目的融资需求；另一方面，对于养老等具有长期稳定收入途径的领域，政府常常以赋予合作厂商一定年限收取付费权的方式来使厂商享受PPP项目收入。

启示2　为设计最优的PPP合约结构，政府应首先根据自身“仁慈”程度选择合作厂商，接着考察与产品和消费者等相关的外生特征以确定“约定控制权”需满足的动态条件，最后确定相应的“剩余控制权”结构。

在本文的模型下，PPP合约结构包含两个维度：一是“约定控制权”结构，包括“运营期”的收入分配比例和成本分配比例；二是“剩余控制权”结构，该结构决定合作厂商在质量改善投入过程中的交易成本水平。通过命题2和命题3的分析，我们发现上两个维度下的最优合约结构均受到政府对合作厂商的选择，而该选择取决于政府自身的“仁慈”程度，即政府对社会福利的评价系数水平。因此，在设计PPP合约结构时，政府应首先依据自身的社会福利评价系数选择对应的合作厂商，之后设计对应的最优“约定控制权”结构和“剩余控制权”结构。具体而言，对旅游、医疗卫生等领域的PPP项目，政府通常会选择以高质量厂商合作，并将剩余控制权赋予厂商；而对农业等领域的PPP项目，政府对合作厂商的质量要求则较为放宽，并且通常通过一定机构代表政府方参与项目经营，保留部分剩余控制权。

启示3　政府自身的“仁慈”程度还会通过决定政府对改善消费者境况的重视程度和优先级次影响消费者剩余水平，进而在优化PPP合约结构的过程中影响社会福利水平。

本文的模型采用消费者剩余指标来表示社会福利水平，消费者境况越好，社会福利水平越高，而政府的决策依据除了社会福利水平外，还包括PPP项目收益水平。通过命题4的分析，我们发现政府自身的社会福利评价系数水平将会通过影响政府对合作厂商的选择来对消费者剩余产生作用。具体而言，当政府较为“仁慈”时，其会通过与高质量厂商合作来提高供应的产品质量，进而改善消费者境况，提高社会福利水平；而当政府不够“仁慈”时，其会与低质量厂商合作，此时社会福利处于固定的较低水平。在现实的PPP项目实践中，我们也能够观察到上述结论的案例印证。例如，对于城镇综合开发等外部性较为明显的领域，政府的社会福利评价系数较高，政府通过PPP项目供应的产品服务质量通常高于市场自发供应水平，在PPP项目执行完成后，消费者境况存在明显提升。

7.

结语

本文以政府通过 PPP 模式满足居民对竞争性公共品的需求为背景，对 PPP 项目执行的建设过程和运营过程进行建模、求解。基于对 PPP 项目现实治理和评价逻辑的梳理和归纳，我们重点考虑了 PPP 模式下的两组互动关系：通过不完全合约框架刻画政府与合作厂商的“合作”关系，通过市场垂直竞争框架刻画政府与非合作厂商的“竞争”关系。最终，通过理论建模讨论了与 PPP 合约结构相关的三方面现实问题：厂商愿意接受何种结构的合约？政府的最优合约结构具有何种特征？合约结构的优化过程会如何影响社会福利？

研究结果表明：第一，厂商是否接受 PPP 合约不受“剩余控制权”结构影响，仅由政府提出的“约定控制权”结构决定，高质量厂商更容易接受政府提供的 PPP 合约，而低质量厂商仅接受对自己有利的合约。第二，政府的最优“约定控制权”结构是需满足受合作厂商选择、产品生产难度、消费者偏好水平等多项因素影响的一项动态关系，而最优“剩余控制权”仅取决于政府对合作厂商的选择。第三，市场均衡状态下的消费者剩余水平取决于政府“仁慈”的程度。当政府足够“仁慈”时，改善消费者境况是政府优先考虑的事项，通过激励厂商改善产品质量，政府可以提高消费者剩余水平；而当政府不够“仁慈”时，提高 PPP 项目收益的优先级更高，政府无动机改善消费者境况，此时消费者剩余水平处于较低的固定值。

本文的研究结论对 PPP 项目现实治理具有一定启示意义。在现实的 PPP 模式治理过程中，政府应首先依据自身对社会福利的评价情况选择合作厂商，接着观察市场上的产品生产难度特征和消费者偏好特征，设计符合最优条件的“约定控制权”结构，最后将最优水平的“剩余控制权”赋予合作厂商。

本文在分析最优 PPP 合约结构时基于市场处于寡头垄断和无新厂商进入的条件，考虑市场处于垄断竞争状态和有新厂商进入市场将是下一步研究的方向。

参考文献

[1] 安慧，郑寒露，郑传军．不完全契约视角下 PPP 项目合作剩余分配的博弈分析 [J]．土木工程与管理学报，2014，31 (02)：73 - 77.

[2] 陈其林，韩晓婷．准公共产品的性质：定义、分类依据及其类别 [J]．经济学家，2010 (07)：13 - 21.

[3] 陈振明．非市场缺陷的政治经济学分析——公共选择和政策分析学者的政府失败论 [J]．中国社会科学，1998 (06)：3 - 5.

[4] 杜彤伟，张屹山，李天宇．财政竞争、预算软约束与地方财政可持续性 [J]．财经研究，2020，46 (11)：93 - 107.

[5] 冯海波，郑婷婷．不同财政约束条件下的农村公共物品供给 [J]．当代经济研究，2005 (04)：56 - 59.

[6] 郝云宏，汪茜．混合所有制企业股权制衡机制研究——基于“鄂武商控制权之争”的案例解析 [J]．中国工业经济，2015 (03)：148 - 160.

[7] 黄毅，马耀峰，薛华菊．中国入境旅游服务质量时空态势演变与区域影响因素 [J]．地理学报，2013，68 (12)：1689 - 1701.

[8] 李俊生．新市场财政学：旨在增强财政学解释力的新范式 [J]．中央财经大学学报，2017 (05)：3 - 11.

[9] 李俊生，姚东旻．互联网搜索服务的性质与其市场供给方式初探——基于新市场财政学的分析 [J]．管理世界，2016 (08)：1 - 15.

[10] 刘婵，付红艳．药品质量差异、医疗保险自付比例与“仿制药竞争悖论” [J]．产业组织评论，2013，7 (04)：129 - 139.

[11] 卢闯，张伟华，崔程皓．市场环境、产权性质与企业纵向一体化程度 [J]．会计研究，2013 (07)：50 - 55 + 97.

[12] 聂娟，辛士波．我国高等教育质量差异化及对区域经济增长的效应分析 [J]．中国软科学，2018 (11)：58 - 65.

[13] 孙慧，叶秀贤．不完全契约下 PPP 项目剩余控制权配置模型研究 [J]．系统工程学报，2013，28 (02)：227 - 233.

[14] 王雷．专用性投资、信任与创业企业控制权治理 [J]．管理科学，2014，27 (05)：50 - 68.

[15] 王雷．公司创业投资支持企业控制权配置实证研究 [J]．管理科学，2016，29 (04)：80 - 93.

[16] 卫志民．政府干预的理论与政策选择 [M]．北京大学出版社，2006.

[17] 吴敬琏．中国：政府在市场经济转型中的作用 [J]．河北学刊，2004 (04)：

39 - 46.

[18] 詹姆士·布坎南．寻求租金和寻求利润 [J]. 经济社会体制比较，1988 (6)：16 - 22.

[19] 赵晔．我国 PPP 项目失败案例分析及风险防范 [J]. 地方财政研究，2015 (06)：52 - 56.

[20] 张兵，王雅，刘欣，丁翔．PPP 项目失败的组态研究——基于 30 个案例的清晰集定性比较分析 [J]. 公共行政评论，2019，12 (04)：65 - 81 + 191.

[21] 张良文，曾雁冰，方亚．养老机构服务质量综合评价指标体系的构建及应用 [J]. 中国卫生统计，2019，36 (04)：525 - 527 + 531.

[22] 张凌云，齐晔．地方环境监管困境解释——政治激励与财政约束假说 [J]. 中国行政管理，2010 (03)：93 - 97.

[23] 张维迎．博弈论与信息经济学 [M]. 上海：格致出版社，上海三联书店，上海人民出版社，2008.

[24] 张喆，贾明，万迪昉．PPP 背景下控制权配置及其对合作效率影响的模型研究 [J]. 管理工程学报，2009，23 (03)：23 - 29 + 22.

[25] 赵德余，顾海英，刘晨．双寡头垄断市场的价格竞争与产品差异化策略——一个博弈论模型及其扩展 [J]. 管理科学学报，2006 (05)：1 - 7.

[26] 周雪光．项目制：一个"控制权"理论视角 [J]. 开放时代，2015 (02)：82 - 102 + 5.

[27] Alberto A, Campante F R, Guido T. Why is Fiscal Policy Often Procyclical? [J]. Journal of the European Economic Association, 2010 (5): 5.

[28] Ameden H, Rausser G. Incomplete contracts and public-private partnerships [M] //The Routledge Companion to Public-Private Partnerships. Routledge, 2013: 149 - 170.

[29] Bennett, John, and Elisabetta Iossa. Delegation of contracting in the private provision of public services [J]. Review of Industrial Organization, 2006, 29.1 (2): 75 - 92.

[30] Bettignies J E D, Ross T W. Public-private partnerships and the privatization of financing: An incomplete contracts approach [J]. International Journal of Industrial Organization, 2009, 27 (3): 358 - 368.

[31] Bin, R, Chen, Y, Stephen Chiu. Public-private partnerships: Task interdependence and contractibility [J]. International Journal of Industrial Organization, 2010.

[32] Buchanan. J. M. The Demand and Supply of Public Goods [M]. Rand McNally & Company, 1968.

[33] Demsetz H. The Private Production of Public Goods [J]. Journal of Law and Economics, 1970, 13 (2): 293 - 306.

[34] Dixit A K, Stiglitz J E. Monopolistic Competition and Optimum Product Diversity [J]. American Economic Review, 1977, 67.

[35] Douglas G B, Robert K R. Control Rights, Priority Rights, and the Conceptual Foundations of Corporate Reorganizations [J]. Virginia Law Review, 2001, 87 (5): 921 - 959.

[36] Gabszewicz J J, Thisse J F. Price competition, quality and income disparities [J]. Journal of Economic Theory, 1979, 20 (3): 0 - 359.

[37] Grossman S J, Hart O D. The Costs and Benefits of Ownership: A Theory of Vertical and Lateral Integration [J]. Journal of Political Economy, 1986, 94 (4): 691 - 719.

[38] Hart O, Moore J. Property Rights and the Nature of the Firm [J]. Journal of Political Economy, 1990, 98 (6): 1119 - 1158.

[39] Hart, Oliver D. Firms, contracts, and financial structure [M]. Clarendon, 1995.

[40] Hart O., Shleifer A, Vishny R. W.. The Proper Scope of Government: Theory and an Application to Prisons [J]. Quarterly Journal of Economics, 1997, 112 (4): 1127 - 1161.

[41] Hart Oliver. Incomplete Contracts and Public Ownership: Remarks, and an Application to Public-Private Partnerships [J]. Economic Journal, 2003, 113 (486): C69-C76.

[42] Hodge G A, Greve C. Public-Private Partnerships: An International Performance Review [J]. Public Administration Review, 2007.

[43] Hoppe E I, Schmitz P W. Public-private partnerships versus traditional procurement: Innovation incentives and information gathering [J]. Rand Journal of Economics, 2013, 44 (1): 56 - 74.

[44] Hoppe E I, Kusterer D J, Schmitz P W. Public-private partnerships versus traditional procurement: An experimental investigation [J]. Journal of Economic Behavior & Organization, 2013, 89: 145 - 166.

[45] Maskin E., Tirole J.. Two Remarks on the Property-Rights Literature [J]. Review of Economic Studies, 1999a (1): 139 - 149.

[46] Maskin E., Tirole J.. Unforeseen Contingencies and Incomplete Contracts [J]. Review of Economic Studies, 1999b (1): 83 - 114.

[47] Maskin E, Tirole J. Public-Private Partnerships and Government Spending Limits [J]. International Journal of Industrial Organization, 2008, 26 (2): 412 - 420.

[48] Motta, M. Endogenous Quality Choice: Price vs. Quantity Competition [J]. Journal of Industrial Economics, 41, 113 - 131.

[49] Murphy K M, Shleifer A, Vishny R W. Why Is Rent-Seeking So Costly to Growth? [J]. The American Economic Review, 1993, 83 (2): 409 - 414.

[50] Pio Baake, Anette Boom. Vertical Product Differentiation, Network Externalities, and Compatibility Decisions [J]. International Journal of Industrial Organization, 2001, 19 (1 - 2): 267 - 284.

[51] Rhee K E, Thomadsen R. Behavior-Based Pricing in Vertically Differentiated Industries [J]. Management Science, 2016, 63 (8): 2729 - 2740.

[52] Robert D. Tollison. Rent Seeking: A Survey [J]. Kyklos., 1982, 35 (4): 575 - 602.

[53] Ronnen, U. Minimum Quality Standards, Fixed Costs, and Competition [J]. Rand Journal of Economics, 22, 490 - 504.

[54] Samuelson, Paul A. The Pure Theory of Public Expenditure [J]. The Review of Economics and Statistics, 1954, 36 (4): 387 - 389.

[55] Savas, Emanuel S. Privatization and public-private partnerships [M]. 2000.

[56] Sehmidtz. David. Contracts and Public Goods [J]. Harvard Journal of Law and Public Policy, 1987, 10 (2): 475 - 503.

[57] Shaked A, Sutton J. Natural oligopolies [J]. Econometrica, 1983, 51 (5): 1469 - 1483.

[58] Shaked A, Sutton J. Relaxing Price Competition Through Product Differentiation [J]. The Review of Economic Studies, 1982, 49 (1): 3.

[59] Wang X H. A Note on the High-quality Advantage in Vertical Differentiation Models [J]. Bulletin of Economic Research, 2003, 55: 91 - 99.

[60] Wauthy X. Quality Choice in Models of Vertical Differentiation. The Journal of Industrial Economics, 1996, 44 (3): 345 - 353.

附　录

对存在三家竞争性厂商时市场均衡无解的证明

接下来，我们将证明当市场内存在三家竞争性厂商时，市场均衡无解。

证明：

考虑一个准公共品行业，该行业拥有一条由三家竞争性厂商构成的供应链，三家竞争性厂商分别向消费者提供三种不同质量的产品。为便于表述，分别令三家厂商为厂商1、厂商2和厂商3，厂商3提供的产品质量最高，厂商2次之，厂商1提供的产品质量最低。其他参数设定与本文采用的市场垂直竞争框架相同。

根据上述设定，我们可以推导出三家厂商的市场需求函数分别为 $q_1 = \frac{p_2 - p_1}{s_2 - s_1} - \frac{p_1}{s_1}$、$q_2 = \frac{p_3 - p_2}{s_3 - s_2} - \frac{p_2 - p_1}{s_2 - s_1}$、$q_3 = \theta_0 - \frac{p_3 - p_2}{s_3 - s_2}$。我们采取如下思路求解市场均衡结果：分别联立和求解两家厂商的利润最大化问题，则存在厂商2与厂商3、厂商1与厂商3、厂商1与厂商2等三种情况，如果三种情况下市场均衡均无解，便可以证明存在三家竞争性厂商时市场均衡无解。

(1) 求解厂商2与厂商3的利润最大化问题

首先，我们考虑和求解厂商2和厂商3的利润最大化问题。厂商2和厂商3的利润函数分别为：

$$\begin{cases} \pi_2 = (p_2 - \alpha s_2)\left(\frac{p_3 - p_2}{s_3 - s_2} - \frac{p_2 - p_1}{s_2 - s_1}\right) \\ \pi_3 = (p_3 - \alpha s_3)\left(\theta_0 - \frac{p_3 - p_2}{s_3 - s_2}\right) \end{cases} \tag{A-1}$$

依次计算厂商2和厂商3利润最大化的一阶条件 $\frac{\partial \pi_i}{\partial p_i} = 0$，$\frac{\partial \pi_i}{\partial s_i} = 0 (i = 2,3)$，再将两个条件联立后，便可以得到厂商2和厂商3的最优价格策略和最优质量策略，如式（A-2）所示：

$$\begin{cases} p_2^* = \dfrac{(\theta_0 + 2\alpha - 2)s_1 s_2 + \theta_0 s_2^2 - (\theta_0 - \alpha - 2)s_1 s_3 - (\theta_0 + 3\alpha)s_2 s_3}{3s_1 + s_2 - 4s_3} \\ p_3^* = \dfrac{-(\theta_0 - \alpha + 1)s_1 s_2 + (\theta_0 + 2\alpha + 1)s_1 s_3 + [(2\theta_0 - \alpha)s_2 - 2(\theta_0 + \alpha)s_3]s_3}{3s_1 + s_2 - 4s_3} \\ s_2^* = \dfrac{-\theta_0 + \alpha + 2}{\theta_0 - \alpha}s_1 \\ s_3^* = \dfrac{\theta_0 - \alpha + 1}{2(\theta_0 - \alpha)}s_1 \end{cases} \tag{A-2}$$

将式（A－2）中两家厂商的最优质量策略代入最优价格策略可知，厂商2和厂商3的最优价格策略无解（$p_2^*, p_3^* \to +\infty$）。由此可知，仅考虑厂商2和厂商3的情况下，市场均衡无解。

（2）求解厂商1与厂商3的利润最大化问题

其次，我们考虑和求解厂商1和厂商3的利润最大化问题。厂商1和厂商3的利润函数分别为：

$$\begin{cases} \pi_1 = (p_1 - \alpha s_1)\left(\dfrac{p_2 - p_1}{s_2 - s_1} - \dfrac{p_1}{s_1}\right) \\ \pi_3 = (p_3 - \alpha s_3)\left(\theta_0 - \dfrac{p_3 - p_2}{s_3 - s_2}\right) \end{cases} \tag{A-3}$$

依次计算厂商1和厂商3利润最大化的一阶条件 $\dfrac{\partial \pi_i}{\partial p_i} = 0$，$\dfrac{\partial \pi_i}{\partial s_i} = 0$（$i = 1,3$），再将两个条件联立后，便可以得到厂商1和厂商3的最优价格策略和最优质量策略，如式（A－4）所示：

$$\begin{cases} p_1^* = s_1(\theta_0 - 1) \\ p_3^* = \dfrac{(\theta_0 + \alpha)s_3 + (\theta_0 - \alpha - 2)s_2}{2} \\ s_1^* = s_2 \\ s_3^* = \dfrac{-\theta_0 + \alpha + 2}{\theta_0 - \alpha}s_2 \end{cases} \tag{A-4}$$

将式（A－4）中两家厂商的最优质量策略代入最优价格策略，便可以得到厂商1的市场需求范围 $q_1 < 0$，而厂商3的市场需求范围 $q_3 = 0$。此时，厂商1和厂商3均无法从市场竞争中获取正的利润，其会选择退出市场，不参与市场竞争，进而市场会转变为由厂商2垄断的结构，这一结果显然满足本文模型中市场处于寡头垄断的假设，应当予以剔除。因此，仅考虑厂商1和厂商3的情况下，市场均衡无解。

（3）求解厂商 1 与厂商 2 的利润最大化问题

最后，我们考虑和求解厂商 1 和厂商 2 的利润最大化问题。厂商 1 和厂商 2 的利润函数分别为：

$$\begin{cases}\pi_1 = (p_1 - \alpha s_1)\left(\dfrac{p_2 - p_1}{s_2 - s_1} - \dfrac{p_1}{s_1}\right) \\ \pi_2 = (p_2 - \alpha s_2)\left(\dfrac{p_3 - p_2}{s_3 - s_2} - \dfrac{p_2 - p_1}{s_2 - s_1}\right)\end{cases} \tag{A-5}$$

依次计算厂商 1 和厂商 2 利润最大化的一阶条件 $\dfrac{\partial \pi_i}{\partial p_i} = 0$，$\dfrac{\partial \pi_i}{\partial s_i} = 0$ $(i = 1,2)$，再将两个条件联立后，便可以得到厂商 1 和厂商 2 的最优价格策略和最优质量策略，如式（A-6）所示：

$$\begin{cases}p_1^* = s_1(\theta_0 - 1) \\ p_2^* = (2\theta_0 - \alpha - 2)s_2 \\ s_1^* = s_3 \\ s_2^* = \dfrac{2s_1}{s_1 + s_3}s_3\end{cases} \tag{A-6}$$

将式（A-6）中两家厂商的最优质量策略代入最优价格策略，可以得到厂商 1 和厂商 2 的市场需求范围 q_1，$q_2 < 0$。此时，厂商 1 和厂商 2 均无法从市场竞争中获取正的利润，其会选择退出市场，不参与市场竞争，进而市场会转变为由厂商 3 垄断的结构，这一结果显然满足本文模型中市场处于寡头垄断的假设，应当予以剔除。因此，仅考虑厂商 1 和厂商 2 的情况下，市场均衡无解。

综上，当市场内存在三家竞争性厂商时，市场均衡总是无解。证毕。

高质量厂商在“运营期”阶段的质量提高动机

在下文中，我们将证明在市场均衡结果下，产品质量的提高能够从两个方面提高高质量厂商在“运营期”阶段获得的利润水平，因此高质量厂商在“运营期”阶段具有质量提高动机。

证明：

首先，由式（4-1）可知，高质量厂商在“运营期”阶段的利润函数为 $\pi_2 = (p_2 - \alpha s_2)q_2$，该式由两部分组成：边际利润 $(p_2 - \alpha s_2)$ 和市场需求 q_2。其中，将式（4-4）和式（4-5）所示市场均衡结果代入式（4-2）所示的市场需求函数，可以得到市场均衡状态下高质量厂商的市场需求 $q_2^* = \dfrac{7(\theta_0 - \alpha)}{12}$，与产品质量 s_2 无关。因此，将高质量厂商的利润函数进行符号变换，可以得到：

$$\pi_2/q_2 = (p_2/s_2 - \alpha)s_2 \tag{A-7}$$

其中，π_2/q_2 表示高质量厂商的边际利润水平，即高质量厂商在“运营期”阶段每卖出一个单位产品所能够获得的利润水平。观察式（A－7）的等式右端可以得知，高质量厂商的边际利润水平由两部分组成：一是产品质量 s_2（以下称之为边际利润的质量贡献），二是质量控制的条件下产品价格高出产品边际成本的部分（$p_2/s_2 - \alpha$）（以下简称边际利润的价格贡献）。据此，我们推导得到，产品质量的提高可以从以上两个方面提高高质量厂商的边际利润水平：

第一，当（$p_2/s_2 - \alpha$）保持固定时，有 $\frac{\partial \pi_2/q_2}{\partial s_2} = 1$，即此时高质量厂商的边际利润水平与产品质量呈正比例关系，产品质量每提高一个单位，其边际利润水平也会对应地提高一个单位。

第二，将高质量厂商的最优价格策略代入边际利润的价格贡献（$p_2/s_2 - \alpha$）可以进一步得到 $\frac{\partial(p_2/s_2 - \alpha)}{\partial s_2} = \frac{\theta_0 - \alpha}{4} > 0$，该式表明，产品质量的提高还会使边际利润的价格贡献增加。

综上可知，我们从边际利润角度证明，产品质量的提高分别会从边际利润的质量贡献和边际利润的价格贡献两个维度对高质量厂商所获利润造成正向作用。因此，为了获取更高的利润水平，高质量厂商在“运营期”阶段具有提高产品质量的动机。证毕。

高质量厂商产生利润优势的两方面原因

在下文中，我们将证明高质量厂商的“运营期”利润水平高于低质量厂商存在两方面的原因：高质量厂商拥有更大的市场需求范围，并且高质量厂商具有更高的定价水平。

证明：

由前文对厂商利润函数的考察分析可知，厂商的“运营期”利润水平由市场需求范围和边际利润水平两个方面决定，因此，我们分别比较两家厂商在市场均衡状态下这两方面的指标水平。

首先，我们比较两家厂商的市场需求范围。将式（4－4）和式（4－5）所示的市场均衡结果代入式（4－2）所示的市场需求函数，可以得到市场均衡状态下两家厂商的市场需求范围 $q_1^* = \frac{7(\theta_0 - \alpha)}{24}$ 和 $q_2^* = \frac{7(\theta_0 - \alpha)}{12}$，由此，可以进一步得到 $q_2^* - q_1^* = \frac{7(\theta_0 - \alpha)}{24} > 0$。这一结果表明，在市场均衡状态下，高质量厂商满足的市场需求范围大于低质量厂商满足的市场需求范围（准确地说，高质量厂商的市场需求范围是低质量厂商的 2 倍），因此，当产品的边际利润保持固定时，更大的市场需求范围将使高质量厂商获得更高的利润水平，即与低质量厂商相比，高质量厂商在市场需求方面存在一定优势。

其次，我们比较两家厂商的边际利润水平。根据式（4-4）和式（4-5）所示的市场均衡结果可知，高质量厂商的边际利润水平为 $p_2^* - \alpha s_2^* = \frac{(\theta_0 - \alpha)\bar{s}_2}{4}$，低质量厂商的边际利润水平为 $p_1^* - \alpha s_1^* = \frac{(\theta_0 - \alpha)\bar{s}_2}{14}$，由此，可以进一步得到 $(p_2^* - \alpha s_2^*) - (p_1^* - \alpha s_1^*) = \frac{5(\theta_0 - \alpha)\bar{s}_2}{28} > 0$。这一结果表明，在市场均衡状态下，高质量厂商的边际利润水平也高于低质量厂商的边际利润水平（准确地说，高质量厂商的边际利润水平是低质量厂商的 3.5 倍），因此，当厂商满足的市场需求范围保持固定时，更高的边际利润水平将使高质量厂商获得更高的利润水平。边际利润的实际含义是产品价格高于厂商边际成本的超额部分，其他因素不变时，产品定价越高，边际利润水平也就越高，因此，上述结果表明，与低质量厂商相比，高质量厂商在定价方面也存在一定优势。

综上，与低质量厂商相比，高质量厂商在市场需求范围和定价水平两个方面均具备优势，而这两方面优势使高质量厂商能够获得更高的利润水平。证毕。

社会福利水平和厂商利润水平对影响因素敏感程度的比较

在下文中，我们将证明，与厂商利润水平相比，社会福利水平对高质量厂商可生产的最高质量水平、产品生产难度、消费者偏好水平等三方面影响因素更为敏感。

证明：

首先，比较两者对高质量厂商最高质量水平的敏感程度。由式（4-6）所示的厂商利润表达式和式（4-7）所示的社会福利表达式可知，厂商利润水平对高质量厂商最高质量水平的敏感程度为 $\frac{\partial \pi_1^*}{\partial \bar{s}_2} = \frac{(\theta_0 - \alpha)^2}{48}$、$\frac{\partial \pi_2^*}{\partial \bar{s}_2} = \frac{7(\theta_0 - \alpha)^2}{48}$，而社会福利水平对高质量厂商最高质量水平的敏感程度为 $\frac{\partial CS^*}{\partial \bar{s}_2} = \frac{7(\theta_0 - \alpha)^2}{24}$。进而可以计算得到 $\frac{\partial CS^*}{\partial \bar{s}_2} - \frac{\partial \pi_1^*}{\partial \bar{s}_2} = \frac{13(\theta_0 - \alpha)^2}{48} > 0$，

并且 $\frac{\partial CS^*}{\partial \bar{s}_2}-\frac{\partial \pi_2^*}{\partial \bar{s}_2}=\frac{7(\theta_0-\alpha)^2}{48}>0$。这一结果表明，与厂商利润水平相比，社会福利水平对高质量厂商可生产的最高质量水平具有更高的敏感程度。

其次，比较两者对产品生产难度的敏感程度。由式（4－6）和式（4－7）可知，厂商利润水平对产品生产难度的敏感程度为 $\frac{\partial \pi_1^*}{\partial \alpha}=-\frac{(\theta_0-\alpha)\bar{s}_2}{24}$、$\frac{\partial \pi_2^*}{\partial \alpha}=-\frac{7(\theta_0-\alpha)\bar{s}_2}{24}$，而社会福利水平对产品生产难度的敏感程度为 $\frac{\partial CS^*}{\partial \alpha}=-\frac{7(\theta_0-\alpha)\bar{s}_2}{12}$。进而可以计算得到 $\left|\frac{\partial CS^*}{\partial \alpha}\right|-\left|\frac{\partial \pi_1^*}{\partial \alpha}\right|=\frac{13(\theta_0-\alpha)\bar{s}_2}{24}>0$，并且 $\left|\frac{\partial CS^*}{\partial \alpha}\right|-\left|\frac{\partial \pi_2^*}{\partial \alpha}\right|=\frac{7(\theta_0-\alpha)\bar{s}_2}{24}>0$。这一结果表明，与厂商利润水平相比，社会福利水平对产品生产难度具有更高的敏感程度。

最后，比较两者对消费者偏好水平的敏感程度。由式（4－6）和式（4－7）可知，厂商利润水平对消费者偏好水平的敏感程度为 $\frac{\partial \pi_1^*}{\partial \theta_0}=\frac{(\theta_0-\alpha)\bar{s}_2}{24}$、$\frac{\partial \pi_2^*}{\partial \theta_0}=\frac{7(\theta_0-\alpha)\bar{s}_2}{24}$，而社会福利水平对消费者偏好水平的敏感程度为 $\frac{\partial CS^*}{\partial \theta_0}=\frac{7(\theta_0-\alpha)\bar{s}_2}{12}$。进而可以计算得到 $\frac{\partial CS^*}{\partial \theta_0}-\frac{\partial \pi_1^*}{\partial \theta_0}=\frac{13(\theta_0-\alpha)\bar{s}_2}{24}>0$，并且 $\frac{\partial CS^*}{\partial \theta_0}-\frac{\partial \pi_2^*}{\partial \theta_0}=\frac{7(\theta_0-\alpha)\bar{s}_2}{24}>0$。这一结果表明，与厂商利润水平相比，社会福利水平对消费者偏好水平具有更高的敏感程度。

综上，与厂商利润水平相比，社会福利水平对高质量厂商可生产的最高质量水平、产品生产难度、消费者偏好水平等三方面影响因素均具有更高的敏感程度。证毕。

合作厂商的最优质量改善投入水平与各影响因素的相关关系证明

在下文中，我们将证明，当政府在“建设期”期初分别与高质量厂商和低质量厂商合作时，合作厂商的最优质量改善投入水平与其影响因素的相关关系。

证明：

首先，考虑合作厂商为高质量厂商的情况。由式（4－9）所示的最优质量改善投入表达式可以分别计算得到：$\frac{\partial \bar{s}_2^*}{\partial m}=\frac{7(\theta_0-\alpha)(\theta_0+3\alpha)}{96\rho\beta}>0$、

$\frac{\partial \bar{s}_2^*}{\partial n} = -\frac{7\alpha(\theta_0 - \alpha)}{24\rho\beta} < 0$、$\frac{\partial \bar{s}_2^*}{\partial \rho} = -\frac{7\alpha(\theta_0 - \alpha)(\theta_0 m + 3\alpha m - 4\alpha n)}{96\rho^2\beta} < 0$，以及 $\frac{\partial \bar{s}_2^*}{\partial \alpha} = \frac{7(\theta_0 m - 3\alpha m - 2\theta_0 n + 4\alpha n)}{48\rho\beta} < 0$、$\frac{\partial \bar{s}_2^*}{\partial \theta_0} = \frac{7(\theta_0 m + \alpha m + 2\alpha n)}{48\rho\beta} > 0$。上述结果表明，在 PPP 合约结构方面，合作厂商的最优质量改善投入水平与收入分配比例呈正相关关系，与其成本分担比例呈负相关关系，与交易成本呈负相关关系；在外生的市场结构特征方面，合作厂商的最优质量改善投入水平还与产品生产难度呈负相关关系，与消费者偏好水平呈正相关关系。

其次，考虑合作厂商为低质量厂商的情况。由式（4-16）所示的最优质量改善投入表达式可以分别计算得到：$\frac{\partial \bar{s}_1^*}{\partial m} = 0$、$\frac{\partial \bar{s}_1^*}{\partial n} = 0$、$\frac{\partial \bar{s}_1^*}{\partial \rho} = 0$，以及 $\frac{\partial \bar{s}_1^*}{\partial \alpha} = -\frac{\theta_0 - \alpha}{12\rho_0\beta} < 0$、$\frac{\partial \bar{s}_1^*}{\partial \theta_0} = \frac{\theta_0 - \alpha}{12\rho_0\beta} > 0$。上述结果表明，在 PPP 合约结构方面，合作厂商的最优质量改善投入水平与“约定控制权”结构和“剩余控制权”结构无关；在外生的市场结构特征方面，合作厂商的最优质量改善投入水平与产品生产难度呈负相关关系，与消费者偏好水平呈正相关关系。证毕。

政府的最优收入分配比例与各个影响因素的相关关系证明

在下文中，我们将证明，当政府在“建设期”期初分别与高质量厂商和低质量厂商合作时，在最优“约定控制权”结构需满足的动态条件中，政府的最优收入分配比例与其影响因素的相关关系。

证明：

首先，考虑合作厂商为高质量厂商的情况。由式（4-11）所示的最优“约定控制权”结构需满足的动态条件可以分别计算得到：$\frac{\partial m}{\partial n} = \frac{4\alpha n}{\theta_0 + 3\alpha} > 0$、$\frac{\partial m}{\partial \gamma} = \frac{\theta_0 - \alpha}{\theta_0 + 3\alpha} > 0$、$\frac{\theta m}{\partial \alpha} = \frac{2\theta_0(2n - 2\gamma - 1)}{(\theta_0 + 3\alpha)^2}$ 以及 $\frac{\partial m}{\partial \theta_0} = \frac{2\alpha(2\gamma + 1 - 2n)}{(\theta_0 + 3\alpha)^2}$。上述结果表明，政府的最优收入分配比例与成本分配比例呈正相关关系，与政府自身的社会福利评价系数呈正相关关系，而其与产品生产难度和消费者偏好水平的相关关系则仍需要进一步讨论，如下所示：

第一，观察可知，最优收入分配比例与这两者的相关关系均由 $2n - 2\gamma - 1$ 的取值决定。一方面，当 $2n - 2\gamma - 1 > 0$ 时，最优收入分配比例与产品生产难度呈正相关关系，与消费者偏好水平呈负相关关系；另一方面，当 $2n - 2\gamma - 1 < 0$ 时，最优收入分配比例与产品生产难度呈负相关关系，与消费者偏好水平呈正相关关系。最优收入分配比例与这两者的相关关系方

向恰好相反。

第二，考察最优收入分配比例与产品生产难度的相关关系可知，当成本分配比例 n 保持固定时，如果政府的社会福利评价系数 γ 满足条件 $\gamma < \frac{2n-1}{2}$，即政府不太“仁慈”时，最优收入分配比例与产品生产难度呈正相关关系，如果 γ 满足条件 $\gamma > \frac{2n-1}{2}$，即政府比较“仁慈”时，最优收入分配比例与产品生产难度呈负相关关系。而当政府的社会福利评价系数 γ 保持固定时，如果成本分配比例 n 满足条件 $n > \frac{2\gamma+1}{2}$，即成本分配比例较高时，最优收入分配比例与产品生产难度呈正相关关系，如果 n 满足条件 $n < \frac{2\gamma+1}{2}$，即成本分配比例较低时，最优收入分配比例与产品生产难度呈负相关关系。

第三，考察最优收入分配比例与消费者偏好水平的相关关系可知，当成本分配比例 n 保持固定时，如果政府的社会福利评价系数 γ 满足条件 $\gamma < \frac{2n-1}{2}$，即政府不太“仁慈”时，最优收入分配比例与消费者偏好水平呈负相关关系，如果 γ 满足条件 $\gamma > \frac{2n-1}{2}$，即政府比较“仁慈”时，最优收入分配比例与消费者偏好水平呈正相关关系。而当政府的社会福利评价系数 γ 保持固定时，如果成本分配比例 n 满足条件 $n > \frac{2\gamma+1}{2}$，即成本分配比例较高时，最优收入分配比例与消费者偏好水平呈负相关关系，如果 n 满足条件 $n < \frac{2\gamma+1}{2}$，即成本分配比例较低时，最优收入分配比例与消费者偏好水平呈正相关关系。

其次，考虑合作厂商为低质量厂商的情况。由式（4－18）所示的最优“约定控制权”结构需满足的动态条件可以分别计算得到：$\frac{\partial m}{\partial n} = \frac{8\alpha}{\theta_0 + 3\alpha} > 0$、$\frac{\partial m}{\partial \gamma} = 0$、$\frac{\partial m}{\partial \alpha} = -\frac{8\theta_0(1-n)}{(\theta_0 + 3\alpha)^2} < 0$ 以及 $\frac{\partial m}{\partial \theta_0} = \frac{8\alpha(1-n)}{(\theta_0 + 3\alpha)^2} > 0$。上述结果表明，政府的最优收入分配比例与成本分配比例呈正相关关系，与政府自身的社会福利评价系数无关，而其与产品生产难度呈负相关关系，与消费者偏好水平呈正相关关系。证毕。

检验政府的最优“约定控制权”结构是否满足厂商接受 PPP 合约的边界条件

在下文中，我们将证明，当政府在“建设期”期初分别选择与高质量厂商和低质量厂商合作的情况下，政府的最优“约定控制权”结构均满足合作厂商选择接受 PPP 合约的动态边界条件，该证明过程能够进一步验证政府最优“约定控制权”结构的合理性。

证明：

首先，考虑合作厂商为高质量厂商的情况。由式（5-5）所示的最优“约定控制权”结构可知，当政府选择与高质量厂商合作时，政府设计的最优收入分配比例 m 和最优成本分配比例 n 应满足条件 $m = \frac{8an + (\theta_0 - \alpha)(2\gamma + 1)}{2(\theta_0 + 3\alpha)}$，而由式（5-2）所示的动态边界条件可知，为保证高质量厂商在“建设期”期初选择接受合约，收入分配比例 m 和成本分配比例 n 应满足边界条件 $m > \frac{4\alpha n}{\theta_0 + 3\alpha}$。为验证最优“约定控制权”结构是否满足上述边界条件，我们采用比较静态分析的思路，即固定成本分配比例 n 的取值，比较两个条件下收入分配比例 m 取值的大小，进而计算得到 $\frac{8an + (\theta_0 - \alpha)(2\gamma + 1)}{2(\theta_0 + 3\alpha)} - \frac{4\alpha n}{\theta_0 + 3\alpha} = \frac{(\theta_0 - \alpha)(2\gamma + 1)}{2(\theta_0 + 3\alpha)} > 0$。这一结果表明，式（5-5）所示的最优“约定控制权”结构始终满足式（5-2）所示的动态边界条件，即政府设计的收入分配比例和成本分配比例总是能够保证高质量厂商接受 PPP 合约。

其次，考虑合作厂商为低质量厂商的情况。由式（5-6）所示的最优“约定控制权”结构可知，当政府选择与低质量厂商合作时，政府设计的最优收入分配比例 m 和最优成本分配比例 n 应满足条件 $m = \frac{8\alpha n + 2(\theta_0 - \alpha)}{\theta_0 + 3\alpha}$，而由式（5-4）所示的动态边界条件可知，为保证低质量厂商在“建设期”期初选择接受合约，收入分配比例 m 和成本分配比例 n 应满足边界条件 $m \geqslant \frac{8\alpha n + 2(\theta_0 - \alpha)}{\theta_0 + 3\alpha}$。为验证最优“约定控制权”结构是否满足上述边界条件，我们依旧采用比较静态分析的思路，即固定成本分配比例 n 的取值，比较两个条件下收入分配比例 m 取值的大小，进而计算得到 $\frac{8\alpha n + 2(\theta_0 - \alpha)}{\theta_0 + 3\alpha} - \frac{8\alpha n + 2(\theta_0 - \alpha)}{\theta_0 + 3\alpha} = 0(\geqslant 0)$。这一结果表明，式（5-6）所示的最优“约定控制权”结构恰好满足式（5-4）所示的动态边界条件，即政府设计的收入分配比例和成本分配比例恰好能够保证低质量厂商接受 PPP 合约。

综上，无论政府在“建设期”期初选择与高质量厂商合作，还是选择与低质量厂商合作，政府设计的最优“约定控制权”结构均能够保证合作厂商选择接受 PPP 合约。证毕。

致 谢

时光荏苒，转眼间三年的研究生路程已经快要行至终点。值此毕业之际，再回首，心中满是感慨。硕士阶段的求学生活是我人生中不可多得的宝贵经历，三年的专业学术训练不仅使我掌握了财政、货币、金融等经济领域的基本理论和微观计量等严谨的分析方法，更重要的是帮助我不断发现和克服自身存在的种种缺点和不足。特别是在近一年的学位论文写作过程中，我获得了各位老师和同学们的鼎力相助，本论文能够顺利完成，离不开他们的指导和帮助，我要对他们表示衷心感谢。

首先，我要感谢我的导师姚东旻副教授。本论文是在姚老师的悉心指导下完成的。从论文选题到文章的写作和完善，是姚老师的无私帮助和支持才使我能够顺利完成写作。同时，进入中心以来，我在姚老师的指导下参与了多项科研课题的研究和多篇学术论文的撰写，这些工作锻炼了我的科研能力。在三年的研究生生活中，姚老师严谨的治学态度和科学的工作方法给予我极大的帮助和影响，使我受益匪浅。在此衷心感谢姚老师三年来对我的谆谆教诲。

其次，我要感谢中心的各位同学们。在三年的硕士生活中，是你们和我一同生活、学习，时刻陪伴在我身边；在科研路上遭遇险阻之时，是你们予我鼓励与帮助，支撑我一路前行。同时，我还要感谢我的家人们，是你们在我的求学路上予以无条件支持，并且无时无刻不在挂念与关心我的生活，让我能够勇于前行。

最后，我要向所有在论文写作过程中对我予以批评指正、在论文答辩过程中对论文予以评阅指导的各位老师致以诚挚的感谢。感谢你们对论文的审阅工作，你们提出的宝贵意见是我改进论文和进一步学习的重要动力。

论文短评

点评人：阮睿

公私合作（Public-Private Partnership，简称 PPP）模式是指政府和私营企业合作，向公众提供公共服务或公共产品的一种方式。经过若干年的快速发展，不仅在世界范围内得到广泛应用，而且已经成为我国政府提供公共品的重要方式。既然 PPP 项目是一种政府和私营企业合作的模式，那么政府和私营企业之间一定会签订一系列契约，约定双方在这一项目中的权利、责任和收益。而 PPP 项目大多具有投资大、工期长、回报期长、风险高等特点，这就导致 PPP 项目契约涉及的内容庞杂，难以描述，具有典型的不完全契约特征。而在实践中，不合理的权责利关系是我国 PPP 项目实践的重要风险因素，容易诱发 PPP 项目主体决策不当甚至失败退出。如何设计 PPP 项目契约，是这篇文章将要直面解决的首要现实问题。

李浩阳同学的这篇硕士毕业论文，借鉴新市场财政学的思想，采用不完全契约框架刻画政府和合作厂商之间的“合作”关系。在新市场财政学理论看来，政府和市场之间并非简单的对立关系，政府存在的作用也并非简单地缓解“市场失灵”问题，而是在市场这一交易平台上，政府通过提供或购买公共产品，实现满足社会共同需要的目的。具体到是否使用 PPP 模式提供公共产品，如何选择 PPP 项目合作的私营企业，如何设计 PPP 项目的契约这些现实问题，政府在其中的决策过程也确实更接近在市场上购买公共服务或选择合作者的过程，而不像传统公共经济学理论对政府行为理解的那样，是一个完全干预市场的角色。因此，从新市场财政学出发研究 PPP 项目是一个更加接近现实的思路。李浩阳这篇硕士毕业论文，也是这样做的。

根据契约理论，契约涉及的条款约定了契约缔结双方的权利、责任和收益。在理想状态下，契约应该考虑到未来发生的所有可能情形，并对每种情形下缔约双方的权责利都做出明确且清晰的安排。但是现实中无法缔结这样的契约。根据交易成本经济学，导致交易成本可以归纳为以下三种，第一种是预见成本，即缔约双方无法预见到未来各种可能情形所产生的成本。第二种是缔约成本，主要指的是即使对于那些预见到的可能情形，也可能因为语言的匮乏而难以写入契约，或者写入契约的成本太高。第三种是证实成本，主要指的是关于契约的重要信息虽然可以被缔约双方观察，但难以向第三方证实，从而难以通过第三方强制执行，因此而产生成本。在交易成本经济学的开创者威廉姆森看来，正是由于交易成本的存在，导致缔结一个完全契约的成本极高，因此在现实中缔结不完全契约反而是可行的做法。在不完全契约中，对于那些能够预见到的情形，以及能够以较低成本准确表述的权责利分配，都有详细的规定；省略那些无法预见到情形，难以清晰描述的权责利分配以及即使描述也难以执行的内容；并规定如果出现契约未尽的情形，就需要重新谈判缔约或者直接在契约中将最终决定权赋予某一缔约方，这便是剩余控制权这一概念的来源。

剩余控制权是产权理论的核心。产权理论是一个和交易成本经济学联系紧密的理论。产权理论将第三种交易成本具体化为专用性投资难以向第三方证实的情形，指出此时如果不进行特殊安排，会导致进行专用性投资的一方被另一方“敲竹杠”，从而专用性投资不足，效率受到损失。因此应该将剩余控制权授予要进行专用性投资的一方，以此激励他在事前进行专用性投资，从而得到效率上的改进。

李浩阳的这篇硕士学位论文在模型的设计上有下面两个显著的特点。第一是采用不完全契约理论框架刻画政府和私营企业之间的合作关系。并把“控制权”区分为“约定控制权”和“剩余控制权”，把政府和私营企业订立 PPP 项目契约的问题抽象化为约定控制权和剩余控制权分配这一契约设计问题。

那么，政府应该在哪些公共产品供给上选择 PPP 合作模式，以及如何选择合作厂商？这篇论文模型设计的第二个特点是把市场垂直竞争框架作为代表性的市场机制引入模型，刻画政府和非合作厂商之间竞争的关系。由于现实中的 PPP 项目供给的公共产品或公共服务具有竞争性质，即虽然现在市场上已经存在一些供给的私营企业，但是存在供给不足问题，政府需要增加供给，和现存企业进行竞争。

上述两个模型设计特点在模型中有以下几个作用。

第一，在 PPP 项目契约的约定控制权部分，规定了项目建设期和运营期的成本分担比例和收入分配比例，相当于规定了 PPP 项目需要提供的基本公共产品的成本和质量。契约未能具体说明的剩余控制权部分则决定 PPP 项目合作企业在产品质量改善上的花费投入，相当于决定 PPP 项目提供的公共产品在满足公众基本需要之上的额外需求。

第二，政府保留剩余控制权的数量也反映出政府在建设期和运营期介入 PPP 项目的程度，保留剩余控制权越多，则意味着政府准备越深入地介入项目具体的建设和运营过程。

第三，公共产品和服务的质量取决于合作企业的额外投入，高额投入提高质量可以为项目带来更多收益，如果政府保留更多剩余控制权，介入项目，则会使合作企业分得的收益比例降低，削弱企业进行额外投入的积极性，会进而降低提供公共产品的质量。

根据以上模型设定，这篇文章可以得到以下几个结论。

第一，PPP 项目契约设计应当注重成本和收益的适当分配，尤其是在契约中写明企业能够从项目整体收益中拿走的比例，这样才能保证合作企业接受政府设计的 PPP 项目契约。如果私营企业不能从项目中得到足以覆盖机会成本，甚至无法覆盖实际成本的收益，那么就不会接受 PPP 项目契约；即使暂时接受，也很有可能在建设和运营过程中出现败德行为，反而无法提供足量足质的公共产品。

第二，对于那些外部性较强的公共产品和公共服务，政府应该选择高质量厂商进行合作，通过与高质量产生合作来改善公共产品和公共服务的质量，进而提高社会福利水平。而对于那些外部性较弱的公共产品，政府则无须与高质量厂商进行合作，保证提供基本产品和服务即可。

第三，对于那些外部性较强的公共产品和公共服务，产品和服务的质量取决于合作厂商额外投入多少，政府的过深介入建设和运营会降低合作厂商的投入激励，因此政府应该尽量少地介入建设和运营，即保留尽量少的剩余控制权。而对于那些外部性不那么强的公共产品和公共服务，政府则不仅应该选择低质量的合作厂商，而且需要较多地保留剩余控制权，从而更有效地控制基本的产品和服务质量。

李浩阳的这篇硕士学位论文有以下几个方面的优点。

第一，这篇文章在方法上有一定的创新性。通过借鉴新市场财政学的“市场平台观”，把 PPP 项目缔约过程视为政府在市场上寻找合作者的过程，并把市场竞争机制引入 PPP 项目缔约的分析，考虑市场垂直竞争对 PPP 项目提供公共产品的影响，为研究 PPP 项目提供了新的视角。尤其是市场垂直竞争的设定，一般用于企业和企业之间的竞争，很少有人想到用于对政府提供公共产品和服务的分析。这种对理论模型不拘一格信手拈来的应用，体现出作者具有扎实的理论功底和对纷繁现实世界进行化繁为简洞悉实质的抽象能力。

第二，这篇文章具有浓厚的现实关切情怀。论文主题是 PPP 项目的缔约问题，其本质仍然是政府应该如何提供公共服务和公共产品的问题。在一般观点看来，政府提供的公共产品和公共服务都应该针对保障人民群众基本的需求，或者简称为“保底的”。但是这篇论文作者并不这样认为。这篇论文的结论是政府提供何种质量的公共产品或公共服务，取决于这个公共产品或公共服务是否具有强外部性。如果具有强外部性，那么政府不仅应该提供基本的产品或服务，而且应该尽量提供高质量的产品或服务，从而能够达到更高的社会福利水平。这为我国推进共同富裕工作的具体开展提供了重要的政策依据。

第三，最令人欣慰的是，作为一篇理论模型论文，作者付出了大量努力论证理论模型能够和现实世界有很好的对应，为模型结构设定和参数设定找了大量经验证据进行佐证。例如在论文 1.2 节，作者列举了多个真实的 PPP 项目论证现实中的这些项目提供的产品是竞争性产品，而非传统公共经济学关注的非竞争性和非排他性产品，以此证明模型借鉴产业组织理论的纵向竞争市场模型的合理性。这种求真务实的做法弥补了理论模型现实对应不足的问题，也有力地回应了潜在批评。这让笔者回忆起自己导师的教导：“写一个理论模型，首先要检查和现实世界是否能够对应起来，如果不能对应，就应该重写！”这篇硕士学位论文的作者能够有如此良好的理论素养，说明他具有非常好的学术研究潜力，当然，这也与其导师的严格教导有密不可分的关系。

行政层级如何影响纵向政府间财政收入再分配

——基于政策文本的分析

How Does the Administrative Hierarchy Affect the Redistribution of Fiscal Revenue among Vertical Governments

——Analysis Based on Policy Text

邓　导

摘 要

党的十八届三中全会以来，财政收入划分始终是我国政府间财政关系调整和改革的核心问题之一。财政收入是决定政府提供公共物品和公共服务水平的关键供给性因素，也是政府有充足财力履行财政事权、落实支出责任的重要保障，可以说，财政收入划分一直是我国财政体制演变的主线。一方面，在我国纵向政府间财政收入的初次分配中，中央集中了较多的财力，地方政府的财力不足以支持其完成所承担的公共职能。此时，地方政府在很大程度上依赖于上级政府的支持，政府间财政收入再分配的必要性和重要性不言而喻。财政收入的再分配是在初次分配的基础上，进一步调节各级政府财力的关键途径，也是协调政府间财政关系的重要配套制度。另一方面，随着我国经济快速发展，财政总收入的蛋糕越做越大，但地方财力不足、地区间财力不均的情况依然存在。其中一个突出的矛盾，就在于省域内不同行政层级城市间的财政收入差距。这一差距不仅来源于经济发展的差异，还可能受到行政层级这一因素的影响。2020 年财政部开展的一系列改革，开始尝试财政直达资金制度，可以说在一定程度上弱化了省级政府的权限。那么省级政府在财政收入再分配制度中到底发挥了怎样的作用？行政层级对财政收入再分配有何影响？目前我国的财政收入再分配制度是否有效缓解了地区间财政收入不均和财力不均的情况？

为了回答以上问题，本文建立了一个由各级政府财政预决算文件和财政收入再分配相关制度文件构成的政策文本库，有效政策文本共计 217 份。本文以政策文本为依据，首先，对我国纵向政府间财政收入再分配制度进行分类和梳理；其次，结合我国行政层级制度特征及其与财政收入再分配制度的联系，概括我国财政收入再分配流程，归纳出省级政府在其中的角色与职权；最后，本文从两个维度比较不同行政层级城市在纵向政府间财政收入再分配中的差异。

通过比较不同行政层级城市与上级财政的关系，本文总结出计划单列市相较于非计划单列市的特殊性。从路径的丰富度来看，计划单列市和非计划单列地级市差别不大，但由于计划单列市与省级政府处于“半脱钩”

的状态，其与省级财政的关联度更低，而与省级财政和中央财政的关系更为复杂；非计划单列市由于只和省级政府发生直接关联，财政收入再分配的路径更为明晰，受省级财政的影响更大。此外，中央转移支付资金下达到非计划单列地级市的耗时比下达到计划单列市的耗时更久，资金拨付的效率相对更低。

通过分析城市行政层级差异与省级政府职能的关系，本文归纳出计划单列市、副省级省会城市、非副省级省会城市和普通地级市之间的差异。其一，在转移支付资金管理方面：（1）计划单列市与省级财政的关联度较低，与非计划单列的地级市相比，省级政府职能对计划单列市资金分配的作用相对较小。（2）在一般性转移支付管理中，省级政府有“统筹者”和“组织者”的角色，在专项资金的分配中，副省长具有“审定”的职权，计划单列市和副省级省会城市的主要领导行政级别为副省级，与副省长同级，其关系资本等因素有助于计划单列市和副省级省会城市争取更多资金。（3）计划单列市、副省级省会城市和非副省级省会城市的市委书记一般由省委常委兼任，按照我国现行的地方党政制度，省委常委在省内的话语权有利于为计划单列市、副省级省会城市和非副省级省会城市争取更多的资金。（4）非副省级省会城市为省政府驻地，由于省级政府在资金分配流程中的“组织者”角色，以及省会城市的特殊地理优势，省会城市的财政部门以及其他政府职能部门有更多机会与相应的省级部门进行沟通和协调，在信息的获取等方面有着普通地级市所没有的便利条件。其二，在税收返还和上解支出方面，省级政府对不同行政层级城市的政策侧重有所不同。省级政府主要通过上解支出政策对省内的计划单列市进行“削峰”，并将集中的财力用以“填谷”，以实现财政收入再分配的“均衡”作用；通过税收返还政策“激励”副省级省会城市、非副省级省会城市和普通地级市；通过转移支付政策对省内各市尤其是普通地级市实现财政收入再分配的“补助”效果。

本文还选取山东省和福建省进行了典型地区案例分析，与前文的分析相互印证。综合上述结论，本文有四点思考与启示。其一，不公开、不透明、不标准仍是我国政府间财政关系构建中存在的问题，为提高财政收入再分配的科学性、合理性和透明度，应提高资金分配的公式化程度，降低不同行政层级的城市之间可能存在的信息获取、领导行政级别和职务等差异对资金分配造成的影响，避免财政收入再分配中的不公平因素进一步扩大地区间财政收入差距。其二，不同的财政收入分配路径有不同的目标侧重和作用，要从根本上解决地区间财力不均的问题，需要激发地方政府的内生动力，提高地方政府创造财政收入的能力。其三，上解支出是纵向政府间财政收入再分配问题中不可忽视的部分，将上解支出纳入研究范畴，能更准确地刻画我国财政收入划分格局。其四，省级政府拥有省以下财政收入再分配的支配地位，也承担着完善省以下财政体制的职责。地方财力不均的问题尚未得到有效解决，省级政府如何在我国行政层级制度背景下，规范财政收入再分配制度，平衡省域内的财政资源配置，促进区域协调发展，值得进一步探讨。

关键词：行政层级　财政收入再分配　副省级市　省会城市　地级市

Abstract

Since the Third Plenary Session of the Eighteenth Central Committee of the Party, the division of fiscal revenue has always been one of the core issues in the adjustment and reform of our country's intergovernmental fiscal relations. Fiscal revenue is an important guarantee for the government to have enough financial resources to perform fiscal powers and implement expenditure responsibilities. On the one hand, in the initial distribution of fiscal revenue among governments in China, the central government has concentrated more on financial resources, and the financial resources of local governments are not enough to support them in fulfilling their public functions. Under the circumstances, local governments, to a large extent, rely on the support of the central government, and the necessity and importance of the redistribution of fiscal revenue between governments is self-evident. The redistribution of fiscal revenue is not only a key way to readjust the financial resources among vertical governments after the initial distribution, but also an important supporting system to coordinate the intergovernmental relations. On the other hand, with the rapid development of China's economy, the total fiscal revenue is getting higher and higher, but the situation of insufficient local financial resources and uneven financial resources among regions still exists. One of the prominent contradictions lies in the financial income gap between cities at different administrative levels within the province. This situation not only comes from the differences in regional economic levels, but also may be affected by administrative hierarchy. In 2020, the Ministry of Finance launched a series of reforms and began to experiment with the fiscal direct funding system, which can be said to weaken the authority of provincial-level capital redistribution to a certain extent.

So what role does the provincial government play in the redistribution of fiscal revenue among vertical governments? What is the effect of administrative hierarchy on the redistribution of fiscal revenue? To answer the above questions, we have specially established a policy text database consisting of 217 policy texts.

This paper first classifies and sorts out the vertical intergovernmental fiscal revenue redistribution system in China. Second, we combine the characteristics of the administrative hierarchy and its relationship with the fiscal revenue redistribution system to summarize the process of redistribution of fiscal revenue, and sum up the role and powers of the provincial government in it. Next, this paper compares the differences in the redistribution of fiscal revenue between cities at different administrative levels from two dimensions.

Through the comparison of the relationship between cities at different administrative levels and their superior finance, this paper summarizes the particularity of cities under separate state planning compared with prefecture-level cities that are not under separate planning. There is no significant difference in the number of fiscal revenue redistribution paths between the cities under separate state planning and prefecture-level cities that are not under separate planning. However, cities under separate state planning have a lower correlation with provincial finance, and their relationship with provincial finance and central finance is more complex. The redistribution paths of prefecture-level cities that are not under separate planning are clearer, and it is more influenced by provincial finance. Compared with cities under separate state planning, the release of central transfer payments funds from the central government to prefecture-level cities that are not under separate planning takes longer, and the efficiency of disbursement is lower.

By analyzing the relationship between the differences in administrative levels and the function of provincial government, this paper concludes the difference between the cities under separate state planning, sub-provincial capital cities, non-sub-provincial capital cities and ordinary prefecture-level cities. There are four differences in the management of transfer payment funds. First, the correlation between the cities under separate state planning and the provincial finance is low. Compared with the prefecture-level cities that are not under separate planning, the function of the provincial government plays a relatively small role in the allocation of funds for cities under separate state planning. Second, in the management of general transfer payments, provincial governments have two roles: "coordinator" and "organizer", and vice governors have the power of "verification" in the allocation of funds. The main leaders of the cities under separate state planning and sub-provincial capital cities are at the same level, and their relationship capital is conducive to obtaining more transfer payment funds from the superior. Third, the secretaries of the municipal party committee of cities under separate state planning, sub-provincial capital cities and non-sub-provincial capital cities are usually concurrently served by the member of Provincial Standing Committee who participates in deciding on major party issues in the province and has a higher speaking right, which is conducive to obtaining more transfer payment funds from the superior. Forth, the capital city is the seat of provincial government. Due to the role of provincial governments as "organizer" and the geographical advantage of provincial capital cities, finance bureaus and other government departments of capital cities have more opportunities to communicate and coordinate with provincial government departments. They have more convenient conditions in terms of information access compared with ordinary prefecture-level cities. In terms of tax return and fund turned over by the local governments to the superior government, provincial governments have different policy emphases on cities at different administrative levels. Provincial governments mainly use the revenues turned over by the cities under separate state planning with more fiscal revenue to subsidize the other cities with less fiscal revenue, to balance regional differences. And provincial governments incent sub-provincial capital cities, non-sub-provincial capital cities and ordinary prefecture-level cities with tax refunds policy. All prefecture-level cities, especially ordinary prefecture-level cities in the province, will be subsidized by the transfer payments.

Finally, this paper selects Shandong Province and Fujian Province for case analysis, which verifies each other with the previous analysis. Based on the above conclusions, this paper has four thoughts and inspirations. First, to improve the rationality and transparency of fiscal revenue redistribution, more formulae should be used to allocate funds to minimize the influence of differences in administrative levels, and avoid the unfair factors in the redistribution of fiscal revenue to further expand the gap between regions of fiscal revenue. Second, different paths of fiscal revenue distribution focus on different goals. When it comes to solving the problem of uneven financial resources among regions fundamentally, it is necessary to stimulate the endogenous motivation of local governments and improve their ability to create financial revenue. Third, the fund turned over by the local governments to the superior government is an important part in the redistribution of fiscal revenue among vertical governments. We can more accurately describe the pattern of the fiscal revenue division in China when we take the funds turned over by the local governments to the superior government into consideration. Fourth, provincial governments are in a dominant position in the redistribution of fiscal revenue within the province, and they are also responsible for improving the fiscal system. Under the background of China's administrative hierarchy system, how can the provincial government allocate of financial resources within the province and promote the co-ordinated development of the region by standardizing the financial revenue redistribution system deserves further discussion.

Keywords: administrative hierarchy; redistribution of fiscal revenue; sub-provincial cities; provincial capital cities; prefecture-level cities

1. 绪 论

1.1 研究背景

1994年分税制财政体制改革确立了我国中央与地方财政收入划分框架，奠定了中国财政制度的基础。分税制改革在不改变原包干体制的下级上解和上级补助基本格局的前提情况下，划分中央与地方间税收管理权限、实行转移支付和税收返还制度。在分税制确立的基本框架下，各省参照中央对省的分税制模式，也建立起省以下财政管理体制。从实行分税制改革至今，为了调动各级政府发展经济和组织收入的积极性，保证地方政府的正常运转和各项资金需要，我国通过税收分享等财政收入分配制度、转移支付等财政收入再分配制度的调整，逐步规范和完善中央与地方以及省以下的财政管理体制。

20世纪80年代，为了调动地方政府的积极性，推动城市发展，中央通过调整城市行政层级赋予一些城市较大的社会经济管理权限，开始形成我国的多行政等级城市体系。经过多次调整和改革，我国目前的政府行政层级“多了一层副级”——15个副省级市，其中5个是计划单列市，10个是发展较快、经济实力较好的省会城市。地级市作为省级政府管理下的二级地方行政单位，包含副省级市（含计划单列市）、非副省级省会城市和普通地级市等不同的细分级次（由于少数民族自治区在政治、经济和文化等方面的特殊性，本文暂不讨论我国五个少数民族自治区的首府），这些城市在经济权限、行政级别、机构设置、与所属省份的财政关系等方面存在差异，不同地区间的经济发展水平也有着显著差距。

改革开放以来，中国经济取得了举世瞩目的成绩，但地区间经济发展不平衡、财力差距大的问题依然存在。2019年，山东省青岛市有817.79万人口，一般公共预算收入为1241.74亿元，山东省济南市有655.9万人口，一般公共预算收入为874.19亿元，而同在山东省的菏泽市拥有1025.4万人口，一般公共预算收入仅有221.92亿元，约为青岛市的六分之一。在我国现行的财政收入分配制度下，即使是在同一个省内，不同地区的财政收入依然有着巨大差异。财政收入受到诸多因素的影响，其中地区经济发展水平和分配制度是主要因素。诚然，不同地区间的经济发展水平有着较大差距，这是造成地方财政收入差距的主要决定因素，也是短时间内难以改变的现实状况。“不患寡而患不均”，人民日益增长的美好生活需要和不平衡不充分的发展之间的矛盾已成为新时代我国社会的主要矛盾，那么在这一现实背景下，如何通过科学合理的纵向政府间财政收入再分配制度，对地区间、各级政府间的财政收入进行适度调节，补足财政收入分配制度的“短板”，构建更加完善的财政管理体制，是解决地方财政收入不均，提高我国经济总体均衡发展水平的重要问题。

1.2 研究目的及意义

收入划分始终是我国财税体制改革和政府间财政关系调整的重点。在我国特有的多层级政府结构和“一级政府一级预算”的制度背景下，财政收入在各级政府间的再分配制度，是对我国税收分享制度的初次分配结果的进一步调节和平衡。地方政府的一般公共预算收支是按照现行财政体制，综合考虑当年全市一般公共预算收入、税收返还及转移支付补助，减去上解上级各项支出等，按照以收定支、收支平衡的原则安排的。从政府预算编制的原则和过程可以看出，地方政府要实现政府职能，履行支出责任，必须以收入为基础和前提。对于一个地区而言，财政收入再分配成为“以收定支、收支平衡”安排财政支出前，协调地方财政收入的重要环节，也是决定一个地区可用财力的关键制度。

纵向来看，中国的政府层级多、结构复杂；横向来看，我国幅员辽阔、地区差异明显。随着我国经济总体水平的提高，尤其是部分发达地区飞速发展，区域间收入不均衡问题日益凸显，许多省份的地区间财力差距呈扩大趋势，不论是从中央到地方始终在进行的财政体制调整，还是学术界对于税收分享、转移支付等问题的讨论，都折射出这个始终受到关注，但至今未能完全解决的问题的重要性。为了细致全面地理解和揭示我国多层级政府间的财政关系，仅仅关注中央与省级财政的关系是不够的，还需要打开省以下财政收入再分配的“黑箱”。但现有对政府间关系的研究多集中在中央与地方政府之间财政收入分配关系，对省市之间关系的讨论还比较少。

从理论层面来看，我国财政体制是一个基于众多规范性文件的体系，通过文本分析的方式，从制度层面厘清城市行政层级在财政体制中的角色定位具有一定的理论价值。从现实层面来看，我国是一个拥有五级复杂政府层级结构的国家，随着我国财税体制改革的步伐日益加快，中央越来越重视省以下财政收入划分中出现的问题，地方政府也希望通过合理的财政收入分配机制争取更多的资金，以满足公共服务和地方经济发展的需要。因此，厘清行政层级如何影响纵向政府间财政收入再分配这一问题，构建科学、合理、有效的政府间财政收入再分配制度，对于进一步规范和完善我国财政收入制度、协调政府间财政关系、健全多级政府财政体制、保证政府履行财政职能，具有重要意义，也是现代财税体制改革的应有之义。

1.3 研究思路与方法

1.3.1 研究思路

本文将按照以下思路展开研究：（1）事实梳理。基于本文构建的政策文本库，对财政收入再分配路径进行全面、系统的分类梳理，理清不同路径的制度安排、资金分配流程等。（2）特征归纳，差异比较。归纳财政收入再分配路径中省级政府的角色和职能，比较不同行政层级城市与上级财政的关系，分析城市行政层级差异与省级政府职能的关系。行政层级制度使得不同行政层级的城市与上级政府的关系有所差异，这些差异则可能影响纵向政府间财政收入再分配。这一部分将进一步探究行政层级影响我国财政收入再分配的路径和内在机制。（3）典型案例分析。按照行政层级的差异对城市进行分类，结合城市类型丰富度、数据可得性等因素，对典型的省份进行个案研究。整理典型省份所有地级市的财政收入再分配相关数据并结合政策文本进行分析，比较并尝试解释不同行政层级类别的城市的异同。如，山东省内同时有两个副省级市，其中青岛为计划单列市，济南为副省级省会城市，横向对比它们与其他普通地级市在财政收入再分配中的各项情况，为分析和验证行政级别对财政收入再分配的影响提供了观测窗口。

1.3.2 研究方法

本文主要采用了三种研究方法：文献研究法、文本分析法和案例分析法。

1. 文献研究法。本文对现有的国内外学术文献进行系统梳理，归纳行政层级如何影响财政收入再分配这一问题的研究现状和已有文献的研究思路和结论，以此作为本文的研究基础并提出本文的研究视角。

2. 文本分析法。本文搜集各级政府财政预决算文件和财政收入再分配相关的规范性文件，构建政策文本库。以政策文本库为依托，本文首先对我国财政收入再分配制度进行了梳理和分类，再结合行政层级制度中的特征以及初次梳理中的重点内容对政策文本进行深入、细致的挖掘，按照横向分类、纵向分层级的逻辑，采用关键词检索、全文阅读等方式，以制度事实出发，对文本信息进行归纳和总结。

3. 案例分析法。选取具有代表性的典型地区，整理政府预决算报告等文件中的数据信息，对典型地区的财政收入再分配情况进行详细解构，通过数据对比等方法分析和印证本文所研究的关系，具有现实验证性。

1.4 论文创新及不足

本文尝试在以下三个方面有所创新。第一，不同于已有研究大多采用的定量分析，本文专门建立了一个根据本文研究需要进行分类和关键词提取的政策文本库，包含我国各级政府的预决算文件、各类财政法规、部门规范性文件和地方规范性文件等政策文本，从财政收入再分配的制度事实出发，探寻行政层级对纵向政府间财政收入再分配的影响。第二，本文聚焦于行政层级这一因素展开对政策文本的挖掘，通过较为全面的事实梳理，客观地展示我国政府间财政收入再分配在行政层级维度上的特点，以及我国复杂政策文件所构造和规范的制度体系及其运行。在此基础上，本文将理论分析与典型地区财政数据相结合，尝试用行政层级制度中的特征和差异等因素来解释现实。第三，不同于目前大多数的研究将省及省以下的各级地方政府视为整体，侧重讨论中央和省之间的关系，本文以市级财政为主要研究对象，关注中央—省—市间的财政收入再分配关系，尤其关注省一级在再分配中的作用。

论文也存在不足之处，由于规范财政收入再分配的政策文本数量众多，省以下政府的信息公开程度不同、公开渠道分散，因此政策文本收录难以全面覆盖，进而可能导致论文的分析不够全面。

2. 研究基础

2.1 核心概念界定

2.1.1 财政收入再分配

财政收入是指政府为了提供公共物品、实施公共政策、履行政府职能而筹集的资金总额，表现为政府部门在一定时期内取得的货币收入。一个国家的财政收入都并非单一来源，而是由各种形式收入共同构成的体系，这些不同形式的收入在不同层级政府的财政收入中的构成也有所差异。研究政府间收入再分配首先要明确分配和再分配的标的物，即对哪些收入或在多大范围内进行分配和再分配。长期以来，我国财政收入构成中占比最大的都是税收收入，加上我国对税收管理体制建设的重视，许多对财政收入划分的研究都聚焦于税收收入的划分。实际上，在 2019 年全国一般公共预算收入中，税收收入约占 83%，非税收入约占 17%，非税收入仍有近五分之一的占比，因此本文并不局限于研究税收收入划分，而是将全国各级政府的财政收入看作整体，讨论财政收入在各级政府之间再分配过程，而非创造过程。

财政收入再分配（Redistribution of Fiscal Revenue）是在财政收入初次分配之后的第二轮分配，两次分配共同形成我国政府间财政收入划分格局。按照我国现行的财政体制，国家通过中央与地方和省以下的税收分享和非税收入划分等制度完成财政收入的初次分配，再通过资金的下拨和上收两个方向资金调动进行再次分配，最终形成各级政府的财力分配格局。具体而言，以市级财政为标的，财政收入再分配主要通过一般性转移支付、专项转移支付、税收返还和上解支出等路径来实现。

对于地方政府而言，财政收入的产生、分配和再分配与地方财政预决算文件中的财政总收入、地方一般公共预算收入和一般公共预算收入合计（总计）三个概念，以及财政管理和学术研究中的财力概念有一定的对应关系。

“地方总收入”对应财政收入产生，也就是由地方财政征收的全部财政收入，包括地方按现行财政管理体制分享的税收收入和非税收入（即地方一般公共预算收入），以及按现行财政管理体制在本地产生、但上划给上级的收入。经过财政收入的初次分配，形成“地方一般公共预算收入”，包括按照分税制财政管理体制，地方分享的增值税、企业所得税、个人所得税等税收收入和非税收入。最后，经过财政收入的再次分配（来自上级的转移支付、税收返还，对上级的上解支出，以及来自下级的上解收入）、本级政府财政不同类型资金之间的调剂（从其他预算调入资金）以及跨年度调节（上年结转收入等），形成“一般公共预算收入合计（总计）”。本文研究的财政收入再分配，是指一般公共预算内的再分配，不包括不同预算之间的资金调动和跨年度资金调节。实际上，经过财政收入再分配后形成的是“地区一般公共预算财力”。广义上的地方政府财力包括一般公共预算财力和政府性基金预算财力，本文研究的是一般公共预算内的财政收入及其再分配。按照财政部官方计算方法（财预〔2017〕35 号），某地区一般公共预算财力 = 本级一般公共预算收入 + 中央（上级）一般公共预算补助收入—地方一般公共预算上解支出。

2.1.2 行政层级

与行政层级相关的一个概念是“行政区划”。行政区划即行政区域划分，是国家结合政治、经济、地理、历史等因素，将领土划分为不同层级的地理区域。按照《宪法》规定，我国省以下行政区划有三个级别，分别为省级、县级和乡级。我国从 1982 年开始推行“市管县”体制，逐步在大多数地区实行该行政体制，也就是在省与县之间增加了一级，因此，目前我国地方行政区划有四级，分别是省级行政区划单位（包括省、自治区、直辖市、特别行政区）、地级行政区划单位（包括地级市、地区、自治州、盟）、县级行政区划单位（包括市辖区和县级市）以及乡（镇）级行政区划单位。

行政层级（Administrative Hierarchy）也称政府行政层级，是国家将所辖领土进行行政区域划分，并在划分出的行政区域设置一定行政级别的机构、配置相应的行政权力而形成的行政管理结构。因此，行政层级能在一定程度上反映政府的行政权力配置，尤其是纵向政府间的权力与责任划分。

财政体制与政府的行政体制密切相关，根据《预算法》规定，我国实行一级政府一级预算，按照中央—省—市—县—乡五级政府架构设立五级预算。我国有三种不同行政区划层级的城市：直辖市、地级市、县级市。直辖市的“市政府”实际上是省级政府，对应省级预算级次，县级市的“市政府”实际上是县级政府，对应县级预算级次，只有地级市的“市政府”是市级政府，对应市级预算级次。本文以市级财政为研究对象，即地级市的财政收入，暂不讨论直辖市和县级市。

本文中的“地级市”为行政区划概念，包含计划单列市、副省级省会城市、省会城市和普通地级市等体现行政层级差异的城市类型。计划单列市、副省级市和省会城市是我国的地级市中有三个较为特殊的城市概念，三类城市的集合存在交叉和重叠，关系如图2－1所示。

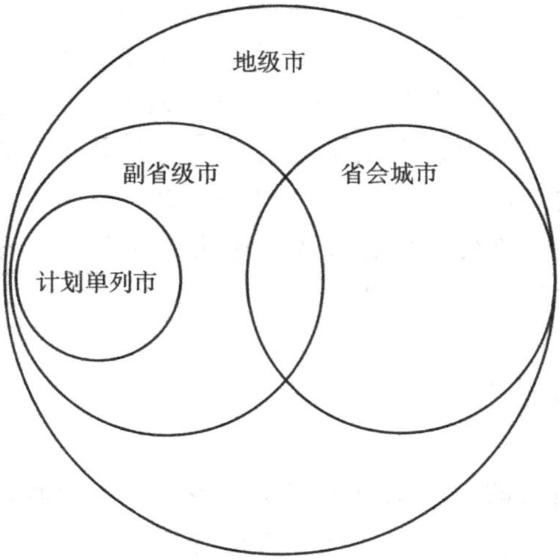

图2－1 计划单列市、副省级市和省会城市集合关系图

我国有5个计划单列市，分别是大连、青岛、宁波、厦门和深圳，均为副省级市；副省级市共有15个，包括5个计划单列市和广州、武汉、哈尔滨、沈阳、成都、南京、西安、长春、济南、杭州等10个省会城市；全国共有22个省会城市，上述10个为副省级省会城市，其余12个为非副省级省会城市。此外，我国5个少数民族自治区的行政中心称为首府，不计入省会城市。除少数民族自治区以外，我国大陆共有22个省份，将各省的地级市分为计划单列市、副省级省会城市、非副省级省会城市和普通地级市四类，如表2－1示。

表 2-1　　我国各省地级市分类

<table>
<tr><th rowspan="2">省份</th><th colspan="2">副省级市</th><th colspan="2">地级市</th><th rowspan="2">省份</th><th colspan="2">副省级市</th><th colspan="2">地级市</th></tr>
<tr><th>计划单列市</th><th>省会城市</th><th>省会城市</th><th>普通地级市</th><th>计划单列市</th><th>省会城市</th><th>省会城市</th><th>普通地级市</th></tr>
<tr><td>辽宁</td><td>大连</td><td>沈阳</td><td>—</td><td>鞍山等</td><td>河北</td><td>—</td><td>—</td><td>石家庄</td><td>唐山等</td></tr>
<tr><td>山东</td><td>青岛</td><td>济南</td><td>—</td><td>淄博等</td><td>山西</td><td>—</td><td>—</td><td>太原</td><td>大同等</td></tr>
<tr><td>浙江</td><td>宁波</td><td>杭州</td><td>—</td><td>温州等</td><td>安徽</td><td>—</td><td>—</td><td>合肥</td><td>芜湖等</td></tr>
<tr><td>广东</td><td>深圳</td><td>广州</td><td>—</td><td>韶关等</td><td>江西</td><td>—</td><td>—</td><td>南昌</td><td>萍乡等</td></tr>
<tr><td>福建</td><td>厦门</td><td>—</td><td>福州</td><td>莆田等</td><td>河南</td><td>—</td><td>—</td><td>郑州</td><td>开封等</td></tr>
<tr><td>湖北</td><td>—</td><td>武汉</td><td>—</td><td>黄石等</td><td>湖南</td><td>—</td><td>—</td><td>长沙</td><td>株洲等</td></tr>
<tr><td>黑龙江</td><td>—</td><td>哈尔滨</td><td>—</td><td>鸡西等</td><td>海南</td><td>—</td><td>—</td><td>海口</td><td>三亚等</td></tr>
<tr><td>四川</td><td>—</td><td>成都</td><td>—</td><td>自贡等</td><td>贵州</td><td>—</td><td>—</td><td>贵阳</td><td>遵义等</td></tr>
<tr><td>江苏</td><td>—</td><td>南京</td><td>—</td><td>无锡等</td><td>云南</td><td>—</td><td>—</td><td>昆明</td><td>曲靖等</td></tr>
<tr><td>陕西</td><td>—</td><td>西安</td><td>—</td><td>铜川等</td><td>甘肃</td><td>—</td><td>—</td><td>兰州</td><td>金昌等</td></tr>
<tr><td>吉林</td><td>—</td><td>长春</td><td>—</td><td>四平等</td><td>青海</td><td>—</td><td>—</td><td>西宁</td><td>海东</td></tr>
</table>

资料来源：根据《中国城市统计年鉴 2019》整理。

本文对计划单列市、副省级市和省会城市的行政机构级别、主要领导人（指市党委、市人大、市政府、市政协的主要领导：市委书记、市人大常委会主任、市长、市政协主席）行政级别以及经济管理权限进行了梳理，如表 2-2 所示。

表 2-2　　四类地级市的机构级别、主要领导级别和经济管理权限

<table>
<tr><th>城市类型</th><th>市直属机关级别</th><th>主要领导行政级别</th><th>经济管理权限</th><th>特殊性</th><th>行政区划级别</th></tr>
<tr><td>计划单列市</td><td rowspan="2">副厅级</td><td rowspan="2">副省级</td><td>省级</td><td>省级经济管理权限</td><td rowspan="4">地级行政区</td></tr>
<tr><td>副省级省会城市</td><td rowspan="3">市级</td><td rowspan="2">所在省的行政中心</td></tr>
<tr><td>非副省级省会城市</td><td rowspan="2">正处级</td><td>正厅级/副省级</td></tr>
<tr><td>普通地级市</td><td>正厅级①</td><td>—</td></tr>
</table>

资料来源：根据《中国城市统计年鉴》、组同字〔1994〕28 号、中编发〔1995〕5 号、人民网地方领导资料库等整理归纳。

地级市是行政区划概念，从行政区划级别来说，计划单列市、副省级市和省会城市都是地级行政区，即由所在省的省委、省政府领导的地级市。

---

① 有个别普通地级市的市委书记在某段时间内也由省委常委兼任，但这种情况随着历任市委书记的变动而变化，并非每一任市委书记都固定由省委常委兼任，不具有确定性和普遍性，因此本文暂未讨论这些特例。

三者在概念侧重、机构级别和主要领导级别方面有以下区别。

从概念上来看，计划单列市侧重于体现经济特权，享受省一级经济社会管理权限。副省级市从行政级别角度进行定义，在国民经济和社会发展计划方面拥有省级权限。省会城市是省政府所在地，是一个省的行政中心。

从机构级别和主要领导人级别来看，副省级市的行政级别比其行政区划级别高“半级”，主要领导人和市直机关的级别都比普通地级市高“半级”，主要领导人的职务任免由省委报中共中央审批（组同字〔1994〕28号），级别为副省级，市直属机关为副厅级（中编发〔1995〕5号）。计划单列市都是副省级市，因此其主要领导人和市直机关按副省级市定级[①]。副省级省会城市的主要领导人亦按副省级市定级，为副省级；非副省级省会城市的主要领导人和机构级别按普通地级市定级，但由于省会城市的市委书记一般由省委常委（省部级副职）兼任[②]，因此高配为副省级，其他三位主要领导仍为正厅级，市直属机关为正处级。

城市的行政层级一般是指城市的行政机构级别，也反映在主要领导的级别和市政府组成机构、工作部门的行政级别上。因此，在本文的概念体系中，上述四类城市分别对应四种不同的行政层级。也就是说，目前我国293个地级市[③]的行政层级和行政区划级别并非完全对应。在行政区划同为地级市的城市中，实际上有四种不同类型的行政层级。

综上所述，本文研究影响纵向政府间财政收入再分配的“行政层级”，包含两层含义：一是“中央—省—市”的行政层级结构，二是地级市中计划单列市、副省级省会城市、非副省级省会城市和普通地级市之间的行政层级差异。

---

① 国家设立计划单列市之初，并未对行政级别做出明确解释。《国务院关于南京、成都、长春三市在国家计划中实行单列的批复》（国函〔1989〕7号）中要求：“三市也不要因之搞机构升格”。计划单列市的市委书记、市人大常委会主任、市长、市政协主席一般由中央任命，但其部门和机构的级别设置等，并未获得更高的行政级别。

② 省委常委是指省委常务委员会的组成人员，主持召开省委全体会议与省委常务会议。按照惯例，固定入常的职务有：省委书记，省长，省委副书记，常务副省长，省纪委书记、监察委员会主任，省委政法委书记，省委组织部长，省委宣传部长，省委秘书长，省会城市书记、副省级市书记，戎装常委，省委统战部长。根据地区各项因素可能入常的职务有：排名在常务副省长之后一到两名的副省长（常委副省长）；总工会主席、教育工委书记；省内主要经济主体城市市委书记；因省内工作需要而设的工作部门负责人。

③ 参见民政部官网公布的《中华人民共和国二〇一九年行政区划统计表》，http://xzqh.mca.gov.cn/statistics/2019.html.

2.2 文献综述

2.2.1 关于政府间财政收入再分配的研究

政府间财政收入分配与再分配制度共同构成我国政府间财政收入划分格局。现有关于政府间财政收入划分的文献中对于中央与地方政府间关系的研究较多，讨论省级政府与省以下地方政府的相对较少。我国省以下财政体制由省级政府在中央的指导下，结合本地实际确定，是中央与地方财政关系的延伸（刘昆，2020）。任致伟（2018）认为省级财政与市县财政的关系几乎是中央财政与省级财政的翻版，不同之处在于具体税种的划分以及共享比例的高低。我国省以下政府间财政收入划分的大体框架相似，但要论具体划分方式和划分格局，则几乎没有相同的两个省份。

分税制改革以来，政府间收入分配始终是政府间关系的焦点问题，吕冰洋等（2016）认为中国政府间财政关系的核心即为税收分成。绝大部分省市对增值税、营业税、企业所得税和个人所得税四项中央与地方共享税的地方分享部分在省级政府与省以下各级政府之间进行了共享，但各省界定共享税收的范围和比例不同。各省内政府间税收划分由本省结合实际情况自行确定，因而同一省内税收划分方式基本统一而省际间收入划分格局各异（李建军和王瑞祥，2018）。周黎安和吴敏（2015）认为地区的工业化程度、政府对企业的控制强弱以及辖区域经济不均衡的程度，都是影响省以下政府税收分成比例的核心因素。税收收入是我国财政收入的主要构成部分，经过中央与地方、地方各级政府之间的收入划分制度进行初次分配，这一过程成为决定地方政府财政收入的重要因素。

目前对于财政收入划分的研究关注税收分享和转移支付制度的较多，对于财政收入再分配的研究大多围绕转移支付展开，其中比较多的是将中央与地方两分，讨论中央对各省的转移支付，尤以采用实证方式为主。基于税收返还每年的变化不大、研究意义有限等原因（王华春和刘栓虎，2017），多数学者采用一般性转移支付和专项转移支付作为转移支付研究的核心指标，缺乏对财政收入再分配制度的完整刻画。

总体来说，这些研究都缺乏对税收返还和上解支出两个因素的讨论，对财政收入再分配的刻画不够全面，本文将现有研究归纳为以下三个角度。

第一，对于财政收入再分配方式的讨论。从我国现行的财政体制来看，转移支付、税收返还等再分配手段是弥补地方财力缺口的重要路径。马海涛等（2015）指出，转移支付是解决政府间财政失衡问题的财力再分配手段。现有文献通常将转移支付分为一般性转移支付和专项转移支付，尽管这些转移支付的执行都有相应的规章制度进行规范，但依然存在不确定性。穆亚杰（2018）认为我国现有的省以下一般性转移支付分配方式有激励约束法、最低保障法以及标准收支法三类，但即使是同一类分配方法也存在不同的计算公式，因此，即使是相同行政层级的城市，在不同的省份管理下，也会因转移支付分配方式的不同而对财政收入再分配结果产生影响。专项转移支付相对更容易受到主观因素的影响，例如“跑部钱进”这一典型现象，具有一定的不透明性，不确定性更大（詹新宇和刘洋，2020）。广义上的转移支付还包括税收返还，从现有的学术研究来看，有的学者认为我国的税收返还只是税收收入的再分配环节之一，并不符合转移支付的制度要求，也不具有转移支付功能（张冬梅等，2018）；有的学者认为税收返还是一种“从哪里来回哪里去”的“无差别”的就地返还，是政府间税收分享的形式之一，税收返还制度不仅纵向调节功能有限，也没有起到调节横向财力差异的作用，不符合转移支付的制度目标，还在一定程度上限制了均衡性转移支付规模（徐博，2010）。王法忠（2020）指出，对于地方政府来说，与转移支付根据因素法、项目法等进行分配不同，中央对地方的税收返还数额是按照分税制财政管理体制规定固定下来的，由其上划两税数额直接决定的，没有额外调剂的空间。

现有研究中对于财政收入再分配的作用并未形成一致观点。在我国现行的转移支付制度中，一般性转移支付具有财力补助的特征，资金分配相对规范；专项转移支付主要为了实现特定任务目标，用于办理特定事项，更有利于实现中央政府的政策目标，但资金分配透明度较差（王怡璞，2018）。Oates（1999）认为转移支付的主要功能是实现地区间基本财政能力均等化。有部分学者认为均等化转移支付等无偿性转移支付的增加可能会加大地方财政收支缺口，这源于转移支付的增加降低了地方政府的税收努力（Inman，1988；Litvack et al.，1998）。Panda（2009）采用印度数据验证了中央转移支付对各州的财政收入努力有抑制作用。Nicholson-Crotty（2008）利用美国数据同样发现上级转移支付对地方税收努力存在负向影响。进一步区分不同的转移支付类型，Baretti et al.（2002）使用德国数据证明了均衡性转移支付与地方税收努力存在负向关系。Liu 和 Zhao（2011）利用中国数据发现均等化转移支付对各省的税收努力有消极影响，而税收返还的效果不明显。胡祖铨等（2013）发现均衡性转移支付和税收返还对地方税收努力有抑制作用，而配套性质的一般性转移支付和专项转移支付能促进地方税收努力，但激励效果远小于前者。上述研究均采用省（或州）

一级数据，研究中央与省级财政之间的关系，缺乏对省以下情况的展示。付文林和赵永辉（2016）认为转移支付的再分配功能有助于地区间公共品供给均衡，但其与地方税收的替代性可能抑制地方政府的税收努力，应优化转移支付制度实施中的激励机制。但李永友和沈玉平（2009）认为由于专项转移支付需要地方配套，地方政府为了筹集更多的配套资金以争取更多的专项资金，将促进地方税收努力。

第二，对财政收入再分配中纵向政府间关系和政府行为的讨论。有许多研究关注到市级政府在转移支付过程中的截留行为，宁静和赵旭杰（2019）讨论了省直管县这一纵向财政关系改革对县级可支配财力的影响，发现省直管县改革提升了县级政府财力，主要是由于限制了地级市截留对县级转移支付的行为。才国伟等（2011）认为“省直管县”财政体制改革主要是为了改变市对县在财政领域的截留。改革的内容包括补助下达的直接性、省对县的转移支付方式等，让县级财政在财政资金、财政预决算、收支划分等方面与省财政直接挂钩。实际上，省级政府的财政管理问题也相当重要，应引起重视，吴木銮和王闻（2011）指出中间层级政府（即省级政府）也有截留转移支付的可能，应充分注意省级政府的作用，在中国的现实情境中，地方人大的作用不可忽视，地方政府宜将各级转移支付信息向人大披露，建立更加透明的转移支付体系。世界上已有一些国家建立了独立或半独立的转移支付监管体系，由中央和地方政府的代表或更中立的专业人员组成机构，通过一系列程序弥补转移支付系统原有的不足（Shah，2007）。李齐云（2003）认为，在我国的实践中，专项转移支付的层层拨付使得资金拨付的效率性大打折扣。一方面，从中央下达到地方政府中间的行政层级延长了拨付时间，另一方面，中央财政转移支付在层层拨付后几乎每笔专款会“损耗”10%－30%。对于现有制度的完善，刘明慧和侯雅楠（2019）提出在转移支付制度设计中加入激励机制以权衡收入划分中的利益关系。

第三，对政治因素在财政收入再分配中的作用的讨论。在转移支付的分配决策中，政治因素或许比经济因素更被决策者看重。王绍光（2002）认为转移支付往往被假定为按照公正性原则进行分配，但设计返还性收入的初衷并非缩小地区差距，而是保护地方既得利益，实证结果显示，在中央与省之间的转移支付中，公正性因素的作用甚微，而最重要的决定因素是决策者的政治考虑。王广庆等（2012）指出，“跑部钱进”等非正式行为在转移支付分配中起着重要作用。杨千钰和曾端仪（2017）对2003年国务院主要部委部长的更换进行实证分析发现，部长更替上任后，部长来自某地，某地的专项转移支付就将会增加。范子英（2018）通过实证发现，国务院部委部长换届上任后，其出生地城市的专项转移支付增加了23%，而重要部委的增幅超过100%。马骏和侯一麟（2004）指出省政府和省级党委的领导集体拥有分配财政资源的权利，并且副职的领导也具备支配权。

2.2.2 关于行政层级的研究

在我国财政管理和体制改革的过程中，体制因素对各地财政收入产生不可忽视的作用，不同城市受到各方面政策优惠的程度与其行政等级密不可分。对于城市行政等级的划分，研究中有不同的方式。江艇等（2018）在研究城市级别与资源配置问题时，将我国城市分为直辖市、副省级市、非副省级省会城市和普通地级市。王垚（2015）和李健等（2018）将城市分为高行政等级和低行政等级，直辖市、副省级市和省会城市均为前者，其他地级市为后者。李澎等（2016）认为，省会城市在一个省的特殊地位，使其拥有比普通地级市更多的省内资源，同时省会城市的市委书记通常由省委常委兼任，高配为副部级，有更强的获得行政资源的能力。刘定平和刘培（2020）基于行政政策和地理优势的特殊性，将我国城市分为省会城市与非省会城市、副省级市与非副省级市，以此来区分城市行政等级，并通过实证说明了省会城市相对于非省会城市有更高的政策自主权，副省级市相对于非副省级市有更多的财政支出和税收自主权。

对于城市级别影响财政收入可能的作用渠道，崔惠玉等（2020）指出，省会城市的地位使得沈阳市2018年一般公共预算收入决算数为辽宁省的其他地级市（不含大连市）的5－17倍，省域内地区间财政收入能力差距较大。张萃（2016）指出，高级别城市有更多的行政与财政自主权，税收的优惠与征收更加灵活。江艇等（2018）发现企业的地方税负和获得的政府补贴与所在城市的政治级别有关，此外，在中央—省—市—县—乡五级财政体制下，地方的财政拨款往往被上级政府“剥夺”。傅光明（2006）认为省直管县和扩权强县改革就是为了避免县级政府的资金被上级政府截留。因此，在讨论政府间财政收入划分的问题时，不能忽视中国行政等级体系下的城市级别这一重要因素。副省级市的市委书记一般是省委常委，与普通地级市相比，更高的官员政治级别意味着随之而来的权力，市委书记可以直接参与财政收入、省级用地指标等资源分配的决策，体现了政治与经济的联动。於莉（2007）通过案例研究指出地方党政首长是地方预算中财政资源申请的最终资源配置者或审批者。省会城市与省政府同处一市，这种关系更需注意。预算过程有一定的不确定性，省会城市预算过程中党政首长的“控制权”就与此相联系，而政治环境中的不确定性主要是由于中央与地方财政事权尚未厘清，以及纵向层面上预算过程与政策过程的分离。

不同行政层级城市的官员级别配置有所不同，这也是影响财政收支的可能因素之一。Anderson and Tollison（1991）指出，选票代表一个州的财政再分配权力，一个州获得的人均再分配资源，与这个州在国会的人均代表权有正相关关系。参众两院议员为州政府争取的转移支付与其任期的长短也有正相关关系。不论是中国还是美国，尽管财政管理制度已较为规范，非正式制度都会影响转移支付资金的分配。周诚（2016）通过实证研究发现，市委书记是本市晋升的地区的财政收入增速，高于市委书记是从中央、省级机关或者外省晋升的地区。

现有文献还讨论了城市行政层级差异对公共服务供给和配置资源的效率、资源获取等方面的影响，影响的机制包括排序效应以及获取资源分配的权限等（李澎等，2016；贾春梅和葛扬，2015）。蔡昉和都阳（2003）认为行政级别会影响城市通过再分配获得资源的能力，北京、天津等直辖市由行政级别赋予的优越性和承担的责任，既依赖再分配又依靠自我融资进行城市发展。行政等级高的城市可以利用行政方面的途径，从行政等级更低的城市汇集资源，还能从中央政府得到更多的资源。高行政级别和在经济、政治等方面的特殊性，是省会城市、副省级市的优势，它们被给予许多优惠政策，通过再分配和自我融资获得发展。等级化的行政管理体制使这些城市与其他城市竞争变得不公平，也是一个不容忽视的问题（李澎等，2016）。王垚和年猛（2014）认为中央政府对不同行政等级的城市进行资源再分配的支持力度不同，对直辖市的支持力度最大，其次是副省级市，然后是其他省会城市，支持力度的差异体现在：（1）在财政拨款、进出口政策等方面给予倾斜。（2）在经济、政治方面给予更大的自主决策权。（3）通过户籍制度、社会保障、住房政策等手段控制人口流入。政府“偏爱”行为的原因可归为三个方面，一是为稳定统治，自身利益最大化，二是为精英阶层提供更好的环境，三是集中资源培育经济增长极以带动周边发展。

已有不少学者意识到行政层级对地方财政的影响，但是这些研究多采用实证的形式，缺乏系统性的政策梳理，也未将财政收入的创造、分配与再分配过程加以明显区分。聚焦于财政收入再分配环节，探究我国地级市行政层级差异对财政收入再分配的影响的研究还较少，值得进一步探讨。

3. 政策文本库构建与分析

3.1 政策文本库构建基础

3.1.1 政策文本来源

本文研究所使用的政策文本均来源于国务院官网，财政部财政法规数据库，各省、市人民政府网站，各省、市财政部门网站以及北大法宝等网站。本文搜集网站公布的法律、法规、意见、通知、相关省市的预决算报告作为数据源。政策文本的基础收集工作于2020年11月20日完成，并在后续研究中根据需要进行一定补充，有效政策文本共计217份，政策文本概况如表3-1所示，资金管理板块政策本文的分类依据见本部分第2节。

表3-1 政策文本概况

文件板块	政策文本分类	主要文件类型	文件数量	时间区间
预决算文件	中央预决算	财政预决算报告及报表	6	2018—2020年
	省级预决算	财政预决算报告及报表	22	2019—2020年
	市级预决算	财政预决算报告及报表	52	2019—2020年
资金管理	共同财政事权转移支付	部门规范性文件 地方规范性文件 地方工作文件	34	2018—2020年
	一般性转移支付	部门规范性文件 地方规范性文件 地方工作文件	25	2015—2020年
	专项转移支付	部门规范性文件 地方规范性文件 地方工作文件	30	2016—2020年

续表

文件板块	政策文本分类	主要文件类型	文件数量	时间区间
资金管理	税收返还	部门规范性文件 地方规范性文件	38	2001—2020 年
	上解支出	部门规范性文件 地方规范性文件	5	1994—2020 年
	直达资金	部门规范性文件 地方规范性文件 地方工作文件	5	2019—2020 年

3.1.2 政策文本库构建方法

为了更有针对性地进行梳理和归纳，便于文章分析，本文构建了两大板块的政策文本库，将政策文本按“文号 + 文件名 + 关键词”的格式进行整理、归档，便于查找。

（1）预决算文件板块，包括我国部分省、市 2019 年的预决算文件。由于 2018 年与 2019 年的转移支付的项目分类和口径有较大变化（详见本部分第 2 节），为尽量保证政策文本分析的准确性和可比性，本文主要采用 2019—2020 年的预决算文件。

（2）资金管理文件板块，主要是中央、省、市级政府发布的有关一般性转移支付资金、专项转移支付资金、税收返还和上解支出的法律法规、管理办法、资金下达通知等。

根据研究的需要，本文对两个板块的政策文本库进行差异化分析，对资金管理文件板块的政策文本，进行关键词检索、记录和分类。

3.1.3 政策文本库构建目的

本文通过对我国行政层级制度的梳理和政府间财政收入再分配路径的分类讨论，并将二者结合寻找其中的相关特征和联系，以政策文本为依据，讨论我国财政收入再分配过程中省级政府的角色与作用，找出行政层级影响纵向政府间财政收入再分配的制度基础和作用机制。因此，有必要建立一个较为全面且具有代表性的政策文本库，用以对我国有关行政层级制度、财政收入再分配制度、财政资金管理制度以及不同地区的预决算文件进行系统分析。

3.1.4 政策文本库的不足

第一，资金管理文件主要通过北大法宝进行检索和收集，研究中需要使用但存在缺失的文件通过各省、市财政部门官方网站进行检索和补充，但由于全国各省、市的资金管理、下达等政策文件数量众多，尤其是专项转移支付的项目数量多，项目名称和分类并不统一，且存在各省根据实际情况进行整合的情况，因此政策文本收录难以做到全面覆盖。

第二，由于全国各省、市的预决算文件的报表、数据公开方式并未统一，不同地区预决算文件中的文字表述不完全一致，可能存在混淆或口径不同的情况。预决算报表中对专项转移支付分地区分项目统计的方式存在差异，且有的地区缺失本文所需的报表和数据。对于未能直接找到的数据，本文仅能使用政策文本库中的数据计算得到，不同的统计主体和口径直接相比可能存在偏差。

3.2 基于政策文本库的财政收入再分配路径梳理

3.2.1 我国财政收入再分配的制度设计

我国《预算法》规定，地方各级一般公共预算收入包括地方本级收入、上级政府的税收返还和转移支付，以及下级政府的上解收入。地方各级一般公共预算支出包括地方本级支出、上解上级支出和对下级政府的税收返还和转移支付。本文讨论的纵向政府间财政收入再分配制度，对于市级政府而言分为两个方向，一是自上而下的下拨，体现在市级财政收入端即转移性收入中的补助性收入，包括：一般性转移支付、专项转移支付和税收返还；二是自下而上的上收，体现在市级财政支出端即转移性支出中的上解支出。下面对本文研究的范围和数据口径进行明确，并对我国一般性转移支付、专项转移支付、税收返还和上解支出的制度设计进行系统性的梳理。

本文以地级市的财政收入为标的，将全市包括市本级和市辖区县的财政收入作为整体，不进一步细分讨论市以下的分配，区、县对市本级的上解属于全市财政收入内部的财政收入再分配，亦不做讨论。在我国目前的财政预算体制下，全市一般公共预算收入中属于财政收入再分配的项目包括上级的税收返还、转移支付，全市一般公共预算支出中属于财政收入再分配的项目是上解支出。

（1）补助性收入

补助性收入包括一般性转移支付收入、专项转移支付收入和返还性收入。一般性转移支付和专项转移支付的项目和口径并非固定不变，而是随着我国转移支付制度的调整和完善而变化，各级政府的财政预决算文件也会根据当年转移支付清理整合情况对相关项目按新的口径进行调整。如，2014 年国务院提出要求，清理整合一般性转移支付，将一般性转移支付中属于中央委托事权或中央地方共同事权的项目转列专项转移支付，属于地方事权的项目纳入均衡性转移支付（国发〔2014〕71 号）。通过比较发现，不论是中央一般公共预算还是各省一般公共预算，不同年份的转移支付科目都存在差异。下面以中央一般公共预算支出决算文件为例，展示 2018—2020 年间的三点明显变动，如表 3－2 所示。

第一，中央对地方税收返还并入一般性转移支付。2018 年中央财政预算中的有关报表有中央对地方“税收返还和转移支付预算表”“一般性转移支付分地区情况汇总表”“专项转移支付分地区情况汇总表”“税收返还分地区情况汇总表”。自 2019 年起，中央对地方税收返还与一般性转移支付中的固定数额补助合并，不再单独列示。2019 年中央财政预算中的有关报表是中央对地方“转移支付预算表”“一般公共预算转移支付分地区情况汇总表”“一般性转移支付分地区情况汇总表”“专项转移支付分地区情况汇总表”，已无单独的税收返还报表，“税收返还及固定补助”在一般性转移支付的相关报表中予以列示。

第二，新设共同财政事权转移支付。2018 年国务院提出改革要求，在一般性转移支付下设立共同财政事权转移支付，为共同财政事权基本公共服务事项提供优先保障，集中反映中央承担的基本公共服务领域共同财政事权的支出责任（国办发〔2018〕6 号）。共同财政事权转移支付包含了改革前一般性转移支付和专项转移支付中的基本公共服务领域共同财政事权事项。《2019 年财政收支分类科目》中，“一般性转移支付”款下有“共同财政事权转移支付”共有 20 项，《2020 年财政收支分类科目》中有 29 项。在预决算文件中也可以看到，2019 年专项转移支付项目数量明显减少，从 2018 年的 66 项减少至 22 项，而一般性转移支付中增加了 54 项共同财政事权转移支付。

第三，在一般性转移支付和专项转移支付以外，新增设立特殊转移支付。2020 年特殊转移支付预算数 6050 亿元，作为一次性财力安排，用于支持地方落实“六保”任务。此次中央财政增加中央对地方转移支付，通过特殊转移支付机制转移的资金将直达市县基层，要求在资金转移中，省级财政对于审批事项提高速度、简化程序，加快转移支付流程。

表 3-2　　2018—2020 年中央财政预算中的转移支付项目类别

2018 年中央对地方税收返还和转移支付	
分类	项目
一般性转移支付	均衡性转移支付 老少边穷地区转移支付 成品油税费改革转移支付 体制结算补助 基层公检法司转移支付 基本养老金转移支付 城乡居民医疗保险转移支付
专项转移支付	支持学前教育发展资金等 66 项
税收返还	增值税返还 消费税返还 所得税基数返还 成品油税费改革税收返还 地方上解
2019 年中央对地方转移支付	
分类	项目
一般性转移支付	均衡性转移支付 重点生态功能区转移支付 县级基本财力保障机制奖补资金 资源枯竭城市转移支付 老少边穷地区转移支付 产粮大县奖励资金 生猪（牛羊）调出大县奖励资金 共同财政事权转移支付（支持学前教育发展基金等 54 项） 税收返还及固定补助 体制结算补助
专项转移支付	食品药品监管补助资金等 22 项
2020 年中央对地方转移支付	
分类	项目
一般性转移支付	均衡性转移支付 重点生态功能区转移支付 县级基本财力保障机制奖补资金 资源枯竭城市转移支付 老少边穷地区转移支付 产粮大县奖励资金 生猪（牛羊）调出大县奖励资金

续表

分类	项目
一般性转移支付	共同财政事权转移支付（支持学前教育发展基金等54项） 税收返还及固定补助 体制结算补助
专项转移支付	食品药品监管补助资金等22项
特殊转移支付	用于支持地方落实“六保”任务

资料来源：根据2018—2020年全国财政决算文件整理。

中央财政整合设立共同财政事权转移支付，暂列入一般性转移支付，意味着一部分原本属于“专项转移支付”分类的项目将被列入“一般性转移支付”科目下。对于被纳入共同财政事权转移支付的专项资金，财政部及相关部门修改或重新制定了相应的资金管理办法。如，2019年9月，财政部、科技部印发资金管理办法（财教〔2019〕129号）规定，此办法中的资金是指中央财政用于科技相关领域的共同财政事权转移支付资金。自该办法施行起，原有资金管理办法（财教〔2016〕81号、财科教〔2016〕25号，均为专项转移支付管理办法）同时废止。财政部还从名称上，将其所管理的“专项资金”修改为“补助资金”，并对资金分配方式进行了相应修改，不再根据绩效分配以奖代补，也不再规定采用先预拨、后清算的资金拨付方式据实结算项目（财建〔2020〕10号）。

通过对比中央和省级的资金下达通知文件发现，有部分专项资金在中央下达到省级财政以及省级财政向市级政府下达时，是“专项转移支付资金”，到达市、县级财政时，则要求将资金列入一般性转移支付中“共同财政事权转移支付收入”（粤财农〔2020〕12号、财科教〔2019〕29号），存在资金下达通知中资金名称的转移支付类别与资金列入的科目不统一的情况。除此以外，2020年中央财政预算中专项转移支付的项目也有所调整。2019年和2020年的专项转移支付项目数均为22项，但2020年相比于2019年，删减了“工业转型升级资金”，新增“东北振兴专项转移支付”，此外还有个别项目的名称不完全一致，但主要内容基本不变。

由于转移支付的项目和分类在2018—2019年间发生了明显变化，因此，为尽可能实现政策文本分析的准确性和可比性，力求准确还原现阶段再分配制度的设置情况，本文的预决算文件和资金下达政策文本库主要选取发布时间在2019年1月1日之后的文件（有个别共同财政事权转移支付下达通知发布于提出共同财政事权改革（国办发〔2018〕6号）之后、2019年1月1日之前，本文也将其纳入了政策文本库）。

返还性收入包括税收返还和其他返还性收入。目前我国中央对地方税收返还包括增值税和消费税税收返还收入、所得税基数返还收入、成品油税费改革税收返还、增值税“五五分享”返还收入和其他税收返还（体制上解）等。自2016年起，上述税收返还均采用基数返还。在返还性收入中，其他返还性收入的占比较小，且通过官方渠道（包括各级财政部门官网、北大法宝网站等）搜集到有关“其他返还性收入”的政策文本十分有限。本文通过北大法宝网站仅检索到一份有关“其他返还性收入”的文件（内财库〔2020〕408号），通过这份文件，可以窥得“其他返还性收入”在财政管理中的作用——按照财政部通知（财库〔2020〕11号），通过“阶段性”地在“其他返还性收入”科目下增设目级科目“消费税返还”“所得税返还”和“增值税返还”等科目，核算中央直接税收返还到县级收入的5%部分，以达到准确核算阶段性提高2020年地方财政资金留用比例5个百分点增加的现金流返还至县级收入的特定政策目的。在地方一般公共财政收入预决算报表中，并非都列有“其他返还性收入”，报表中反映的返还性收入数据，通常情况是“返还性收入”的总数，未列明其中税收返还和其他返还性收入的数额明细；或者仅列示“税收返还”且并未另行列示其他返还性收入的数额。

（2）上解支出

上解支出包括体制上解和专项上解。体制上解是指1994年分税制改革保留下来的地方原体制上解。1994年之前确定了地方财政应向上级政府上解的体制支出，在1994年实行分税制之后，为顺利推行改革，国务院规定：地方上解按原体制运转，在一定时期内实行原体制上解中央支出和分税制体制中央对地方税收返还实行“双轨”运行，过渡一段时间后再逐步规范。各省以下财政体制也从1994年起按新体制运行，原包干体制规定的上解或补贴办法仍然执行，改革前省对市的专款继续下拨，例如，吉林省以1993年的上解和补助项目相抵后的数额作为一般上解（补助），确定为以后年度的定额结算数额（辽政发〔1994〕50号）。专项上解是指明确规定了专门用途的各种上解款项和按体制结算后下级补缴给上级财政的款项，一般是由于政策变动引起的原本应由下级财政负担的支出转移到上级财政负担，由此需要下级财政向上级财政上解一部分支出。

总的来看，规范省以下财政收入再分配关系的文件中，转移支付资金管理的文件数量众多，规定比较集中、规定较为细致，税收返还的规定次之，对于上解支出的规定分散且数量较少。从不同行政层级城市的差异来看，省级财政一般不会对具体城市进行转移支付的差异化规定，仅会提出原则性的要求，如向贫困地区倾斜。但在上解支出和税收返还的规定中，会针对具体的城市，尤其是省内经济发展水平较高的副省级市或计划单列市，制定单独的返还办法。

3.2.2 财政收入再分配的路径再划分

本文对现行财政体制下的财政收入再分配路径进行了再划分，将补助性收入分为四类，加上上解支出，共计划分为五类路径。与常规分类方式的不同之处主要在于将一般性转移支付进一步细分为共同财政事权转移支付和除共同财政事权转移支付以外的其他一般性转移支付（下称“普通一般性转移支付”，包括均衡性转移支付、重点生态功能区转移支付、老少边穷地区转移支付等）。划分的依据综合考虑了转移支付的常规分类方式、不同类型转移支付的制度和特点等。在我国纵向政府间的财政收入再分配中，中央通过转移支付补助给各省的资金中，包含用于省本级的部分和分配给各市、县的部分。不论是省级资金还是省级财政转下达中央资金，市级财政获取的转移支付收入都不可避免地通过省级财政。因此，在省对下转移支付资金管理全过程中的不确定性和赋予省级政府的职能、权力，都可能给省级政府提供自由裁量的空间，这也是本文进行再划分的重要依据。对财政收入再分配路径的再划分有利于本文对政策文本进行分类、分析和归纳，也能更为清晰地展示不同的再分配路径的差异和特征，为后续研究奠定基础。下面对四类补助性收入的相关政策文本进行进一步梳理分析。

第一类，共同财政事权转移支付。本文对于共同财政事权转移支付的界定，均以政策文本为依据，主要通过以下三种方式进行确认：（1）依据国办发〔2018〕6 号中列举的共同财政事权转移支付项目。该文件罗列了基本公共服务领域的八大类 18 项共同财政事权转移支付。（2）依据财政部发布的财政收支分类科目。《2019 年财政收支分类科目》中“一般性转移支付”款下共有 20 项“共同财政事权转移支付”，《2020 年财政收支分类科目》中“一般性转移支付”款下共有 29 项“共同财政事权转移支付”。（3）依据具体资金管理办法中的说明以及资金下达文件中注明的分类科目。财政部及相关主管部门印发的资金管理办法中写明“本办法所称资金是指……共同财政事权转移支付”或资金下达文件中写明“收入列入……共同财政事权转移支付”的资金均为共同财政事权转移支付。符合上述三项中的任意一项即为共同财政事权转移支付。

按照国务院改革规定（国办发〔2018〕6 号），现为共同财政事权转移支付中原本为一般性转移支付和专项转移支付的事项依然在一定程度上具有改革前的特点。尽管改革后，共同财政事权转移支付设在一般性转移支付下，也陆续出台或者修改了对不同领域共同财政事权转移支付资金的管理办法，但通过梳理共同财政事权转移支付资金管理办法的政策文本可以发现，其资金仍广泛采用专项转移支付的相关制度进行管理，有一部分新出台的共同财政事权转移支付管理办法的制定依据、年度未支出的转移支付资金的管理、绩效管理，都按照专项转移支付管理办法执行。因此，省级政府对于共同财政事权转移支付资金分配的自由裁量权大小介于专项转移支付和普通一般性转移支付之间。

第二类，普通一般性转移支付。本文将我国现行财政体制下，除共同财政事权转移支付以外的一般性转移支付统称为普通一般性转移支付。根据财政部《2008 年中央对地方一般性转移支付办法》（财预〔2008〕90 号）规定，一般性转移支付资金分配选取影响财政收支的客观因素，采用规范公式进行分配，各地区分配得到的一般性转移支付额的确定比较客观。国务院要求各省一般性转移支付体系以均衡性转移支付为主体、以老少边穷地区转移支付为补充（国发〔2014〕71 号）。对于省以下一般性转移支付分配，陕西省按照国务院和省政府确定的基本标准和计算方法确定（陕政发〔2015〕34 号），四川省采取因素法选取客观因素，确定合理权重，按公式计算分配后下达（川府发〔2015〕35 号）。中央对地方一般性转移支付中均衡性转移支付额度的确定通过财预〔2019〕108 号文予以明确，资金分配选取客观因素按各地标准计算确定。按照分级管理的财政体制，省以下均衡性转移支付办法由各省制定。各省对下均衡性转移支付资金数额由各省确定的公式计算①。重点生态功能区转移支付也有相应的中央对地方和省对下转移支付办法，并且要求各省下达的转移支付总额不得低于中央财政下达给该省的数额，对转移支付资金选取的客观因素测算和分配公式进行明确规定②。总体来说，按照各省的资金分配计算公式，省以下的普通一般性转移支付资金分配较为客观。

第三类，专项转移支付。根据财预〔2015〕230 号文规定，中央分配专项转移支付资金应以因素法为主，各省财政厅按照中央文件要求，制定本省的专项转移支付管理办法，管理省对市县转移支付的预算资金（包括中央财政安排的专项转移支付和省级财政安排的专项转移支付），但未要求省以下资金分配“以因素法为主”。随着我国转移支付体制的逐步调整和完善，已有一部分专项转移支付采用“因素法”进行分配。如，海南省（琼财综〔2018〕826 号）规定了中央财政设立的用于支持特定领域专项转移支付资金（中央财政资金）和省级财政设立的用于支持特定领域的专项转移支付资金（省级财政专项资金）的分配方式：中央专项资金和省级专项资

① 参见粤财预〔2019〕131 号、陕财办预〔2020〕58 号、皖财预〔2019〕534 号等。

② 参见财预〔2019〕94 号、吉财预〔2019〕456 号等。

金中城市棚户区改造专项资金采用因素法；省级专项资金中某些指定事项专项资金采用标准法，按照核定的客观情况及相应标准进行分配，具体的计算公式均明确且固定。浙江省（浙财农〔2018〕51号）规定中央农业生产发展资金主要按照“因素法”分配，但只确定了资金分配的因素为需要量化的因素，及其量化的依据，如“工作成效主要以绩效评价结果为依据”，而并未规定明确的计算公式。此外，仍有专项转移支付资金的分配仍采用“项目法”①“竞争性选拔”②或“因素法为主，项目法等其他方式为辅”③。《农村综合改革转移支付管理办法》（财农〔2019〕17号）中提到，省级财政部门在资金分配、竞争立项中使用绩效评价结果。省级财政部门和主管部门在开展本区域内项目储备，组织储备项目竞争性评审、择优选择项目的过程中行使职权。此外，在项目法分配中还有行政性分配的情况存在。

第四类，返还性收入，主要指税收返还，即将地方上划中央收入中的部分以一定方式返还给地方，包括五种主要的税收返还和其他税收返还等。增值税和消费税在1994年分税制改革前是地方的财源支柱，按税种划分收入后，原属地方的增值税（75%）和消费税（100%）上划给中央，由中央给予“1∶0.3”增量返还。从2015年起，以2014年消费税返还为基数，实行定额返还。各省根据国发〔1993〕85号、国发〔2015〕10号和国发〔2016〕71号文件，制定省以下增值税税收返还和消费税税收返还制度④。（1）增值税“五五分享”税收返还根据过渡时期方案（国发〔2016〕26号）设立，以2014年为基数将地方上划中央的增值税税收收入返还给地方。在省以下，总体来看，各省按照此通知要求发布的对市县的税收返还制度规定的通知都比较简短，内容比较统一，主要是“以某年为基数实行定额返还”，且“返还基数由省财政厅核定”⑤。但实际上，不同省份的省以下过渡方案在细节上存在着差异。贵州、广东、山西、河北、福建等省印发的省对下过渡方案中，除了对返还基数进行核定以及省与市县分享比例的规定以外，未做出其他有关税收返还的规定⑥。山东省按照国发〔2016〕

---

① 参见财金〔2019〕96号、财建〔2018〕861号等。

② 参见财资环〔2020〕24号、财农〔2019〕17号等。

③ 参见黑政办规〔2020〕21号。

④ 如皖政秘〔2015〕65号、川府发〔2015〕28号、云政发〔2015〕36号、辽政发〔2015〕36号、豫政〔2015〕63号等。

⑤ 根据黑政发〔2016〕45号、辽政发〔2017〕2号、皖政〔2017〕12号、豫政〔2017〕1号等。

⑥ 参见黔府发〔2016〕17号、粤府〔2016〕60号、晋政发〔2016〕38号、冀政发〔2016〕23号、闽政文〔2016〕145号等。

26号文和鲁政发〔2013〕11号文制定的省与市县增值税收入分配关系的文件（鲁政发〔2016〕21号）规定，省级财政对于因2013年体制改革，从财政困难地区集中的税收收入，2016—2018年全额返还，以支持欠发达地区发展。吉林省（吉政发〔2017〕31号）对中心城市省级以上开发区上划省"基数加增量"返还等政策进行了调整。（2）所得税基数返还根据国发〔2001〕37号文件设立，中央对地方返还以2001年为基期计算。中央将按改革方案计算地方分享的所得税收入小于地方实际所得税收入的差额部分作为基数返还地方。广东省规定省以下实行基数返还，返还数额的确定与中央对地方的返还数额确定规则一致（粤府〔2002〕26号）。江西、山东、湖南等省除了上述规定的按改革方案确定的地方分享的所得税收入小于实际所得税收入情况下的省级税收返还以外，还规定如果大于设区市实际所得税收入，差额部分由设区市作为基数上解省级①。河北对税收返还数额确定的规定则是，按2001年实际收入及改革后央地收入划分情况，核定2001年各市净上划中央财政的收入数额（各市上划中央的所得税与中央下划各市的所得税差额），以此为基数每年定额返还各市，对于实行新体制后所得税收入年度完成数达不到2001年数额的市，省财政扣减该市税收返还基数（冀政〔2002〕3号）。2007年，海南省规定2006年省对市、县所得税基数返还额按照2006年财政结算实际返还额确定。对因体制调整损失的利息所得税的洋浦进行单独规定（琼府〔2007〕78号）。（3）成品油价格和税费改革税收返还根据国发〔2008〕37号文件设立。改革实施后，中央对地方以2007年公路养路费等"六费"收入为基数，考虑地方实际情况按一定增长率确定返还额。（4）其他税收返还在税收返还收入中的占比小，且没有比较统一和固定的制度。本文尝试以省为单位，搜集"其他税收返还"相关的政策文本，以四川省为例，有川府发〔2014〕9号文、川府函〔2016〕221号文等。内容主要有二，一是以2012年为基期，以调增（减）税收返还基数方式完成对企业所得税、契税和印花税的划转。改革方案实施后，如果某市某年度的收入完成数达不到上（下）划的2012年基数，省财政将相应扣减（增加）对该市的税收返还。二是建立过渡期增量返还政策，在改革过渡期内（2014年和2015年），对于因此次体制调整带来的有收入净上划的市和扩权试点县（市），由省财政在办理省与市县年度财政结算时，对其净上划收入产生的增量，予以全额返还。

总的来看，我国税收返还政策的制定逻辑一般是中央推行税收制度的改革，为保障地方既有财力，同时规定中央对地方的税收返还制度，再由

① 参见赣府发〔2002〕9号、鲁政发〔2002〕21号、湘政发〔2002〕6号等。

各省按照中央通知，制定相应的省对下税收返还制度。对地方财政而言，不同于转移支付尤其是专项转移支付需要对各项资金补助给各地区的数额分别进行具体性的审核、批准、分配等流程，省对下的税收返还一般采用相对固定的方式予以确定，如广东省对市实行所得税基数返还，以 2001 年为基期，广东省将各市分享的所得税收入小于实际所得税收入的差额部分作为基数返还给各市（粤府〔2002〕26 号），有明确的标准和计算方法，与一般性转移支付分配中的“公式法”相类似。因此，在一般公共预算中将“返还性收入”纳入“一般性转移支付”具有特征上的匹配性和制度上的适应性，但二者在政策文本的形式和数量上仍有明显不同。

4. 纵向政府间财政收入再分配的流程与省级政府角色

4.1 一般性转移支付路径的五个环节和省级政府的两种角色

4.1.1 一般性转移支付的管理环节

本文第3部分将一般性转移支付分为共同财政事权转移支付和普通一般性转移支付，普通一般性转移支付包括均衡性转移支付、固定数额补助、老少边穷地区转移支付等，已有比较成熟的管理办法和较为稳定、明确的分配公式，资金分配数额的确定比较客观，而共同财政事权转移支付包含了原属专项转移支付的项目，改革后的管理方式还在逐步探索和完善。例如，虽然共同财政事权转移支付设置在一般性转移支付项下，但仍有许多共同财政事权转移支付资金管理办法的制定、绩效评价等，是按照专项转移支付的管理办法进行管理的。涉及共同财政事权转移支付的资金管理办法、中央和各省资金下达通知数量众多，且形式和内容有较大差异，有必要进行系统性的梳理，归纳其中的共性和特征，以便进行后续研究。因此，本文将共同财政事权转移支付的管理流程划分为五个环节，如图4－1所示。

（1）制定资金管理办法

①财政部和国务院有关部门制定资金管理办法。共同财政事权转移支付资金管理办法一般由财政部和资金支持领域主管部门共同制定。资金管理办法包含：资金支持（使用）范围、资金分配方法、预算下达流程和绩效管理等基本要素。资金分配方法是资金管理办法中的重点内容，共同财政事权转移支付资金的分配主要有三种，分别是按标准、因素和项目分配，

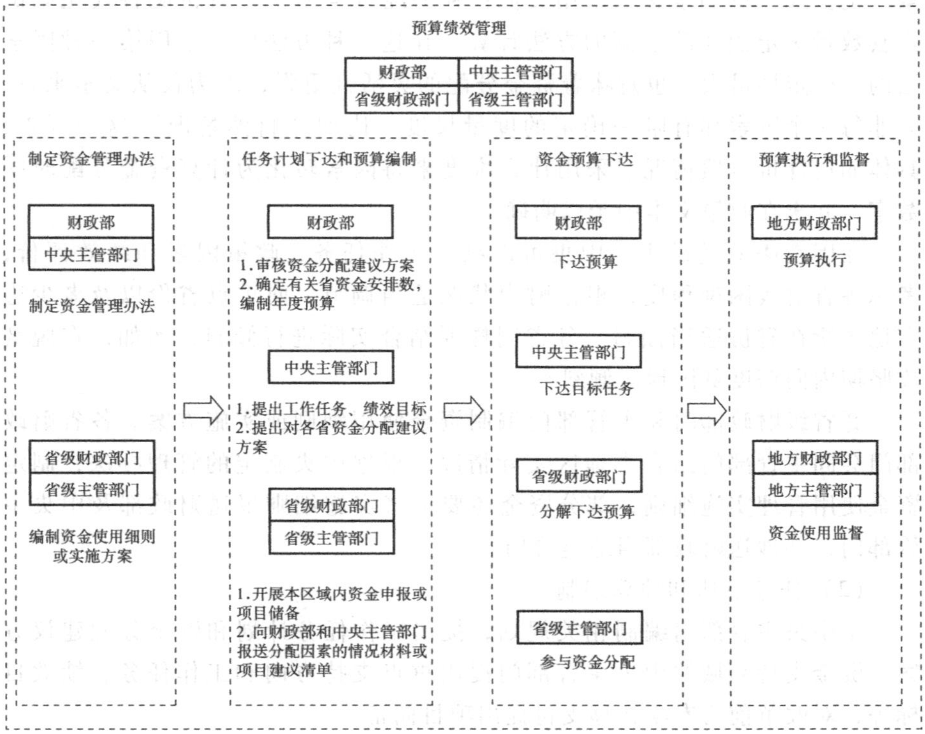

图 4－1 共同财政事权转移支付管理环节

资料来源：根据财教〔2019〕129 号、财社〔2019〕113 号、财综〔2019〕31 号、闽财农〔2019〕40 号、财资环〔2020〕22 号、财资环〔2020〕24 号、财资环〔2020〕36 号、黑财规审〔2020〕3 号、黑财规审〔2020〕3 号、冀财规〔2020〕4 号等整理归纳。

对于任务较少的直辖市、计划单列市和承担相关改革或试点任务的市可以采取定额补助[①]。

本文将政策文本中规定的因素法分配进一步归纳为三种。第一种是定因素、定权重[②]。如，海洋生态保护修复资金的分配采用因素法，分配因素包括红树林保护修复任务量（50%）、保护修复工作成效（20%）、自然情况（20%）和项目储备情况（10%）。第二种是定单位因素补助额（财资环〔2020〕22 号），退耕还林每亩地补助 1200 元。第三种是定因素、定公式[③]。如，农业生产发展资金中农业绿色发展与技术服务支出采用“定因

① 参见财资环〔2020〕22 号、财农〔2019〕46 号等。

② 参见财资环〔2020〕36 号、财资环〔2020〕24 号、财资环〔2020〕22 号、财农〔2019〕46 号等。

③ 参见财农〔2020〕10 号、财教〔2019〕129 号、财综〔2019〕31 号、财社〔2019〕113 号等。

素、定公式”的因素法，采用类似：补助经费 = 果菜茶有机肥替代化肥试点县数量 × 定额补助金额的方法计算。在这三种方法中，采用第一种因素法的不确定性最大，也意味着资金分配的灵活性更强，因为仅从文本来看，并非每一个因素都有唯一确定的度量尺度，比如“自然情况”这一因素，具体如何评价自然情况、采用什么维度来将因素转化为计算资金分配时的数字，并未在政策文本中予以明确。

在因素法的基础上，中央可以结合工作任务、政策因素和绩效评价，考虑各省财政困难程度，根据财力状况适当调节，向重点省份以及老少边穷地区所在省份适当倾斜。各省同样要结合实际进行倾斜，例如，在脱贫攻坚期内向深度贫困地区倾斜①。

②省级财政部门和主管部门编制资金使用细则或实施方案。各省财政部门会同主管部门结合本地区实际情况，根据中央制定的管理办法，制定资金使用管理实施细则，部分资金还要求将实施细则报送财政部及中央主管部门，并抄送财政部当地监管局。

（2）任务下达和预算编制

①中央主管部门编制相关规划，提出工作任务计划和资金分配建议方案。资金支持领域的中央主管部门提出重点支持方向和工作任务、绩效目标等，对改革前为专项转移支付提出项目储备。

②对于改革前为专项转移支付资金的，各省财政部门和主管部门开展本区域内项目审核，确定实施项目并报送财政部和中央主管部门，中央主管部门会同财政部进行入库项目审核。需要申请的资金，由省级财政和主管部门根据财政部和中央主管部门的要求提出资金申请。

③省级财政部门会同省级主管部门向财政部和中央主管部门报送因素或者项目清单。

④中央主管部门提出对各省资金分配建议方案，财政部审核资金分配建议方案，确定各省资金安排数，编制预算。

（3）资金预算下达

①全国人大批准中央预算后，财政部根据预算安排和中央主管部门资金分配建议方案等，审核下达当年资金预算。

②中央主管部门下达目标任务，改革前属于专项转移支付的，下达项目清单。

③资金使用领域的地方主管部门根据职能参与本地区资金分配。省级财政部门负责本地区资金的预算分解下达，部分资金还要求将资金分配结

---

① 参见财资环〔2020〕36号。

果报送财政部、中央主管部门，抄送财政部当地监管局。

（4）预算执行和监督

①各级财政部门、主管部门加快预算执行，提高资金使用效率。

②各级财政部门、主管部门对资金申请、分配、使用等进行监督，发现问题及时纠正。

（5）预算绩效管理

预算绩效管理贯穿预算编制、执行的全过程。中央主管部门、财政部负责组织和参与绩效管理，各级财政部门和主管部门负责实施绩效监控。

①中央主管部门会同财政部下达绩效指标体系和区域绩效目标表。

②省级财政部门会同省级主管部门编制区域绩效目标申报表，报送财政部和中央主管部门。

③各级财政部门会同主管部门按要求实施预算绩效监控。

④预算执行完成后，地方各级财政部门组织同级主管部门、资金使用单位或企业进行绩效自评，结果由省级财政部门和主管部门审核后报送。

4.1.2 省级政府的两种角色

中央下达到各省的共同财政事权转移支付资金可以分为两种。一种是中央财政通过一般公共预算安排的，集中反映中央层面承担的支出责任的资金。这种情况下的资金下达，不要求省级政府必须负担一定数额的资金，或者仅要求省级下达到某地区的资金数额不低于中央确定的特定数额（财社〔2020〕59号），省级财政可以自行适当安排省级资金，省级财政的职责主要是管理中央分配到本省的资金，合理分配并及时下达。另一种是该类资金在设立时就通过管理办法明确了中央与地方、省与市的分担比例。这种情况下，省级财政不仅肩负中央资金的管理职责，往往还需要下达相应比例省级资金。如，《河北省计划生育补助资金管理实施细则》（冀财规〔2020〕4号）规定，特扶补助项目属于中央与地方共同财政事权，所需资金中央与地方按6∶4分担，地方分担部分，省与直管县、市管县按2∶2分担。

在中央资金和省级资金的管理尤其是与资金分配有关的环节中，省级政府有着“统筹者”和“组织者”两种角色。

第一，省级财政部门是资金分配的“统筹者”。在分配补助经费时，省级财政部门和主管部门有“统筹”的职能（财预〔2015〕230号），一是考虑省内各地区差异，结合实际情况向特殊地区倾斜，二是统筹整合与该资金相关的其他资金，避免重复支持，提高资金的使用效率。《城乡义务教育补助经费管理办法》（财教〔2019〕121 号）要求省级财政部门和教育部门综合地区年度工作重点和省级财政安排的经费，加大省级财政的统筹力度。对于涉农资金，国务院专门发文要求建立统筹整合长效机制（国发〔2017〕54 号），统筹资金的领域还可能涉及少数民族发展补助等更广的方面（吉财党政指〔2020〕1133 号）。《林业草原生态保护恢复资金管理办法》（财资环〔2020〕22 号）规定各级财政部门会同同级主管部门支持涉农资金统筹整合，加强该资金与中央基建投资等资金的统筹使用，提高资金使用效率。《黑龙江省财政支农专项资金管理办法（试行）》（黑政办规〔2020〕21 号）规定省级财政可以统筹中央财政转移支付和省级其他现有专项资金等渠道安排的各类具有相关专项用途的资金。

第二，省级政府是项目申报、竞争程序的“组织者”。《黑龙江省财政支农专项资金管理办法（试行）》（黑政办规〔2020〕21 号）规定，专项资金采取项目法分配的，由省级主管部门会同省财政厅等部门结合年度建设任务（任务清单），根据相关规划、各地需求等实际情况，明确项目申报主体、支持范围、申报条件和流程，组织人员和机构，通过集体决议、第三方评审、公示公告等程序择优分配资金。

4.2 专项转移支付路径的四个核心步骤和省级政府的三种职权

4.2.1 专项转移支付的管理流程

根据财政部对专项转移支付的管理办法（财预〔2015〕230 号），本文将专项转移支付管理流程整理如图 4-2 所示，依次有设立、申报、审核和分配四个关键步骤。专项转移支付设立后，财政部（会同中央主管部门）对每个专项转移支付项目制定相应资金管理办法，管理办法囊括四个核心步骤，涵盖总体目标、资金用途、补助对象、分配方法、各部门职责分工以及资金申报、审批和下达程序等要素。由财政部会同中央主管部门负责申报、审核和分配的总体组织。财政部对以上管理过程进行评估，评估的内容包括专项转移支付项目的各项重点事项，包括合规性、绩效、资金使用效率、资金管理办法等方面。

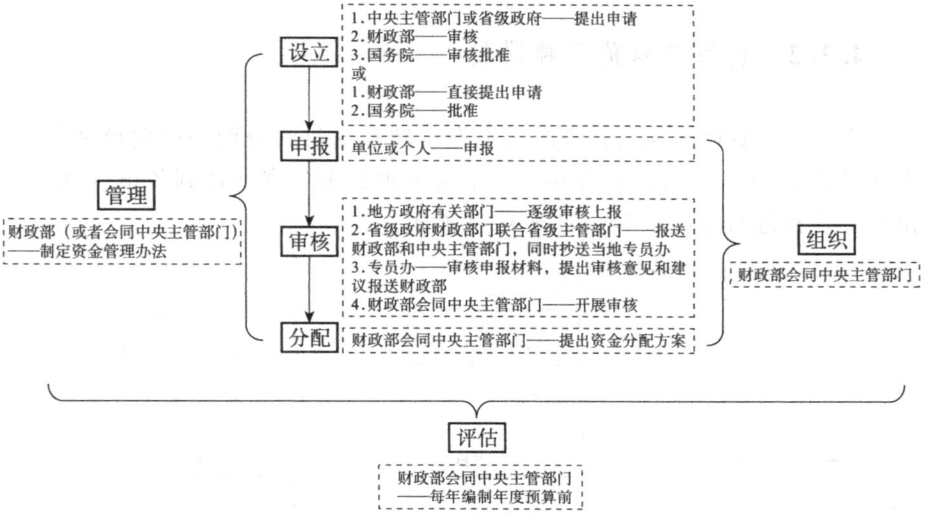

图 4－2 专项转移支付管理流程

资料来源：根据财预〔2015〕230 号整理归纳。

中央预算中的专项转移支付项目资金在下达的过程中，按照规定的流程，在一定时限内从中央逐级下达到基层政府，如图 4－3 所示。

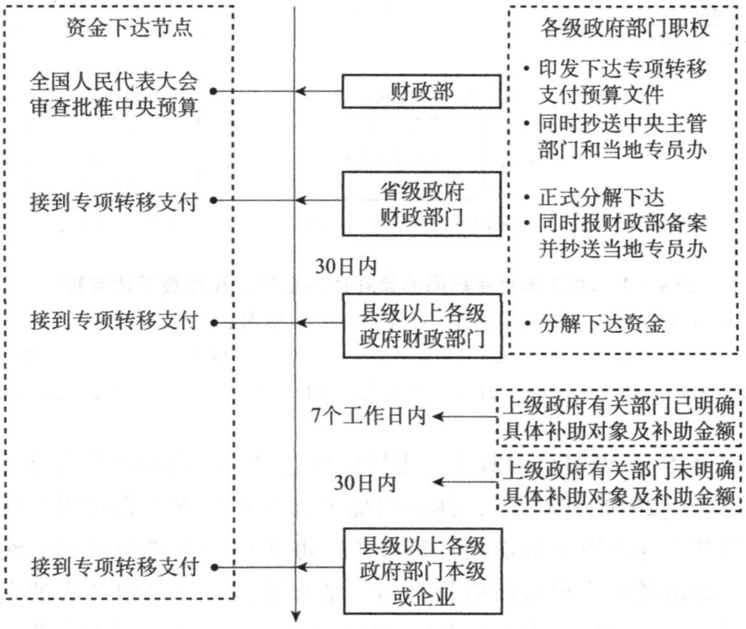

图 4－3 专项转移支付下达流程

资料来源：根据财预〔2015〕230 号整理归纳。

4.2.2 省级政府的三种职权

为了更加具体地探究省级政府在专项转移支付的分配中的角色和作用，本文对2019年食品药品监管补助资金从中央经由各省下达到各市（区、单位）的流程进行系统整理，如图4－4所示。

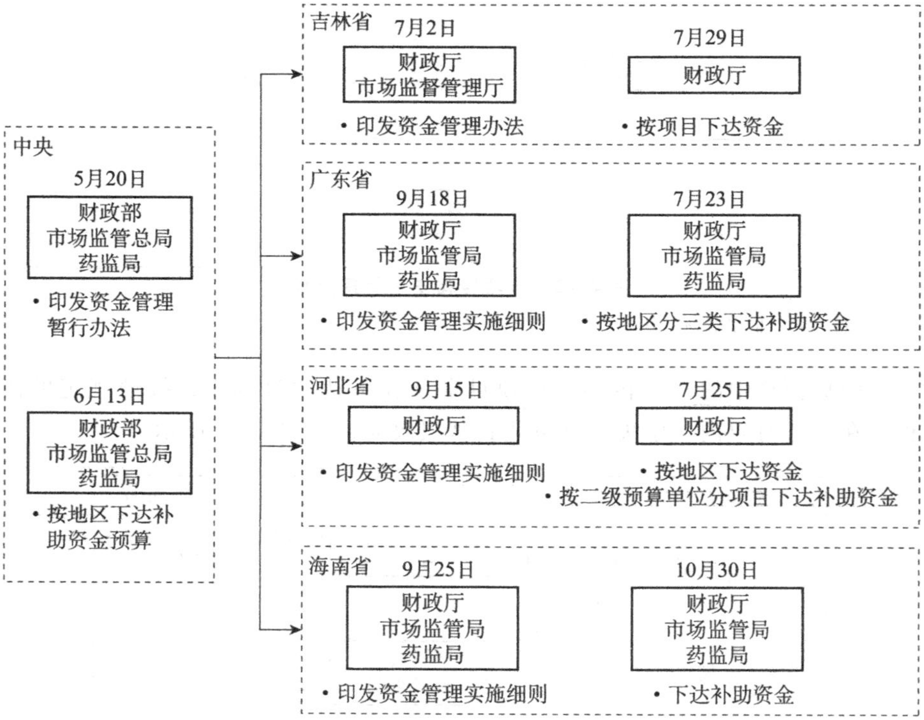

图4－4 2019年食品药品监管补助资金管理和逐级下达流程图

资料来源：根据财行〔2019〕98号、财行〔2019〕132号、粤财工〔2019〕119号、粤财工〔2019〕123号、吉财党政〔2019〕522号、吉财党政指〔2019〕615号、琼财行规〔2020〕14号、琼财行〔2019〕815号、冀财行〔2019〕21号、冀财预复〔2019〕444号、冀财规〔2020〕22号等整理。

2019年5月20日，财政部、市场监管总局、药监局印发资金管理暂行办法（财行〔2019〕98号），办法明确了该项补助资金采用因素法分配以及分配给某省补助资金数额的计算公式。办法要求省级财政和省级业务主管部门，即市场监管和药品监管部门，结合地区情况制定各省的资金管理实施细则，并向财政部的中央主管部门报备，抄送财政部当地监管局。2019年6月13日，财政部、市场监管总局、药监局向32个省、自治区、直辖市下达了2019年资金预算（财行〔2019〕132号）。

中央此次向广东省下达补助资金 12799 万元，广东省于 2019 年 7 月 23 日安排 2019 年中央食品监管补助资金 6399.5 万元（粤财工〔2019〕119 号），通过广东省财政厅官网、北大法宝等公开网站未检索到涉及剩余部分资金的其他文件。按照资金明细分配表，广东省按地区（单位），向省市场监督局本级以及深圳市、珠海市等 20 个地市，分“食品安全监督抽检和风险监测”“在指定的批发市场开展食用农产品追溯系统建设”和“全省保健食品‘五进’专项科普宣传活动”三类进行分配。同时要求各级财政部门要会同市场监管部门结合本地实际，统筹安排中央财政资金和地方财政资金，20 个地市共获得 310 万元，仅占此次资金安排总额的 8.4%。2019 年 9 月 6 日，广东省财政厅、省市场监管局、省药监局印发《广东省食品药品监管中央补助专项资金管理实施细则》，提出补助资金“实行因素分配、项目制管理、因素分配与项目管理相结合的分配方式”，由省市场监管局、省药监局提出整体资金分配计划，经部门党组会议或办公会议集体审议通过后，按规定程序报批。此外，该细则还提出补助资金采取因素法分配时，可结合地方财力情况对因素进行必要调整，以体现对经济欠发达地区的支持。该细则对分配因素进行了列举，但并未明确具体公式。

中央此次向吉林省下达补助资金 6958 万元，吉林省于 2019 年 7 月 29 日将补助资金向省市场监管厅本级以及吉林市食品药品检验所等 24 个单位，按“食品抽检经费”“‘两品一械’事务经费-药品检验机构能力建设”等 15 个项目，全部分配下达（吉财党政指〔2019〕615 号）。此前，吉林省财政厅和吉林省市场监督管理厅于 2019 年 7 月 2 日印发的《吉林省市场监督管理专项资金管理办法》明确了省市场监督管理厅的职责为负责提出资金分配建议和支持项目建议，会同财政厅审核后，向分管财政和市场监督管理的分管副省长报送拟分配方案进行审定，配合省财政厅按规定程序报省政府党组会审核批准。资金分配采用因素法和项目法，用于省本级部分采用项目法分配，用于市县部分采用因素法分配。办法列举了因素法选取的分配因素，但未明确分配公式。

中央此次向海南省下达补助资金 6575 万元，海南省财政厅、市场监督管理局、药品监督管理局于 2019 年 10 月 30 日全部分配下达（琼财行〔2019〕815 号）。由于附件《2019 年食品药品监管中央补助资金分配表》文件缺失[①]，具体分配情况不详。2020 年 9 月 25 日，海南省财政厅、市场监督管理局、药品监督管理局印发《海南省食品药品监管中央补助资金管

---

① 北大法宝网站和海南省财政厅官网发布的琼财行〔2019〕815 号文均未提供附件《2019 年食品药品监管中央补助资金分配表》。

理实施细则》，明确了海南省食品药品监管中央补助资金划分为食品监管补助资金和药品监管补助资金，原则上按50:50进行分配，分别采用因素法分配，并注明了分配因素和分配公式。

中央此次向河北省下达补助资金11869万元，2019年7月25日，河北财政厅按地区向石家庄市等市县（明确分配到各县、市辖区、省直管县）下达共计5368.5万元（冀财行〔2019〕21号）。同日，对省药监局按二级预算单位分项目补助省药监局食品药品监管补助资金3500.5万元，对省市场监督管理局按项目补助其所属省食品检验研究院食品药品监管补助相关经费3000万元（冀财预复〔2019〕444号），合计11869万元。2020年9月15日，河北省财政厅、市场监督管理局、药品监督管理局印发了《河北省食品药品监管补助资金管理实施细则》，规定了中央补助资金在省级和市县之间的分配额度由省市场监督管理局和省药品监督管理局根据省级和市县各自承担的工作量确定，省级留用部分按需分配，用于市县的补助资金按因素法分配。

表4-1　2019年广东等省食品药品监管补助资金分配下达情况

省份	下达资金数额（万元）		省对下分配方法	省对下资金分配中具有职能的单位或个人
	中央对省	省对下		
广东	12799	6399.5①	因素分配、项目制管理、因素分配与项目制管相结合	省市场监管局 省药监局 省财政厅
吉林	6958	6958	用于省本级部分用因素法；用于市县部分用项目法	省市场监督管理厅 省财政厅 分管市场监副省长 分管财政副省长 省政府党组会
海南	6575	6575	原则上按50:50分为食品监管补助资金和药品监管补助资金，两部分分别用因素法配②	省市场监督管理局 省药品监督管理局
河北	11869	11869③	省市场监管局和省药品监管局确定省级和市县之间的分配额度；省级留用部分按需分配；用于市县的部分按因素法分配	省市场监督管理局 省药品监督管理局

资料来源：根据粤财工〔2019〕119号、粤财工〔2019〕123号、吉财党政〔2019〕522号、吉财党政指〔2019〕615号、琼财行规〔2020〕14号、琼财行〔2019〕815号、冀财行〔2019〕21号、冀财预复〔2019〕444号、冀财规〔2020〕22号等整理。

---

① 通过广东省财政厅官网、北大法宝等网站未检索到广东省分配该项资金的其他相关文件，本文暂以粤财工〔2019〕119号文为准。

② 本文依据琼财行规〔2020〕14号文件进行推测得到，可能与实际操作有偏差。

③ 2019年河北省对下食品药品监管补助资金分三批下达，数额分别为5368.5万元、3500.5万元和3000万元，合计11869万元。

本文对上述省份2019年食品药品监管补助资金管理和分配方式以及具有一定职能的单位和个人进行整理归纳，如表4-1所示，并将专项转移支付分配中省级政府的职权概括为以下三个方面。

第一，制定本省的资金管理办法，其中重点是制定本省的资金分配方案，并对各方职责、工作规范、绩效管理等全流程管理细节进行厘定。对于同一项中央专项资金下拨款，各省对下级的分配方式有明显差异，本例中四个省份的分配方法中都出现了“因素法”的身影，但又不尽相同，分别采用了因素法与项目法、“按需分配法”相结合的组合①。与中央对各省资金分配公式（财行〔2019〕98号）的固定性相比，各省自行制定分配方式有利于省级政府结合各地的具体情况确定更科学的分配方式。许多研究认为按因素法分配资金具有优势，应得到推广（云南省财政厅课题组，2018；贾颖，2015；岳希明和蔡萌，2014），在本例中可以看出，虽然四个省都（部分）采用了因素法，但只有海南省和河北省为“因素法”确定了分配计算公式，其他三省或只列出因素，不定公式，或者连选取的因素也未明确。而在因素法以外，省市场监管局、省药监局等资金使用领域的主管部门还可能享有“划蛋糕”的权力，例如先将中央下拨的资金分为省本级留用和下拨市县两大块，即先将中央下达到本省的资金划分一部分出来给省本级留用，在此基础上再对“两块蛋糕”按因素法或项目法进行细分。总体来看，各省制定资金管理办法时，在一定程度上保留了省级单位对资金的分配权。

值得注意的是，财政部《中央对地方专项转移支付管理办法》要求对于专项转移支付资金必须先制定管理办法，再分配资金，未制定管理办法的不得分配资金，但从本例的时间轴来看，四个省份中广东、河北和海南三省都是先分配下达资金，后印发资金管理办法。

第二，省级政府部门的分管领导在资金分配中有“审定”职权，省政府党组会议有“审批”职权。《河北省食品药品监管补助资金管理实施细则》（冀财规〔2020〕22号）除了对资金分配加以“因素法”等相对客观的规定，还要求相关省级领导或工作小组在资金下达时进行“把关”。提前预下达和正式下达资金时，都要求分管财政和市场监管方面工作的副省长审定，省财政厅还需将分配方案等资料提交省政府党组会议审批。

第三，除了省财政厅以外，专项资金使用领域的省级主管部门，也有一定的分配职权。在本例中，四个省份均由省市场监督管理局（或省药品

① “按需分配”是指冀财规〔2020〕22号规定：“中央补助资金省级留用部分，根据省级承担的食品药品抽查、检验、检测等工作任务情况以及监管能力提升需要分配”。

监督管理局）提出资金分配建议方案，相当于在资金分配的初始阶段行使职权，在满足资金管理制度的前提下，具有一定的主动权。此外，吉林省的资金年度支持项目也由省市场监督管理厅提出，项目和资金分配方案在报送分管副省长审批前还要由省市场监督管理厅会同财政厅“审核确定”。而海南省采用的因素法，绩效因素占20%，其中包含“配合省市场监督管理局（或省药品监督管理局）监管工作”等子因素。因此，海南省市场监督管理局和省药品监督管理局能够结合激励约束政策，间接影响省对下专项转移支付分配决策。

5. 纵向政府间财政收入再分配中不同行政层级城市的差异

5.1 不同行政层级城市与上级财政的关系比较

5.1.1 财政收入再分配路径的比较

计划单列市拥有省一级的经济权限，中央转移支付资金管理办法和资金下达通知的主送机关一般由“各省、自治区、直辖市、计划单列市财政厅（局）”和新疆生产建设兵团财政局、资金使用领域主管部门和企业和事业单位中的前两项或三项组成，计划单列市的市级财政与省级财政具有同等地位。中央的转移支付资金由中央直接补助到计划单列市，而不经过计划单列市所在的省级财政。中央财政向地方下达资金的分配表中将计划单列市与省、直辖市一同列出，计划单列市的补助资金与其所在省的补助资金一般以“福建省 10000 万元（其中：厦门市 2000 万元）”或“福建省（不含厦门市）8000 万元；厦门市 2000 万元”的形式分别配给（即“单列户头”）。对于计划单列市，中央资金的下达一般不经过省级财政进行转下达或分解下达的中间步骤，省级财政无权决定计划单列市分配到的中央转移支付资金额。此外，一般性转移支付中较为特殊的共同财政事权转移支付，明确中央与地方财政分档负担比例，当所需经费由中央与地方财政分档按比例分担时，对计划单列市与其所在省份的央地分担比例也是分别进行分档[①]。

在中央财政预算中，中央财政给予计划单列市税收返还，计划单列市

① 《国务院办公厅关于印发教育领域中央与地方财政事权和支出责任划分改革方案的通知》（国办发〔2019〕27 号）规定，辽宁、福建、山东（不含计划单列市）为第三档，大连、宁波、厦门、青岛、深圳等 5 个计划单列市和江苏、广东等 4 个省（直辖市）为第四档。

也需要向中央上解支出。同时，计划单列市与省级财政并非完全“脱钩”，仍需要向省级财政上解支出，上解的数额由省级财政确定，省级财政也对计划单列市给予税收返还。

非计划单列地级市的各项财政收入再分配路径都需要经过省级财政，不直接与中央财政发生资金的上收和下拨关系。中央转移支付资金先下达到省，再由省级财政分解下达，省级转移支付资金则必然是通过省级财政下达到市。省级财政给予非计划单列地级市税收返还，以及非计划单列地级市向省级财政的上解，均由各省制定省以下相关政策文件予以确定。

本文通过对政策文本的梳理，整理出计划单列市和非计划单列市与上级财政在财政收入再分配中的路径关系，如表5-1所示。表中“省—市”路径表示省级转移支付资金下达到市、省对市税收返还或市级财政向省级财政上解；“中央—市”路径表示中央转移支付资金直接下达到市、中央对市税收返还或市级财政直接向中央上解；“中央—省—市”路径表示中央转移支付资金经过省级财政下达到市。

表5-1　　计划单列市和非计划单列市的财政收入再分配路径

城市类型	再分配路径	省—市	中央—市	中央—省—市
计划单列市	共同财政事权转移支付	√	√	
	普通一般性转移支付		√	
	专项转移支付	√	√	√
	税收返还	√	√	
	上解支出	√	√	
非计划单列地级市	共同财政事权转移支付	√		√
	普通一般性转移支付	√		√
	专项转移支付	√		√
	税收返还	√		
	上解支出	√		

资料来源：根据政策文本库中各路径的资金管理办法和资金下达通知整理归纳，详见附录。

表5-1中，中央转移支付资金经过省级财政下达到非计划单列地级市的路径中包含直达资金和普通转移支付资金（即“中央—省—市”一列）。由于中央普通资金和中央直达资金都需经过省下达到市，本文归为同一路径，但省级财政在两类资金下达过程中的职能不尽相同。2020年《政府工作报告》要求建立特殊转移支付制度，资金按照“中央切块、省级细化、备案同意、快速直达”的原则直达市县基层，不允许省级政府截留，完善相关资金分配程序，省级财政部门作为“过路财神”，及时将资金全部下达到市县。在2020年中央对地方转移支付预算表中，新增了与一般性转移支

付、专项转移支付并列的“特殊转移支付”。虽然直达资金作为特殊转移支付在预算文件中列在一般性转移支付和专项转移支付以外，但实践中对于直达资金的下拨，是在下达专项转移支付或一般性转移支付时，将一部分或全部资金“列入直达资金管理”。《关于下达2020年中央对地方均衡性转移支付预算的通知》（财预〔2020〕67号）明确了1560亿元均衡性转移支付列入直达资金管理，并纳入中央全程监测，该项直达资金的标识为“正常转移支付，资金使用中全程保持不变”。2020年，财政部将59.4亿元中央对地方重点生态功能区转移支付列入直达资金管理①，直达资金全程监控，省级财政成为“过路财神”，再分配职能被弱化。

综上所述，按照本文对财政收入再分配路径的划分，计划单列市的财政收入再分配路径共有10项，其中1项经过省与中央关联，4项与省关联，上述5项路径由省级政府掌握主要的资金分配权，另外还有5项与中央直接关联，由中央掌握资金分配权。非计划单列地级市的财政收入再分配路径共有8项，其中3项经过省与中央关联，5项与省关联，均由省级政府掌握主要的资金分配权，没有与中央直接关联的路径。从路径的丰富度来看，计划单列市和非计划单列地级市差别不大，但计划单列市和省级政府处于“半脱钩”的状态，其与省级财政的关联度更低，而与省级财政和中央财政的关系更为复杂；非计划单列市由于只与省级政府发生直接关联，财政收入再分配的路径更为明晰，但受省级财政的影响更大。

5.1.2 转移支付资金下达的时间比较

由于下达到非计划单列地级市的中央转移支付资金都必须先下达到省级财政，再由省级财政进一步分解下达，因此中央转移支付资金下达到非计划单列地级市的耗时比下达到计划单列市的耗时更久，资金拨付的效率更低。按照《预算法》和转移支付资金管理办法②的规定，中央转移支付资金下达流程的时间要求如图5-1所示。

省级财政接到中央下达的转移支付后，应在三十日内正式下达到省内县级以上各级政府。实践中，中央对省和计划单列市的转移支付一般通过同一个文件同时下达，也就是说，计划单列市的市级财政部门与其所在省份的省级财政部门同时收到中央资金下达文件，而非计划单列的地级市还将在最长30日后才会收到由省级财政部门分解下达的资金。

---

① 参见财预〔2020〕68号。

② 参见冀财规〔2020〕4号、浙财农〔2018〕51号等。

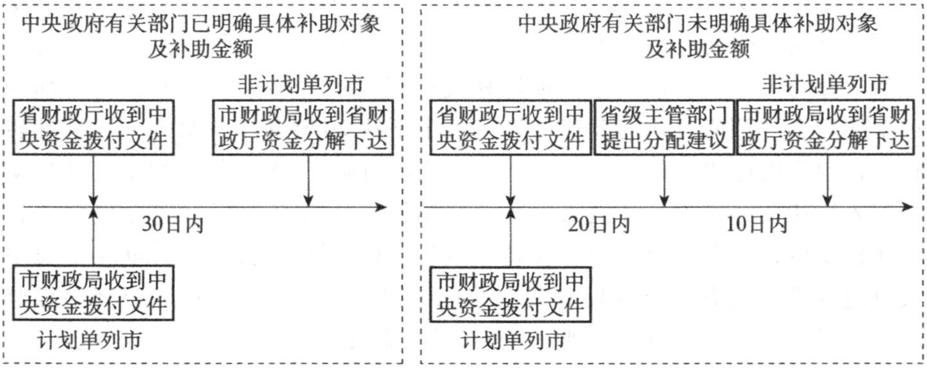

图 5-1　中央转移支付资金下达时间轴

资料来源：根据《预算法》、冀财规〔2020〕4号、浙财农〔2018〕51号等整理。

5.2　城市行政层级差异与省级政府职能的关系分析

5.2.1　转移支付资金管理中省级政府的职能分析

中央及各省的转移支付管理办法和资金下达通知等文件规定了省财政厅和资金支持领域的省级主管部门在资金管理中的责任和权限。省级政府部门在纵向财政收入再分配中的职能可以分为两类，一类是“强职能”，主要是具有决策权和与资金分配直接相关的职能，包括制订方案、分配资金、下达资金、审核/批准、绩效管理等。另一类是“弱职能”，主要是建议权、不直接参加资金分配以及表述模糊的职能，包括提出建议、下达目标、预算监督、评估等。省财政厅拥有转移支付资金分配过程中几乎所有的“强职能”，省级主管部门更多是“弱职能”。当省财政厅和省级主管部门共同行使职能且明确了主导部门时，省财政厅更多地拥有主导地位，具体如表5-2所示。

表 5-2　省级政府在转移支付资金分配中的职能

职能分类	具体职能	省财政厅	省级主管部门
强职能	制订方案	主	次
	分配资金	主	次
	下达资金	√	
	审核/批准	√	
	绩效管理	√	√

续表

职能分类	具体职能	省财政厅	省级主管部门
弱职能	提出建议		√
	编制目标/任务		√
	预算监督	√	√
	评估	√	√

资料来源：根据政策文本库中的资金管理办法整理归纳，详见附录。

总体来说，在转移支付的资金分配过程中，省级政府承担的职能是多维度的，需要经过省级政府各部门综合行使职能。公开文件中包含省级政府各部门的职能分工与协调配合等信息，地方政府则可以从相关政策的规定中，获知资金分配的各个环节中决定资金分配的客观因素，以及具有“强职能”和“弱职能”的职能部门，从而通过各种方式争取获得更多的资金。“资金分配”这一职能的行使，直接关系到市级政府能够获得的转移支付收入数额，是转移支付资金管理中对于财政收入再分配结果影响最直接的职能。但对于这一职能的具体规定，仍存在许多不明确之处，如某些实行项目法管理的专项转移支付资金，对于每个年度资助项目以及补助资金数额的确定，通过政策文本能够识别到的依据仅有“根据资金规模和相关工作要求，择优确定”这类原则性的表述①。与普通地级市相比，计划单列市、副省级省会城市和非副省级省会城市主要有以下特殊性。

在转移支付资金的分配中，计划单列市与省级财政的关联度较低，一部分资金由中央直接分配下达到市，相对于非计划单列的地级市，省级政府职能对计划单列市资金分配的作用相对较小。

计划单列市和副省级省会城市都是副省级市，其主要领导的行政级别为副省级，与副省长同级。在一般性转移支付管理中，省级政府有“统筹者”和“组织者”的角色。在专项资金的分配中，副省长具有“审定”的职权。如本文第4部分的案例中，吉林省食品药品监管补助资金的分配方案由省市场监督管理厅提出建议，财政厅审核并向分管财政的分管副省长和分管市场监督管理的分管副省长报送拟分配方案进行审定，配合省财政厅按规定程序报省政府党组会审核批准。用于市县部分的资金采用因素法分配，对于因素法，列举了选取因素，但未明确分配公式，这意味着基于资金管理办法的资金分配方式具有不确定性，具有提出建议、资金分配等职能的省级政府部门或分管副省长可以在一定的可调节空间内进行资金分配决策，加之省级政府具有的“统筹”和“组织”职能，在确定如何结合地

① 参见浙财农〔2013〕67号。

方情况进行倾斜、统筹各项资金避免重复支持等方面也拥有自由裁量权。副省级市的四名主要领导与副省长同级，其关系资本等因素有利于计划单列市和副省级省会城市争取更多资金。

计划单列市、副省级省会城市和非副省级省会城市的市委书记一般由省委常委兼任。根据《中国共产党地方委员会工作条例》，常委会在全会闭会期间行使党的地方委员会职权，主持经常工作，对本省经济社会发展工作、组织工作等方面的重要问题做出决定；推荐、提名和任免干部。凡属应由常委会会议讨论和决定的事项，必须集体研究决定。也就是说，各省的政治、经济、人事任免等方面的重大事务，都必须经过本省省委常委会会议的讨论决定，重要的人事任免等重大决策要经过省委常委的表决，各省委常委拥有表决权，原则上实行一人一票表决制。进入省委常委，意味着进入了本省的核心决策层。而各省的转移支付资金管理办法的制定和资金分配，都是由省级政府部门和省级领导进行决策，计划单列市、副省级省会城市和非副省级省会城市在行政层级上的特殊性可能关系到转移支付资金管理中的两个方面。其一，制定资金管理办法时，需要确定该项资金采用何种分配方式、因素法中分配因素的选取和权重、项目法中项目的要求等内容，省内各市在自然条件、经济情况等方面的要素有所不同，财政厅和资金支出领域的省级主管部门选择不同的分配方式可能会使该项资金在省内各个地级市的基本分配格局截然不同。省级政府部门在制定资金管理办法时，可以通过对资金分配方式的选择，达到将资金向某一个或几个城市倾斜的效果。其二，依照政策文件分配资金时，大多数资金分配尤其是专项资金分配仍有自由裁量的空间，甚至规定模糊的地方，同时，省级政府部门对资金管理办法有解释权，对于细则中的未尽事项或不明确之处，这些需要进行决策的事项都将由具有相关职能的省级政府部门或领导来完成。上述两个层面的可调节空间决定了不同行政层级在资金分配中存在差异的可能性。计划单列市、副省级省会城市和非副省级省会城市的市委书记一般由省委常委兼任，省委常委在本省内重大事项尤其是人事任免权等方面的话语权，有利于这些城市争取更多的资金。

非副省级省会城市为省政府驻地，省级政府在专项转移支付的项目申报、竞争程序中是“组织者”，设定项目申报主体、支持范围、申报条件和流程，组织机构和人员通过一系列流程分配资金。上述流程的机构和人员大多是位于省会城市的机构和常住于省会城市的人员。此外，由于转移支付资金的分配是一个涉及多方面因素、需要根据具体情况进行考量的决策，因此难以将所有原则、细则都详尽地写入资金管理办法，而对于政策问题的解读，以及项目申报条件、政策倾斜领域等信息的掌握，将有利于专项资金的申请。由于地理位置的优势，省会城市的财政部门以及其他政府职能部门有更多机会与相应的省级部门进行沟通和协调，在信息的获取等方面有着普通地级市所没有的便利条件。

为进一步论证上述结论，下面对有关地区省以下专项转移支付的情况进行简要分析，更为细致案例分析将在本文第6部分展开。由于不同省份的专项转移支付从专项资金分类管理、资金管理办法、分配方式等方面都存在明显差异，例如，福建省2019年省级专项资金共有169项，而河北省2019年专项资金仅52项[①]，因此，要讨论不同行政层级城市在专项转移支付收入方面的差异，应在同一省份内进行比较和研究更为准确和科学。

我国5个计划单列市所在的5个省份中，除福建省的省会城市福州是非副省级省会城市，其他四个省会城市均为副省级省会城市，分别是广东省广州市、浙江省杭州市、山东省济南市和辽宁省沈阳市。同一省份对其所辖区域内的市、县采用统一的专项转移支付管理办法，在一致的专项资金范畴内进行分配，而上述五个省份所辖区域内均有计划单列市、副省级省会城市（或非副省级省会城市）以及普通地级市，因此，对其省内不同行政层级城市的专项转移支付项目和数额进行横向对比，为分析和验证行政层级对财政收入再分配的影响提供了合适的观测窗口。首先，本文对辽宁省、山东省、浙江省、福建省和广东省2019年决算文件中公开的省对市专项转移支付数据进行的计算、整理，如表5-3所示。

表5-3　2019年省对市专项转移支付项目种类和资金数额

单位：种、百万元

省份	指标	计划单列市	副省级省会城市	非副省级省会城市	普通地级市（平均值）
福建	项目种类	9	—	17	16
	资金数额	264	—	3716	2114
广东	项目种类	40	52	—	53.6
	资金数额	2792	5575	—	1900
浙江	项目种类	18	68	—	64
	资金数额	555	9219	—	4315
山东	项目种类	13	36	—	34
	资金数额	2271	5179	—	2838
辽宁	项目种类	—	—	—	—
	资金数额	340	2845	—	1657

注：资料来源于福建省、广东省、浙江省、山东省和辽宁省2019年财政决算文件。辽宁省未公开省对下专项转移支付支出分项目数据，其余数据空缺是由于该省没有对应类型的城市。

① 根据福建省财政厅官网和河北省财政厅官网公开信息整理。

通过比较可以发现，同一省份对所辖区域内计划单列市的专项转移支付支出数额和项目种类数，均少于同省的副省级市、非副省级省会城市和普通地级市（平均值）。结合上一部分当中专项转移支付管理的流程以及省级政府在专项转移支付管理中的职能，本文认为可能有两方面原因。第一，从计划单列市完成指定事项的资金需求角度。计划单列市能够不经过省，直接获得中央转移支付资金，这部分中央资金能在一定程度上解决计划单列市的转移支付资金需求，那么需要由省级转移资金支持来完成的事项相应减少。第二，从省级政府资源分配的动机角度。由于计划单列市能直接从中央获得转移支付资金，而省内其他地级市必须经过省级财政获得转移支付，那么省级政府更倾向于将省级资金或者中央下达到省的中央资金，用于省内其他地级市，而计划单列市更多地通过中央不经过省直接分配下达的转移支付，以此实现全省（包括计划单列市）从中央争取更多资金的目的。

除计划单列市外，省级财政对所辖区域内行政层级更高的副省级省会城市或非副省级省会城市的专项转移支付的支出数额远高于普通地级市（平均值），但专项转移支付的项目种类数接近。此外，从决算文件中可以看出，副省级省会城市或非副省级省会城市的转移支付项目种类数量，几乎占该省对下专项转移支付中所有项目种类数量的100%，也就是说，几乎该省所有的专项转移支付资金，都会分配给省会城市。例如，2019 年浙江省对下专项转移支付共 72 项，杭州市经济发达且非临海城市，获得了其中 68 个项目的资金，没有获得资金的项目为：普惠金融发展专项、工业转型升级资、海洋综合管理专项、扶持薄弱村发展专项。结合本文第 2 部分中不同行政层级的城市在行政级别、官员配置等方面的差异，本文认为可能有两方面原因。第一，副省级市的主要领导与副省长同级，其任职履历、关系资本、行政能力高于普通地级市领导，省会城市的市委书记通常由省委常委兼任，参与决定本省党内重大事项，拥有更高的话语权，有利于争取更多的上级转移支付资金。第二，本文第 4 部分得到结论：省级政府部门的分管领导在资金分配中有“审定”职权，省政府党组会议有“审批”职权。省会城市为省政府驻地，通常也是省级政府部门的分管领导、省政府党组成员等参与专项转移支付分配决策的人员长期工作和生活的城市，他们可以将符合条件的，尽可能多种类的专项转移支付资金分配更多的数额给省会城市。

5.2.2 税收返还和上解支出中的政策目标比较

与转移支付不同，省以下的税收返还和上解政策中既没有分配因素、权重和公式，也没有复杂流程中的各项“强职能”和“弱职能”，更加简单明了。政策文本中反映出的内容主要有两项：一是政策目的，二是返还或上解数额（比例）。2019 年，山东省政府发布了深化省以下财政管理体制改革意见（鲁政发〔2019〕2 号），规定从 2019 年起，将青岛市专项上解省财政资金增加到 30 亿元，并以此为基数，以后每年按青岛市当年财政收入增幅递增上解。这一规定调整了山东省对青岛市的财力集中政策，从青岛增加的上解收入，将重点用于对财力薄弱地区的转移支付，支持全省区域协调发展。对于税收返还的调整是，在 2019—2020 年，因体制改革从市县集中的增值税增量收入给予全额返还，这项增值税增收激励政策的目的是鼓励市县振兴实体经济，促进经济转型升级。2003 年，辽宁省对省市财政管理体制进行了调整完善（辽政发〔2003〕17 号），文件分别对沈阳市和大连市上解省的财力进行了专门规定，同时对除大连市的省内其他各市的税收返还进行了统一规定。从 2003 年起，沈阳市执行全省统一的财政管理体制，2002 年向辽宁省专项上解 2 亿元的政策不再执行。大连市实行专项上解省财力的政策，从 2003 年起，大连市向辽宁省财政专项上解数额，以 2 亿元为上解基数，按全省一般预算收入实际增幅，实行环比递增。辽宁省对市（不含大连市）实行积极的增收激励政策，对各市征收的省本级共享收入当年增长幅度超出市一般预算收入增长幅度部分，由省财政给予 30% 的返还，目的是调动市级政府组织收入、培植财源、发展经济的积极性。

相比而言，我们可以通过政策本文，更多地窥见省级政府在省对市转移支付资金的管理中的具体职能，地方政府也可以以政策文本为依据，对分配因素、项目管理原则等进行解读，并有针对性地做出争取更多资金的努力，但补助项目的筛选、因素权重的确定等最终决策，主要是由省级政府完成。尽管最终各市获知了资金分配结果，但对于参与省级政府决策以外的人来说，从“分配框架” + “地方客观条件”如何转化为量化指标并计算得到最终分配结果，仍然是一个“黑箱”。因此，省级政府通过转移支付的体现得更多的是资金分配下达后对市级政府的“补助”效果。省级政府中拥有“强职能”的部门，显然在资金分配决策中拥有更大的影响力，甚至直接占据支配地位，但多部门协同参与的模式，能在一定程度上约束和限制单个部门或个人对资金分配的控制和操纵。从政策文本来看，税收返还和上解则直接展示出分配结果，税收返还和上解的数额，往往以一般公共预算收入、税收收入等指标作为基数，或者通过这些指标的计算出增量或增幅等，来确定返还和上解的数额。政策制定的具体决策过程外界不得而知，但从公开文件来看，对税收返还和上解支出资金进行调整的政策，大多由省政府发布文件，按照中央文件精神，以及省委常委会会议、省人大常委会会议确定的原则制定。若市级政府要通过自身努力获得更多的税收返还，就需要切实在财政收入等指标上实现提升，因此，省级政府对市的税收返还体现得更多是对市级政府的“激励”作用。山东省在2019年通过制度调整，增加省级财政从青岛市获得的上解收入，又将增加的财力转而补助给财力薄弱的地区；辽宁省在2003年通过制度调整，规定大连市向辽宁省实行专项上解省财力，省级政府调整市对省的上解政策中，明显关注如何实现省级财力增加的目的。同时，由于计划单列市的财力相对充裕，又不像省会城市那样需要对所在省份承担一定的特殊职能，因此，省级财政从计划单列市直接“削峰填谷”，上解支出政策体现出更直接的“均衡”目的。

综上所述，省级政府主要通过上解支出政策对省内的计划单列市进行“削峰”，并将集中的财力用以“填谷”，以实现财政收入再分配的“均衡”作用，通过税收返还对副省级省会城市、非副省级省会城市和普通地级市进行“激励”，通过转移支付对省内各市尤其是普通地级市实现财政收入再分配的“补助”效果。由于政策目标有所侧重，各省对于省内不同行政层级城市税收返还和上解支出政策也有所区别。如前文所述，省对市的税收返还以及要求市级财政向本省上解的规定都是以“明确地区”“明确数额”的形式展示在政策文本中。在转移支付资金分配中，计划单列市和省会城市的独特性未在政策文本中直接反映出来，仅从政策文本的表述来看，转移支付资金的分配对省内各市基本上一视同仁，而在省级政府对于省以下税收返还和上解支出这两项财政收入再分配政策的规定中，则常见将计划单列市和省会城市直接区别于其他普通地级市进行单独规定，省内其他各市一般采用统一的标准。不同类型的城市在税收返还和上解支出的政策规定和再分配方式和结果上都有所区分，而普通地级市内部比较统一。

6. 行政层级影响财政收入再分配的典型地区案例分析

6.1 案例地区选取及基本情况

在我国大陆的22个省份中（不含少数民族自治区），辽宁、山东、浙江和广东等四省内各有两个副省级市，分别是一个计划单列市和一个省会城市；福建省内有一个副省级市，即计划单列市厦门，福州为非副省级省会城市；湖北、黑龙江、四川、江苏、陕西、吉林等六省内各有一个副省级市，均为省会城市；其余11个省份内没有副省级市。结合各省城市类型的丰富度，以及省级和市级财政预决算文件中的资料数据情况等因素，本文选取山东省和福建省作为典型代表地区进行案例研究。首先，本文整理了2019年山东省和福建省内所有地级市的财政情况和主要领导人情况，如表6-1所示。

表中统计的主要领导级别和任职情况以2019年为准，2019年之后的官员任职情况有一定变动。如，2019年1月—2019年4月，青岛市委书记兼任山东省委常委、省委秘书长；2019年4月—2021年1月，青岛市委书记兼任山东省委常委。2019年1月—2021年1月，枣庄市委书记兼任枣庄市人大常委会主任。2021年1月起，潍坊市委书记兼任潍坊市市长。2018年4月—2021年2月，烟台市委书记仅兼任市委党校校长，无其他任职；2021年2月起，烟台市委书记兼任山东省人民政府副省长。2018年5月—2020年6月，福州市委书记兼任福建省委副书记，2020年6月，福州市委书记兼任福建省委副书记、省政府党组书记。2020年9月起，福州市委书记兼任福建省委常委。2019年2月—2020年9月，厦门市委书记兼任福建省委常委，2020年9月—2021年1月，厦门市委书记兼任福建省委副书记。

表 6－1　　2019 年山东省和福建省各市的财政情况和主要领导人情况

单位：亿元

山东省					
地区	财政收入①	地方财力②	城市类型	主要领导行政级别	主要领导其他任职情况
青岛市	1241.74	1477.34	计划单列市	副部级	市委书记为省委常委
济南市	874.19	984.89	副省级省会城市	副部级	市委书记为省委常委
烟台市	595.42	702.39	普通地级市	正厅级	无
潍坊市	571.06	713.61			
济宁市	405.01	571.81			
淄博市	368.67	414.64			
临沂市	330.01	601.92			
威海市	249.85	315.61			
东营市	245.10	281.23			
滨州市	242.96	348.39			
泰安市	224.71	359.12			
菏泽市	221.92	555.82			
德州市	206.27	338.65			
聊城市	196.63	371.24			
日照市	170.37	237.59			
枣庄市	147.26	241.32			
福建省					
地区	财政收入	地方财力	城市类型	主要领导行政级别	主要领导其他任职情况
厦门市	754.54	790.29	计划单列市	副部级	市委书记为省委常委
福州市	680.38	809.60	省会城市	正厅级	市委书记为省委副书记
泉州市	474.16	592.35	普通地级市	正厅级	无
漳州市	218.75	353.76			
龙岩市	151.27	272.05			
莆田市	140.97	230.91			
宁德市	120.42	267.91			
三明市	107.64	246.15			
南平市	94.52	253.48			

资料来源：财政数据根据 2019 年中央财政决算文件、山东省和福建省财政决算文件以及表中各市财政决算文件整理计算。主要领导人信息根据人民网地方领导资料库和各市人大、政协官网整理。

① 财政收入，指地方一般公共预算收入，即财政收入初次分配后的地方一般公共预算收入，包括地方按分税制分享的税收收入以及非税收入。

② 地方财力，指地区一般公共预算财力，计算公式：地方财力＝财政收入＋补助性收入－上解支出。其中，补助性收入是指一般公共预算补助收入，计算公式：补助性收入＝返还性收入＋一般性转移支付收入＋专项转移支付。

山东省下辖16个地级市，包括1个计划单列市、1个副省级省会城市和14个普通地级市。青岛市为计划单列市，2019年全市一般公共预算收入1241.74亿元，加上上级补助收入，扣除上解支出后，全市一般公共预算财力为1477.34亿元。济南市为副省级省会城市，2019年全市一般公共预算收入874.19亿元，加上上级补助收入，扣除上解支出后，全市一般公共预算财力为984.89亿元。青岛市和济南市均为副省级市，其主要领导的行政级别都是副省级，两市的市委书记均为省委常委。山东省内其他普通地级市主要领导的行政级别都是正厅级，无其他任职情况。普通地级市中，烟台市的全市一般公共预算收入最高，为595.42亿元，全市一般公共预算财力为702.39亿元；枣庄市的全市一般公共预算收入最低，为147.26亿元，全市一般公共预算财力为241.32亿元。

福建省下辖9个地级市，包括1个计划单列市、1个非副省级省会城市和7个普通地级市。厦门市为计划单列市，2019年全市一般公共预算收入754.54亿元，加上上级补助收入，扣除上解支出后，全市一般公共预算财力为790.29亿元。福州市为非副省级省会城市，2019年全市一般公共预算收入680.38亿元，加上上级补助收入，扣除上解支出后，全市一般公共预算财力为809.60亿元。厦门市为副省级市，其主要领导的行政级别是副省级，市委书记为省委常委；福州市为省会城市，市委书记是省委常委，为副省级干部，但其他主要领导的行政级别仍为正厅级。福建省内其他普通地级市主要领导的行政级别都是正厅级，无其他任职情况。普通地级市中，泉州市的全市一般公共预算收入最高，为474.16亿元，全市一般公共预算财力为592.35亿元；南平市的全市一般公共预算收入最低，为94.52亿元，全市一般公共预算财力为253.48亿元。

6.2 财政收入再分配的效果比较

6.2.1 基本财政情况

按照省内各市财政收入从高到低的顺序，2019年山东省和福建省各市的地方财政收入和地方财力如图6-1所示。在山东省，财政收入再分配扩大了原本就相差悬殊的计划单列市、副省级省会城市与财政收入位居全省倒数的城市之间的差距。财政收入再分配之前，山东省财政收入最高的是青岛市，财政收入为1241.74亿元，最低的是枣庄市，为147.26亿元，相差1094.48亿元，经过财政收入再分配后，两市的地方财力相差1236.02亿元，反而加剧了地区间财政收入不均。财政收入位居山东省第二的济南市与枣庄市的财政收入之差，也在财政收入再分配后，从726.93亿元扩大到743.56亿元。在福建省，福州市通过财政收入再分配增加的财力则是全省各市中最多的。

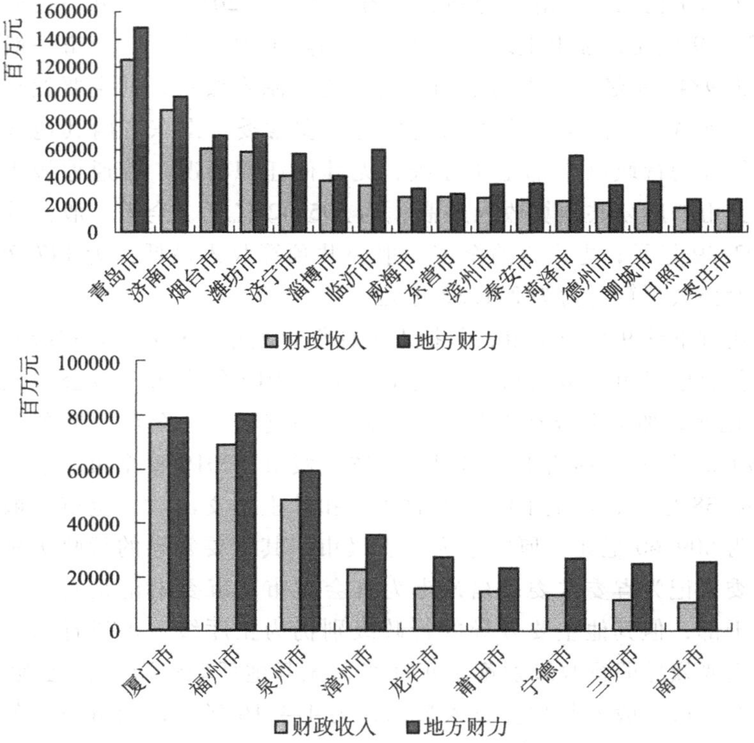

图6-1 2019年山东省和福建省各市的财政收入和地方财力情况

资料来源：根据2019年中央财政决算文件、山东省和福建省财政决算文件以及图中各市财政决算文件整理计算。

财政收入初次分配后，同一省内不同地级市的财政收入差距十分明显，经过财政收入再分配，两省所有市的地方财力均有提高，说明纵向政府间财政收入再分配总体上增强了市级政府的财力，能起到缓解地方财力不足的作用。但是缓解地区间尤其是副省级市、省会城市与普通地级市之间财政收入差距的效果并不理想。不论是青岛和厦门两个计划单列市，还是济南和烟台两个省会城市，地方财力依然在全省处于绝对领先位置。

6.2.2 财政收入再分配的两个方向

山东省从济南市上收了超过其他地级市2—3倍的市级上解，对济南市财政收入“削峰”。在普通地级市中，山东省临沂市和菏泽市获得的补助收入超过了青岛市和济南市，但由于临沂和菏泽的财政收入基数与青岛和济南差距太大，经过再分配后的地方财力依然在青岛和济南之下。虽然省级政府对这两个城市投入了大量的转移支付，对地方财力进行直接“补助”，但仍不足以弥补初次分配后财政收入的差距，大力补助而激励不足，难以调动地方财政主动创收增收的积极性，实现全省区域协调发展的目标。

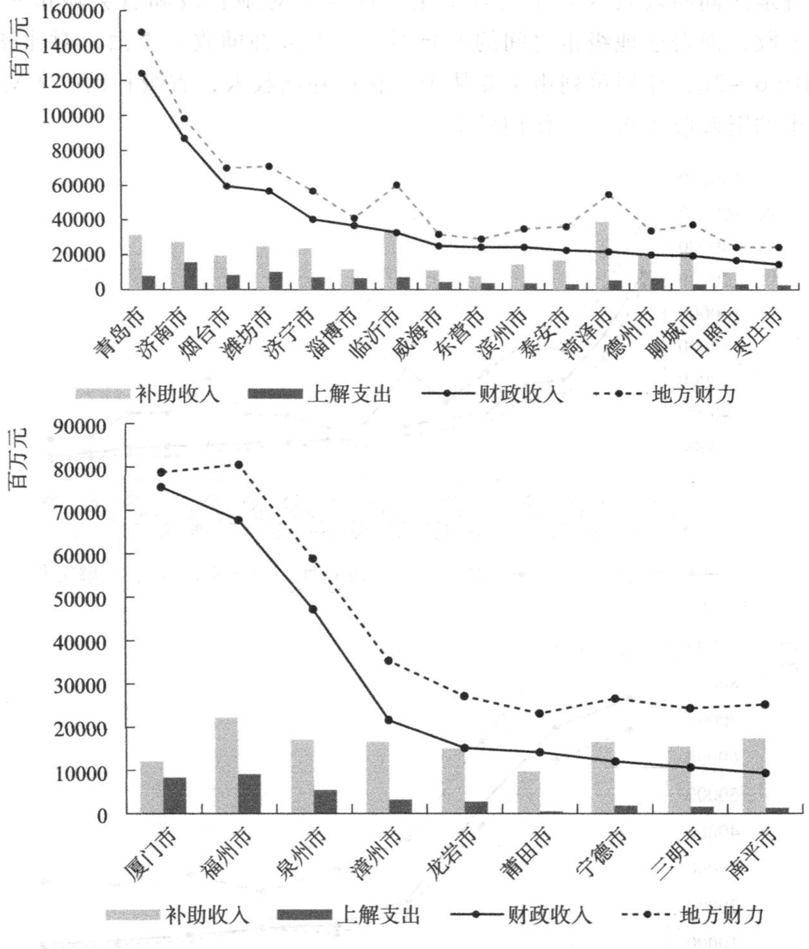

图 6 – 2　2019 年山东省和福建省各市的上级补助收入和上解支出情况

资料来源：根据 2019 年中央财政决算文件、山东省和福建省财政决算文件以及图中各市财政决算文件整理计算。

图 6 – 3 更加直观地展示了上级补助收入和上解上级支出对市级财政收入的再分配效果。图 6 – 3a 中，计划单列市青岛和厦门的上级补助收入包含

中央对市和省对市的转移支付；图6－3b中，计划单列市青岛和厦门的上级补助收入不包含中央对市的转移支付。从财政预决算文件中无法获知计划单列市对中央和省分别上解的数据，因此本文未对计划单列市的上解支出进行分解，均使用市级财政上解中央和省支出的总数。

上解支出对副省级省会城市济南、非副省级省会城市福州两市财政收入的上收效果大于普通地级市（如图6－3a中，下方两条折线所示）。财政收入扣减上解支出后的是一条紧靠财政收入的较为平滑的曲线，上解支出对缓解地区间财政收入差距的效果主要体现在对副省级和省会城市更大力度的上收，而普通地级市之间的差异不大。上级补助收入方面，对比图6－3a和图6－3b，计划单列市主要从中央获得补助收入，省级补助收入对计划单列市的财政收入再分配作用较弱。

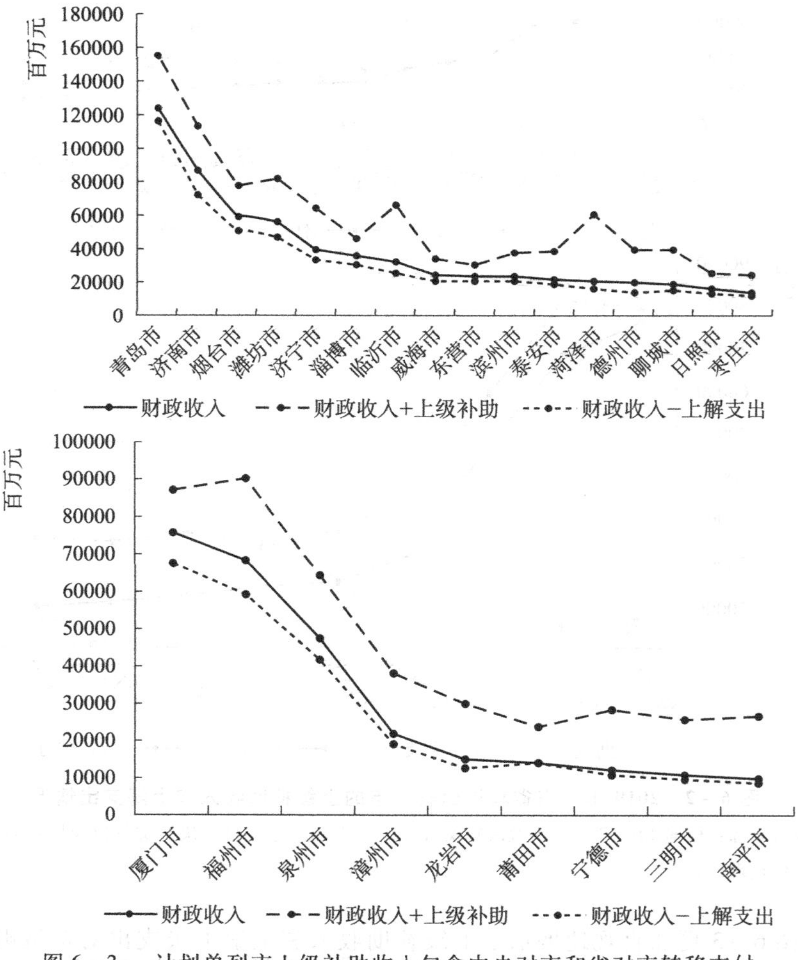

图6－3a　计划单列市上级补助收入包含中央对市和省对市转移支付

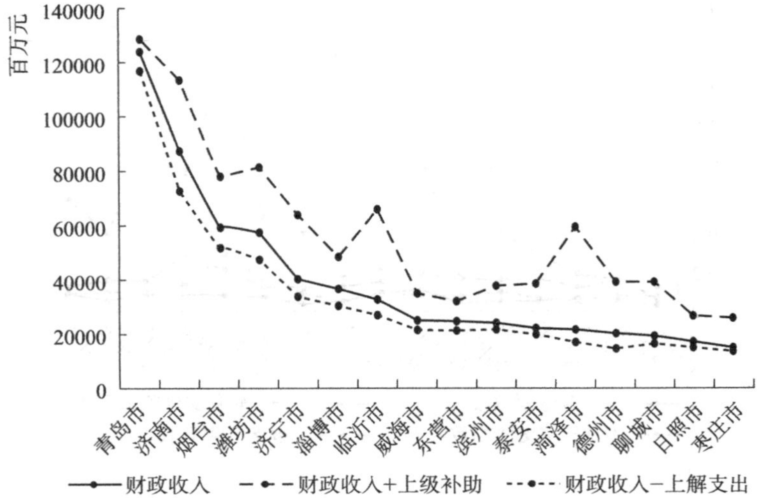

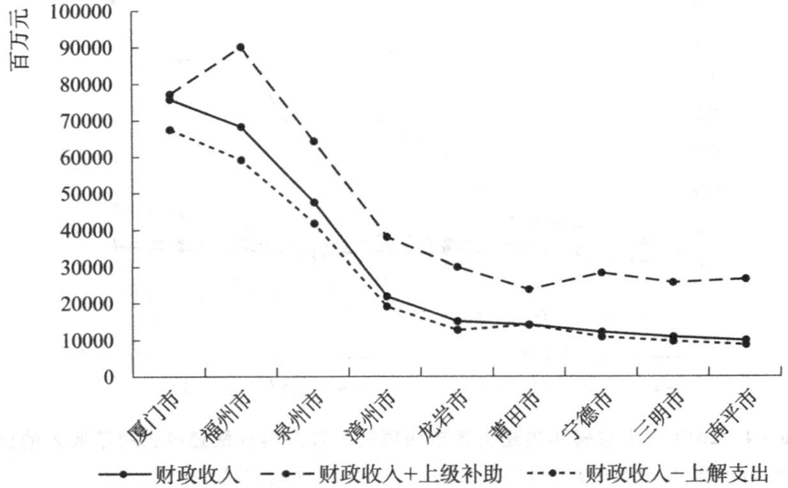

图 6－3b　计划单列市上级补助收入不含中央对市转移支付

图 6－3　2019 年山东省和福建省各市上级补助收入和上解支出对财政收入的影响

资料来源：根据 2019 年中央财政决算文件、山东省和福建省财政决算文件以及图中各市财政决算文件整理计算。

6.2.3　四项财政收入再分配路径占地方财政收入的比重

比较四项财政收入再分配路径的资金数额占财政收入的比重，地区差异最明显的是一般性转移支付的比重，如图 6－4 所示。

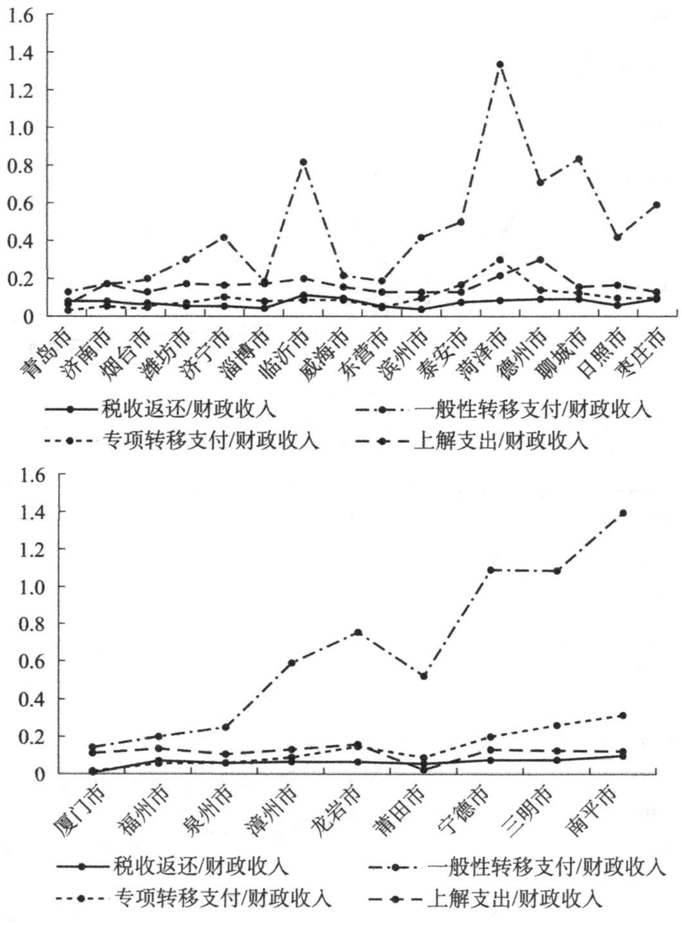

图 6－4　2019 年山东省和福建省各市四项财政收入再分配路径占财政收入的比重

资料来源：根据 2019 年中央财政决算文件、山东省和福建省财政决算文件以及图中各市财政决算文件整理计算。

图 6－5 仅展示专项转移支付、税收返还和上解支出分别占财政收入的比重，可以发现，税收返还占地方财政收入的比重相较于另外两项再分配路径的占比更低，且地区间差异较小，而菏泽市、德州市和莆田市出现了专项转移支付或上解支出占比异常高的情况。税收返还占财政收入的比重较低且差异化不明显，说明两省的税收返还制度对地方财政收入的直接“填补”效果并不明显，可能更多地通过制度激励提高市级政府组织收入、培植财源、发展经济的积极性。

上解上级支出占市级财政收入的比重反映市级财政与上级财政在财政收入上的权利分割情况（缪小林，2016）。山东省和福建省各市上解支出占

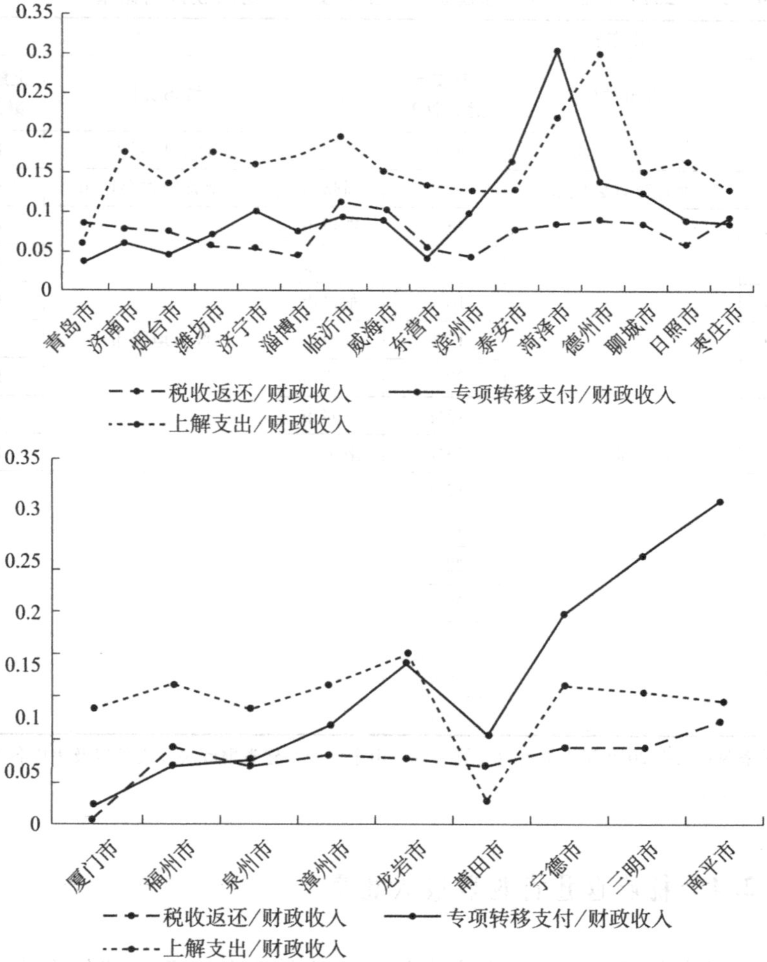

图 6－5　2019 年山东省和福建省各市三项财政收入再分配路径占财政收入的比重

资料来源：根据 2019 年中央财政决算文件、山东省和福建省财政决算文件以及图中各市财政决算文件整理计算。

地方财政收入的比重如表 6－2 所示。在山东省，计划单列市青岛上解上级支出占市级财政收入的比重最低，市级政府在收入方面的独立性最强。计划单列市厦门的该比重为 1%，并非福建省与省级财政在财政收入方面独立性最强的市，莆田市仅为 2%。福建省该比重最高的市是龙岩市，达到了 16%，市级政府在财政收入方面的独立性最弱，莆田市和龙岩市同为普通地级市，且财政收入相近，分别为 140.97 亿元和 151.27 亿元，但与上级政府在收入方向的权利分割情况差异巨大。

表 6－2　2019 年山东省和福建省各市上解支出占财政收入的比重

山东省			福建省		
地区	城市类型	上解支出/财政收入	地区	城市类型	上解支出/财政收入
青岛市	计划单列市	6%	厦门市	计划单列市	11%
济南市	副省级省会城市	17%	福州市	非副省级省会城市	13%
烟台市		13%	泉州市		11%
潍坊市		17%	漳州市		13%
济宁市		16%	龙岩市		16%
淄博市		17%	莆田市	普通地级市	2%
临沂市		20%	宁德市		13%
威海市		15%	三明市		12%
东营市	普通地级市	13%	南平市		12%
滨州市		12%			
泰安市		13%			
菏泽市		22%			
德州市		30%			
聊城市		15%			
日照市		16%			
枣庄市		13%			

资料来源：根据 2019 年中央财政决算文件、山东省和福建省财政决算文件以及表中各市财政决算文件整理计算。

6.2.4　税收返还占税收收入比重

由于福建省厦门等市仅有市本级财政决算文件，无法获知全市税收收入数据，因此本小节对山东省各市进行分析。2019 年山东省各市税收返还和税收收入情况如图 6－6 所示。

从图 6－6 中的柱形图可以看出，副省级省会城市济南和计划单列市青岛的税收返还收入明显高于普通地级市，同时，其税收收入也明显高于普通地级市。从税收返还与税收收入的比值来看，税收收入位于山东省前两位的青岛市和济南市，总体上并未获得相应多的税收返还收入。折线图反映出各市的税收返还占税收收入的占比各异，即便是采用相同税收返还办法的普通地级市，税收返还与税收收入规模大小也没有明显联系，这可能与不同市的税收收入结构差异有关。若要更细致地验证税收收入的再分配效果，可以区分不同税种，考察各类税收收入和税收返还之间的关系，从更加细致的层面进行研究。

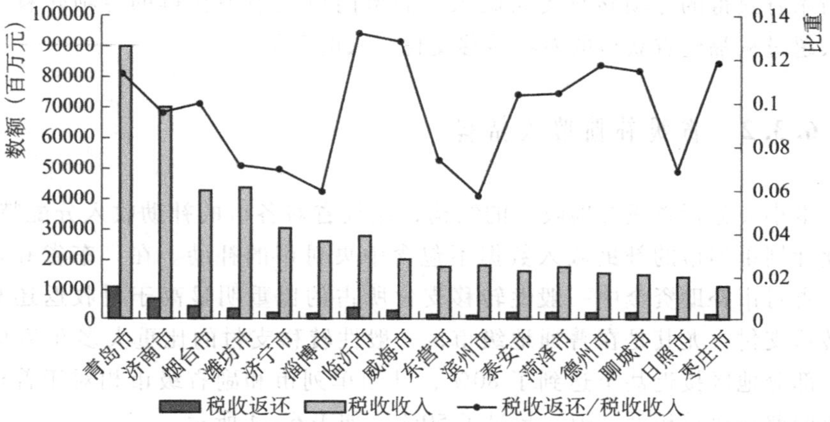

图 6-6 2019 年山东省各市税收返还和税收收入情况

资料来源：根据 2019 年中央财政决算文件、山东省财政决算文件以及图中各市财政决算文件整理计算。

6.3 补助收入规模和结构差异比较

6.3.1 计划单列市的转移支付收入来源

计划单列市的上级补助收入包括来自中央和省级财政的一般转移支付收入和专项转移支付，2019 年青岛市和厦门市的转移支付收入情况如表 6-3 所示。

表 6-3 2019 年青岛市和厦门市的转移支付收入 单位：百万元

地区	城市类型	一般性转移支付收入		专项转移支付收入	
		中央对市	省对市	中央对市	省对市
青岛市	计划单列市	15488	880	1945	2271
厦门市	计划单列市	9100	1250	888	264

资料来源：根据 2019 年中央财政决算文件、山东省和福建省财政决算文件、青岛市和厦门市财政决算文件整理计算。

在计划单列市青岛和厦门的转移支付收入中，占比最大的是中央一般性转移支付收入，均超过 70%，远高于从山东省和福建省获得的一般性转移支付收入。青岛市从中央获得的一般性转移支付约为从山东省获得的一般性转移支付的 18 倍，厦门市从中央获得的一般性转移支付超过从福建省获得的一般性转移支付的 7 倍。也就是说，计划单列市的一般性转移支付收入主要来源于中央补助，省补助给计划单列市的一般性转移支付可能主要是共同财政事权转移支付。青岛市从中央获得的专项转移支付收入略少于从山东省获得的专项转移支付收入，而厦门市从中央获得的专项转移支付收入超过从福建省获得的专项转移支付收入的3倍。

6.3.2 省级补助收入结构

本小节分析省级补助收入的结构，比较省对各市的补助收入分配特点，因此计划单列市的补助收入数据不包含中央对市的补助。在广东省和福建省，省对市补助资金中一般性转移支付所占的比重明显高于税收返还和专项转移支付，尤其是在普通地级市，一般性转移支付的比重大多在70%以上，部分地区接近甚至达到了80%，计划单列市和副省级市相对于普通地级市的此项比重稍低，但也超过了50%，如表6-4所示。

表6-4　2019年山东省和福建省各市的省级补助收入　单位：百万元

山东省							
地区	省级补助收入	税收返还		一般性转移支付		专项转移支付	
		数额	比重	数额	比重	数额	比重
济南市	26175	6691	26%	14306	55%	5179	20%
青岛市	4727	1576	33%	880	19%	2271	48%
淄博市	10824	1563	14%	6593	61%	2668	25%
枣庄市	11257	1325	12%	8692	77%	1240	11%
东营市	6849	1277	19%	4602	67%	969	14%
烟台市	18650	4257	23%	11803	63%	2590	14%
潍坊市	24052	3091	13%	17110	71%	3850	16%
济宁市	23131	2106	9%	17068	74%	3957	17%
泰安市	16317	1707	10%	10993	67%	3617	22%
威海市	10296	2503	24%	5668	55%	2125	21%
日照市	9491	965	10%	7054	74%	1472	16%
临沂市	33652	3602	11%	27064	80%	2986	9%
德州市	19398	1841	9%	14731	76%	2826	15%
聊城市	20404	1652	8%	16389	80%	2363	12%
滨州市	13572	1018	8%	10241	75%	2312	17%
菏泽市	38234	1836	5%	29634	78%	6764	18%
福建省							
地区	省级补助收入	税收返还		一般性转移支付		专项转移支付	
		数额	比重	数额	比重	数额	比重
福州市	21776	4790	22%	13270	61%	3716	17%
厦门市	1652	130	8%	1259	76%	264	16%
三明市	15181	788	5%	11630	77%	2764	18%
南平市	16994	930	5%	13144	77%	2921	17%
宁德市	16298	862	5%	13066	80%	2371	15%

续表

福建省							
地区	省级补助收入	税收返还		一般性转移支付		专项转移支付	
		数额	比重	数额	比重	数额	比重
莆田市	9283	758	8%	7355	79%	1170	13%
泉州市	16906	2558	15%	11581	69%	2767	16%
漳州市	16356	1381	8%	12908	79%	2067	13%
龙岩市	14516	945	7%	11288	78%	2283	16%

资料来源：根据2019年中央财政决算文件、山东省和福建省财政决算文件以及表中各市财政决算文件整理计算。

6.3.3 省对市专项转移支付数额和项目分类数

山东省对省内各市的专项转移支付项目分为19个方面，共计39种类型。福建省对省内各市的专项转移支付项目分为19个方面，决算文件中未列示细分项目类型。如图6－7中折线所示，计划单列市青岛和厦门获得省级专项转移支付的项目类型数明显少于省会城市和普通地级市。

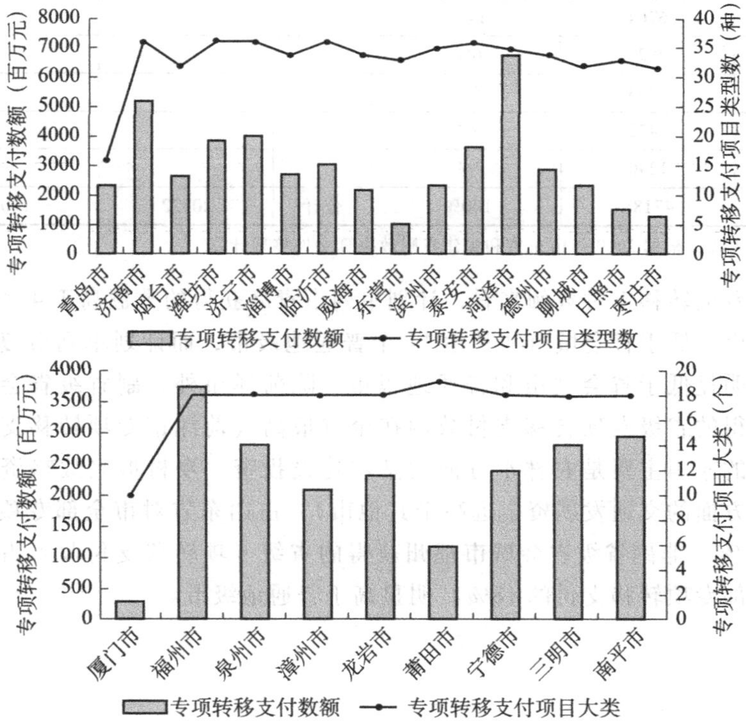

图6－7 2019年山东省和福建省省对市专项转移支付数额和项目分类数

资料来源：根据2019年山东省和福建省财政决算文件整理计算。

山东省和福建省对省内各地级市的专项转移支付数额以及各地级市获得省级专项转移支付的数额占全省总额的比重如表6－5所示。

表6－5　2019年山东省和福建省省对市专项转移支付情况　单位：百万元

山东省			福建省		
地区	专项转移支付	专项转移支付/全省总额	地区	专项转移支付	专项转移支付/全省总额
青岛市	2271	5%	厦门市	264	1%
济南市	5179	11%	福州市	3716	18%
烟台市	2590	5%	泉州市	2767	14%
潍坊市	3850	8%	漳州市	2067	10%
济宁市	3957	8%	龙岩市	2283	11%
淄博市	2668	6%	莆田市	1170	6%
临沂市	2986	6%	宁德市	2371	12%
威海市	2125	5%	三明市	2764	14%
东营市	969	2%	南平市	2921	14%
滨州市	2312	5%			
泰安市	3617	8%			
菏泽市	6764	14%			
德州市	2826	6%			
聊城市	2363	5%			
日照市	1472	3%			
枣庄市	1240	3%			
合计	47188	100%	合计	20322	100%

资料来源：根据2019年山东省和福建省财政决算文件整理计算。

从专项转移支付数额来看，计划单列市青岛获得的数额高于4个同省普通地级市，低于省会城市和其他11个普通地级市，而计划单列市厦门获得的数额明显低于省会城市和普通地级市。除菏泽市外，副省级省会城市济南市获得的省级专项转移支付数额在全省最高（菏泽市专项转移支付数额异常高的原因主要是农林水方面的基本建设投资、乡村振兴战略资金和交通运输方面的交通发展资金远高于其他市），占山东省对市全部专项转移支付的11%。非副省级省会城市福州获得的省级专项转移支付收入占福建省对市全部专项转移支付的18%，明显高于普通地级市。

7. 结论与启示

7.1 本文主要结论

本文通过对政策文本的分析，探究我国行政层级如何影响纵向政府间财政收入再分配。首先，本文基于政策文本库，对我国现行财政体制下纵向政府间财政收入再分配的路径进行了系统梳理和再划分，分为共同财政事权转移支付、普通一般性转移支付、专项转移支付、返还性收入和上解支出五条路径。在纵向政府间财政收入再分配的不同路径中，资金分配的流程和省级政府扮演的角色有所不同。一般性转移支付管理有五大环节——制定资金管理办法、任务下达和预算编制、资金预算下达、预算执行和监督、预算绩效管理。省级政府有“统筹者”和“组织者”两种角色。在分配资金时，省级财政部门是“统筹者”，一是考虑省内各地区差异，结合实际情况向特殊地区倾斜，二是统筹整合与该资金相关的其他资金，避免重复支持，提高资金的使用效率。在项目申报、竞争程序中，省级政府是“组织者”，设定项目申报主体、支持范围、申报条件和流程，组织机构和人员通过一系列流程分配资金。专项转移支付管理有设立、申报、审核和分配四个核心步骤。省级政府在专项转移支付分配中主要有三方面职权。一是省级政府负责制定本省的资金管理办法，其中重点是制定本省的资金分配方案。二是省级政府部门的分管领导在资金分配中有“审定”职权，省政府党组会议有“审批”职权。三是除了省财政厅以外，资金支出领域的省级职能部门也有提出资金分配建议方案或通过绩效监管进而影响分配因素等分配职权。

在此基础上，本文比较了纵向政府间财政收入再分配中不同行政层级城市的差异。一方面，通过比较不同行政层级城市与上级财政的关系，总结出计划单列市相较于非计划单列市的特殊性。从路径的丰富度来看，计划单列市和非计划单列地级市差别不大，但计划单列市和省级政府处于

“半脱钩”的状态，其与省级财政的关联度更低，而与省级财政和中央财政的关系更为复杂；非计划单列市由于只与省级政府发生直接关联，财政收入再分配的路径更为明晰，但受省级财政的影响更大。此外，中央转移支付资金下达到非计划单列地级市的耗时比下达到计划单列市的耗时更久，资金拨付的效率相对更低。另一方面，通过分析城市行政层级差异与省级政府职能的关系，总结出计划单列市、副省级省会城市、非副省级省会城市和普通地级市之间的差异。

在转移支付资金管理方面：（1）计划单列市与省级财政的关联度较低，相对于非计划单列的地级市，省级政府职能对计划单列市资金分配的作用相对较小。（2）在一般性转移支付管理中，省级政府有“统筹者”和“组织者”的角色，在专项资金的分配中，副省长具有“审定”的职权，计划单列市和副省级省会城市的主要领导行政级别为副省级，与副省长同级，其关系资本等因素有利于计划单列市和副省级省会城市争取资金。（3）计划单列市、副省级省会城市和非副省级省会城市的市委书记通常由省委常委兼任。按照我国地方党政制度，进入省委常委，意味着进入了本省的核心决策层，而各省的转移支付资金管理办法的制定和资金分配，都是由省级政府部门和省级领导进行决策，不论是在资金管理办法的制定中，还是依照政策文件分配资金时，省委常委在省内的话语权有利于为计划单列市、副省级省会城市和非副省级省会城市争取资金。（4）非副省级省会城市为省政府驻地，由于省级政府在资金分配流程中的“组织者”角色，以及省会城市的特殊地理优势，省会城市的财政部门以及其他政府职能部门有更多机会与相应的省级部门进行沟通和协调，在信息的获取等方面有着普通地级市所没有的便利条件。

在税收返还和上解支出方面，省级政府对不同行政层级城市的政策侧重有所不同。省级政府主要通过上解支出政策对省内计划单列市的财政收入“削峰”，并将集中的财力用以“填谷”，以实现财政收入再分配的“均衡”作用，通过税收返还政策“激励”副省级省会城市、非副省级省会城市和普通地级市，通过转移支付政策对省内各市尤其是普通地级市实现财政收入再分配的“补助”效果。

最后，本文对山东省和福建省进行了案例分析，与前文的结论相互印证。总体上，在财政收入初次分配后，同一省内不同地级市的财政收入差距十分明显，经过财政收入再分配，地方财力有所提高，但是缓解地区间尤其是副省级市以及省会城市与普通地级市之间财政收入差距的效果并不理想。仅通过转移支付对地方财力进行大力补助，仍不足以弥补初次分配后财政收入的差距，难以调动地方财政主动创收增收的积极性，实现全省区域协调发展的目标。

从资金下拨的方向来看，计划单列市主要从中央获得补助收入，省级补助收入对计划单列市的财政收入再分配作用较弱。普通地级市获得的省对市补助资金中一般性转移支付所占的比重明显高于税收返还和专项转移支付，也高于同省计划单列市和副省级市的该项占比。从专项转移支付数额来看，计划单列市厦门获得的数额明显低于省会城市和普通地级市。副省级省会城市济南和非副省级省会城市福州获得的省级专项转移支付数额高于同省绝大多数普通地级市。从专项资金项目类型数来看，计划单列市青岛和厦门获得省级专项转移支付的项目类型数明显少于省会城市和普通地级市。

从资金上收的方向来看，山东省从副省级省会城市济南上收了超过其他地级市 2—3 倍的市级上解，对济南市财政收入“削峰”。副省级省会城市济南、非副省级省会城市福州两市上解支出对财政收入的上收效果也大于普通地级市。上解支出对缓解地区间财政收入差距的效果，主要体现在对副省级和省会城市更大力度的上收，而普通地级市的差异不大。

7.2 思考与启示

结合上述结论，本文有以下四点思考和启示。

第一，通过研究发现，不公开、不透明、不标准、不科学，仍是我国纵向政府间财政收入再分配和政府间财政关系构建中存在的问题，为提高财政收入再分配的科学合理性和透明度，规范省以下转移支付资金分配，应提高资金分配的公式化程度，降低不同行政层级的城市之间可能存在的信息获取、领导行政级别和职务等差异对资金分配造成的影响，避免财政收入再分配中的不公平因素进一步扩大地区间财政收入差距。从典型地区的案例研究可以发现，目前省对市尤其是对普通地级市的财政收入再分配中，一般性转移支付已经占据较大的比例，一般性转移支付对地方财力的影响效果也最为明显。结合政策文本的分析，由于 2019 年在一般专项支付下设立了共同财政事权，包含改革前一般性转移支付和专项转移支付中安排的基本公共服务领域共同财政事权事项，单从这一口径的变化来看，必然会导致一般转移支付比重的上升。而共同财政事权转移支付中，仍有许多专项资金的分配采用的是项目法或者未规定权重和公式的因素法。从提高转移支付资金分配客观性的角度，不仅要增加省对市的一般性转移支付规模，还需加大一般性转移支付中均衡性转移支付力度。对于已采用因素法分配的共同财政事权转移支付，应在资金管理办法中细化各个因素的量化方式以及权重，尽可能用公式化的形式予以明确，适当限制省级政府的自由裁量权。从目前的制度规范来看，省级政府掌握着省对下转移支付资金分配的主导权，但同时，转移支付的资金分配需要省级政府各部门协调配合，独立或共同完成不同环节的程序，最终完成资金的分配，这种各部门协调配合的模式，能在一定程度上降低单个部门或个人主观分配的操作空间。由于省级财政部门和其他财政部门在资金管理中承担的职能强弱不同，可以适度平衡不同部门在强职能与弱职能上的配合，协调各部门之间的权利分配，提高资金分配的规范性和客观性。

第二，不同的财政收入再分配路径的目标侧重和作用有所不同，转移支付的直接“补助”作用明显，税收返还在制度制定中体现出“激励”的目的，而上解支出则更多是“均衡”的效果。省级财政可以通过上解政策从高行政层级城市集中财力，为省级财政提供财政收入再分配的财力保障。对于低行政层级的城市，不仅要通过转移支付支持其完成国家政策任务，也应设定适当的税收返还制度。要从根本上解决地区间财力不均的问题，需要激发地方政府的内生动力，提高地方政府创造财政收入的能力。税收返还作为一种财政收入再分配制度，在目前的制度中体现出对于计划单列市、省会城市和普通地级市的差异，并且从收入划分延伸到收入创造，在为地方注入财政收入的同时，激励其税收努力。

第三，上解支出是纵向政府间财政收入再分配中不可忽视的一部分。目前已有许多研究讨论省以下的税收收入划分，但大多只考虑了税收分享比例、转移支付方面的因素，在一定程度上未能全面、准确地反映纵向政府间财政收入分配情况，尤其是省级政府对于省内的特定城市实行的“一市一数”上解办法，公开透明且指向明确地进行财政收入再分配。高行政级别的城市往往是省内财力较为充裕的地区，尤其是不需要承担省会城市特殊职能的计划单列市，将上解支出纳入研究范畴，能更准确地刻画财政收入划分格局。

第四，省级政府拥有省以下财政收入再分配的支配地位，具有连接中央与基层政府的特殊角色，省级政府需要切实履行制定省以下财政收入分配制度、建立科学合理的再分配体系的责任，缓解地方财力不足、财政收入不均衡等问题。现行制度中仍存在一些不足，从数据来看，地方财力不均的问题也的确尚未得到有效解决。高行政层级城市的财政收入往往位于省内各市的前列，财政收入再分配要实现缩小地区间财政收入差距，可能会影响高行政层级城市的既得利益。我国行政层级制度在短期内不会改变，那么就需要突破行政层级的桎梏，发挥行政层级制度的积极作用。如，对于省内计划单列市，一方面其财力在省内相对充裕，另一方面计划单列市财力对省级财政收入再分配的依赖度低，省级政府可以通过上解从计划单列市集中一定的财力，再通过激励性税收返还等路径补助低行政层级的普通地级市，在尽可能保障拥有更多行政资源和话语权的高行政层级城市财力的同时进行财政收入再分配，促进区域协调发展。

参考文献

[1] 蔡昉，都阳．转型中的中国城市发展——城市级层结构、融资能力与迁移政策［J］．经济研究，2003（06）：64－71＋95.

[2] 才国伟，张学志，邓卫广．“省直管县”改革会损害地级市的利益吗？［J］．经济研究，2011，46（07）：65－77.

[3] 崔惠玉，张嘉洋，李昌欣．省对下财政体制面临的挑战及优化——以辽宁为例［J］．地方财政研究，2020（09）：54－61＋84.

[4] 范子英．如何科学评估经济政策的效应？［J］．财经智库，2018，3（03）：42－64＋142－143.

[5] 傅光明．论省直管县财政体制［J］．财政研究，2006（02）：22－25.

[6] 付文林，赵永辉．财政转移支付与地方征税行为［J］．财政研究，2016（06）：16－27.

[7] 胡祖铨，黄夏岚，刘怡．中央对地方转移支付与地方征税努力——来自中国财政实践的证据［J］．经济学（季刊），2013，12（03）：799－822.

[8] 贾春梅，葛扬．城市行政级别、资源集聚能力与房价水平差异［J］．财经问题研究，2015（10）：131－137.

[9] 贾颖．专项转移支付改革研究［D］．财政部财政科学研究所，2015.

[10] 江艇，孙鲲鹏，聂辉华．城市级别、全要素生产率和资源错配［J］．管理世界，2018，34（03）：38－50＋77＋183.

[11] 李健，李澎，冯山，卫平．行政等级、城市规模和城市生产效率［J］．宏观质量研究，2018，6（01）：31－43.

[12] 李建军，王瑞祥．谁从政府间税收划分中受益？——基于税收背离和税收受益的分析［J］．财经问题研究，2018（01）：76－84.

[13] 李澎，刘若阳，李健．中国城市行政等级与资源配置效率［J］．经济地理，2016，36（10）：46－51＋59.

[14] 李齐云．我国财政转移支付制度的缺陷分析与改革构想［J］．当代财经，2003（10）：35－40.

[15] 李永友，沈玉平．转移支付与地方财政收支决策——基于省级面板数据的实证研究［J］．管理世界，2009（11）：41－53.

[16] 刘定平，刘培．城市等级差异与资源配置效率——基于280个地级市数据的分析［J］．统计理论与实践，2020（01）：16－21.

[17] 刘昆．我国的中央和地方财政关系［J］．中国财政，2020（20）：4－9.

[18] 刘明慧，侯雅楠．政府间收入划分：理论与现实驱动的重新审视［J］．财经

问题研究，2019（06）：66－74.

[19] 吕冰洋，马光荣，毛捷．分税与税率：从政府到企业［J］．经济研究，2016，51（07）：13－28.

[20] 马海涛，任强．我国中央对地方财政转移支付的问题与对策［J］．华中师范大学学报（人文社会科学版），2015，54（06）：43－49.

[21] 马骏、侯一麟（2004）．中国省级预算中的非正式制度：一个交易费用理论框架．经济研究，10：14－23.

[22] 缪小林，伏润民，王婷．地方财政分权对县域经济增长的影响及其传导机制研究——来自云南106个县域面板数据的证据［J］．财经研究，2014，40（09）：4－15＋37.

[23] 穆亚杰．我国省以下财政转移支付制度研究［D］．首都经济贸易大学，2018.

[24] 宁静，赵旭杰．纵向财政关系改革与基层政府财力保障：准自然实验分析［J］．财贸经济，2019，40（01）：53－69.

[25] 任致伟．我国政府间转移支付优化研究［D］．中央财经大学，2018.

[26] 王法忠．预算知识手册［M］．北京：中国财政经济出版社，2020：211－212.

[27] 王广庆，侯一麟，刘玲玲．中央对地方财政转移支付的影响因素——基于省际14年面板数据的实证分析［J］．公共行政评论，2012，5（05）：67－87＋180.

[28] 王华春，刘栓虎．转移支付是否促进了省内财政分权？——基于全国县级面板数据的分析［J］．财经论丛，2017（11）：11－23.

[29] 王绍光．中国财政转移支付的政治逻辑［J］．战略与管理，2002（03）：47－54.

[30] 王垚．政府"偏爱"、行政等级与中国城市发展［D］．对外经济贸易大学，2015.

[31] 王怡璞．央地财政关系治理视角下的分类拨款模式改革［J］．财政监督，2018（03）：17－21.

[32] 吴木銮，王闻．如何解释省内财政分权：一项基于中国实证数据的研究［J］．经济社会体制比较，2011（06）：62－72.

[33] 徐博．关于分税制下税收返还问题的思考［J］．财政研究，2010（04）：69－71.

[34] 杨千钰，曾端仪．部长的政治关联效应对地方财政转移支付分配的影响——基于PSM－DID的研究方法［J］．金融经济，2017（10）：101－104.

[35] 於莉．省会城市预算过程中党政首长的作用与影响——基于三个省会城市的研究［J］．公共管理学报，2007（01）：56－61＋123.

[36] 岳希明，蔡萌．现代财政制度中的转移支付改革方向［J］．中国人民大学学报，2014，28（05）：20－26.

[37] 云南省财政厅课题组．国家治理视角下专项转移支付：改革与重构［J］．预算管理与会计，2018（10）：35－42.

[38] 詹新宇，刘洋．转移支付不确定性的经济发展质量效应及其影响机制［J/OL］．广东财经大学学报，2020（05）：4－21［2020－10－21］．http：//kns.cnki.net/

kcms/detail/44. 1711. F. 20200929. 1611. 002. html.

[39] 张萃．生产性服务业集聚对中国城市生产率增长的影响——基于城市等级体系视角的分析 [J]. 城市问题，2016 (06)：61 - 69.

[40] 张冬梅，李茂生，吴凡．中央对民族地区转移支付和税收返还的效果评价与调整建议 [J]. 西南民族大学学报（人文社科版），2018，39 (08)：82 - 91.

[41] 周靖祥．副省级市发展逻辑：官员配置与增长驱动 [J]. 领导文萃，2016 (01)：25 - 29.

[42] 周黎安，吴敏．省以下多级政府间的税收分成：特征事实与解释 [J]. 金融研究，2015 (10)：64 - 80.

[43] Baretti C, Huber B, Lichtblau K. A Tax on Tax Revenue: The Incentive Effects of Equalizing Transfers: Evidence from Germany [J]. Munich Reprints in Economics, 2002.

[44] Gary M. Anderson, Robert D. Tollison. Congressional Influence and Patterns of New Deal Spending, 1933 - 1939 [J]. Gary M. Anderson; Robert D. Tollison, 1991, 34 (1).

[45] Inman, R. I., 1988, Federal Assistance and local Services in the United States: The Evolution of a New Federalist Fiscal Order, Chicago: Chicago Press.

[46] Litvack, J., Ahmad, J. and Bird, R., 1998, Rethinking Decentralization in Developing Countries, Washington, DC: World Bank.

[47] Panda P K. Central Fiscal Transfers and States' Own - Revenue Efforts in India: Panel Data Models [J]. Margin: The Journal of Applied Economic Research, 2009.

[48] Sean Nicholson - Crotty. Fiscal Federalism and Tax Effort in the U. S. States [J]. State Politics & amp; Policy Quarterly, 2008, 8 (2).

[49] Shah A. A practitioner's guide to intergovernmental fiscal transfers [J]. Policy Research Working Paper, 2006, 44 (2): 127 - 186.

[50] Wallace E Oates. An Essay on Fiscal Federalism [J]. Journal of Economic Literature, 1999, 37 (3).

[51] Yongzheng Liu, Jianmei Zhao. Intergovernmental fiscal transfers and local tax efforts: evidence from provinces in China [J]. Journal of Economic Policy Reform, 2011, 14 (4).

附 录

共同财政事权转移支付政策文本库

序号	文号	文件名	关键词/主要内容
1	财建〔2020〕10号	财政部关于修改《节能减排补助资金管理暂行办法》的通知	专项资金改为补助资金
2	财教〔2019〕129号	财政部、科技部关于印发《中央引导地方科技发展资金管理办法》的通知（2019年修订）	资金管理办法
3	财科教〔2019〕29号	财政部、教育部关于下达2019年中小学幼儿园教师国家级培训计划专项资金预算的通知	中央专项到地方共同、专项管理
4	财科教〔2019〕34号	财政部、教育部关于下达2019年支持地方高校改革发展资金预算的通知	资金下达
5	财社〔2019〕113号	财政部、国家卫生健康委、国家医疗保障局、国家中医药管理局关于印发基本公共卫生服务等5项补助资金管理办法的通知	定因素定公式
6	财社〔2020〕59号	财政部、住房和城乡建设部关于下达2020年中央财政农村危房改造补助资金预算的通知	省级下达不得低于中央确定的数额
7	财资环〔2020〕22号	财政部、国家林业和草原局关于印发《林业草原生态保护恢复资金管理办法》的通知	资金管理办法
8	财资环〔2020〕24号	财政部关于印发《海洋生态保护修复资金管理办法》的通知	资金管理办法
9	财资环〔2020〕36号	财政部、国家林业和草原局关于印发《林业改革发展资金管理办法》的通知	定因素定权重
10	财综〔2019〕31号	财政部、住房和城乡建设部关于印发《中央财政城镇保障性安居工程专项资金管理办法》的通知（2019）	定因素定公式
11	川财教〔2020〕075号	四川省财政厅、四川省教育厅关于下达2020年城乡义务教育补助经费中央直达资金预算的通知	共同财政事权转移支付直达

续表

共同财政事权转移支付政策文本库			
序号	文号	文件名	关键词/主要内容
12	川办发〔2020〕64号	四川省人民政府办公厅关于印发四川省教育领域省与市县财政事权和支出责任划分改革方案的通知	成都市自行负担
13	黑财规审〔2020〕3号	黑龙江省财政厅、黑龙江省教育厅关于印发《黑龙江省城乡义务教育补助经费管理办法》的通知	经费管理办法
14	冀财教〔2019〕66号	河北省财政厅、河北省教育厅关于印发教育领域省与市、县财政事权和支出责任划分改革实施方案的通知	省与市、县财政事权和支出责任划分改革
15	冀财教〔2019〕130号	河北省财政厅、河北省教育厅关于提前下达2020年城乡义务教育省级补助资金预算的通知	资金提前下达
16	晋政办发〔2020〕7号	山西省人民政府办公厅关于印发山西省教育领域省级与市县财政事权和支出责任划分改革实施方案的通知	省级与市县财政事权和支出责任划分改革
17	辽政办发〔2020〕7号	辽宁省人民政府办公厅关于印发教育领域省与市财政事权和支出责任划分改革方案的通知	不含大连市属高校
18	闽财农〔2019〕40号	福建省财政厅、福建省农业农村厅关于印发《福建省农田建设补助资金管理办法实施细则》的通知	资金管理办法
19	闽财农指〔2019〕130号	福建省财政厅、福建省农业农村厅关于提前下达2020年中央农田建设补助资金的通知	资金提前下达
20	闽财农指〔2020〕38号	福建省财政厅、福建省农业农村厅关于下达2020年高标准农田建设项目省级补助资金的通知	省级资金
21	闽财农指〔2020〕40号	福建省财政厅、福建省农业农村厅关于下达2020年省级高标准农田建设补充耕地项目资金的通知	资金下达
22	黔府办发〔2020〕3号	贵州省人民政府办公厅关于印发贵州省教育领域省以下财政事权和支出责任划分改革方案的通知	教育领域省以下财政事权和支出责任划分改革
23	琼府办〔2020〕23号	海南省人民政府办公厅关于印发海南省科技领域、教育领域、交通运输领域省与市县财政事权和支出责任划分改革实施方案的通知	海口单独规定

续表

共同财政事权转移支付政策文本库			
序号	文号	文件名	关键词/主要内容
24	陕政办发〔2020〕24号	陕西省人民政府办公厅关于印发教育领域省以下财政事权和支出责任划分改革实施方案的通知	教育领域省以下财政事权和支出责任划分改革
25	苏政办发〔2020〕14号	江苏省政府办公厅关于印发江苏省医疗卫生领域、科技领域、教育领域、交通运输领域省与市县财政事权和支出责任划分改革方案的通知	医疗卫生领域、科技领域、教育领域、交通运输领域省与市县财政事权和支出责任划分改革
26	湘政办发〔2020〕15号	湖南省人民政府办公厅关于印发《教育领域省与市县财政事权和支出责任划分改革实施方案》的通知	教育领域省与市县财政事权和支出责任划分改革
27	粤财农〔2019〕139号	广东省财政厅关于下达2019年中央农田建设补助资金的通知	资金下达
28	粤府办〔2020〕11号	广东省人民政府办公厅关于印发广东省教育领域省级与市县财政事权和支出责任划分改革实施方案的通知	深圳中央直接补助
29	国办发〔2018〕6号	国务院办公厅关于印发基本公共服务领域中央与地方共同财政事权和支出责任划分改革方案的通知	公共服务领域中央与地方共同财政事权和支出责任划分改革
30	国办发〔2019〕27号	国务院办公厅关于印发教育领域中央与地方财政事权和支出责任划分改革方案的通知	分地区分档
31	吉财党政指〔2020〕1133号	吉林省财政厅关于提前下达2021年吉林省少数民族发展补助资金（涉农统筹整合部分）指标的通知	统筹
32	冀财规〔2020〕4号	河北省财政厅关于印发《河北省计划生育补助资金管理实施细则》的通知	按比例分担
33	粤财农〔2020〕12号	广东省财政厅关于下达2020年省级涉农专项转移支付资金的通知	资金下达
34	粤财农〔2019〕220号	广东省财政厅关于提前下达2020年省级涉农专项转移支付资金的通知	资金提前下达

一般性转移支付政策文本库			
序号	文号	文件名	关键词/主要内容
1	财预〔2008〕90号	财政部关于印发《2008年中央对地方一般性转移支付办法》的通知	资金管理办法
2	财预〔2015〕121号	财政部关于印发《革命老区转移支付资金管理办法》的通知（2015）	资金管理办法

续表

一般性转移支付政策文本库			
序号	文号	文件名	关键词/主要内容
3	财预〔2017〕103号	财政部关于印发《中央对地方资源枯竭城市转移支付办法》的通知（2017）	资金管理办法
4	财预〔2017〕114号	财政部关于印发《中央财政县级基本财力保障机制奖补资金管理办法》的通知（2017年修订）	资金管理办法
5	财预〔2019〕94号	财政部关于印发《中央对地方重点生态功能区转移支付办法》的通知（2019）	明确因素和公式
6	财预〔2019〕108号	财政部关于印发《中央对地方均衡性转移支付办法》的通知	资金管理办法
7	财预〔2020〕65号	财政部关于下达2020年县级基本财力保障机制奖补资金预算的通知	资金下达
8	财预〔2020〕67号	财政部关于下达2020年中央对地方均衡性转移支付预算的通知	资金下达
9	财预〔2020〕75号	财政部关于下达2020年边境地区转移支付预算的通知	一般，直达
10	川府发〔2015〕35号	四川省人民政府关于改革完善省对下转移支付制度的意见	因素法
11	国发〔2017〕54号	国务院关于探索建立涉农资金统筹整合长效机制的意见	统筹
12	陕政发〔2015〕34号	陕西省人民政府关于改革和完善省以下财政转移支付制度的实施意见	省以下财政转移支付制度
13	粤财预〔2019〕78号	广东省财政厅关于印发《广东省生态保护区财政补偿转移支付办法》的通知	资金管理办法
14	粤财预〔2019〕89号	广东省财政厅关于下达2019年民族地区转移支付资金的通知	资金下达
15	粤财预〔2019〕92号	广东省财政厅关于下达2019年资源枯竭城市转移支付资金的通知	资金下达
16	粤财预〔2019〕93号	广东省财政厅关于下达2019年边境地区转移支付资金的通知	资金下达
17	粤财预〔2019〕99号	广东省财政厅关于下达2019年中央均衡性转移支付资金的通知	资金下达
18	粤财预〔2019〕131号	关于印发《广东省省对市县均衡性转移支付办法》的通知	资金管理办法
19	粤财预〔2020〕46号	广东省财政厅关于下达2020年民族地区转移支付资金的通知	资金下达
20	粤财预〔2020〕51号	广东省财政厅关于下达2020年均衡性转移支付资金的通知	资金下达

续表

一般性转移支付政策文本库			
序号	文号	文件名	关键词/主要内容
21	粤财预〔2020〕55号	广东省财政厅关于下达2020年革命老区转移支付资金的通知	资金下达
22	粤财预〔2020〕66号	广东省财政厅关于印发《广东省民族地区转移支付资金管理办法》的通知（2020年修订）	资金管理办法
23	粤财预〔2020〕68号	广东省财政厅关于印发《广东省革命老区转移支付资金管理办法》的通知（2020年修订）	资金管理办法
24	粤财预〔2020〕70号	广东省财政厅关于印发《广东省边境地区转移支付资金管理办法》的通知（2020年修订）	资金管理办法
25	粤财预〔2020〕71号	广东省财政厅关于印发《广东省资源枯竭城市转移支付资金管理办法》的通知（2020年修订）	资金管理办法

专项转移支付政策文本库			
序号	文号	文件名	关键词/主要内容
1	财建〔2018〕861号	财政部关于印发《海岛及海域保护资金管理办法》的通知	项目法
2	财教〔2016〕81号	财政部、科技部关于印发《中央引导地方科技发展专项资金管理办法》的通知	共同财政转移有新管理办法－废止
3	财金〔2019〕96号	财政部关于修订发布《普惠金融发展专项资金管理办法》的通知（2019）	项目法
4	财金〔2019〕100号	财政部关于下达2019年度普惠金融发展专项资金预算的通知	资金下达
5	财金〔2019〕159号	财政部关于调整2020年普惠金融发展专项资金提前下达预算指标的通知	调整提前下达指标
6	财科教〔2016〕25号	财政部、科技部关于《中央引导地方科技发展专项资金管理办法》的补充通知	共同财政转移有新管理办法－废止
7	财农〔2019〕17号	财政部关于印发《农村综合改革转移支付管理办法》的通知	资金管理办法
8	财预〔2015〕230号	财政部关于印发《中央对地方专项转移支付管理办法》的通知	资金管理办法
9	财预〔2016〕1002号	安徽省财政厅关于印发省对市县专项转移支付管理办法的通知	资金管理办法
10	国发〔2017〕54号	国务院关于探索建立涉农资金统筹整合长效机制的意见	统筹

续表

专项转移支付政策文本库			
序号	文号	文件名	关键词/主要内容
11	黑政办规〔2020〕21号	黑龙江省人民政府办公厅关于印发黑龙江省财政支农专项资金管理办法（试行）的通知	专项因素为主，项目等为辅。专项资金分配采取项目法的，应当逐步减少行政性分配
12	冀财金〔2019〕48号	河北省财政厅关于下达2019年度普惠金融发展专项资金预算的通知	资金下达
13	冀财金〔2019〕49号	河北省财政厅关于调整2019年度省级普惠金融发展专项资金预算的通知	调整预算
14	冀财农〔2018〕171号	河北省财政厅关于提前下达2019年省级农业生产发展（集体产权制度改革和两区划定）专项转移支付预算的通知	资金提前下达
15	冀财农〔2018〕172号	河北省财政厅关于提前下达2019年省级大气污染防治（农业资源及生态保护）专项转移支付预算的通知	资金提前下达
16	冀财农〔2018〕180号	河北省财政厅关于提前下达2019年省级美丽乡村建设专项转移支付预算的通知	资金提前下达
17	冀财农〔2018〕181号	河北省财政厅关于提前下达2019年省级农村人居环境整治专项转移支付预算的通知	资金提前下达
18	冀财农〔2019〕169号	河北省财政厅关于提前下达2020年省级大气污染防治（农业资源及生态保护）专项转移支付预算的通知	资金提前下达
19	林规函〔2019〕498号	安徽省林业局关于申报2020年省财政林业专项转移支付资金及重点工作任务的通知	编制任务计划
20	闽财社指〔2018〕25号	福建省财政厅、福建省卫生和计划生育委员会关于下达对口支援卫生专项转移支付资金的通知	资金下达
21	闽财社指〔2018〕30号	福建省财政厅、福建省卫生和计划生育委员会关于下达中医药事业发展省级专项转移支付资金的通知	资金下达
22	闽财社指〔2018〕33号	福建省财政厅、福建省卫生和计划生育委员会关于下达公共卫生服务省级专项转移支付资金的通知	资金下达
23	琼财综〔2018〕826号	海南省财政厅、海南省住房和城乡建设厅关于印发《海南省财政城镇保障性安居工程专项资金管理办法》的通知	因素法

续表

专项转移支付政策文本库			
序号	文号	文件名	关键词/主要内容
24	苏财农〔2020〕62号、苏农计〔2020〕33号	江苏省财政厅、江苏省农业农村厅关于下达2020年度中央对地方专项转移支付预算资金的通知	资金下达
25	穗财农〔2020〕25号	广州市财政局关于转下达2020年省级涉农专项转移支付资金（第二批）的通知	资金下达
26	皖财金〔2020〕30号	安徽省财政厅关于调整2020年中央财政普惠金融发展专项资金提前下达预算指标的通知	调整下达指标
27	粤财金〔2019〕57号	广东省财政厅关于清算2019年普惠金融发展专项资金的通知	清算
28	云应急办函〔2020〕19号	云南省应急管理厅办公室关于印发2019年安全生产专项转移支付资金绩效评价工作方案的通知	资金管理办法（绩效）
29	浙财农〔2013〕67号	浙江省财政厅关于印发浙江省农业技术推广与服务补助资金管理实施细则的通知	宁波不发。根据资金规模和相关工作要求，择优确定
30	浙财农〔2018〕51号	浙江省财政厅、浙江省农业厅、浙江省海洋与渔业局关于印发浙江省农业绿色生产发展资金管理实施细则的通知	资金管理办法，中央资金下达时间要求

税收返还政策文本库			
序号	文号	文件名	关键词/主要内容
1	财税〔2008〕168号	财政部、国家税务总局关于提高成品油消费税税率后相关成品油消费税政策的通知	对进口的用作乙烯、芳烃类产品原料的石脑油已缴纳的消费税予以返还
2	财预〔2008〕479号	财政部、中国人民银行、国家税务总局、交通运输部关于实施成品油价格和税费改革有关预算管理问题的通知	新增成品油消费税不计入对地方“两税”返还
3	川府发〔2002〕11号	四川省人民政府关于实施所得税收入分享改革的通知	所得税收入分享改革
4	川府发〔2014〕9号	四川省人民政府关于改革完善省与市（州）、扩权试点县（市）分税制财政体制的通知	其他税收返还
5	川府发〔2015〕28号	四川省人民政府关于完善出口退税负担机制有关问题的通知	消费税

续表

税收返还政策文本库			
序号	文号	文件名	关键词/主要内容
6	鄂财预发〔2009〕64号	湖北省成品油价格和税费改革转移支付办法	成品油税收返还、保证基数
7	鄂政发〔2002〕29号	湖北省人民政府关于进一步调整和完善分税制财政管理体制的决定	所得税返还
8	赣府发〔2002〕29号	江西省人民政府关于印发《江西省所得税收入分享改革财政体制调整方案》的通知	所得税返还
9	赣府发〔2016〕53号	江西省人民政府关于印发江西省全面推开营改增试点后调整省以下税收收入划分过渡方案的通知	增值税返还
10	国发〔2001〕37号	国务院关于印发所得税收入分享改革方案的通知	所得税返还
11	国发〔2008〕37号	国务院关于实施成品油价格和税费改革的通知	对进口的用作乙烯、芳烃类产品原料的石脑油已纳消费税予以返还
12	国发〔2015〕10号	国务院关于完善出口退税负担机制有关问题的通知	消费税定额返还
13	国发〔2016〕26号	国务院关于印发全面推开营改增试点后调整中央与地方增值税收入划分过渡方案的通知	增值税过渡方案
14	国发〔2016〕71号	国务院关于实行中央对地方增值税定额返还的通知	增值税定额返还
15	黑政发〔2002〕61号	黑龙江省人民政府关于印发黑龙江省所得税收入分享改革方案的通知	所得税返还
16	黑政发〔2016〕45号	黑龙江省人民政府关于实行省对市县增值税和营业税定额返还的通知	增值税和营业税定额返还
17	吉财预〔2002〕1077号	吉林省财政厅、吉林省国家税务局、税务局、吉林省地方税务局、中国人民银行长春中心支行关于所得税收入分享改革后有关预算管理问题的通知	所得税返还
18	吉政发〔2017〕31号	吉林省人民政府关于印发全面推开营改增试点后调整省与市县收入划分过渡方案的通知	增值税返还
19	冀政发〔2016〕23号	河北省人民政府关于印发全面推开营改增试点后调整省以下政府间增值税收入划分过渡方案的通知	增值税返还
20	晋政发〔2016〕38号	山西省人民政府关于印发全面推开营改增试点后省与市县增值税收入划分过渡方案的通知	增值税返还

续表

税收返还政策文本库			
序号	文号	文件名	关键词/主要内容
21	辽政发〔2015〕36号	辽宁省人民政府关于完善出口退税负担机制有关问题的通知	消费税返还
22	辽政发〔2017〕2号	辽宁省人民政府关于实行省对下增值税定额返还的通知	增值税定额返还
23	鲁政发〔2002〕21号	山东省人民政府关于印发《山东省所得税和营业税收入分享改革方案》的通知	所得税和营业税返还
24	鲁政发〔2016〕21号	山东省人民政府关于印发全面推开营改增试点后调整省以下增值税收入划分过渡方案的通知	增值税返还
25	闽政文〔2016〕145号	福建省人民政府转发国务院关于印发全面推开营改增试点后调整中央与地方增值税收入划分过渡方案的通知	增值税返还
26	内财库〔2020〕408号	内蒙古自治区财政厅、中国人民银行呼和浩特中心支行关于增设其他返还性收入科目的通知	其他返还性收入
27	黔府发〔2016〕17号	贵州省人民政府关于印发贵州省全面推开营改增试点后省以下增值税收入划分变动过渡方案的通知	增值税返还
28	琼府〔2007〕78号	海南省人民政府关于调整完善分税制财政管理体制的通知	所得税返还
29	苏政发〔2002〕100号	江苏省政府关于所得税收入分享改革有关问题的通知	所得税返还
30	皖政〔2017〕12号	安徽省人民政府关于实行省对市县增值税定额返还的通知	增值税定额返还
31	皖政秘〔2015〕65号	安徽省人民政府关于完善出口退税负担机制有关问题的通知	消费税返还
32	无文号	吉林省人民政府关于印发吉林省所得税收入分享改革方案的通知	所得税返还
33	湘政发〔2002〕6号	湖南省人民政府关于印发所得税收入分享改革方案的通知	所得税返还
34	豫政〔2015〕63号	河南省人民政府关于完善出口退税负担机制的通知	消费税返还
35	豫政〔2017〕1号	河南省人民政府关于实行省对市县增值税定额返还的通知	增值税定额返还
36	粤府〔2002〕26号	广东省转发国务院关于印发所得税收入分享改革方案的通知	转发并明确省以下

续表

税收返还政策文本库			
序号	文号	文件名	关键词/主要内容
37	粤府〔2016〕60号	广东省人民政府关于印发全面推开营改增试点后调整省以下增值税收入划分过渡方案的通知	增值税返还
38	云政发〔2015〕36号	云南省人民政府关于完善出口退税负担机制和消费税返还有关问题的通知	消费税返还
上解支出（收入）政策文本库			
序号	文号	文件名	关键词/主要内容
1	晋政发〔2001〕44号	山西省人民政府关于调整省对市地财政管理体制的通知	上解、体制返还收入
2	辽政发〔1994〕50号	辽宁省人民政府关于实行分税制财政管理体制的决定	省以下分税制财政管理体制
3	辽政发〔2003〕17号	辽宁省人民政府关于进一步完善省市财政管理体制的决定	上解、税返
4	鲁财资环〔2020〕28号	山东省财政厅、山东省发展和改革委员会、山东省自然资源厅、山东省生态环境厅关于修改《建立健全生态文明建设财政奖补机制实施方案》的通知	体制上解
5	鲁政发〔2019〕2号	山东省人民政府关于深化省以下财政管理体制改革的实施意见	青岛上解
直达资金政策文本库			
序号	文号	文件名	关键词/主要内容
1	财社〔2019〕208号	财政部、国家卫生健康委关于提前下达2020年基本公共卫生服务补助资金预算的通知	资金提前下达
2	财预〔2020〕75号	财政部关于下达2020年边境地区转移支付预算的通知	一般，直达
3	川财教〔2020〕075号	四川省财政厅、四川省教育厅关于下达2020年城乡义务教育补助经费中央直达资金预算的通知	共同财政事权转移支付，直达
4	财社〔2019〕208号（附件）	提前下达2020年基本公共卫生服务补助资金分配表	资金分配
5	财预〔2020〕68号	财政部关于下达2020年中央对地方重点生态功能区转移支付预算的通知	直达资金

致 谢

回首三年时光，不免感慨万千。从初次来到中财校园开启新的学习生活，到如今完成硕士学位论文、学生生涯接近尾声，日日夜夜点点滴滴犹在眼前。一路走来，有太多的人想要感谢，致谢二字是如此简短而又饱含分量。千言万语不足以表达我的心意，谨以这有限的篇幅，致以我最诚挚的谢意。

感谢我的导师姚东旻老师，在论文的撰写过程中给予了我诸多指导和鼓励。无论是这篇论文的选题、写作和反复修改，还是研究生阶段参与的每一项课题研究，都离不开姚老师的悉心指导和耐心包容。在姚老师的带领下，我不仅收获了知识，能力得到提高，心性和意志品质也得到修炼。姚老师严谨求实的治学精神和时刻饱满的工作热情始终激励和影响着我，让我明白了不论是学习、研究还是工作、生活，都要踏实认真，勤奋自律，严格要求自己，这是想要有所收获的必经之路。

感谢对这篇论文进行评阅指导和参与答辩的每一位老师，各位老师的批评指正和宝贵意见让我的论文得以改进和不断完善。感谢中心的每一位老师，为我们提供浓郁的学术氛围、丰富的讲座资源和诸多学习机会。感谢学长学姐、同窗和朋友们的陪伴、帮助和支持，是优秀的你们让我的研究生生活有了不一样的色彩。

感谢父母和家人，是你们无私的爱与支持、多年的照顾与教诲，让我在任何时候都有最坚实的后盾。你们在我每一个重要的时刻给予我意见和鼓励，支持我的选择，包容我的不足，陪伴我成长，是我最安心的港湾。

感谢一路走来给予过我帮助、支持和鼓励的每一位前辈、师长、朋友……承蒙厚爱，实难用言语表达，但我会始终铭记。求学路上和成长路上，你们无不在我的心里打下深深的烙印，使我成为现在的我，也将影响我终生。

感谢中央财经大学为我们营造学习的环境和条件，已数不清三年里听过多少次图书馆的闭馆音乐，感受过多少次北方透亮的天空、明丽的阳光和大洼村的大风……感谢在剑桥大学进行课程联合培养的留学经历，期间的所学所获、所见所闻，让我感受到包容、开放的精神，以及世界前沿与历史沉淀的交融。这些经历也将激励我不断前进。

在沙河图书馆写下这些文字时，有无数画面浮现在脑海，书写至此，早已泪眼模糊。还记得研究生入学前，姚老师说这将是一段“新征程”，写完这篇论文，意味着这段“征程”也即将画上句号。求学的路虽暂告一段落，但未来还有很长的路要走，即将踏上又一段新征程的我，将会怀揣感恩与力量，继续前行。

论文短评

点评人：周世愚

改革开放四十多年来，中国经济发展取得了举世瞩目的成就。在经济保持多年高速增长的同时，我国各地区财政收入高速增长，地方财力也不断增强。但受区域经济发展水平、产业结构、税收制度等诸多因素的影响，各地区财力增长极不平衡。这种不平衡不仅表现在东、中、西部三大地带之间、省际之间，还表现在同一省内的不同地区。地区间财力差异是地区间经济发展差距的反映，在一定范围有其合理性，但财力差异过大就会影响政府职能实现的程度，进而影响到经济和社会的协调发展。

按照我国现行财政运行模式，省际财力差距由中央对地方转移支付制度调节。党的十八届三中全会指出："加快形成有利于转变经济发展方式、有利于建立公平统一市场、有利于推进基本公共服务均等化的现代财政制度，形成中央和地方财力与事权相匹配的财税体制，更好发挥中央和地方两个积极性。"党的十九大报告中强调："加快建立现代财政制度，建立权责清晰、财力协调、区域均衡的中央和地方财政关系。"党的十九届四中全会进一步要求："优化政府间事权和财权划分，建立权责清晰、财力协调、区域均衡的中央和地方财政关系，形成稳定的各级政府事权、支出责任和财力相适应的制度。"以上对中央和地方财政关系的重要指示，为我们加快完善中央和地方财政关系指明了方向，提供了根本遵循。随着中央对地方转移支付制度的不断完善，其均等作用不断增强，省际财力差距趋向缩小。但是对于省以下转移支付制度的构建却有点差强人意，从这个层面上来说，邓导同学这篇论文重点研究较少文献资料关注的省市之间的财政关系，厘清行政层级如何影响纵向政府间财政收入再分配这一问题，具有重要意义。并且从行政层级角度来解读地区财力不均衡问题，视角较为新颖。

邓导同学这篇文章整理了包括我国各级政府的预决算文件、各类财政文件、部门和地方规范性文件等政策文本，共217份，并按照横向分类、纵向分层级的逻辑，采用关键词检索、全文阅读等方式，从制度事实出发，对文本信息进行归纳和总结。以所整理的政策文本为研究基础材料，邓导同学对我国财政收入再分配制度进行了梳理和分类，讨论我国财政收入再分配过程中省级政府的角色和作用，找出行政层级影响纵向政府间财政收入再分配的制度基础和作用机制。然后综合考虑到城市类型丰富度、数据可得性等因素，选取山东省和福建省做典型地区案例分析，整理政府预算报告等文件中的数据资料，对典型地区的财政收入再分配情况进行详细解构，以与前文的分析相互印证。针对研究对象，邓导同学选取的研究方法较为充分且合理，并且看得出其在纷繁复杂的政策文本的搜集和整理上付出了艰辛的劳动，可见用功之深。

通过以上研究方法，邓导同学从两个角度比较了行政层级在纵向政府间财政收入再分配中的差异，并得出以下结论：

通过比较不同行政层级城市与上级财政的关系，概括出计划单列市相较于非计划单列市的特殊性。从路径的丰富度来看，计划单列市和非计划单列地级市差别不大，但由于计划单列市与省级政府处于“半脱钩”的状态，其与省级财政的关联度更低，而与省级财政和中央财政的关系更为复杂；非计划单列市由于只和省级政府发生直接关联，财政收入再分配的路径更为明晰，受省级财政的影响更大。此外，中央转移支付资金下达到非计划单列地级市的耗时比下达到计划单列市的耗时更久，资金拨付的效率相对更低。

通过比较城市行政层级差异与省级政府职能的关系，归纳出计划单列市、副省级省会城市、非副省级省会城市和普通地级市之间的差异。其一，在转移支付资金管理方面：（1）计划单列市与省级财政的关联度较低，与非计划单列的地级市相比，省级政府职能对计划单列市资金分配的作用相对较小。（2）在一般性转移支付管理中，省级政府有“统筹者”和“组织者”的角色，在专项资金的分配中，副省长具有“审定”的职权，计划单列市和副省级省会城市的主要领导行政级别为副省级，与副省长同级，其关系资本等因素有助于为计划单列市和副省级省会城市争取更多资金。（3）计划单列市、副省级省会城市和非副省级省会城市的市委书记一般由省委常委兼任，按照我国现行的地方党政制度，省委常委在省内的话语权有利于为计划单列市、副省级省会城市和非副省级省会城市争取更多的资金。（4）非副省级省会城市为省政府驻地，由于省级政府在资金分配流程中的“组织者”角色，以及省会城市的特殊地理优势，省会城市的财政部门以及其他政府职能部门有更多机会与相应的省级部门进行沟通和协调，在信息的获取等方面有着普通地级市所没有的便利条件。其二，在税收返还和上解支出方面，省级政府对不同行政层级城市的政策侧重有所不同。省级政府主要通过上解支出政策对省内的计划单列市进行“削峰”，并将集中的财力用以“填谷”，以实现财政收入再分配的“均衡”作用；通过税收返还政策“激励”副省级省会城市、非副省级省会城市和普通地级市；通过转移支付政策对省内各市尤其是普通地级市实现财政收入再分配的“补助”效果。

邓导同学的论文研究视角较为新颖，研究方法较为充分且得当，研究结论较为可信。但其中也存在一定的小瑕疵，这些也是未来可以改进的方向。例如，第四部分的第一节从内容上是在论述共同财政事权转移支付管理流程的五个环节，标题却是一般性转移支付路径的五个环节，有点偷换概念的意味。再如，论文第六部分第二节第一个子目“基本财政情况”，只是简单地将财政收入再分配之前和之后的数据做了绝对比较，并没有列入其他因素，比如人口差异等，这种对比感觉上有点过于简单。又如，就所列出的政策文本而言，可以对为什么选择这些时间段做集中的解读；文中提到“有效政策文本”一词，但并未对其含义做具体的解释或深入的分析；在附录中可列表补全预决算文件的基本信息。复如，在这篇文章中，邓导同学在理论分析和政策实践的连接性方面着墨不多，对这方面进行补充，可能对加强文章的深度有所帮助。

然瑕不掩瑜，邓导同学的这篇论文仍不失为一篇较为出色的硕士学位论文，凸显了中央财经大学中国财政发展协同创新中心在人才培养上的优异成果！

中国政府预算间关系研究

——事实、特征与优化

The research of the relation between government budgets in China

——Facts, features and optimizations

王玥宁

摘　要

政府预算是公共财政的重要组成部分，承担着保证财政可持续性发展的重要使命，是构建现代财政制度的重要改革领域。经济新常态背景下，财政收入增速趋缓，为维持一定的财政支出强度，同时扩大实际支出规模，我国四本政府预算间关系成为新的改革突破口。在全口径政府预算体系框架内调整财政收支结构，统筹财政资金，是提升财政资金使用效益的重要思路。

2014 年《预算法》规定，其他三本预算应与一般公共预算相衔接。此后，国务院和财政部出台若干政策文件，在该规定的总体框架下细化了部分衔接规则，为我国四本政府预算的统筹衔接提供了指导方向。然而，由于四本政府预算收支管理的现实情况较为复杂，相关具体操作规则仍然缺位。四本政府预算基于不同的功能定位管理对应的财政收支，预算账本各自的收入来源、支出方向、管理方式迥异，由此衍生了实践中的预算收支边界划定不清问题，复杂化预算间统筹衔接的现实环境。而且，目前我国尚无专门的全口径预算管理政策，与预算间统筹衔接相关的条文零散且缺乏系统性。我国政府预算间关系的事实情况尚未被清晰建构、特征规律尚未被有效刻画，以此为基础的规则优化将更难以实现。由于资金流转规则笼统、预算科目改革不到位等原因，地方在预算编制中仍存在不规范、不透明的情况，管理缺失、界定不清的预算衔接账户反而成为资金在预算账本间随意挪用的“黑箱”，难以准确、清晰地反映流转资金的规模和流向，不利于政府预算的审查监督。在面临诸多现实困惑的同时，预算收支管理也显示出巨大的改进空间，研究我国政府预算间关系具有紧迫性与必要性。

本文以政策文本分析和描述性分析为主要的研究方法，并结合历史分析、理论分析以及比较分析等方法，讨论我国政府预算间关系的事实逻辑、特征规律与优化方案。政府预算间关系可廓清为两个分析维度，即完整独立性和有机衔接性。在完整独立性维度上，由于预算科目可以直观反映政府收支活动，本文以预算科目为分析工具，落实于具体收支项目，发现四本预算收入端和支出端分别存在割裂分布和重叠交叉的现实问题，预算收支边界仍然划定不清。本文尝试对部分不属于《全国政府性基金目录清单》的“广义基金”进行性质的重新判定，综合分析有关收支项目后，设计得到四本预算收支边界的重新调整方案。在有机衔接性维度上，本文以大量政策文件为分析依据，从政府预算体系整体视角出发，尝试设计构建以一般公共预算与社保基金预算为中心的我国政府预算统筹衔接体系，阐明事实逻辑，从衔接资金类型化的角度刻画其特征规律，归纳得到衔接资金的四种类型：性质与预算功能设定相偏离的资金、使用效率不高的沉淀资金、体现公共财政职能的资金以及用于弥补历史遗留转轨成本的资金，分析其调剂动因与必要性。基于以上两个维度的分析，本文尝试对我国政府预算间关系的有关规则进行优化，提供些许具体的技术性处理建议。

本文从以下方面展开。首先，结合我国政府预算账本变更的历史过程，明确我国现行政府预算体系是“中国语境”下预算表现形式的重大创新。四本政府预算基于不同的功能定位与收支范畴，在预算体系中担当不同的角色。本文将政府预算间关系的基本分析维度界定为完整独立性和有机衔接性，由此展开具体分析。其次，考量政府预算收支边界的划定情况，明确预算收入端和支出端有关项目存在的现实问题，尝试重新判定部分资金性质。保证预算账本的完整独立性，是实现预算间有机衔接的前提。之后，从政策文本的角度设计构建我国政府预算统筹衔接体系，厘清事实逻辑，刻画其特征规律。最后，以构建“完整独立、有机衔接”的政府预算体系为目标，为优化我国政府预算间关系，本文从三个方面提出技术性处理建议：第一，设计四本预算收支边界的重新调整方案；第二，完善预算间资金流转规则，设计独立的预算衔接资金表，清晰、直观地反映四本预算间的资金调剂情况，便于进行量化分析和预算审查监督；第三，分析与转列资金、专项收入有关的预算统筹衔接后续处理中的关键问题。

关键词：政府预算；政府性基金；收支边界；统筹衔接；衔接资金表

Abstract

As an important part of public finance, government budget bears the important mission of ensuring the sustainable development of finance, and it is an important reform field of constructing modern financial system. Under the background of the new normal economy, the growth rate of fiscal revenue slows down. In order to maintain a certain intensity of fiscal expenditure and expand the actual expenditure scale, the relation between the four government budgets in China has become a new breakthrough point for reform. It is an important idea to improve the efficiency of the use of fiscal funds to adjust the structure of fiscal revenues and expenditures and coordinate fiscal funds within the framework of the full-covered government budget system.

According to the Budget Law of 2014, the other three budgets should be linked to the general public budget. Since then, the State Council and the Ministry of Finance have issued a number of policy documents, refining part of the cohesion rules under the overall framework of this regulation, and providing guidance for the overall planning and cohesion of the four government budgets in China. However, due to the fact that the four government budget revenue and expenditure management is more complex, the relevant specific operational rules are still missing. The four government budgets manage the corresponding fiscal revenues and expenditures based on different functional positioning, and the budget accounts have different revenue sources, expenditure directions and management methods, thus deriving the problem of unclear delineation of budget revenues and expenditures boundary in practice and complicating the realistic environment of overall planning and cohesion. Moreover, at present, there is no special full-covered budget management policy in China, the provisions related to overall planning and cohesion of four government budgets are scattered and lack of systematization. The fact of the relation between government budgets has not been clearly constructed, and the features of the rules have not been effectively described, and the optimization based on this will be more difficult to achieve. Due to the ambiguous funds flow rules, the reform of budget items is not in place and other reasons, local governments are still irregular and opaque in their budgeting. The lack of management and ill-defined budget cohesion accounts become the "black box", where funds are misappropriated randomly between government budgets, and it is difficult to accurately and clearly reflect the scale and flow direction of circulating funds, which is not conducive to the review and supervision of government budget. In the face of many practical puzzles, the budget revenue and expenditure management also shows a huge room for improvement, so it is urgent and necessary to research the relation between government budgets in China.

This paper takes policy text analysis and descriptive analysis as the main research methods, and combines historical analysis, theoretical analysis and comparative analysis to discuss the facts, features and optimizations of the relation between government budgets in China. The relation between government budgets can be divided into two analytical dimensions, that is, integrity and independence, and organic cohesion. In the dimension of integrity and independence, since the budget account can directly reflect the government revenue and expenditure activities, this paper takes the budget account as an analysis tool and applies it to specific revenue and expenditure items. It finds that the revenue side and expenditure side of the four budgets are separated and distributed, the boundary of budget revenue and expenditure is still not clearly defined. This paper attempts to re-judge the nature of some "general funds" which are not included in the Catalogue List of National Government-managed Funds, and designs a readjustment plan for the revenue and expenditure boundaries of the four budgets after comprehensive analysis of related revenue and expenditure items. In the dimension of organic cohesion, by means of a large number of policy documents, from the government budget system as a whole perspective, this paper tries to design and build the overall planning and cohesion system of four government budgets in China, with the center of general public budget and the social security fund budget, clarifies the relevant facts and depicts its features from the perspective of cohesion funds typed. Cohesion funds are summarized into four types: Funds whose nature deviates from the set of budget functions, inefficient precipitation funds, the funds that reflect the functions of public finance and the funds that are used to make up the cost of the transition left over from history. Based on the analysis of the above two dimensions, this paper tries to optimize the relevant rules of the relation between government budgets in China, and provides some opinions for the practical operation by means of specific technical treatment.

This paper is developed in the following aspects. First of all, combining with the historical process of the change of government budgets in China, it is clear that the current government budget system in China is a major innovation of budget form in the "Chinese context". The four government budgets play different roles in the budget system based on different functional orientation and revenue and expenditure categories. This paper defines the basic analytical dimensions of the relation between government budgets as integrity and independence, and organic cohesion, then carries out a specific analysis. Secondly, considering the demarcation of the boundary of government budget revenue and expenditure, this paper clarifies the practical problems existing in related projects on the revenue side and expenditure side of the budget, and tries to re-judge the nature of part of the funds. To ensure the integrity and independence is the premise of realizing the organic cohesion of government budgets. Then, from the perspective of policy text, this paper designs and builds the overall planning and cohesion system of four government budgets in China, describes the facts and features. Finally, aiming at building a "integral and independent, organically cohesive" government budget system, in order to optimize the relation between government budgets in China, this paper puts forward technical suggestions from three aspects: first, readjusting the revenue and expenditure boundary of government budgets; second, optimizing the relevant rules of fund flow, designing an independent budget transferrable fund table, which can clearly and intuitively reflect the allocation of funds among the four budgets and facilitate quantitative analysis and budget review and supervision; third, analyzing the key issues in the overall planning and cohesion of government budgets related to the transferred funds and special revenues.

Key words: government budget; government-managed fund; revenue and expenditure boundary; overall planning and cohesion; transferrable fund table

1. 绪论

1.1 研究背景与意义

党的十九大报告指出，“建立全面规范透明、标准科学、约束有力的预算制度”，高度概括了我国现代预算制度的内涵特征，对我国政府预算管理工作提出了更高要求。政府预算是政府宏观调控的基本收支计划，是依法筹集、分配与管理财政资金的重要工具，同时可用于反映、约束与监督政府行为。我国采用复式预算的编制方法，将预算年度内全部的财政收支依照性质划分，分门别类纳入不同预算账本，形成由一般公共预算、政府性基金预算、国有资本经营预算以及社会保险基金预算组成的中国特色政府预算体系。

经济新常态背景下，财政收入增速趋缓，人口老龄化、生态环保、结构转型以及新型城镇化等潜在的财政支出压力加大，对我国财政可持续性发展造成威胁。同时，财政资金存在使用效率不高、统筹效果不佳的问题，加剧了财政资源稀缺性与支出刚性之间的矛盾（李燕和彭超，2017）。“十四五”期间，我国财政收支缺口呈现出继续扩大的态势，为统筹做好财政的发展与安全工作，应树立“整体财政”的发展新理念，加强四本预算之间的统筹协调，进一步理顺预算间关系，实施现代预算管理方式（冯俏彬，2021）。预算的实质在于配置稀缺资源（爱伦·鲁宾，2001），在全口径政府预算体系框架内调整财政收支结构，统筹财政资金，是提升财政资金使用效益的重要思路。

2014 年《预算法》规定，其他三本预算应与一般公共预算相衔接。此后，国务院和财政部出台若干政策文件，在该规定的总体框架下细化了部分衔接规则，为我国政府预算间的统筹衔接提供了指导方向。然而，由于四本政府预算收支管理的现实情况较为复杂，政府预算间关系在调整过程中面临不少阻碍。2016 年审计署发布的财政审计报告指出，预算安排存在统筹协调不到位的问题，突出体现于四本政府预算的边界划定不清、多个项目交叉安排支出。尤其是，政府性基金预算涉及的项目多、性质杂，与之相关的统筹衔接关系较不明晰，与一般公共预算支出项目存在大量重叠。四本政府预算基于不同的功能定位管理对应的财政收支，账本各自的收入来源、支出方向、管理方式迥异，预算收支边界划定不清不利于对各类财政资金实施总额控制，还会复杂化预算间统筹衔接的现实环境。作为全口径预算管理的重要财政信息，四本预算间的资金流转尚未成为在预决算公开平台上有独立、翔实公布说明的专项命题。目前，我国尚无专门的全口径预算管理政策，与预算间统筹衔接相关的条文零散且缺乏系统性，我国政府预算间关系的事实逻辑尚未被清晰建构，特征规律尚未被有效刻画，以此为基础的规则优化将更难以实现。由于资金流转规则笼统、预算科目改革不到位等原因，地方在预算编制中仍存在不规范、不透明的情况，管理缺失、界定不清的预算衔接账户反而成为资金在预算账本间随意挪用的“黑箱”，难以准确、清晰地反映流转资金的规模和流向，不利于政府预算的审查监督。在面临诸多现实困惑的同时，政府预算收支管理也显示出巨大的改进空间。

2021 年 3 月国务院发布的《关于进一步深化预算管理制度改革的意见》强调，应进一步加大预算收入的统筹力度，规范预算支出管理，严格预算编制管理，强化预算执行和绩效管理，加强风险防控，增强财政透明度。研究我国政府预算间关系可为增强财政资源统筹和可持续性提供一个可行路径，研究具有一定的紧迫性与必要性。加强四本预算统筹衔接的系统性规定，补充全口径预算管理的专门政策，是我国政府预算制度深化改革的重点方向（马蔡琛和赵笛，2021）。

1.2 研究方法与框架

本文以政策文本分析和描述性分析为主要的研究方法，同时结合了历史分析、理论分析、比较分析等方法，讨论我国政府预算间关系的事实逻辑、特征规律与优化方案。本文将政府预算间关系廓清为两个分析维度，即完整独立性和有机衔接性。以大量政策文件、《全国政府性基金目录清单》《政府收支分类科目》等作为基础性事实资料，借助于预算科目这一反映政府收支活动的最直观工具，本文刻画了我国四本政府预算收支边界划定不清的现实问题——收入端割裂分布、支出端重叠交叉。从政策文本的角度设计构建政府预算统筹衔接体系，厘清预算间统筹衔接的事实逻辑，并结合相关理论和现实依据，从衔接资金类型化的角度分析其特征规律。在此基础上，本文以构建“完整独立、有机衔接”的政府预算体系为目标，对我国政府预算间关系的优化提供了具体的技术性处理建议，包括重新调整四本预算的收支边界，完善预算间资金流转规则，设计独立的预算衔接资金表，分析转列资金、专项收入等统筹衔接后续处理中的关键问题，延展预算间统筹衔接问题的分析范畴。全文的逻辑框架如图 1－1 所示。

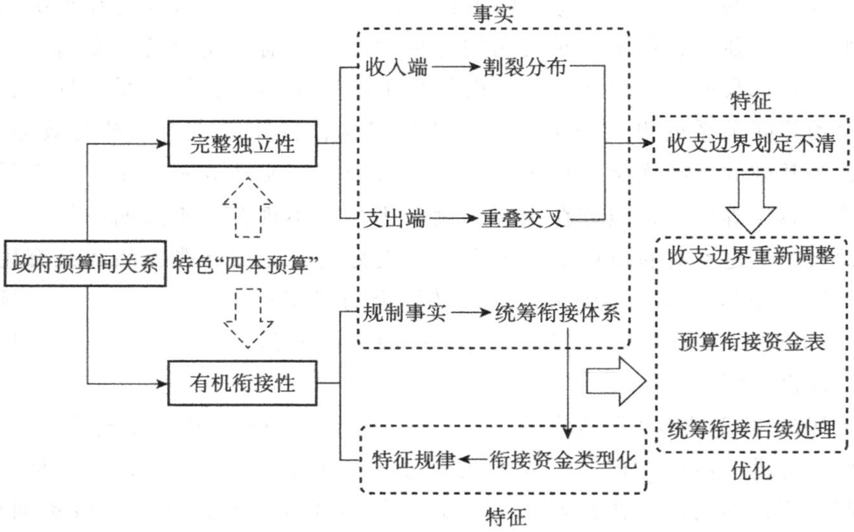

图 1－1 全文逻辑框架示意图

1.3 创新与不足

本文力求于以下几个方面能有所创新。

分析工具：为刻画我国政府预算收支管理活动中存在的现实问题，本文依托于政府收支分类科目，为研究政府预算间关系提供一个简洁、权威、有力的分析工具。预算科目是预算编制、执行和会计明细核算的基础性工具，可直观反映政府的收支活动。以往学界对预算管理活动的讨论往往未落实于具体的收支项目，而以预算科目为分析工具进行的技术性处理有可视化、易操作的优势，使本研究更具备现实意义。

分析依据：本文依托于大量政策文件、《全国政府性基金目录清单》《政府收支分类科目》等基础性事实资料，从中剥离出与研究相关的具体内容，并进行归纳、对比分析，还原我国预算收支管理的实际情况。本文将规范性文本作为最主要的分析依据，最大限度保留事实描述的准确性和真实性，据以提供的相关建议具备一定的现实性和可操作性。同时，本文还结合理论和历史资料以佐证阐述。

研究内容：众多学者围绕财政资金使用效益的提升开展了广泛研究，但基于全口径政府预算体系框架内调整财政收支结构，统筹财政资金的研究还较为少见。本文对政府预算间关系的研究可为优化政府预算收支管理、提高财政资金使用效率、有效配置财政资源、提升政府预算体系整体效能提供一个较为新颖的研究方向。目前我国尚无专门的全口径预算管理政策，学界对政府预算间关系仍无系统性的深入研究。本文将视角置于政府预算体系整体，对我国政府预算间关系这一命题进行较为系统、完整的讨论。而且，政策层面虽为预算间的统筹衔接提供了指导方向，但由于四本政府预算收支管理的现实情况较为复杂，相关具体操作规则仍有缺位。我国政府预算间关系的事实情况尚未被清晰建构、特征规律尚未被有效刻画，以此为基础的规则优化将更难以实现。本文采用政策文本分析法对有关政策文件进行筛选、提炼，设计构建我国政府预算统筹衔接体系，从而厘清有关的事实逻辑，并利用预算科目这一分析工具，针对预算收支边界划定不清的问题提供技术性调整方案，设计独立的预算衔接资金表，以系统、清晰、直观地反映预算账本间的资金流转情况，同时完善资金流转规则，提出优化方案。此外，本文将研究内容延伸至预算统筹衔接的后续处理，对重点问题予以具体分析，尽可能对政府预算间关系这一研究命题进行细致、全面的思考。

由于作者自身的研究水平较有限，本文存在如下局限性与不足：其一，由于政府预算间统筹衔接尚属于政府预算体系中的一个新兴子问题，尚未有细化、规范的规则指引，受预算科目改革滞后、制度刚性等多方面的影响，地方在预算编制中仍存在大量不规范与不透明之处，导致预算间资金调剂相关数据的可得性和质量较差。因此，本文以预算科目为分析工具，对政府预算间关系进行系统性的描述性分析，而并未过多从定量的角度进行阐述。其二，本文对政府预算间关系的讨论只针对四本政府预算之间的横向关系，而未涉及纵向多个行政层级的政府预算或其他预算类型的思考。

2.

文献综述

2014 年《预算法》于法律层面确定财政资金应在四本预算间调剂使用，其他三本预算应与一般公共预算保持衔接。近年来，部分学者开始专门关注预算衔接这一政府预算体系研究中的重要子问题。但目前，学界鲜有文献对我国四本政府预算间关系做出系统的深入分析。本文重点关注于预算功能定位与规制有效性两个视角下的相关研究，以期为本文政府预算间关系研究提供一定的启发。

2.1 功能定位视角下的相关研究

2.1.1 政府性基金预算与一般公共预算间关系

研究基金预算与其他预算账本间的关系，首先离不开对政府性基金性质的界定。政府性基金预算是我国在加强预算外资金管理的过程中逐步形成的一本预算，鉴于政府性基金产生的国情背景之特殊，学界对其基本属性的认知普遍存在较大差异。作为我国特有的财政名词，政府性基金难以在国外文献中找到准确对标，而只能近似类比。美国的目的税是筹集用于建设专项工程的专用税（Blackwell & Crotts，2006），政府性基金与之有相似的价值追求。刘剑文和熊伟（2004）将政府性基金类比为德国的“特别公课”，属于公共部门依照受益对象的受益程度而征收的工程费用。由于政府性基金与政府性收费都是公共财政针对受益主体汲取收入的形式，部分学者将政府性基金归于费的范畴（贾康和刘军民，2005）。程行云（2013）认为，可依据政府性基金的税收属性参照税收立法。冯俏彬（2015）认为彩票公益金、文化事业建设费等具有“准税收”的性质，土地使用权转让收入等具有“租”的性质。现有文献对政府性基金的本源属性进行了有益探索，但将该资金片面归类为税、费、租，或导致脱离其独特的历史演变过程，并消解政府性基金这一我国特色财政工具存在的必要性。

自1996年政府性基金预算建立起，学界对基金预算存续与否的讨论便未曾停止。政府性基金在我国财税实践中的作用地位仍有较大争议，主要争论的焦点在于基金预算与一般公共预算是否有必要共存，这也关乎于如何明确划定两本预算的收支边界。近年来，多项政府性基金被转入一般公共预算，我国财政实践在客观上表现出分化和肢解基金预算的趋势，部分学者由此进一步认定取消政府性基金预算是我国政府预算体系未来的发展方向。唐仲和张绘（2016）认为对政府性基金进一步清理和规范后，政府性基金预算终将取消，我国政府预算体系构成形式会演变为“三本预算”。于树一（2016）认为政府性基金预算应当完全融入一般公共预算，基金项目的转列仅是该改革过程的第一步。相反观点则强调，不同的财政收入形式具有不同的职能作用，包括政府性基金在内的非税收入与税收收入二者不可相互替代，从而印证了基金预算存在的正当性和必要性（刘尚希，2013）。邓秋云和邓力平（2016）认为，政府性基金预算是我国特色社会主义的特色政府预算，承担了重要的发展性功能，会作为我国政府预算体系的重要组成部分而长期存在。

立足于政府性基金预算与一般公共预算的功能定位，对这两本预算间关系的探讨，实质上考虑的是区分“专用性”与“公用性”资金。财政资金具有公用性而非专用性，这是基金预算向一般公共预算资金流转的前提条件，预算间的统筹衔接应以确立而非取消基金预算的专款专用性为目的，两本预算不得相互替代（岳红举和单飞跃，2018）。

2.1.2 国有资本经营预算与一般公共预算间关系

国有资本经营预算的建立源于我国对“政企分开”“政资分开”制度的长期探索。保持国有资本公有制属性，并以市场资源配置为目标，国资预算是社会主义市场经济的一种管理手段（吴俊培和赵斌，2015）。国资预算如何同其他三本预算相衔接，本质问题在于如何合理分配国有资本经营收益（邓子基，2006）。

合理分配的基础在于明确国有资本经营预算的功能定位。学界的有关讨论主要形成了“公共性”和“营利性”两大进路，由此也展开了对国资预算与一般公共预算间关系的广泛探讨。“公共性”强调国资预算是政府依托“公共服务提供者”的身份，对国家进行宏观调控，并据以保障和改善民生的预算管理形式。文宗瑜和刘微（2008）认为国资预算应首先支持且服从于履行一般公共预算财政职能。李丽琴（2009）将“公共性”作为国资预算与一般公共预算互通的衡量标准。李燕和唐卓（2013）从国企利润的公共收益属性出发，基于其全民共享的理论及现实依据，提议打通国资预算与一般公共预算资金流转的通道。“营利性”是以“经济人”为逻辑基础的一种功能导向，在现代产权制度下，政府作为“国有资本所有者”依法收取国有资本经营收益，更强调国有资本保值增值与投资回报。一些学者认为，“营利性”是国资预算的基本特征，应以此为基准进行制度设计（徐孟洲和贾剑非，2009）。刘剑文和郭维真（2007）将“公共性”和“营利性”作为国资经营与财政职能的界分依据。

随着国资预算制度的发展完善，大部分学者不将“公共性”和“营利性”视为对立功能，而是对其进行整合、排序，或划分适用对象分别强调各自的侧重功能。杨超和谢志华（2020）结合政府的双重身份属性，构造了基于整合观的国资预算衔接模式，强调同时发挥国资预算的“公共性”与“营利性”功能，从而保证国家宏观财政效率和国有企业微观效益的平衡。杜坤（2017）认为国资预算体现的是以资本性功能为第一顺位、以社会性功能为第二顺位的有层阶顺位的统一。顾功耘和胡改蓉（2013）认为国资预算的首要功能为“公共性”，“营利性”仅具有“过渡性”色彩，国有资本收益的运用不应仅限于国有企业内部的自我循环，而应有明确的民生财政导向，因此有必要向一般公共预算和社保预算进行资金转移。杨超和谢志华（2019）通过划分国有企业类型，提出了国资预算与一般公共预算的两种衔接模式——“利润上缴”和“超额利润上缴”，基于政府双重身份属性强调各自不同的功能侧重点，尤其是对垄断类国有企业而言，其不仅以独立的市场经济主体身份进行生产经营，还依据来自政府的特许经营权、资源以及信息等优势取得了垄断利润，因此必然承担着维护政治稳定、经济结构调整等公共性职能。

2.1.3 与社会保险基金预算有关的预算间关系

社会保险基金预算在我国政府预算体系中具有较强的异质性，基金财务运作较为独立。将社保基金预算纳入全口径政府预算体系，体现了我国财政独具的国家性、发展性、公共性以及改革性的统一（邓力平和邓秋云，2018）。朱伯铭（1998）认为政府提供公共物品是社会保障的本质，社保资金收支具备财政属性，理应纳入政府预算管理范畴。而熊伟和张荣芳（2015）认为社保基金所有权属于全体参保人，该资金并非财政资金，社保基金预算异质于其他三本预算，因此不宜同在全口径政府预算体系中编制。韩林仙（2012）提出社保基金预算与全口径政府预算制度间的关系决定了社保基金预算的地位。可见，对社保基金预算“财政性”与“独立性”功能的权衡，是讨论其与另外三本预算间关系的起点。从“财政性”功能来看，财政补贴和保费是支持社会保险运作的主要财源，前者为政府以实现非保险目标的合理对价，后者是投保人为规避风险而缴纳的费用（杜坤，2017）。财政进入由公民自助解决风险的社会保险领域后，将依托社保途径实现其他社会政策目标，社会保险已成为国家实现非保险目标的重要调控工具（熊伟和张荣芳，2016）。由此，用于实现福利性目标的支出理应由财政承担，则一般公共预算有必要以补贴的形式向社保基金预算进行资金转移，这进一步加强了社保基金预算的财政属性。但应当明确的是，出于对“独立性”功能的考虑，社保基金具有自给自足的财务独立性，保费收入仅限于在基金内部封闭式支付，而不得将其用于社保基金预算以外的社会支出（孙迺翊，2008）。因此，有关社保基金预算的资金调剂必须具有单向性调入特征。

随着国有资本划转社保基金政策的全面推行，社保基金预算与国资预算间关系成为一个重要命题，学界主要讨论焦点为国有资本的划转模式与限度。在老龄化程度深化的现实背景下，国资预算的社会性功能表明其有向社保基金预算划转部分具有补充性质资金的必要性，且不得超过一定的限度（杜坤，2017）。杨超和谢志华（2019）从划转后的股权特征的角度出发，依据不同类型国有企业的特征，将国资预算和社保基金预算的衔接模式分成“股份分红模式”和“股权划转模式”，从国有企业营利能力的角度分别对资金的划转与使用进行阐述。余鹏峰（2017）认为，在还清社会保障历史欠账后，国资预算应当按照资金性质确定支出对象，不再向社保基金预算进行资金转移，其盈余可转存至一般公共预算。

2.1.4 四本预算间关系的研究初探——预算整合观

由现有文献来看，目前学界有关政府预算间关系探讨多是以单本预算为研究标的，部分学者提出了基于整合观的预算管理方法，但各自的研究视角不同，对全口径政府预算体系统筹衔接的讨论少之又少。谢志华（2012）指出，预算具有整合功能，可在目标、组织、资源以及利益方面发挥作用，但仅是在企业预算范畴中进行的阐述。杨克智和杜海霞（2018）提出，应对国资预算的权责利进行清晰界定并合理匹配，以整合机制发挥预算的国家治理效应。杨超和谢志华（2020）提出了基于整合观的国资预算衔接模式。于树一（2016）提出四本预算应分别侧重于效率、公平、稳定三个基本功能，强调发挥预算体系的整体功能，以满足经济新常态背景下预算管理制度改革的需要。目前，我国尚无专门的全口径预算管理政策，政府预算间关系也尚未成为一个系统性的研究命题，研究我国政府预算间关系具有紧迫性与必要性。

2.2 规制有效性视角下的相关研究

2.2.1 政府性基金与基金预算的规制

政府性基金法治化管理一直是学界讨论的热点问题。由于公共财政汲取的方式不同，适用的法律规制方式也不同，且规制程度存在强弱之分，若不考虑预算间衔接的法律效力，可能会存在规避法律限制的嫌疑（岳红举，2019）。政府性基金预算是四本预算中界定最为模糊、历史沿革最为复杂的一本预算，鉴于各学者对政府性基金“税、费、租”基本属性的认定不同，从而衍生出不同类型的预算法律规制方式。以政府性基金税收属性为观点的学者认为应提高政府性基金预算的法律效力。陈融（2013）认为政府性基金应当以立法为设立依据，将其纳入权力机关的审批制度。将立法设立依据确定为法律，至少应为行政法规（熊伟，2012）。或者，仅可将依据限定为法律，而不应予以其降低效力的可能（陈发源，2012）。以政府性基金费租属性为观点的学者则认为应坚持现行的行政审批制。国家提供的公共服务性质决定了其占有经济资源的具体形式（高培勇，2004）。凡是可以通过市场机制提供的公共物品，政府根据“辅助国原则”位于辅助地位（葛克昌，2004），而使用者付费原则具有优先地位。行政事业性收费具有使用者和受益者之间的直接对价性，国际上普遍对其采用行政审批制，由此部分学者认为可将此法律规制方式移用于我国具有费租属性的政府性基金。岳红举和单飞跃（2018）对《预算法》中政府性基金预算的定义进行反向解释，认为基金预算资金设立依据的最低法律位阶应是国务院行政法规。目前，有关基金预算编制与管理的政策依据普遍不系统、不完整，散见于多个文件，基金预算管理的资金范畴远远超过了政府性基金（熊伟，2012）。如何有效规制政府性基金及其预算账本，不仅是预算间关系研究，也是财政法治面临的重要议题。

2.2.2 其他有关预算衔接的规制

目前，预算间统筹衔接的具体操作规则仍有进一步优化的空间，资金调剂仍有法律规制上的缺位问题。杜坤（2017）认为，应以国有资本经营预算的资本性与社会性功能为根基，对资金流转的科目与比例等进行科学、合理的设计。有关政府文件不仅应加强国资预算与一般公共预算间的衔接关系，还应明确两本预算的性质、收入来源、目标机制等，从而划清二者的界限，避免政策的随意性（吴俊培和赵斌，2015）。熊伟和张荣芳（2016）基于财政与社会保险二元分立的视角，认为在目前社保基金预算纳入财政体系的情况下，“财政补助社会保险”相比于“财政拨款”来说，该表述的法律严谨性不足。由于四本政府预算收支管理的现实情况较为复杂，为实现资金在预算间有效流转，相关的预算规制需具备足够的法律效力，这也是处理政府预算间关系时需考虑的关键问题。

3.

我国政府预算间关系的内容概述与分析维度

研究我国政府预算间关系，首先应明确以下三个问题：一是我国四本政府预算具有我国特色国情下的特殊性，讨论相关问题离不开对预算账本变更历程的历史回溯；二是我国现行政府预算体系由具有不同功能、定位和收支范围的四本预算构成，预算间关系属于我国特色国情下的特殊问题；三是如何界定我国政府预算间关系的分析维度，研究该命题又有怎样的现实必要性，对以上问题的解释回应可为后续分析厘清思路。

3.1 我国政府预算账本的变更历程

我国现行四本政府预算是基于历史条件由各方相互妥协形成的产物，是我国在预算形式改革中所做出的最大努力（楼继伟，2019）。四本预算构成的预算体系带有我国 70 多年来“摸着石头过河”改革探索中浓重的历史色彩，是中国特色社会主义财政发展的重大成果。对相关问题的讨论，必须扎根于我国的现实国情，尤其是政府性基金预算与国有资本经营预算，这两本预算有较为明显的我国特色属性，且在预算管理的规范程度上都有很大的提升空间。我国政府预算账本的变更贯穿于国家经济社会制度的重大变革，其中的复杂性、机制性逻辑难以通过寥寥数语来厘清，本文从历史维度出发，对此仅作简要概述。以我国现行四本预算的建立时间为关键节点，本文将我国政府预算账本的变更历程界分为以下四个阶段。

一本预算阶段（1949—1995 年）：新中国成立后为统一规范预算工作，依 1949 年《共同纲领》的要求，我国开始建立国家预算决算制度。在整个计划经济时期，我国参照苏联的政府收支科目划分模式，实行结构简易、编制方便的单式国家预算，将财政收支汇编于一个统一的预算报表中。这一阶段，不同性质的预算资金混列于单一的预算账本，不涉及预算间各项收支的对接。在部分财政资金预算内管理的同时，本属于财政资金的另一部分资金游离于预算管理之外，即预算外资金①。由于国家当时对财政资金管理不严，为调动地方积极性，对企业实行放权让利政策等原因，预算外资金范畴开始急剧扩张②。为实现财政资金的统一管理，国家对预算外资金开始进行全面的清理规范，由此扩展了传统预算收支管理涵盖的范畴，也引导了政府预算形式的改革变迁。1992 年我国确立社会主义市场经济体制，原有预算制度安排难以适应现实的发展需要，为加强预算管理，《国家预算管理条例》要求将单式国家预算转变为复式预算，划分经常性与建设性收支。由当年的预算报表可知，该举措仅限于对单式预算科目进行简单的技术性归类。由于预算科目设置、编制程序、编制方法等各方面都与复式预算的要求相距甚远，此举并未涉及对多个预算账本的实质性界定和划分。该预算形式在我国预算账本变更的历史进程中仅短暂存在，但是，将“吃饭钱”和“建设钱”分离具有一定的历史意义，国有企业收支开始与经常性收支分离，建设性预算为我国国有资本经营预算制度的建立提供了重要思路。

两本预算阶段（1996—2006 年）：1993 年我国提出改进并规范复式预算制度，提议建立政府一般公共预算等四本政府预算③，但其中仅有政府一般公共预算被真正落实编报（张驰和冯利红，2018）。1996 年《国务院关于加强预算外资金管理的决定》中规定，为加强预算外资金管理，将部分政府性基金等纳入预算管理。自此，政府性基金预算账本开始编列。

三本预算阶段（2007—2009 年）：1994 年我国实施了分税制财政管理体制，要求改革国有企业利润分配制度，依据建立现代企业制度的基本要求，合理调整并规范政府与企业的利润分配关系。经过对“政企分开”“政资分开”漫长的改革探索，国资预算成为规范二者分配关系的手段。2007 年，《国务院关于试行国有资本经营预算的意见》明确要求建立国资预算。

四本预算阶段（2010 年至今）（2014 年《预算法》正式规定确立四本预算）：在不断调整政府与企业之间利润分配关系的同时，我国社保模式由

---

① 这种情况自新中国成立初期就已存在，预算外资金最初表现形式为乡镇自筹、机关生产收入以及小公家务等。

② 1992 年的预算外资金规模相比于 1978 年增长了 11 倍，约为预算内收入的 97.7%，这是我国预算外资金规模最大的时期。

③ 1993 年《中共中央关于建立社会主义市场经济体制若干问题的决定》、1994 年《预算法》、1995 年《预算法实施条例》等重要文件提出建立政府一般公共预算、国有资产经营预算、社会保障预算以及其他预算。其中，其他预算自提出建立至消失，其含义从未被相对明确地界定过，较为无始无终（马蔡琛，2018）。

“国家—单位”演变至“社会保障”，国有企业从而解除了单位养老等非经营性负担，真正回归了企业角色。长期以预算外资金形式存在的、管理不善的社保基金，由此也被纳入预算管理。2010 年《国务院关于试行社会保险基金预算的意见》中规定，分险种编制社保基金预算。2011 年，我国历史上的预算外资金全部被纳入预算管理①，涵盖全部财政收支的全口径政府预算体系已备雏形。2014 年《预算法》出台，从法律层面真正确立了我国现行四本政府预算组成的政府预算体系。

3.2 “四本预算”的功能、定位、收支范围

一般公共预算实质上贯穿了我国预算管理制度演变的全过程，涵盖传统预算管理的全部范畴，目前是资金范围最广、收支规模最大、管理最为成熟的预算账本，在政府预算体系中占据绝对的主体地位；政府性基金预算是极具我国特色的一本专项预算，形成于历史上我国对预算外资金的规范管理过程，这也导致基金项目繁多、性质复杂，预算管理较为混乱的问题，该账本亟待得到进一步规范；国有资本经营预算的建立与政府和国有企业之间分配关系的调整密切相关。国资预算与一般公共预算同属于“双元结构”，我国社会主义国家财政本质中的“一体五重”②关系是两本预算存在的理论基础，以该理论为指导的财政具有“一体两翼”③的基本框架（邓子基，2006）；社会保险基金预算作为一本特殊的专项预算，在预算体系中单独编制，由保险经办机构负责征收保费，收入上缴至财政专户，后拨付于保险经办机构支出户，用于支付各项社会保险支出，相比于其他三本预算，社保基金预算的财务运营较为独立，收支范围较为清晰。

我国全口径政府预算体系要求将财政资金全部纳入预算管理，四本预算依照各自差异性的功能定位，筹集、分配、监督财政资金，以全面完整地反映财政收支的规模与结构，成为各类性质财政资金的“笼子”（楼继伟，2019）。由政策文件梳理得到四本预算的功能、定位、收支范围情况如表 3－1 所示。

---

① 参见《财政部关于将按预算外资金管理的收入纳入预算管理的通知》（财预〔2010〕88 号）。

② “一体五重”关系：一个主体（国家或政府）；两种身份（政权行使者、国有资产所有者）；两种权力（政治权力、财产权力）；两种职能（社会管理、经济管理）；两种分配形式（税收、国有资产收益）；两种分配关系（税收征纳、利润上缴）。

③ “一体两翼”格局：财政是“母体”，税务与国资是与母体不可分割的“两翼”。

表 3-1 "四本预算"的功能、定位、收支范围

预算	功能	定位	收入主体	支出方向
一般公共预算	保障与改善民生、推动经济社会发展、维护国家安全、维持国家机构正常运转等	主体预算、"双元"结构之一	税收	一般性公共产品与服务支出
政府性基金预算	支持特定公共事业发展	专项预算	在一定期限内向特定对象征收、收取或以其他方式筹集的资金	按不同基金项目用于特定公共事业的发展性支出
国有资本经营预算	增强政府宏观调控能力，完善国企收入分配制度，推动国有经济布局与结构的战略性调整，集中解决国企发展中的体制性与机制性问题	"双元"结构之一	国有资本收益	资本性支出、费用性支出、向一般公共预算调出等转移性支出、其他支出（必要时可用于社会保障）
社保基金预算	加强社保基金管理，规范收支行为，明确政府责任，促进经济社会协调发展	专项预算	社保缴款、一般公共预算安排等方式筹集的资金	按社会保险项目的支出

资料来源：由《预算法》《预算法实施条例》、国发〔2007〕26 号、财预字〔1996〕435 号、国发〔2010〕2 号等整理归纳。

3.3 政府预算间关系的分析维度

目前，我国政府预算体系尚未形成制度性的统筹协调机制，各预算账本之间仍存在定位不清、分工不明的现象。四本政府预算的内容、结构以及相互关系属于政府预算管理中的重要问题（文宗瑜，2013），研究政府预算间关系的重要性和必要性正在逐步提升。基于《预算法》的总体指导①，本文将政府预算间关系廓清为两个分析维度，即完整独立性与有机衔接性，由此展开相关论述。

3.3.1 完整独立性

对完整独立性的讨论需关注：四本预算是否依据各自差异性的功能定

① 《预算法》第 5 条规定："一般公共预算、政府性基金预算、国有资本经营预算、社会保险基金预算应当保持完整、独立。政府性基金预算、国有资本经营预算、社会保险基金预算应当与一般公共预算相衔接"。

位，覆盖应当纳入其中的全部收支，能否全面完整地反映收支总量与结构。四本政府预算中，社保基金预算自成体系，具有相对较强的独立性，收支边界较为清晰。而其他三本预算联系较为紧密，产生不少收支划分不清、项目重叠交叉的问题。如国有资本经营收入、政府性基金收入等资金割裂分布于不同预算账本，增加了非税收入规范化管理的难度。在我国四本政府预算法定的前提下，保证预算的完整独立性旨在确立各本预算的边界，而非整合或取消预算，对相关问题的探讨必须基于四本预算账本将长期存在的认知。

3.3.2 有机衔接性

区别于西方国家普遍的单一式预算，我国现行政府预算是由具备社会主义财政特色的四本预算构成的现代预算体系，这也是预算间可以有机衔接的前提。我国“四本预算”框架内的预算间统筹衔接是我国特殊国情下的特殊问题。政府预算的有机衔接性指四本预算间收支可以相互对接（唐仲和张绘，2016）。由于政府预算是政府用于履行财政职能的收支计划，无论预算账本采用怎样的表现形式，其都具有财政本质。这意味着四本预算虽各有不同，但理应保持必要贯通。《预算法》要求，其他三本预算应与一般公共预算保持衔接。此后，国务院和财政部出台若干政策文件，在该规定的总体框架下细化了部分衔接规则。

经济新常态背景下，财政收入增速趋缓，支出保持刚性增长，该趋势在短期内难以得到根本性改观，扩张的收支缺口对财政可持续性造成威胁。政府预算体系内，各本账面临资金“有余有缺”的现实，难免出现财力紧张或收支缺口的情况，这在客观上为预算统筹衔接提供了基本条件。资金在预算间调剂使用有助于调整政府预算体系内部的资金余缺，进而提高资金使用效率。一般公共预算、政府性基金预算以及国资预算原则上遵循“量入为出，以收定支”，三本预算各有不同的资金余缺情况。以2019年中央财政决算为例，在预算间资金调剂前，一般公共预算收支缺口高达20165.54亿元，调剂后缺口缩减至18300亿元，预算仍面临巨大支出压力。政府性基金预算在2019年结余221.34亿元，扣除调入一般公共预算4.23亿元后，剩余217.11亿元①。国资预算整体收支规模较小，2019年调出金

① 剩余217.11亿元政府性基金预算结余，根据国发〔2015〕35号有关规定处理：一是政府性基金结转资金超过该项基金当年收入30%的部分共35.56亿元，全部补充预算稳定调节基金；二是其余181.55亿元继续结转下年使用。（参见财政部《关于2019年中央政府性基金收支决算及相关政策的说明》，http：//yss.mof.gov.cn/2019qgczjs/202007/t20200706_3544562.htm.）

额占支出总额 23%，共 389.77 亿元调剂至一般公共预算，保持了收支平衡。相比于其他三本预算，社保基金预算强调“以支定收、收支平衡”，财务独立运营，预算收支安排基于确定的缴费与给付标准，支出刚性较强。在解决社保制度转轨带来的历史欠账的同时，老龄化趋势下的社保基金预算支出压力较大，未来结构性收支缺口风险加剧，这决定了社保基金不得用于平衡其他预算、只可接受其他预算资金调剂的特殊属性。2019 年社保基金预算收入中，有 45.8% 为一般公共预算的财政补贴。此外，由于多方面原因，政府预算体系内存在大量财政存量资金，如果无法盘活资金使其在预算间调剂使用，会导致资金的闲置浪费，难以弥补收支缺口，无谓增大财政风险。

四本预算间的有机衔接可促使财政支出结构调整与优化。社会主义市场经济体制的建立要求解决财政过去大包大揽的职能“越位”问题，避免政府向竞争性领域的过度延伸，同时，也要求政府加大对民生领域的扶持力度，以解决财政职能的“缺位”问题。满足社会公共需要为公共财政的最基本功能，随着市场化改革，有关社会公平的民生问题不断凸显，如公共服务与基础设施的供给欠缺、弱势群体保障薄弱、收入分配差距扩大等，民生已成为具有战略意义的财政优先扶持领域。预算间统筹衔接使财政资金可更多用于保障和改善民生，增强财政对社保领域的扶持力度。

4.

政府预算收支边界的划定
——基于完整独立性的考量

保证各预算账本的完整独立性，是实现预算间有机衔接的前提。我国现行政府预算体系中，一般公共预算占据绝对的主导地位，是监管部门的重点监管对象，预算管理相对规范和完善；社会保险基金预算是一本特殊的专项预算，资金运作相对独立封闭、自成体系，收支范畴较为清晰。预算收支边界的划定不清问题主要来自政府性基金预算和国有资本经营预算两本预算，基金预算承载我国特色财政工具——政府性基金，预算收支范畴上虽有明确的全国政府性基金目录清单作为参考，但在实际运作中，仍存在资金项目杂乱、性质界定不清等问题，难以符合规范意义上的预算管理要求；国资预算覆盖范围较窄，规模较小，尚待健全完善。预算是财政收支管理的核心，为保证各预算账本的完整独立性，关键是理顺预算收支边界，严格区分各项财政资金性质，确定其账套归属，以“定位清晰、分工明确”为目标完善政府预算体系。本文以预算科目为分析工具，重点从政府性基金预算与国有资本经营预算收支项目出发，描绘预算账本收支边界划定不清的现实情况，明确具体问题所在，并对部分资金性质进行再判定，从而设计后续的预算收支边界调整方案，以期准确、科学地划定收支，避免财政资金与账本归属之间出现认定偏差。

4.1 预算收入的割裂分布问题

4.1.1 政府性基金与政府性基金预算

（1）政府性基金的内涵界定。政府性基金由预算外资金衍生而来，是我国特色的财政工具，在推动公共基础设施建设与公共事业发展中有重要作用。“政府性基金”这一表述首次出现于国发〔1996〕29号[①]文件，该规定旨在规范管理预算外资金。财综字〔2000〕22号文件中首次界定了政府性基金的内涵，其中“包括各种基金、资金、附加和专项收费”的表述在之后相关文件中被删除，但现行《全国政府性基金目录清单》中的基金项目名称仍呈现为这几类，如“铁路建设基金”“农网还贷资金”“教育费附加”“港口建设费”等，虽然名称并不统一，但都为名副其实的政府性基金。财综〔2010〕80号文件中给出了政府性基金的准确定义[②]。区别于其他财政资金，政府性基金的基本特征可概括为以下几点：特定政策目的性[③]、课征期限特定时效性[④]、课征对象特定性[⑤]、无对待给付性[⑥]以及专款专用性[⑦]。

（2）政府性基金的混淆——“狭义”与“广义”基金。相较于实务运作中的征管情况，政府性基金在立法规范意义上与之存有较大分歧（田开友和董家源，2020）。为提升基金征管的公开透明度，增强政策规制力度，保证社会监督，政府性基金采用目录清单管理方式。原则上，财政部每年

---

① 规定将养路费、车辆购置附加费等13项政府性基金（收费）性质的预算外资金纳入预算管理，要求收支在预算中单独编列、专款专用。

② 政府性基金，是指各级人民政府及其所属部门根据法律、行政法规和中共中央、国务院文件规定，为支持特定公共基础设施建设和公共事业发展，向公民、法人和其他组织无偿征收的具有专项用途的财政资金。

③ 即“支持特定公共基础设施建设和公共事业发展”。满足政府为达到社会、经济、环境等政策目的而产生的资金需求，该资金并非用于一般财政用途，而具有特定性。

④ 此特征由以上“特定政策目的性”特征外延而来。由于政策必然有一定的阶段性与时效限制，每一项政府性基金的设立开征都源于特定的时代背景和现实需要，体现于不同时期《全国政府性基金目录清单》中的基金数量和构成明细均有所不同。

⑤ 即“公民、法人和其他组织”。征收政府性基金以实现特定社会经济政策，出于财政负担平等原则，缴费义务人应是特定群体而非全体公民，即与满足特定公共需要相关的对象。每项政府性基金都有其特定的缴纳义务人，例如，南水北调工程基金课征对象仅限于该工程受水区的六省市相关主体。

⑥ 即“无偿征收”。政府性基金特定课征群体负担特定给付义务，相比于社会整体或其他对象具有特殊责任，进而享受特定群体利益，但该利益并非个别给付补偿，课征对象的受益程度不同（陈发源，2012）。虽然对于特定群体来说，群体负担与收益遵循“近似接近受益原则”（Richard A. Musgrave & Peggy B. Musgrave，2003），但对于每一个课征对象来说，其受益程度与所支付的基金负担没有直接的联系，这种潜在对价性近似于无偿性。收入通过强制征收纳入财政预算，国家不会给予相关课征对象任何报酬或直接补偿（孙飞，2015）。

⑦ 即“专项用途”。政府性基金应当用于实现特定政策目的，与一般公共财政性资金相区分，不可纳入一般国家财政统收统支，也不可挪作他用，只专项用于实现特定公共任务，基于其课征目的专款专用。这也是政府性基金同行政事业性收费、税收最为显著的差异特征：行政事业性收费纳入一般公共预算管理，同样是针对特定征收对象收取非税收入，但这类收费是为合理补偿管理或服务成本，而无须用于特定用途；税收作为一般公共预算收入主体，用于满足政府一般性支出，收支通常无须特定限制（熊伟，2012）。

编制并向社会公布《全国政府性基金目录清单》，目录清单以外的政府性基金一律不得执行，特定征收对象有权拒绝缴纳①。严格来说，未纳入目录清单的资金不属于政府性基金，而在目前的财税实践中，财政部门存在将纳入政府性基金预算管理的资金与政府性基金混同的倾向。部分基金项目在有关政策文件中被明确界定为“政府性基金”，然而在目录清单中查无此项，如从土地出让收益计提的教育资金、南水北调工程基金等②。而且，财政部历年财政决算公开时，还将政府性基金预算收入表述为政府性基金收入③。

本文将目录清单内名副其实的政府性基金称为“狭义基金”，以区别于纳入基金预算管理而不属于目录清单的“广义基金”。“广义基金”类似于基金项目，是专款专用的基金预算非税收入（张颖，2018），如图 4－1 所示。混淆“狭义基金”与“广义基金”，会使政府性基金与基金预算管理的资金范畴产生偏离，进而出现理论与实践上的问题。

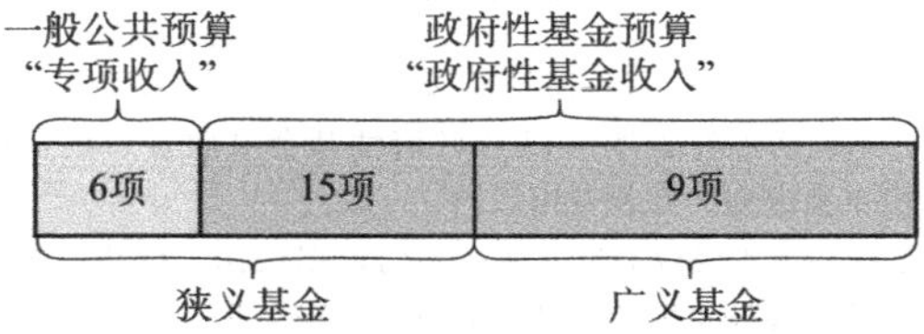

图 4－1 “狭义基金”与“广义基金”分布于两本预算

（3）“狭义”政府性基金混列于两本预算。“狭义基金”虽为毋庸置疑的政府性基金，但其并非全部纳入政府性基金预算管理。2020 年属于目录清单的政府性基金共 21 项，其中：6 项于一般公共预算中管理，属于“专项收入”；15 项于基金预算中管理，属于“政府性基金收入”（如表 4－1 所示）。由此可见，“狭义基金”已超出基金预算的管理范畴，混列于一般公共预算。

① 参见财税〔2015〕30 号和财政部公告 2014 年第 80 号。

② 财综〔2011〕62 号中明确规定，由土地出让收益中计提的教育资金为重点用于农村基础教育发展的、专款专用的政府性基金；国办发〔2004〕86 号中明确规定，南水北调工程基金为专项用于南水北调主体工程建设的政府性基金。

③ 参见 2019 年全国财政决算，http：//yss. mof. gov. cn/2019qgczjs/index_ 1. htm.

表 4－1 “狭义基金”混列于两本预算

一般公共预算（专项收入）	政府性基金预算（政府性基金收入）
水利建设基金（水利建设专项） 教育费附加 地方教育附加 文化事业建设费 残疾人就业保障金 森林植被恢复费	铁路建设基金 港口建设费 民航发展基金 （海南省）高等级公路车辆通行附加费 国家重大水利工程建设基金 城市基础设施配套费 农网还贷资金 国家电影事业发展专项资金 旅游发展基金 中央水库移民扶持基金 地方水库移民扶持基金 可再生能源发展基金（可再生能源电价附加） 船舶油污损害赔偿基金 核电站乏燃料处理处置基金 废弃电器电子产品处理基金

资料来源：由 2020 年预算科目表与基金目录清单整理归纳①。

（4）“广义”政府性基金性质的重新判定。据 2020 年预算科目表，基金预算中的“政府性基金收入”共包含 24 项（不含“其他政府性基金收入”项，且已按目录清单对有关中央和地方的水库移民扶持基金项目进行合并），其中，纳入目录清单的“狭义基金”共 15 项，另外 9 项为纳入基金预算管理的“广义基金”。虽然“广义基金”似乎都有专款专用性，但资金本质上分别属于不同的财政收入范畴，理应对其预算账套归属进行再认定。本文以目录清单为名副其实的政府性基金的划定依据，对目录清单以外的“广义基金”性质进行重新判定，以便后续调整预算收支边界，从而保证预算账本的完整独立性。

①国有资产（资源）收益性质的“广义基金”。国有土地使用权出让收入纳入地方基金预算管理，原本包含四类资金：国有土地使用权出让金、农业土地开发资金、国有土地收益基金以及新增建设用地有偿使用费（以下简称新增费）。2017 年，为统筹使用财政资金，新增费转列纳入一般公共预算②，列示为国有资产（资源）有偿使用收入。转列后，财政部等部门进一步出台文件要求转变新增费的预算管理方式③。转列前，新增费“取之于

① 注：中央水库移民扶持基金中包含大中型水库移民后期扶持基金、跨省大中型水库库区基金以及三峡水库库区基金共 3 项；地方水库移民扶持基金中包含省级大中型水库库区基金和小型水库移民扶助基金共 2 项。

② 参见国发〔2016〕66 号。

③ 参见国土资函〔2017〕63 号。

土，用之于土”，依照“以收定支、专款专用”的原则用于土地整治等支出用途。转列后，新增费统筹于一般公共预算，以“规划定任务”“任务定资金”的方式，加强用于整治土地与建设高标准农田的资金保障①。而目前，除新增费以外的三个土地类资金仍属于基金预算内的“广义基金”。

国有土地为国有性质的大宗资源。土地类收入并非“狭义基金”，却长期纳入基金预算管理，主要源于地方政府对土地财政的刚性依赖。据2019年地方政府性基金决算，土地使用权出让金高达72580.48亿元，占地方本级基金收入总额的90.18%，是地方政府极为重要的财政收入来源。

②行政事业性收费性质的“广义基金”。车辆通行费是交通部门对过路的机动车征收的、以偿还公路等建设债务支出的费用；污水处理费是排水单位与个人缴纳的、专项用于城镇污水处理设施建设等用途的费用，由住房城乡建设部门按规定向排污者提供污水处理有偿服务而收取，遵循“污染者付费”的原则，征收标准和补偿范围应覆盖相关成本②。

类比于属于“狭义基金”的城市基础设施配套费，虽然这三种资金均以“费”的名称纳入基金预算管理，但城市基础设施配套费明显区别于上述两种资金。城市基础设施配套费为专项资金，具有两个重要特性，其一，征收主体与征收对象间不是直接服务与被服务的关系；其二，受益者与征收对象之间也无必然联系，明显区别于向特定服务对象提供特定服务、依据成本补偿原则收取的行政事业性收费。所以，在性质判定上，城市基础设施配套费并非行政事业性收费，而为名副其实的政府性基金③，纳入目录清单管理。参照以上两个判定原则，车辆通行费与污水处理费的设置都基于成本补偿原则，资金用于合理补偿相关管理和服务成本，缴费主体与受益之间存在直接对价关系，区别于政府性基金的潜在对价性（即“无偿性”），理应认定为行政事业性收费。

③捐赠收入性质的“广义基金”。彩票公益金纳入基金预算管理，专项用于支持社会福利等社会公益事业④。彩票收入实质上属于与法定义务无关的、由彩民自愿自行缴纳的捐赠收入（朱柏铭，2012）。彩票公益金及该资金资助项目都具有公益性特征，符合公共财政满足社会公共需要的根本性功能（邵祥东，2017）。由此，彩票类基金可归并于一般公共预算中以政府名义接受的捐赠收入。

④国有资本经营收入性质的“广义基金”。中央特别国债经营基金财务

---

① 参见发改农经〔2017〕331号等。

② 参见《水污染防治法》。

③ 参见财综函〔2002〕3号。

④ 参见财综〔2012〕15号。

收入为中投公司上缴的经营收益和企业所得税，用于支付特别国债利息及相关发行费用①，属于国有资本经营收益，理应纳入国资预算管理。

由此，本文对“广义基金”性质的重新判定如表4-2所示。

表4-2 “广义基金”性质的重新判定

项目	资金性质判定
国有土地收益基金	国有资产（资源）有偿使用收入
农业土地开发资金	
国有土地使用权出让金②	
车辆通行费	行政事业性收费收入
污水处理费	
彩票公益金	捐赠收入
彩票发行机构和彩票销售机构的业务费用	
中央特别国债经营基金③	国有资本经营收入
中央特别国债经营基金财务收入	

4.1.2 国有资本经营收入与国有资本经营预算

（1）国有资本经营收入的内涵界定。国有资本经营收入属于非税收入，反映各级政府及其部门、机构履行出资人职责的一级企业上缴的国有资本收益。国有资本经营预算的收入来源为国家以所有者身份依法收取的国有企业国有资本投资收益，是国有资本经营收入④。国有资本经营收入范畴大于国有资本经营预算收入范畴，模糊了预算边界。

（2）国有资本经营收入割裂分布于三本预算。政府预算体系中的国有资本经营收入，是政府以国有资本所有者身份取得的收益，而不应与凭借政治权力取得的税、费、基金等收入混列（杨超和谢志华，2020）。原则

① 参见《关于2019年中央政府性基金收支决算及相关政策的说明》，http：//yss.mof.gov.cn/2019qgczjs/202007/t20200706_3544562.htm.

② 除其中计提的教育资金和农田水利建设资金已转列入一般公共预算。

③ 用特别国债购买的外汇。该资金未体现于财政决算报表中，仅在政府收支分类科目表中列示项目。

④ 主要包含五类资金：国有独资企业（公司）上交的税后利润收入；国有控股、参股企业（公司）国有股权（股份）获得的股利、股息收入；国有产权（含国有股份）转让收入；国有（独资、控股、参股）企业清算收入；其他国有资本经营收入。（参见《预算法实施条例》、财预〔2017〕133号、财预〔2016〕6号、财资〔2016〕32号、主席令第5号、国发〔2007〕26号等。）

上，国有资本经营收入理应全部纳入国资预算管理，但在当前我国的财政实践中，国有资本经营收入分布于一般公共预算、国资预算、政府性基金预算三本预算中[①]，如表 4－3 所示。

表 4－3　　　　国有资本经营收入割裂分布于三本预算

<table>
<tr><th>预算
科目</th><th>一般公共预算</th><th>国有资本经营预算</th><th>政府性基金预算</th></tr>
<tr><td>款级</td><td colspan="2">国有资本经营收入</td><td>政府性基金收入</td></tr>
<tr><td rowspan="7">项级</td><td colspan="2">利润收入</td><td>中央特别国债经营基金财务收入、中央特别国债经营基金</td></tr>
<tr><td colspan="2">股利、股息收入</td><td rowspan="6"></td></tr>
<tr><td colspan="2">产权转让收入</td></tr>
<tr><td colspan="2">清算收入</td></tr>
<tr><td>烟草企业上缴专项收入</td><td rowspan="3"></td></tr>
<tr><td>国有资本收入退库</td></tr>
<tr><td>国有企业计划亏损补贴</td></tr>
</table>

资料来源：由 2020 年预算科目表等整理归纳。

据预算科目表，一般公共预算和国资预算都包括“国有资本经营收入”款级科目，两者区别在于所包含的次级科目不同。目前，纳入一般公共预算管理的部分主要为中国人民银行与金融类国有企业上缴的利润、烟草企业上缴专项收入[②]、审批退库的国有资本经营收入以及通过收入退库安排的国有企业计划亏损补贴；纳入国资预算管理的部分主要为非金融类国有企业上缴的收益，涉及烟草、石油石化、电力、煤炭、电信、有色冶金采掘等 30 类企业；纳入基金预算管理的部分主要为特别国债经营基金财务收入，即中投公司上缴的经营收益。

2018 年《中共中央　国务院关于完善国有金融资本管理的指导意见》中指出，授权财政部代表国务院履行国有金融资本的出资人职责。目前，特定金融机构和央企上缴利润纳入一般公共预算，部分金融企业利润收入、金融企业股利股息收入、金融企业产权转让收入纳入国资预算。也就是说，不仅国资收入总体与预算间割裂分布，金融类国资收入的预算账套归属也

① 国有资本经营收入碎片化分布于三本预算主要是由我国国有资产多头管理体制造成的。在中央层面，就有国资委、财政部、人民银行等多部门履行出资人代表职责。国有资本经营收入打散入不同的预算账本，可使预算收支活动具有隐蔽性。

② 从中国烟草总公司税后利润中收取的专项收入。

未被界定清楚。而且，据预算科目表，与金融类企业相关的国资收入科目设置较为混乱。一般公共预算中的国企上缴利润收入表现为“中国人民银行上缴收入”与“金融企业利润收入”①，同时，国资预算中也存在“金融企业利润收入”② （该科目做出“国资预算”标注）；两本预算中都存在“金融业公司股利、股息收入”③，两者对应的科目代码不同，但仅于科目名称设置上做出简单区分（国资预算中该科目做出“国资预算”标注），却未有更多依据以解释同类资金设于不同科目的缘由。而且，据预算报表金额显示，实际上，金融企业股利、股息收入仅纳入国资预算。

此外，有的国有企业在上缴利润的同时以其他方式缴纳专项收入，使得同一企业缴纳的国有资本收益割裂于两本预算。如中国烟草总公司按规定缴纳的国有资本收益除了纳入国资预算的利润收入，同时还有针对其税后利润收取的专项收入，即“烟草企业上缴专项收入”，该资金纳入一般公共预算管理。

据财政部 2019 年中央财政决算，纳入一般公共预算的国资收入规模为 6659.03 亿元，占全口径收入（三本预算中国有资本经营性质收入的总和）规模的 74.6%，远高于国资预算中的 1635.96 亿元和 18.3%，主要原因还是国资预算覆盖的企业和资产范围有限，尤其是资金丰厚、盈利能力强的金融类国有企业仍未纳入该本预算的编制范畴。由此可见，各本预算存在分工不清、收支范围划分不合理的问题。而且，收入大量滞留于一般公共预算，将影响国有资本收益的上缴。因此，为理顺预算间关系，应积极调整金融类国有资本收益的账套归属，并将中投公司上缴的经营收益由基金预算调整于国资预算编列。建立覆盖全部国有企业的全口径国资预算管理制度，这意味着政府给预算编制戴上了“紧箍咒”，杜绝将国有资本收益纳入预算时的任意取舍行为，由此对政府预算编制权予以规范（杜坤，2015）。

4.2 预算支出的重叠交叉问题

4.2.1 一般公共预算与政府性基金预算

为清晰刻画财政实践中一般公共预算与政府性基金预算支出项目安排

---

① 预算科目代码分别为 103060101 和 103060102。

② 预算科目代码 103060134。

③ 预算科目代码分别为 103060201 和 103060204。

存在的问题，本文以预算科目为分析工具，整理归纳得到两本预算支出项目对比分析表如表4-4所示，从而明确两本预算支出重叠交叉的具体问题所在，便于后续厘清预算边界、落实统筹措施。

表4-4　一般公共预算和政府性基金预算支出项目对比分析表

<table>
<tr><th colspan="2">一般公共预算</th><th colspan="2">政府性基金预算</th></tr>
<tr><th>款级科目</th><th>项级科目</th><th>款级科目</th><th>项级科目</th></tr>
<tr><td>文化和旅游</td><td>旅游宣传①</td><td>旅游发展基金</td><td>宣传促销</td></tr>
<tr><td rowspan="3">水利</td><td rowspan="2">大中型水库移民后期扶持专项②</td><td>大中型水库移民后期扶持基金</td><td>移民补助、基础设施建设和经济发展</td></tr>
<tr><td>大中型水库库区基金</td><td>解决移民遗留问题</td></tr>
<tr><td>南水北调工程建设</td><td>国家重大水利工程建设基金</td><td>南水北调工程建设</td></tr>
<tr><td>扶贫</td><td>农村基础设施建设</td><td rowspan="3">国有土地使用权出让收入</td><td>农村基础设施建设</td></tr>
<tr><td>保障性安居工程</td><td>廉租住房、棚户区改造、公共租赁住房、保障性住房租金补贴</td><td>廉租住房、棚户区改造、公共租赁住房、保障性住房租金补贴</td></tr>
<tr><td rowspan="2">城乡社区公共设施</td><td rowspan="2">小城镇基础设施建设</td><td>城市建设③</td></tr>
<tr><td rowspan="2">城市基础设施配套费</td><td>城市公共设施</td></tr>
<tr><td>城乡社区环境卫生</td><td>城乡社区环境卫生</td><td rowspan="2">城市环境卫生④</td></tr>
<tr><td rowspan="2">污染防治</td><td rowspan="2">水体⑤</td><td>城市基础设施配套费</td></tr>
<tr><td>污水处理费</td><td>污水处理设施建设和运营、代征手续费</td></tr>
<tr><td rowspan="3">公路水路运输</td><td>公路还贷专项</td><td>车辆通行费</td><td>公路还贷</td></tr>
<tr><td>港口设施⑥</td><td rowspan="2">港口建设费</td><td>港口设施⑦</td></tr>
<tr><td>航道维护⑧</td><td>航道建设和维护⑨</td></tr>
</table>

① 反映境内外开展的各类旅游宣传促销活动的支出。
② 包括对销售电量加价部分收取的增值税返还及用于解决水库移民遗留问题的定额补助支出。
③ 包括用于完善国有土地使用功能的配套设施建设与城市基础设施建设方面的支出。
④ 用于道路清扫、污水处理等方面的支出。
⑤ 反映政府在排水、污水处理等方面的支出。
⑥ 反映港口基础设施建设的支出。
⑦ 用于港口公益性基础设施建设的支出。
⑧ 反映内河航道整治、维护的支出。
⑨ 用于航道整治、维护的支出。

续表

一般公共预算		政府性基金预算	
款级科目	项级科目	款级科目	项级科目
铁路运输	铁路还贷专项	铁路建设基金	铁路还贷
	铁路路网建设		铁路建设投资①
污染减排	生态环境执法监察②	船舶油污损害赔偿基金	应急处置费用③
民用航空运输	机场建设	民航发展基金	民航机场建设
	空管系统建设		空管系统建设④
	民用航空安全		民航安全

资料来源：由 2020 年预算科目表整理归纳。

两本预算的部分支出项目完全重叠，部分支出项目存在交叉。基金预算在某些项目中偏向支出于特定领域，而一般公共预算在该项目中的支出用途相对宽泛，而有的项目情况又与之相反。例如，一般公共预算中的港口设施支出用于港口基础设施建设，基金预算中的港口设施支出是由“狭义基金”港口建设费安排的，特别用于公益性的港口基础设施建设；一般公共预算中的航道维护支出用于内河航道的整治与维护，基金预算中该项支出由港口建设费安排，未指定专用于内河。基金预算按项目编制，资金专款专用，一般公共预算资金统筹使用，两本预算资金分别具有“专用性”和“公用性”不同的支出定位。如果两本预算支出可以相互替代，则将丧失课征政府性基金的必要。支出项目重叠交叉不利于确立两本预算的边界，还会复杂化预算统筹衔接的环境条件。针对同一项目重复安排的财政资金，应当被调剂用于其他支出用途或收回资金，从而避免多头分配、重复支持。

需注意的是，税收的公共财政职能不得被政府性基金替代，后者只具有财政辅助职能，用于支持与发展特定缴纳主体潜在受益的准公共产品与服务（陈发源，2012）。若通过减少一般公共支出来抵消政府性基金支出的影响，则会混同两本预算。财政部门应统筹安排政府性基金与公共财政资金，避免于同一项目上重复安排支出，从而提高资金的使用效率。针对两

① 用于铁路路网建设项目投资的支出。

② 反映生态环境部门监督检查环保法律法规和标准等执行情况的支出、行政处罚、应急处置等支出。

③ 用于减少油污损害发生的应急处置支出。

④ 民航空管系统。

本预算同时安排资金的支出项目，应尽快出台相应的资金管理办法，采用统一的资金分配方式，尽快予以协调。

4.2.2 政府性基金预算内部

除了两本预算间支出项目重叠交叉，基金预算内部也有相似的支出项目，各项专款专用的政府性基金的支出用途并非泾渭分明。由上表 4-4 可知，基金预算中，城市基础设施配套费可用于安排城市环境卫生支出，该支出用途包含污水处理，而污水处理费安排的支出同样用于污水处理；城市基础设施配套费还可用于安排城市道路等公共设施的维护、建设和管理支出，而国有土地使用权出让收入也可用于安排城市基础设施建设支出。此外，在基金预算“农林水支出”这同一支出类别下，三峡水库库区基金与国家重大水利工程建设基金在用途安排上存在重叠①。与水利建设相关的基金中，南水北调工程基金②、水利建设基金③、国家重大水利工程建设基金④、大中型水库库区基金在设立目的和部分用途上也存在重复。

政府性基金用于特定而非一般公共政策目的，资金投向指定的特定领域，不得用于一般财政性支出，也不得用于其他特定领域（胡兰玲和曹玉雯，2014）。确立基金预算收支边界的前提，是明确界定各项政府性基金的特定用途，避免基金本身就存在支出方向界定不清的问题。

4.2.3 一般公共预算与国有资本经营预算

国有资本经营收入割裂分布于多本预算，收入划分的不清晰将导致支出安排的不合理，一般公共预算与国资预算支出也存在重叠交叉问题。国资预算的支出范围除了调入一般公共预算与社保基金外，有其限定的资金使用方向⑤。目前，一般公共预算中仍包含有关国企改革和发展的支出（见

① 在有关三峡的支出中，三峡水库库区基金用于改善三峡库区及移民安置区生产生活条件的基础设施建设和经济发展项目、解决三峡库区移民遗留问题以及库区的维护与管理等，国家重大水利工程建设基金用于促进三峡库区经济社会发展、移民安稳致富以及三峡工程的综合管理和效益拓展等。

② 已由基金预算转列至其他收入款，不属于目录清单。

③ 已由基金预算转列至专项收入款，属于目录清单。

④ 用于支持南水北调工程建设、解决三峡库区遗留问题等。

⑤ 用于解决国企历史遗留问题及相关改革成本的支出、对国企的资本金注入和国企政策性补贴等。（参见财预〔2014〕368 号）

表4－5），而这部分支出本应由国资预算安排，属于费用性支出[①]。国资预算中已安排资金的支出项目，一般公共预算安排的用于该方面的资金应当逐步退出。

此外，国资预算中，国有企业资本金注入包含公益性设施投资支出，该项支出旨在安排用于公益性企业的公共服务设施投资，包含交通运输、油气管道、通信、市政服务等方面的设施支出等，该支出内容与一般公共预算相关支出存在混淆的可能。

一般公共预算与国资预算同属于二元财政结构，为保证该两本预算的完整独立性，支出项目的技术性调整应以政府双重属性[②]为基础，前者的相关政策性补贴支出应侧重于无差别性财政支持，即面向所有企业而不考虑企业所有制形式；后者则应以国有企业为主，尤其是重点企业、重点行业。目前，一般公共预算中基本已无国有企业资本性支出的项目，仅个别项目具有混淆性，应进一步做好区分与统筹。对于一般公共预算中仍存在的国有企业费用性支出的项目，应予以删除。

表4－5　一般公共预算中有关国企改革和发展的支出项目

科目（类—款—项级）
社会保障和就业支出
企业改革补助
企业关闭破产补助[③]
厂办大集体改革补助
其他企业改革发展补助

资料来源：由2020年预算科目表整理归纳。

除以上几种情况，国资预算与政府性基金预算的支出项目也存在少量重叠交叉问题。基金预算中，部分国有土地使用权出让收入可安排用于支付破产与改制的国有或集体企业的职工安置费，而国资预算中也有用于支付国企改革成本中职工安置方面的支出，相关支出用途相似，而其本属于国资预算限定的支出范畴，如图4－2所示。

---

① 该类支出对应于国有资本经营预算科目中“解决历史遗留问题及改革成本支出”款级科目下的“厂办大集体改革支出”“国有企业改革成本支出”项级科目等。

② 公共管理者与国有资产所有者。

③ 财政用于国有企业关闭破产所需资金缺口的补助。

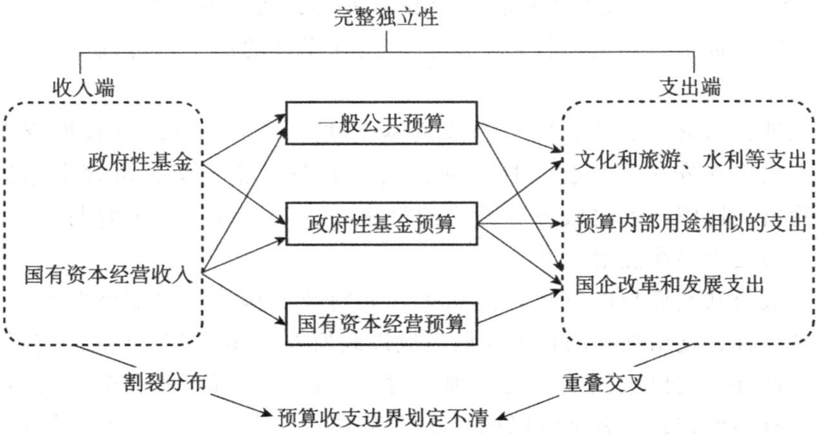

图 4－2　小结：政府预算收支边界划定不清

5. 政府预算统筹衔接体系——设计构建与特征规律

从完整独立性角度考量四本预算收支边界的划定情况后，预算账本之间如何有机衔接是下一个分析重点。2014 年《预算法》规定，其他三本预算应与一般公共预算相衔接。此后，国务院和财政部出台若干政策文件，在该规定的总体框架下细化了部分衔接规则。然而，目前我国尚无专门的全口径预算管理政策，与预算间统筹衔接相关的条文零散且缺乏系统性，事实逻辑尚未被清晰建构，特征规律尚未被有效刻画，以此为基础的规则优化将更难以实现。预算间有怎样的衔接路径？哪些财政资金可以在预算间流转？统筹衔接呈现出怎样的特征规律？为回答以上问题，本文从政策文本的角度系统性梳理预算间财政资金的流转方向及内容，阐明预算间统筹衔接的事实逻辑，区别于以单本预算为研究标的，本文从预算体系整体视角出发，设计构建我国政府预算统筹衔接体系，并结合相关理论和现实依据，从衔接资金类型化的角度刻画其特征规律。

5.1 政府预算统筹衔接体系的设计构建——政策文本的角度

本文以一般公共预算与社保基金预算为中心，设计构建政府预算统筹衔接体系，以厘清相关事实逻辑。一般公共预算在预算体系中居于绝对的主体地位，与其他三本预算都有紧密联系；社保基金预算较为特殊，基金遵循独立运营原则且承担较大支付压力，预算仅可作为资金的单向调入方，而不得以平衡其他预算为目的调出资金。这两本预算衍生的衔接通路可串联得到整个政府预算统筹衔接体系，更为有序、清晰、直观。

5.1.1 以一般公共预算为中心

(1) 与政府性基金预算的衔接——基金转列与调入。基金预算与一般公共预算的衔接可归类为“转列”与“调入”两种形式。其中，“调入”形式的资金可归类为“结转结余资金”与“与一般公共预算投向类似的资金”两种类型，如表5-1和表5-2所示。

“结转结余资金”可通过预算稳定调节基金调入一般公共预算，由此形成以调节基金为媒介的间接衔接通路。预算稳定调节基金仅由一般公共预算设置，其余三本预算不得设置。基金预算调出结转结余资金补充调节基金，在一般公共预算出现收支缺口时，可动用该资金予以弥补。

表5-1 基金转列

依据	相关规定
财预〔2014〕368号	地方教育附加、文化事业建设费、残疾人就业保障金、从地方土地出让收益计提的农田水利建设和教育资金、转让政府还贷道路收费权收入、育林基金、森林植被恢复费、水利建设基金、船舶港务费、长江口航道维护收入等11项基金收支转列一般公共预算
国发〔2015〕35号	水土保持补偿费、政府住房基金、无线电频率占用费、铁路资产变现收入、电力改革预留资产变现收入等5项基金转列一般公共预算
国发〔2016〕66号	新增建设用地土地有偿使用费、南水北调工程基金、烟草企业上缴专项收入等3个项目收支转列一般公共预算

资料来源：由相关文件整理归纳①。

表5-2 基金调入

资金类型	依据	相关规定
结转结余资金	财预〔2018〕35号	政府性基金预算结转资金规模超过该项基金当年收入30%的部分，应当补充预算稳定调节基金。政府性基金预算连续结转两年仍未用完的资金，应当作为结余资金，可以调入一般公共预算，并应当用于补充预算稳定调节基金
与一般公共预算投向类似的资金	国发〔2015〕35号	暂时保留在政府性基金预算管理的资金，与一般公共预算投向类似的，应调入一般公共预算统筹使用，或制定统一的资金管理办法，实行统一的资金分配方式

资料来源：由相关文件整理归纳。

① 注：未在国务院网站上查询到国发〔2016〕66号文件全文，但根据国土资函〔2017〕63号、《关于2016年中央和地方预算执行情况与2017年中央和地方预算草案的报告》的相关表述，证实存在该政策文件及转列要求。

（2）与国有资本经营预算的衔接——国有资本收益上缴。国资预算向一般公共预算上缴部分国有资本收益，资金更多用于保障和改善民生，进而形成两本预算的衔接通路，如表5－3所示。

表5－3　国有资本收益上缴一般公共预算

依据	相关规定
财预〔2014〕368号	提高国有资本收益上缴公共财政的比例，2020年提高到30%，更多用于保障和改善民生

资料来源：由相关文件整理归纳。

5.1.2 以社会保险基金预算为中心

（1）与一般公共预算的衔接——财政补助用于社会保障。国发〔2010〕2号文件将社保基金预算与其他预算之间的关系界定为“相对独立，有机衔接”，并规定社保基金不得用于平衡一般公共预算，而后者可补助社保基金。相比于其他三本预算，社保基金预算有明显的资金单向调入的特征。一般公共预算与社保基金预算的衔接可归类为两种形式：一是按照《预算法》规定，直接将一般公共预算资金作为社保基金预算的部分收入来源，履行财政对社保基金收支平衡承担的兜底责任；二是一般公共预算资金补充全国社保基金，最终用于养老等社保支出，如表5－4所示。虽然这部分资金并未直接构成社保基金预算收入，但以全国社保基金为媒介，可形成一般公共预算与社保基金预算的间接衔接通路①。下文政府性基金预算、国资预算通过全国社保基金与社保基金预算的衔接同理。

表5－4　财政补助用于社会保障

形式	依据	相关规定
社保基金财政补贴收入	《预算法》、财社〔2017〕144号	社保基金预算是对社会保险缴款、一般公共预算安排和其他方式筹集的资金，专项用于社会保险的收支预算
补充全国社保基金	《社会保险法》《全国社会保障基金条例》	全国社会保障基金由中央财政预算拨款、国有资本划转、基金投资收益和以国务院批准的其他方式筹集的资金构成

资料来源：由相关文件整理归纳。

① 据《全国社会保障基金条例》（国务院令第667号）规定，“全国社会保障基金是国家社会保障储备基金，用于人口老龄化高峰时期的养老保险等社会保障支出的补充、调剂”。根据财政部和人社部共同下达的指令，社保基金理事会可以拨出资金用于补充社保基金预算。由此，一般公共预算补充全国社保基金的资金，可用于社保基金预算。

（2）与政府性基金预算的衔接——彩票公益金用于社会保障。中央政府性基金预算安排部分彩票公益金补充全国社保基金，用于社会保障。以全国社保基金为媒介，形成政府性基金预算与社保基金预算的间接衔接通路，如表5－5所示。

表5－5 彩票公益金用于社会保障

依据	相关规定
财综〔2012〕15号	上缴中央财政的彩票公益金，用于社会福利事业、体育事业、补充全国社保基金和国务院批准的其他专项公益事业

资料来源：由相关文件整理归纳。

（3）与国有资本经营预算的衔接——国有资本划转充实社保基金。国有资本划转充实社保基金体现了国资预算与社保基金预算的间接衔接。由于涉及中央和地方层面，衔接媒介除了全国社保基金还有省级政府设立的国有独资公司等，如表5－6所示。

表5－6 国有资本划转充实社保基金

依据	相关规定
国发〔2017〕49号、财资〔2019〕49号	首先以弥补企业职工基本养老保险基金缺口为基本目标，划转比例统一为企业国有股权的10%

资料来源：由相关文件整理归纳。

综上，从政策文本的角度设计构建我国政府预算统筹衔接体系如图5－1所示。

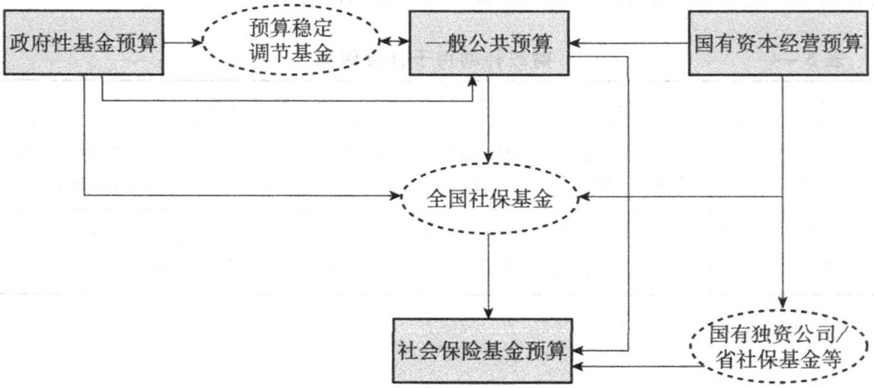

图5－1 政府预算统筹衔接体系

5.2 统筹衔接的特征规律——衔接资金类型化的角度

预算衔接资金，是指为使四本政府预算满足完整独立性、有机衔接性要求的预算间流转资金。基于以上讨论，本文尝试归纳出衔接资金的四种基本类型，结合相关理论和现实依据分析其调剂动因与必要性。以该四类衔接资金为基准延展预算衔接的范畴，或可为未来的相关操作提供些许参考。

5.2.1 性质与预算功能设定相偏离的资金

性质与预算功能设定相偏离的资金主要为政府性基金预算的转列资金，包括不属于目录清单的“广义基金”以及属于目录清单、但有公共性用途的“狭义基金”等。与该类资金相关的统筹衔接措施，是基于对规范基金管理、确立基金预算边界的考虑，对不符合专款专用性而具有一般公用性的资金进行性质再划分，列入一般公共预算相应科目统筹使用，从而保证预算账本的完整独立。

政府性基金是我国特色财政工具，溯源于历史上混乱管理的预算外资金。繁多复杂的基金纳入预算管理后产生大量问题，如资金性质认定不清、不适应当前经济发展需要、越权设立等，我国出台了若干政策文件①对其进行规范清理。直至现在，财政部认定纳入目录清单的政府性基金仅 21 项，但纳入基金预算管理的资金却不止这些。为合理划清一般公共预算与基金预算的收支边界，基金预算中用于一般公共开支的资金理应纳入一般公共预算统筹使用。由于资金主要用于“提供基本公共服务”和“人员和机构运转”等用途，符合一般公共预算用于提供一般性公共产品和服务的支出功能设定。2014 年，包括地方教育附加在内的 6 项“狭义基金”等共 11 项资金转列纳入一般公共预算，此后，大量不属于目录清单的“广义基金”也陆续转列。然而，目前财政实践中仍存在混淆政府性基金与基金预算资金的倾向，“狭义基金”和“广义基金”混列。在基金目录清单管理的原则下，如果无法将“广义基金”纳入目录清单，则该类资金就不具有纳入基金预算管理的逻辑依据，如车辆通行费等。对该类资金的处理方法应是结合相关理论和现实情况，重新认定其资金性质，将其纳入合适的预算账套

① 如财综〔2001〕44 号、财综〔2002〕24 号、财税〔2016〕11 号等。

管理，从而修正基金预算与其他预算账本的收支边界。对于暂时保留在基金预算管理的资金，应区别于其他预算的相关支出方向，做好统筹衔接，或出台资金管理办法，避免向同一项目重复支出、多头补助。

政府性基金预算与一般公共预算二者边界最为模糊，功能重叠也最为严重（邓秋云和邓力平，2016）。自基金预算建立起，学界不乏尽量避免设立政府性基金、逐步清理基金直至取消基金预算的各种声音（于树一，2016；熊伟，2012）。鉴于政府性基金大量脱离基金预算管理、转列纳入一般公共预算统筹使用的现状，我国的财政实践客观上呈现出分化和肢解基金预算的趋势。对此，本文以预算法定为根本前提，认为基金预算作为我国特色政府预算账本将长期存在。《预算法》在法律层面将基金预算纳入我国全口径政府预算体系，任何有关转列、取消、规范政府性基金的配套政策，是在法律框架内以进一步强化预算边界为目标对基金预算的完善。因此，有关基金预算的统筹衔接应立足于确立资金的专用性质，取消基金预算或将其整合入一般公共预算并非最终目的。由“性质与预算功能设定相偏离的资金”这一特征延伸，可帮助识别更多的衔接资金形式，为未来的预算间统筹衔接提供些许参考。如一般公共预算中安排用于国企改革与发展的资金、金融类国有资本收益等，此类资金本应纳入国资预算管理，基于账本的功能设定用于限定的支出方向，即解决国企遗留问题、负担相关改革成本等。

5.2.2 使用效率不高的沉淀资金

使用效率不高的沉淀资金主要为政府性基金预算大量的结转结余资金。与基金预算相关的支出需求与其他需求不处于同等的资源竞争地位，专用性资金凭借其独立的资金“储备池”受到“特殊照顾”，同时借助于中长期项目的固有特性，资金以持续性支出的方式将部分资源提前“锁定”，并规避年度预算的权衡（陈治，2017）。由于基金预算资金的征收对象、使用范围具有特定性，资金易在各部门大量沉淀，使用效率不高。在实践中，大部分基金成为特定部门掌握的权力利益，资金专款专用且封闭运行，尽管采用收支两条线的管理模式，但对财政部门来说，该类沉淀资金仍然难以被有效地统筹使用（杨光，2015）。

将使用效率不高的政府性基金沉淀资金调入一般公共预算统筹使用，可盘活“沉睡”的资金存量，避免资金使用的“碎片化”。2019 年中央单项政府性基金结转资金超过其当年收入 30% 的部分共 35.56 亿元，按照规定用于补充预算稳定调节基金，进而纳入一般公共预算统筹使用[①]。将有限的财政资源统筹用于亟须发展的重点领域，可优先保障民生支出。因此，将沉淀资金由基金预算调入一般公共预算，也是保障基本民生与支持特定公共事业发展之间的一种适度平衡。盘活预算体系内的沉淀资金，保障经济增长、优化结构、惠利民生，是未来我国财政资金使用中的工作重点。

5.2.3 体现公共财政职能的资金

体现公共财政职能的资金主要为用于保障和改善民生的国有资本上缴收益以及用于社会保障的财政补助、彩票公益金等。公共财政具有价值判断的属性，以社会保障为主要特征，以福利化为导向（吕炜，2004）。市场经济环境下，“公共性”为财政的根本属性（杜坤，2017）。财政的公共性以满足社会公共需要为最基本目标与工作重心，财政资源配置应向有关社会公平的民生领域重点倾斜，调整财政支出结构，加强对社会文教与社保等支出领域的扶持力度。我国四本政府预算在现代公共财政制度的框架下逐步健全完善，尤其是一般公共预算与社保基金预算，其具有的公共财政属性尤为明显（唐仲和张绘，2016）。社保基金预算资金存入财政专户，由政府直接组织社会保险，政府对社保基金收支平衡承担财政兜底责任，理应对基金进行财政补助，体现公共财政职能。

国资预算是我国政府预算体系“双元结构”中的一元（邓子基，2006），国有资本收益的分享理应与满足社会公共需要建立联系。由历史溯源上看，市场经济初期，公共财政在国企改革过程中支付了大量成本，在一般公共预算支出不断扩张的现状下，国资预算有必要帮助其缓解支出压力。从所有制本质上看，国有企业的全民所有制属性决定其发展成果应当全民共享。区别于一般市场主体，国有企业在独立运营的同时，还承担了普惠民生等必要的社会责任，作用领域集中于教育、卫生、医疗及文化等公共领域。国有资本收益具有公共收益属性，不宜仅在企业内部循环，为支持公共事业发展，应更多用于保障与改善民生。据统计，截至 2019 年，中央国资预算已累计调入一般公共预算 1793.31 亿元，2020 年预算安排调入 577.5 亿元，调入比例为 35% 左右，主要用于保障减税降费后的一般公

① 主要包括核电站乏燃料处理处置基金 15.2 亿元、船舶油污损害赔偿基金 1.45 亿元、彩票发行和销售机构业务费 18.91 亿元，其余 181.55 亿元继续结转下年使用。（参见财政部《关于 2019 年中央政府性基金收支决算及相关政策的说明》，http：//yss.mof.gov.cn/2019qgczjs/202007/t20200706_3544562.htm.）

共预算平衡[①]。对于政府性基金预算来说，特定基金的存在使公共财政可能与“建设”脱钩，为其转向“民生财政”提供了有力支撑，与此同时，基金预算本身也衍生了“民生导向[②]”（田俊荣，2011）。彩票公益金具有服务公益事业的公共财政属性（邵祥东，2017），是纳入基金预算管理的“广义基金”，可调剂用于补充社保基金。2019 年，中央安排用于补充全国社保基金的彩票公益金支出 464.28 亿元。为体现公共财政职能，部分财政资金应当调剂使用，依此特性或可探索其他衔接通路。

5.2.4 用于弥补历史遗留转轨成本的资金

用于弥补历史遗留转轨成本的资金特指划拨社保基金的国有资本。该项资金同时也体现了公共财政职能，弥补我国历史上因制度转轨而导致的企业职工基本养老保险基金的结构性缺口，这是该资金调剂使用的基本目标[③]。

划转部分国有资本进入社保基金可扩充基金制度化资金来源，增强我国养老金制度的可持续性（胡继晔，2018）。此条衔接路径的形成原因多样，包括老龄化趋势下社保基金筹资渠道过窄、养老金支付压力扩大等，其中最主要原因是，以划转部分国有资本这一较为稳妥可靠的方式，解决历史遗留的社保基金缺口难题。1997 年[④]，我国开始建立“统账结合”的养老金特色筹资模式，由职工缴费、企业出资和国家财政补贴三者合作，筹资用于支付退休职工养老金。由于部分职工在制度转轨前未设立个人账户，其本该享有的养老保险权益都用于支持国有企业的扩大再生产。由此，该部分职工在过去工作时间内未积攒的职工缴费部分理应由国有资本收益承担，以划转资本充实社保基金的形式消解历史遗留的转轨成本，进而形成国资预算与社保基金预算的衔接路径。2019 年，国资预算补充社保基金支出 0.43 亿元。

---

① 参见财政部《关于 2020 年中央国有资本经营预算的说明》，http：//yss. mof. gov. cn/2020zyys/202006/t20200615_ 3532010. htm.

② 如部分土地出让收入可安排用于城镇廉租住房建设与保障方向的支出；彩票公益金收入可安排用于补充全国社保基金、社会福利和社会救助、体育事业、教育事业、红十字事业、残疾人事业、文化事业、扶贫事业、法律援助事业、城乡医疗救助等方向的支出。据财综〔2019〕21 号规定，应加强社会公益事业资金（即中央专项彩票公益金支持地方社会公益事业发展资金，纳入政府性基金预算管理）与一般公共预算的衔接，用于当地社会公益事业发展的薄弱环节与领域，重点扶持困难行业与弱势群体。

③ 参见国发〔2017〕49 号。

④ 《国务院关于建立统一的企业职工基本养老保险制度的决定》（国发〔1997〕26 号）发布。

国发〔2017〕49号和财资〔2019〕49号文件中规定，中央和地方层面有不同的国有股权承接主体①。承接主体对划入的国有股权实行专户管理，以财务投资者身份对其管理运营，收益特定用于充实社保基金。承接主体依据国有股权所获得的国有资本收益包含两类资金，一是国有股权分红收入，二是以股权质押、企业托管等方式获得的国有资本运作收益。这表明，国有股权划拨至具有财务投资职能的承接主体后，经专业化运作实现保值增值，可进一步扩充社保基金收入的来源渠道。

① 中央层面，划转的中央企业国有股权由全国社保基金会集中持有并单独核算；地方层面，划转的地方企业国有股权由地方国有独资公司或其他具有国有资本投资运营功能的公司进行专户管理，如安徽省指定安徽省国有资产运营有限公司为承接主体，河北省以省冀财公共事业投资有限公司为承接主体。山东省成立了省社保基金会，由省社保基金承接划转的国有股权，由其进行统一管理、委托、核算和运营。

6. 我国政府预算间关系的优化处理

在明晰我国政府预算统筹衔接的事实逻辑和特征规律的基础上，为构建“完整独立、有机衔接”的政府预算体系，本文尝试从以下三个方面对我国政府预算间关系的有关规则进行优化处理：第一，重新调整“四本预算”的收支边界，保证预算账本的完整独立性；第二，完善预算间资金流转规则，尝试设计预算衔接资金表；第三，对转列资金等进行后续处理，延展预算统筹衔接的分析范畴。

6.1 “四本预算”收支边界的重新调整

以完整独立性的要求考量政府预算收入端和支出端后，可知预算收支存在割裂分布及重叠交叉的问题，政府预算收支边界划定不清。为确保预算账本在各自的职责范畴内进行规范的收支管理，划清“四本预算”的收支边界成为完善政府预算间关系的首要任务，这也是预算间得以有机衔接的前提。基于第4部分的分析论述，本文从全面性、同质性、独立性三个原则出发，以预算科目为技术性工具，尝试设计预算收支边界的重新调整方案。

6.1.1 调整原则

预算科目是依据收支的具体特征而将其分组、归集的预算收支分类方式，完善的预算科目有助于充分发挥预算功能，全面、清晰地反映财政资金的来源与去向，从而满足决策者、管理者以及监督者的信息需求（孙硕和邓淑莲，2020）。预算科目将政府收支活动以具体收支项目的形式落实于预算报表，规范的收支分类体系也是预算收支规范管理的体现。调整“四本预算”的收支边界需遵循若干基本原则，本文借鉴孙硕和邓淑莲（2020）① 指出的构建预算收支分类体系的三个原则，即全面性、同质性、独立性，将该三个原则引申作为政府预算收支边界调整的适用原则。

（1）全面性原则。全面性原则要求将全部财政收支纳入预算账本，保证预算覆盖内容的全面性。全面性是预算收支分类的基础，也是实现预算账本完整独立的前提条件。纳入预算管理的资金应当符合该预算的功能定位，属于设定的预算收支范畴，执行统一的预算管理制度。例如，由于教育费附加等 11 项政府性基金的使用方向具备公共性，符合一般公共预算支出的有关特征，则确有必要将其转列至一般公共预算统筹使用②；部分“广义基金”如车辆通行费、污水处理费，由于其具有行政事业性收费的属性，不宜纳入政府性基金预算管理。

（2）同质性原则。同质性原则要求财政收支分类应当明确、清晰，同一类别的资金在特定维度上表现出相同的性质特征。将性质相同或相似的资金纳入同一预算账套中，同等对待、统筹考虑，不仅有助于准确反映预算收支结构，也便于对财政资金实施总额控制。例如，同属于国有土地使用权收入的“新增费”已纳入一般公共预算管理，而国有土地使用权出让金等同种性质的资金，理应调整纳入同一预算账套；同属于国有资本经营收入的金融类国有资本收益和烟草企业上缴专项收入散列于一般公共预算，理应将其转入国资预算管理。我国全口径预算运行存在的问题部分源自非税收入制度设计的漏洞，目前，非税收入形式同预算资金管理形式尚未实现有效对接，性质相同或相似的资金分散列于不同预算（徐全红，2018）。我国税收收入已明确归口于一般公共预算，而非税收入散布于四本政府预算体系中，增加了预算编制成本，也不利于预算审查监督。同质性原则尤其适用于规范非税收入的编列，在以收入的性质严格区分预算账套的同时，可以强化支出责任、明确支出范围，进而减少财政资金分配中的低效决策。

（3）独立性原则。独立性原则要求财政收支分类应具备独特性，保证财政信息层次分明，避免重复冗余。例如，一般公共预算和国资预算都包括“国有资本经营收入”款级科目，两者区别在于所包含的次级科目不同，同时，次级科目中与金融类企业相关的国资收入项目设置混乱，这导致不仅国资收入总体在预算间割裂分布，金融类国资收入的预算账套归属也未被界定清楚；政府性基金预算中不同支出款级科目下的项级科目内涵相同或相似，各项专款专用的政府性基金的支出用途并非泾渭分明，亟待对各

---

① 孙硕，邓淑莲．国家治理现代化背景下的政府预算收支分类体系研究［J］．财政研究，2020（12）：22－34．

② 参见财预〔2014〕368 号。

基金特定用途进行明确界定，或将其与一般公共预算统筹。

6.1.2 调整方案

遵循以上三个调整原则，结合第4部分的分析论述，设计“四本预算”收支边界的重新调整方案如表6-1所示。

在收入端，重新确定不属于目录清单的“广义基金”以及国有资本经营收入的账套归属，处理预算收入的割裂分布问题。基于对资金性质的重新判定，将车辆通行费、污水处理费调整至一般公共预算“行政事业性收费”科目；将国有土地收益基金、农业土地开发资金、国有土地使用权出让金调整至一般公共预算“国有资产（资源）有偿使用收入”科目，与同为土地类资金的“新增费”列于同一预算账套；将彩票公益金、彩票发行机构和彩票销售机构的业务费用调整至一般公共预算“捐赠收入”科目；将中央特别国债经营基金财务收入、中央特别国债经营基金调整至国资预算“国有资本经营收入”科目。将金融类国有资本收益、烟草企业上缴专项收入调整至国资预算“国有资本经营收入”科目。

在支出端，重新安排基金预算、国资预算与一般公共预算的支出项目，明确界定基金预算内部基金的特定用途，处理预算支出的重叠交叉问题。统筹安排基金预算与一般公共预算支出重叠交叉的项目，如文化和旅游、水利等，采用统一的资金分配方式，尽快予以协调；对基金预算内部特定用途相似的基金项目，应进一步界定其支出方向或与一般公共预算统筹，避免基金本身就泾渭不明；有关国企改革和发展的支出属于国资预算的限定支出方向，应避免多头补助、重复支持。

表6-1 “四本预算”收支边界的重新调整方案

收支	资金性质	内容	调整方案	科目说明
收入	广义政府性基金	车辆通行费、污水处理费	基金预算→一般公共预算	原科目取消，资金纳入“行政事业性收费”
		国有土地使用权出让金、国有土地收益基金、农业土地开发资金	基金预算→一般公共预算	原科目取消，资金纳入“国有资产（资源）有偿使用收入”
		彩票公益金、彩票发行机构和彩票销售机构的业务费用	基金预算→一般公共预算	原科目取消，资金纳入“捐赠收入”

续表

收支	资金性质	内容	调整方案	科目说明
收入	广义政府性基金	中央特别国债经营基金财务收入、中央特别国债经营基金	基金预算→国资预算	原科目取消，资金纳入“国有资本经营收入”
	国有资本经营收入	金融类国有资本收益	一般公共预算→国资预算	原科目取消，资金纳入“国有资本经营收入”
		烟草企业上缴专项收入	一般公共预算→国资预算	
支出	基金预算已安排或与一般公共预算同时安排支出的项目	文化和旅游、水利支出等	统筹安排，避免重复支出；出台统一的资金分配方法，尽快协调	原科目取消、合并或重新界定
	基金预算内部用途相似的项目	污水处理费、城市基础设施配套费安排的支出等	明确界定各项基金的特定用途或与一般公共预算统筹	原科目取消、合并或重新界定
	一般公共预算中国企改革和发展方面的支出项目	企业关闭破产补助、厂办大集体改革补助等	一般公共预算安排的资金逐步退出	原预算科目取消

6.2 资金流转规则的完善——对预算衔接资金表的尝试设计

政策文件规定了预算统筹衔接的指导方向，但由于具体操作细则仍有缺位情况，财政实践中，预算间资金流转暴露出诸多问题。据2020年预算科目表，目前除社保基金预算，其他三本预算都有相关资金的调入或调出科目①。但是，由于衔接规则尚不完善，地方在预算编制中仍存在不规范和不透明的情况，科目设置差异较大，大部分预算间流转资金无法得到有效量化和解释说明。管理缺失、界定不清的预算衔接账户反而会成为资金调剂的“黑箱”，甚至成为地方随意进行预算间资金转移的工具，进而造成更多的违规操作。预算间资金流转规则亟须技术性修正与完善，从而优化我

① 国资预算暂未设置“调入资金”科目。

国政府预算间关系。本文从明晰社保基金预算的筹资来源、明确政府性基金预算的衔接规则两个方面，完善预算间资金流转规则，并尝试设计预算衔接资金表。

6.2.1 明晰社保基金预算的筹资来源

（1）补充全国社保基金等衔接媒介的资金流转规则。全国社保基金[①]等衔接媒介在政府预算统筹衔接体系中涉及多条衔接路径。中央层面，全国社保基金为媒介，由财政拨入基金的资金构成来看，“中央财政预算拨款”对应一般公共预算（中央）补充社保基金的支出项；“彩票公益金”对应基金预算（中央）补充社保基金的支出项；“国有资本划转”[②]对应国资预算（中央）补充社保基金的支出项，即持有的划转中央企业的国有股权。地方层面，媒介包括国有独资公司、具有国有资本投资运营功能的公司、省社保基金等，仅涉及地方国有资本划转充实社保基金这一衔接路径。然而，虽有以上衔接通路的存在，但在实践中，与该媒介相关的资金在规模量化、形式界定上仍处于“黑箱”状态，如图 6－1 所示。

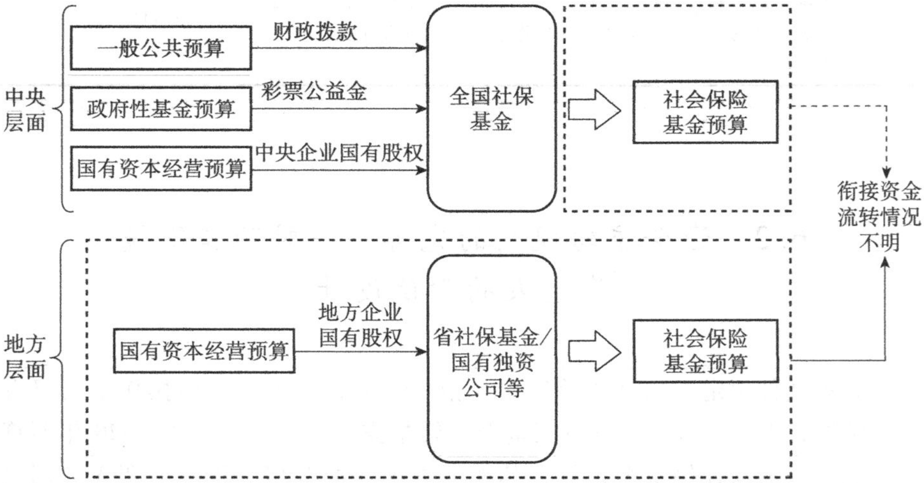

图 6－1 以全国社保基金等为衔接媒介的资金流转情况不明

① 全国社保基金是国家战略储备基金，主要用于应付未来养老金支付压力，实质为“国家养老储备基金”（匡小平等，2018）。全国社保基金筹资来源于中央财政预算拨款、国有资本划转、基金投资收益等资金，在资金来源、运营管理、用途上都与地方政府管理的社会保险基金不同，全国社保基金可用于补充社保基金预算收入，是连通三本预算与社保基金预算的重要衔接媒介。

② 国发〔2007〕26 号规定，国有资本收益必要时可用于社会保障支出。依此规定，国资预算的结余资金或可用于补充社保基金预算缺口，但目前该直接补贴机制尚未建立健全，仅有以全国社保基金等为衔接媒介的间接路径。

中央层面，其他三本预算向全国社保基金的支出分别反映于各预算账本的对应科目中①，而地方层面，国有独资公司等为国有股权的承接主体，该项划转支出未在财政预算中公开反映，无法得知其中的资金对接关系，且至今也未建立与该项资金相关的系统性公开机制。全国社保基金或国有独资公司等作为中央和地方的国有股权承接主体，依据划入的国有股权，向同级财政部门上缴持有的国有资本收益（股权分红收入与国有资本运作收益），专项用于弥补基本养老保险基金缺口，这部分资金流转未体现于社保基金预算②。同样，社保基金预算中也未体现一般公共预算与政府性基金预算调入资金进入衔接媒介后的流转情况。因此，有必要补充全国社保基金等衔接媒介的资金流转规则，分项列示社保基金收入，反映其他三本预算向社保基金预算调入资金的具体使用情况，尤其是地方国有资本的划转情况也理应纳入财政预算中公开说明，同时解决科目设置的缺位问题。

（2）探索以一般公共预算为桥梁补充社保基金预算的常态化机制。社保基金以公用或个人所有的形式划归全体参保人所有（熊伟和张荣芳，2015）。鉴于其特殊的所有权属性，与社保基金预算相关的统筹衔接应为单向调入。在社保基金预算接受资金调入的有关路径中，除了以全国社保基金等为衔接媒介，再者就是一般公共预算直接的财政补贴。虽然表面上仅此一条直接衔接路径，但这并不意味着社保基金预算不与政府性基金预算、国资预算这两本预算相联系。政府性基金预算的部分结转结余等资金、国资预算上缴公共财政的收益，是两本预算向一般公共预算统筹的衔接资金，资金在一般公共预算的管理框架下，经统筹可用于保障并改善民生，进而支持社会保障基金，弥补预算缺口。但至今为止，尚未建立有关国资预算、政府性基金预算同社保基金预算的直接补贴机制。

《预算法》规定，一般公共预算安排资金专项用于社保基金预算。按照社保基金相对独立运营的要求，应最大程度避免多头补助，减少社保基金预算与其他预算的资金“接口”，防止资金交叉流动后产生更多性质认定问题，避免使预算编制更加复杂。除一般公共预算，其他两本预算不宜直接向社保基金预算调入资金，如图6－2所示。政府性基金预算与国资预算资金调入一般公共预算后，由一般公共预算按需向各项社保基金项目统一分

---

① 即“用一般公共预算补充基金”“用于补充全国社会保障基金的彩票公益金支出”“国有资本经营预算补充社保基金支出”。（参见2020年预算科目表）

② 承接主体将持有的国有资本收益上缴至同级财政部门，经统筹考虑基本养老保险基金的支出需要以及收益情况，将其专项用于实现特定政策目标。该项国有资本收益不纳入国资预算管理，而是以全国社保基金或国有独资公司等为承接主体，并以其为衔接媒介，实现由国有资本向社保基金收入的转化。

配有关资金，最终使资金均以财政补贴的形式调入社保基金预算。相比于其他三本预算资金的政府属性，社保资金本质上具有较强的居民所有属性，政府对社保基金预算承担兜底责任，负责监管和支出安排。财政补贴作为一般公共预算对社保基金预算的补助资金，一旦进入社保账户，该资金就具有了强烈的居民所有属性（刘玉萍和沈凯俊，2018），这可有效避免多头补贴带来的资金认定问题。

由此，现阶段可探索以一般公共预算为桥梁补充社保基金预算的常态化机制，即一般公共预算作为预算间资金流转的桥梁，合理调配三本预算资金，从而扩充社保基金预算的收入汲取渠道。同时，积极推动社保基金预算收入的定量、分项列示，可清晰反映衔接资金的来源、流转及去向，体现预算统筹衔接效果，提高社保基金预算的公开透明度，便于审查和监督，实现精算平衡目标。

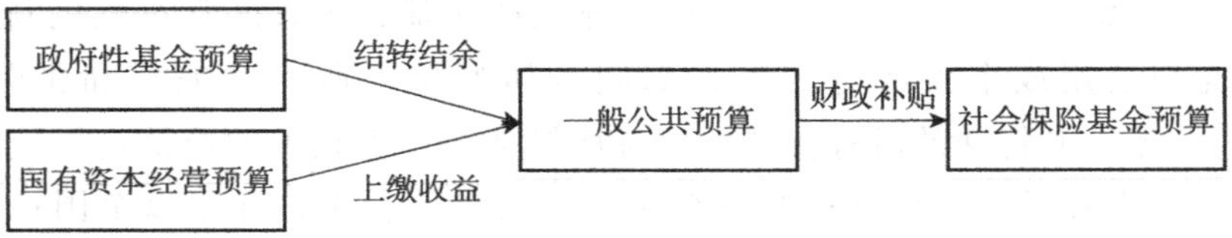

图 6－2　以一般公共预算为桥梁补充社保基金预算的常态化机制

6.2.2　明确政府性基金预算的衔接规则

四本预算中，与政府性基金预算有关的统筹衔接关系最为模糊，相关的审查难点集中于预算稳定调节基金（徐颖珊，2016）。基金预算结转结余资金调入预算稳定调节基金，一般公共预算出现收支缺口时，可动用该调节基金予以弥补。预算稳定调节基金也是预算间统筹衔接的媒介之一，但与之相关的资金流转未有系统性规制与公开，难以明确调节基金与预算账本间调剂资金的性质和规模，从而导致与基金预算相关的统筹衔接规则不明确，加剧了统筹环境的复杂性。

纳入预算稳定调节基金的资金主要包含：一般公共预算超收收入[①]、结转结余资金；政府性基金预算结转结余资金等。与其他调入一般公共预算的资金源于本年度的资金流转不同，由于调节基金是用于处理年度间预算衔接的储备资金，来自基金预算的调入资金主要为以前年度的结转结余资

---

① 目前，尽管超收收入被纳入预算稳定调节基金，政府仍具有一定程度的自由裁量权，资金在使用中有很大的自由度（陈志刚和吕冰洋，2019）。这意味着，一般公共预算超收收入使用规则也并不明确，调节基金内部资金流转情况复杂，是一个较不透明的“黑箱”。

金，基金预算当年的调出资金与通过调节基金调入一般公共预算的相关收入无必然对应关系。与之相比，国资预算的调出资金是明确的国有资本上缴收益，与调节基金无关，应与一般公共预算相应的调入资金形成清晰的对应关系。加大对预算稳定调节基金的资金筹集、运用以及运行结果的监督力度，可协助理顺基金预算的统筹衔接规则，如图 6－3 所示。

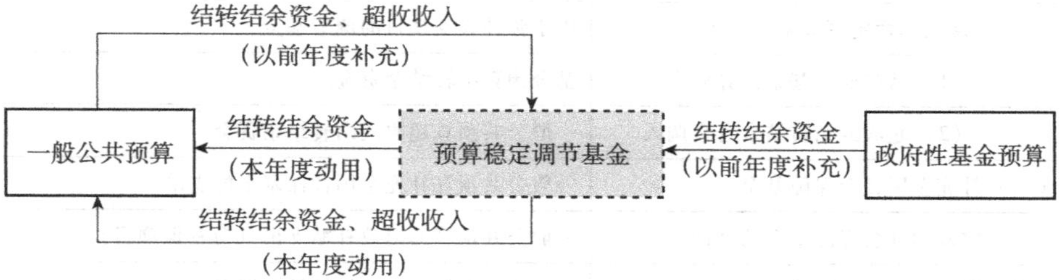

图 6－3　涉及调节基金的政府性基金预算衔接[①]

6.2.3　预算衔接资金表的尝试设计

政府收支分类科目可作为分析政府收支活动的一个准确、直观的工具，在预算编制、执行、会计明细核算中都具有基础性作用。基于以上的分析论述，本文利用预算科目，尝试设计独立的预算衔接资金表，以清晰、直观地反映四本政府预算间资金调剂的流向和规模，理顺资金流转的对应关系，以便量化分析和预算审查监督，为进一步发挥政府预算体系整体功能提供些许技术性的操作指引。

如图 6－4 所示，预算衔接资金表应以明确的收支项目反映衔接资金的性质、规模，厘清各类衔接路径，避免因规则缺位而形成资金随意调剂的“黑箱”。部分衔接资金在流转过程中应保证严格对应，如一般公共预算的财政补贴支出对应于社保基金预算的财政补贴收入，国资预算上缴公共财政的调出资金对应于一般公共预算调入资金，从而在定量的层面真实反映对接情况（为简化展示，本文表中略去资金规模一栏）。此外，目前地方国有资本划转社保基金支出未纳入地方财政报表，且尚无系统性公开机制，应于表中明确显示。中央和地方的国有资本划转收益专项用于弥补企业职工基本养老保险基金缺口，该项资金流转应在有关分项中严格对应。

① 注：“以前年度补充”和“本年度动用”非同一资金，仅以该表述说明本年度调入一般公共预算的调节基金可能为以前年度的超收、结转结余资金。

预算衔接资金表

科目	说明
一、一般公共预算	
（一）调入资金	由不同预算/调节基金调入的收入
1. 从国有资本经营预算调入	国有资本经营收益上缴公共财政的资金
2. 从预算稳定调节基金调入	用于弥补收支缺口的调节基金
（1）从政府性基金预算调入	基金预算结转结余资金
（2）超收或结转结余资金调入	一般公共预算超收或结转结余资金
（二）补充全国社会保障基金	一般公共预算补充全国社保基金的支出
（三）财政对社会保险基金的补助	一般公共预算的财政补贴支出（分社保项目）
（四）补充预算稳定调节基金	一般公共预算超收或结转结余资金
二、政府性基金预算	
（一）调出资金	基金预算补充调节基金的支出
（二）补充全国社会保障基金	基金预算补充全国社保基金的彩票公益金支出
三、国有资本经营预算	
（一）调出资金	国有资本经营收益上缴公共财政的支出
（二）补充全国社会保障基金	国资预算划转资本充实社保基金的支出（中央）
（三）地方国有资本划转支出	国资预算划转资本充实社保基金的支出（地方）
四、社会保险基金预算	
（一）全国社会保障基金拨付收入	全国社保基金拨付收入
1. 中央财政拨款	源于一般公共预算的财政资金
2. 彩票公益金	源于基金预算的彩票公益金
3. 中央国有资本划转收益	源于国有资本划转的国有资本收益（中央）
（二）地方国有资本划转收益	源于国有资本划转的国有资本收益（地方）
（三）财政补贴收入	源于一般公共预算的财政补贴（分社保项目）

图 6－4　预算衔接资金表

需注意的是，转列的政府性基金不纳入预算衔接资金表显示①。因为，一次性转列直接于一般公共预算中设置新的科目，并删除基金预算中的相关科目。但是，政府性基金转列并非一劳永逸，与资金性质认定、统筹使用有关的后续处理仍需跟进，否则在理论和实践中将产生更多问题。本文

① 与一般公共预算投向类似的资金同理。

在下节对此进行具体分析。

6.3 统筹衔接的后续处理

政府性基金预算与一般公共预算的衔接形式有转列与调入两种。由于衔接资金的特定性质，财政部门难以在一般公共预算的收支管理框架内对其进行规范管理（李艳和彭超，2017），从而复杂化了预算统筹衔接的现实环境，造成实践中的处理难题。预算统筹衔接并非仅以简单的资金统筹使用与维系课征为目标，由于转列资金复杂多样，亟待根据资金性质进行后续处理，使之适应于当前预算的管理模式。

6.3.1 转列资金

为提高财政资金的使用效率，2014 年至今，先后有 19 项政府性基金转列统筹使用，这 19 项基金为纳入一般公共预算管理的转列资金（见表 6－2）。转列资金中包含 6 项纳入目录清单的“狭义基金”以及 13 项未纳入目录清单的“广义基金”。目前纳入一般公共预算管理的 6 项“狭义基金”① 中，水利建设基金、文化事业建设费、地方教育附加、残疾人就业保障金以及森林植被恢复费都是由基金预算转列而来的“转列资金”，教育费附加从作为预算外资金纳入财政预算管理起，就属于公共财政资金，并非转列而来。需注意的是，育林基金也本是属于“狭义基金”的“转列资金”。依财预〔2014〕368 号文件要求转列后，育林基金被剔除于目录清单，之后实行零征收②。该基金是转列入一般公共预算的“狭义基金”中，唯一做出零征收处理的基金，由此也消解了该“狭义基金”在一般公共预算管理框架下专款专用的矛盾性。

财预〔2014〕368 号文件要求，基金转列后，于一般公共预算中设立新的相应收入科目，而且，“支出仍主要用于或专项用于安排相关支出，且收入规模增加的，对应支出规模原则上也相应增加”。这意味着，基金纳入一般公共预算统筹使用后，虽不再单设相应支出科目，但仍具有一定的专用性。政府性基金转列后统筹使用属于支出方式的改变，资金应按所属预算账本的编制原则进行管理，但由于转列资金的性质不同，转列后将产生资

① 见上文表 4－1。

② 参见财税〔2016〕11 号。

金性质认定等后续问题。

表 6－2　一般公共预算中的转列资金

<table>
<tr><th colspan="2">狭义基金</th><th colspan="2">广义基金</th></tr>
<tr><th>项目</th><th>科目</th><th>项目</th><th>科目</th></tr>
<tr><td>水利建设专项</td><td rowspan="6">专项收入</td><td>从地方土地出让收益计提的农田水利建设资金</td><td rowspan="2">专项收入</td></tr>
<tr><td>地方教育附加</td><td>从地方土地出让收益计提的教育资金</td></tr>
<tr><td>文化事业建设费</td><td>船舶港务费</td><td rowspan="4">行政事业性收费</td></tr>
<tr><td>残疾人就业保障金</td><td>长江口航道维护费</td></tr>
<tr><td>森林植被恢复费</td><td>水土保持补偿费</td></tr>
<tr><td>育林基金</td><td>无线电频率占用费</td></tr>
<tr><td></td><td></td><td>电力改革预留资产变现收入</td><td rowspan="4">国有资源（资产）有偿使用收入</td></tr>
<tr><td></td><td></td><td>新增建设用地土地有偿使用费</td></tr>
<tr><td></td><td></td><td>转让政府还贷道路收费权收入</td></tr>
<tr><td></td><td></td><td>铁路资产变现收入</td></tr>
<tr><td></td><td></td><td>烟草企业上缴专项收入</td><td>国有资本经营收入</td></tr>
<tr><td></td><td></td><td>南水北调工程基金</td><td rowspan="2">其他收入</td></tr>
<tr><td></td><td></td><td>政府住房基金</td></tr>
</table>

资料来源：由 2020 年预算科目表、财预〔2014〕368 号等整理归纳①。

（1）属于转列资金的“狭义基金”。在 6 项转列的“狭义基金”中，除了育林基金先转列后零征收，已从目录清单中剔除，水利建设基金（水利建设专项）、文化事业建设费、地方教育附加、残疾人就业保障金以及森林植被恢复费，这 5 项基金并未取消或停征，仍在征收，也并无相关预算管理方式上的改变。吊诡的是，这 5 项基金本是在财预〔2014〕368 号文件中已强调的具有公共性质的资金②，简言之，该资金具有纳入一般公共预算的逻辑基础。而现在，这 5 项基金又赫然列于目录清单中，是名副其实的专款专用的政府性基金，这与一般公共预算收支统筹使用的设定相矛盾。

① 注：船舶港务费转列后按财税〔2015〕92 号规定取消征收，被剔除于预算科目表；育林基金转列后零征收，被剔除于目录清单和预算科目表，已不属于“狭义基金”范畴；政府住房基金在一般公共预算非税收入类下单列“政府住房基金收入”款，2019 年中央政府住房基金收入 2.12 亿元，因金额较小未单独列示，在一般公共预算收入表中纳入“其他收入”，由此本表暂将其归为“其他收入”款。

② 是“用于提供基本公共服务以及主要用于人员和机构运转等方面的项目收支”。

国家以何种形式占用经济资源，取决于其提供的公共产品和服务的属性（高培勇，2004）。国家以公共性税收形式，抑或专用性政府性基金的形式占用经济社会资源，取决于其提供的公共产品和服务的普遍性或特定性。纳入基金预算管理的资金以专款专用的形式用于发展特定公共事业；一般公共预算资金统筹使用，以满足基本公共服务合理需要为前提，优先用于安排国家支持的重点支出。以政府性基金的名义存在，却纳入一般公共预算统筹管理，这违背了两本预算的资金使用原则，不利于预算间的统筹协调。

由此，资金转列后必须进行后续处理，否则难以适应该预算账本的编制需要，进而使预算间收支边界更为模糊。转列后，资金应实质性转换为一般性的非税或税收收入，抑或采取对育林基金类似的处理方式，以法律、行政法规或原审批部门文件的方式取消基金，将其从目录清单中剔除。否则，“狭义基金”不具有脱离基金预算管理的逻辑基础。

（2）属于转列资金的“广义基金”。资金转列后，按性质纳入一般公共预算非税收入的不同款级科目中。6 项“狭义基金”纳入专项收入款级科目，仍具有专项用途。其余的“广义基金”依据其性质的不同，分别纳入不同款级科目。然而，虽未纳入目录清单，大部分“广义基金”在性质上也具有专项用途[①]。“广义基金”的转列虽不涉及目录清单项目的调整问题，但仍需基于资金性质调整以前的专款专用规定，进而将资金转为税收、收费或者取消。

将部分资金转列到一般公共预算统筹使用的初衷在于：一方面，一些以政府性基金之名存在的资金，由于缺乏专款专用的必要性和合理性，与基金预算的功能设定存在偏差，更适宜纳入一般公共预算；另一方面，基金预算以收定支、专款专用的特征限制资金的统筹使用，使其难以按政府职能的需要而调整支出结构，降低资金的使用效率。但是，此举并不意味着政府性基金可以随意纳入一般公共预算管理，更不代表基金预算将被肢解直至取消，预算间的统筹衔接是进一步明确预算收支边界的方式，也是强化其功能定位的重要举措。资金统筹难以一劳永逸，转列后应及时出台后续的配套规定，调整对资金性质的认定和管理方式等，以真正达到优化财政资金管理的目的。

---

① 如农田水利建设资金专项用于农田水利设施建设、教育资金重点用于农村基础教育发展、转让政府还贷道路收费权收入用于偿还政府还贷公路和城市道路建设贷款本息、水土保持补偿费专项用于水土流失预防治理等。（参见财综〔2011〕48 号、财综〔2011〕62 号、财综〔2002〕94 号、财综〔2014〕8 号等）

6.3.2 专项收入

(1) 专项收入与政府性基金收入。“专项收入”较为特殊，反映纳入一般公共预算管理的有专项用途的非税收入。专项收入是依据特定需要由国务院或其授权有关部门批准设置的、有特定来源、纳入预算管理的财政资金，该资金有专项用途。目前尚无专门的政策文件对该类收入做出明确的界定与解释，但专项收入与政府性基金收入共有的最明显特征是“专款专用性”，这在一定程度上使二者混淆不清。相同性质的非税收入分割于两本预算，不仅难以对资金实行统一管理，还会使原本复杂的非税收入变得更为晦涩不易认知，降低政府性基金预算的透明度（刘迪，2020）。熊伟(2012) 认为专项收入与政府性基金收入被人为割裂，二者作用无实质性差别。这两类收入的部分项目中，资金性质基本一致，发挥作用相似。例如，一般公共预算中的“三峡库区移民专项收入”与基金预算中的“三峡水库库区基金收入”都是针对三峡水库库区征收的具有专款专用性的资金，二者在移民相关用途上有重叠①。2015 年，6 项“狭义基金”转列纳入一般公共预算“专项收入”科目，这使专项收入与政府性基金收入之间的边界更加模糊。

(2) 专项收入的界定与统筹安排。专项收入难以界定的原因在于其本身也溯源于预算外资金。实际上，大多数预算外资金的设置都有指定用途，鉴于其历史沿袭而来的专用性特征，一些非政府性基金性质的预算外资金②被纳入公共财政预算管理后，仍具有专用性。财预〔2010〕88 号文件中相关规定③也表明，部分纳入一般公共预算管理的资金仍专款专用，如表 6 - 3 所示。

---

① 前者是由中国长江三峡工程开发总公司、中国长江电力股份有限公司缴纳的专款专用资金，用于妥善解决三峡库区移民生活上的特殊困难以及因突发性灾害而造成的生产、生活上的困难；后者是专项用于改善三峡库区及移民安置区生产生活条件的相关项目支出、解决三峡库区移民遗留问题的支出。(参见财企〔2004〕43 号等)

② 国发〔1996〕29 号规定预算外资金分为几类：法律、法规规定的行政事业性收费、基金和附加收入等；国务院或省级人民政府及其财政、计划（物价）部门审批的行政事业性收费；国务院以及财政部审批建立的基金、附加收入等；主管部门从所属单位集中的上缴资金；用于乡镇政府开支的乡自筹和乡统筹资金；其他未纳入预算管理的财政性资金。

③ “中央部门收取的主管部门集中收入、国有资产出租出借收入、广告收入、捐赠收入、回收资金、利息收入等预算外收入纳入一般预算管理，使用时用于收入上缴部门的相关支出，专款专用”。

表 6-3 2014—2020 年一般公共预算专项收入项目变化情况

2014 年	2020 年
排污费收入	教育费附加收入
水资源费收入	铀产品出售收入
教育费附加收入	三峡库区移民专项收入
铀产品出售收入	场外核应急准备收入
三峡库区移民专项收入	地方教育附加收入
国家留成油上缴收入	文化事业建设费收入
场外核应急准备收入	残疾人就业保障金收入
草原植被恢复费收入	教育资金收入
矿产资源专项收入	农田水利建设资金收入
广告收入（属于其他专项收入）	森林植被恢复费
	水利建设专项收入
	油价调控风险准备金收入
	专项收益上缴收入
	广告收入（属于其他专项收入）

资料来源：由 2014 年、2020 年预算科目表整理归纳。

据 2014 年、2020 年专项收入项目可知，专项收入本身内容杂乱，其中包括多种性质的资金。教育费附加为“狭义基金”，专项用于地方教育事业发展。与 2015 年转列纳入专项收入的政府性基金不同，教育费附加原先作为预算外资金于 1991 年纳入预算管理后，作为教育专项资金纳入经常性预算，后直接纳入一般公共预算。教育费附加作为“狭义基金”，但从未纳入政府性基金预算管理；2015 年转列而来的 5 项“狭义基金”和 2 项“广义基金”，都具有专项用途。虽然专款专用，但都用于满足保障和改善民生的一般公共需要；水资源费收入、铀产品出售收入①、国家留成油上缴收入、矿产资源专项收入是国有资源性质的非税收入。除铀产品出售收入，其他三项收入分别于 2016 年、2017 年转出至国有资源（资产）有偿使用收入款级科目，不再以收定支、专款专用；草原植被恢复费收入、排污费收入二者按性质都转出至行政事业性收费，其中，排污费在转出后因费改税而被取消。由此可见，为推进财政资金统筹使用，一般公共预算内部分专款专用资金在划清资金性质后，逐步取消其专款专用性质，并在修改相关法律法规后，统筹安排支出。

虽然专项收入界定模糊，但依照近年政府文件的有关规定可知，这类资金有清理压缩的趋势②。缩减专项收入有助于盘活沉淀资金，加强统筹使用，进而提高资金使用效率。部分文件也明确规定取消一般公共预算以收

① 与该资金有关的界定可参见财防字〔2001〕11 号，但未找到该文件全文。

② 参见国发〔2015〕35 号。

定支的事项，要求提高资金统筹力度①。由财税〔2016〕33号中相关规定可推知，实质上，专项收入不属于非税收入的某一类型，而仅在预算科目表中的一般公共预算“非税收入”类下设“专项收入”的款级科目。可见，由于专项收入内含多种性质的资金，难以对其总体进行类别的划定，因此亟待对其进行清理规范。既然政府性基金与专项收入都具有专款专用和无偿性，分别核算无实质性区别的两类资金就是在叠床架屋（李一花，2018）。目前，专项收入可作为承接转列资金的过渡性科目，暂时承接具有专用性但暂未改变性质认定的政府性基金。对此类政府性基金应当进行后续的税费改革或取消，使之符合统筹管理的需要。长远来看，专项收入科目存在的意义不大。

对专项收入与政府性基金这两类收入的统筹措施，应致力于减少专用性项目的数量与资金规模。对于确有必要继续长期征收的，可以通过税费改革合理归并。例如，可将教育费附加、地方教育费附加以及教育资金收入合并成地方附加税；文化事业建设费定位于文化支出，其征收条件和方式类似于税收，可改为征税；残疾人就业保证金和森林植被恢复费等资金，用于体现国家特定政策和公共目的，可参照车辆购置税进行税收立法等；而油价调控风险准备金收入、场外核应急准备收入等资金暂时保留于专项收入，由于现无明确的性质归类方式，与之相关的改革方案还有待商榷。

① “加大各类财政资金整合力度，整合政策目标相似、投入方向类同、管理方式相近的专项资金，提高经费统筹力度”。（参见财预〔2017〕12号、财办〔2017〕12号等）

7.

结　语

经济新常态背景下，财政收入增速趋缓，人口老龄化、生态环保、结构转型以及新型城镇化等潜在的财政支出压力加大，收支两端的双重压力对我国财政可持续性发展造成威胁。同时，财政资金也存在使用效率不高、统筹效果不佳的问题，加剧了财政资源稀缺性与支出刚性之间的矛盾（李燕和彭超，2017）。为保证财政的可持续性，合理优化我国四本政府预算间关系成为一个新型的改革突破口。在全口径政府预算体系框架内调整财政收支结构，统筹财政资金，是提升财政资金使用效益的重要思路。“十四五”期间，我国财政收支缺口呈现出继续扩大的态势，研究我国政府预算间关系具有一定的紧迫性与必要性。

本文将政府预算间关系廓清为两个分析维度，即完整独立性与有机衔接性。本文以大量政策文件、《全国政府性基金目录清单》《政府收支分类科目》等作为基础性事实资料，借助于预算科目这一反映政府收支活动的最直观工具，对我国政府预算间关系展开具体分析。首先，本文从完整独立性角度考量四本预算收支边界划定的现实情况，以政府性基金和国有资本经营收入两类资金为突破口，分析发现预算收入端存在割裂分布的现象、支出端存在支出项目重叠交叉的现象，明确具体问题所在，同时基于相关理论和现实依据对广义政府性基金性质进行重新判定，以便设计后续的预算收支边界调整方案。其次，本文从政策文本的角度刻画我国政府预算统筹衔接的事实逻辑与特征规律，从预算体系整体视角出发，设计以一般公共预算和社保基金预算为中心的政府预算统筹衔接体系，厘清预算间资金调剂的方向及内容，归纳出衔接资金的四种基本类型，即性质与预算功能设定相偏离的资金、使用效率不高的沉淀资金、体现公共财政职能的资金以及用于弥补历史遗留转轨成本的资金，分析其调剂动因与必要性。最后，基于以上分析，本文从三个方面对我国政府预算间关系的有关规则进行了优化处理：第一，设计四本预算收支边界的重新调整方案，保证预算账本的完整独立性，这是实现预算间有机衔接的前提条件；第二，从明晰社保基金预算的筹资来源、明确政府性基金预算的衔接规则两个方面完善资金流转规则，设计了独立的预算衔接资金表，以系统、清晰、直观地反映四本政府预算间资金调剂情况，理顺资金的对应关系，便于量化分析和预算审查监督；第三，延展预算统筹衔接的分析范畴，分析转列资金、专项收入等统筹衔接后续处理中的关键问题。

本文以政策文本分析和描述性分析为主要的研究方法，同时结合了历史分析、理论分析、比较分析等方法，讨论我国政府预算间关系的事实逻辑、特征规律与优化方案。以构建“完整独立、有机衔接”的政府预算体系为目标，本文主要以预算科目为分析工具，以大量规范性文本为基础性事实资料，试图在具体的技术性处理建议上提供些许拙见，以期在政府预算间关系的研究范畴中能有所贡献。值得进一步深思的是，四本政府预算基于各自的功能定位，在预算体系中管理对应的财政收支，保持完整独立。预算间财政资金的调剂使用有其内在机理，而非随意而为，实现预算间统筹衔接不意在拆除预算间的“围墙”，而是以进一步确立四本预算、提高财政资金使用效益为目的，以求最大化地发挥出政府预算体系的整体功能。因此，各类资金的调剂并非是对收入的无节制索取，而应以补充性为前提。目前，我国尚无专门的全口径政府预算管理政策，政府预算间关系仍属于预算体系研究中的一个新兴子问题，在该领域进行系统性的深入研究后，当政策文件中的配套规则基本完善之时，不妨尝试从建立政府预算体系整体框架下的定量协调机制的角度，进一步深挖该项研究。

参考文献

[1] [美] 爱伦·鲁宾. 一般公共预算中的政治：收入与支出，借贷与平衡 [M]. 叶娟丽等译，中国人民大学出版社 2001 年版.

[2] 程行云. 政府性基金管理现状、存在的问题和清理规范建议 [J]. 价格理论与实践，2013 (07)：31 - 32.

[3] 崔岫昆. 政府性基金的规范化研究 [D]. 西南政法大学，2015.

[4] 陈融. 我国政府性基金法律问题探讨 [J]. 政治与法律，2013 (01)：93 - 101.

[5] 陈发源. 我国政府性基金法律制度研究 [D]. 安徽大学，2012.

[6] 陈治. 财政可持续视野下预算控制机制的失效与应对 [J]. 法商研究，2017, 34 (03)：38 - 47.

[7] 陈志刚，吕冰洋. 中国政府预算偏离：一个典型的财政现象 [J]. 财政研究，2019 (01)：24 - 42.

[8] 邓力平，邓秋云. 我国社会保险基金预算研究——以新时代中国特色社会主义财政为视角 [J]. 厦门大学学报（哲学社会科学版），2018 (04)：126 - 134.

[9] 邓秋云，邓力平. 政府性基金预算：基于中国特色财政的理解 [J]. 财政研究，2016 (07)：2 - 10.

[10] 邓子基. 论国有资本经营预算 [J]. 产权导刊，2006 (01)：9 - 12 + 14.

[11] 杜坤. 国有资本经营预算衔接法律机制的构建——以功能定位再思考为主线 [J]. 武汉大学学报（哲学社会科学版），2017, 70 (01)：36 - 49.

[12] 杜坤. 财税法定视域下全口径预算的实施困境及其走向 [J]. 浙江工商大学学报，2015 (05)：63 - 73.

[13] 田开友，董家源. 科学界定政府性基金的内涵 [N]. 中国社会科学报，2020 - 09 - 08 (001).

[14] 田开友. 政府性基金设立的合法性困境及其出路研究——基于 26 个政府性基金设立依据的实证分析 [J]. 湖南科技大学学报（社会科学版），2017, 20 (01)：107 - 113.

[15] 田俊荣. 政府性基金：民生导向渐萌芽 [N]. 人民日报，2011 年 4 月 9 日.

[16] 冯俏彬. 国家治理视角下的政府性基金管理研究 [J]. 地方财政研究，2015 (07)：16 - 21.

[17] 冯俏彬. "十四五" 中国财政前瞻：统筹发展和安全 [J]. 地方财政研究，2021 (01)：4 - 12.

[18] 顾功耘，胡改蓉. 国有资本经营预算的 "公共性" 解读及制度完善 [J]. 法商研究，2013, 30 (01)：77 - 84.

[19] 葛克昌. 税法基本问题（财政宪法篇）[M]. 北京大学出版社 2004 年版，第 188 页.

[20] 高培勇. 中国税费改革问题研究 [M]. 经济科学出版社，2004 年版.

[21] 胡兰玲，曹玉雯. 我国政府性基金设立制度研究——以国家重大水利工程建设基金为视角 [J]. 河北法学，2014，32 (02)：55-64.

[22] 胡继晔. 划转部分国有资本充实社保基金的缘由与路径 [N]. 学习时报，2018-03-02 (002).

[23] 韩林仙. 对社会保险基金预算编制与管理的探讨 [J]. 山西财税，2012 (09)：22-23.

[24] 贾康. 非税收入规范化管理研究 [J]. 财政监督，2006 (19)：4-9.

[25] 吉志鹏. 中国社会保险基金预算管理研究 [D]. 财政部财政科学研究所，2015.

[26] 匡小平，陈工，杨燕英，翟继光，余桔云，王光俊. 划转国有资本进社保：如何监管？[J]. 财政监督，2018 (02)：41-51.

[27] 刘剑文，熊伟. 税法基础理论 [M]. 北京大学出版社 2004 年版.

[28] 刘剑文，郭维真. 论我国财政转型与国有资本经营预算制度的建立 [J]. 财贸研究，2007 (02)：61-71.

[29] 刘尚希. 论非税收入的几个基本理论问题 [J]. 湖南财政经济学院学报，2013，29 (03)：125-131.

[30] 刘玉萍，沈凯俊. 全口径下社会保险基金预算管理分析 [J]. 公共治理评论，2017 (02)：25-39.

[31] 刘迪. 非税收入在国家预算体系下的预算分布与割裂研究 [D]. 云南财经大学，2020.

[32] 李燕，唐卓. 国有企业利润分配与完善国有资本经营预算——基于公共资源收益全民共享的分析 [J]. 中央财经大学学报，2013 (06)：7-12.

[33] 李燕，彭超. 加大财政资金统筹使用 促进财政可持续发展 [J]. 财政监督，2017 (06)：5-10.

[34] 李丽琴. 公共财政：国有资本经营预算与一般公共预算互补与衔接的目标导向 [J]. 金融与经济，2009 (09)：11-14.

[35] 理查德·A. 马斯格雷夫，佩吉·B. 马斯格雷夫. 财政理论与实践 [M]. 邓子基，邓力平译. 中国财政经济出版社 2003 年版.

[36] 吕德铭. 政府预算体系改革监管重点刍议 [J]. 中国财政，2017 (06)：49-51.

[37] 吕炜. 市场化进程与公共财政的范围 [J]. 经济社会体制比较，2004 (01)：8-20.

[38] 楼继伟. 40 年重大财税改革的回顾 [J]. 财政研究，2019 (02)：3-29.

[39] 马蔡琛，苗珊. 中国政府预算改革四十年回顾与前瞻——从“国家预算”到“预算国家”的探索 [J]. 经济纵横，2018 (06)：39-50+2.

[40] 马蔡琛，赵笛. 中国预算管理改革的回顾与展望——“十三五”改革评估与“十四五”发展路径 [J]. 求索，2021 (02)：151-159.

[41] 彭超．财政资金统筹使用长效机制构建研究［D］．中央财经大学，2019.

[42] 青维富．论法律保留原则对我国立法的意义［J］．四川师范学院学报（哲学社会科学版），2001（04）：1－4.

[43] 孙迺翊．论社会保险制度之财务运作原则——兼评中央与地方政府关于健保保费补助之争议问题．政大法学评论，2008：101.

[44] 孙飞．政府性基金预算管理研究［D］．东北财经大学，2016.

[45] 孙硕，邓淑莲．国家治理现代化背景下的政府预算收支分类体系研究［J］．财政研究，2020（12）：22－34.

[46] 邵祥东．彩票公益金公共财政职能争论与辨析［J］．地方财政研究，2017（08）：85－90.

[47] 唐仲，张绘．政府预算的衔接性：理论探索、实践与反思［J］．地方财政研究，2016（05）：55－63.

[48] 王绍光，马骏．走向“预算国家”——财政转型与国家建设［J］．公共行政评论，2008（01）：1－37＋198.

[49] 吴俊培，赵斌．国有资本经营预算：概念界定、地位作用和问题分析［J］．地方财政研究，2015（09）：38－44.

[50] 文宗瑜，刘微．国有资本经营预算如何与公共收支预算对接［J］．财政研究，2008（01）：24－28.

[51] 熊伟，张荣芳．财政补助社会保险的法学透析：以二元分立为视角［J］．法学研究，2016，38（01）：110－126.

[52] 熊伟．专款专用的政府性基金及其预算特质［J］．交大法学，2012（01）：62－73.

[53] 徐颖珊．加强预算衔接监督刍议［J］．人大研究，2016（10）：23－25.

[54] 徐孟洲，贾剑非．论国有资本经营预算制度的法理基础与法价值［J］．政治与法律，2009（04）：2－7.

[55] 徐全红．我国全口径预算管理的问题与改革路径选择［J］．经济研究参考，2018（28）：19－30.

[56] 谢志华．重塑预算：从预算整合转向整合预算［J］．财务与会计（理财版），2012（02）：65－67.

[57] 于树一．经济新常态下发挥“四本预算”整体功能的探讨［J］．财贸经济，2016（10）：22－29.

[58] 于树一．完善全口径预算体系 深化预算管理改革［N］．经济参考报，2014－12－05（008）.

[59] 岳红举，单飞跃．政府性基金预算与一般公共预算统筹衔接的法治化路径［J］．财政研究，2018（01）：101－111＋123.

[60] 岳红举．《预算法》视阈下政府性基金的法律规制［J］．暨南学报（哲学社会科学版），2019，41（07）：76－84.

[61] 杨超，谢志华．国有资本经营预算衔接模式与选择［J］．中央财经大学学报，2020（01）：3－11.

［62］杨超，谢志华．国有资本经营预算与一般公共预算和社保基金预算的衔接模式［J］．地方财政研究，2019（10）：51－58.

［63］杨敏，许大华，卞荣华，王丹．从法律视角分析国有资本经营预算与公共财政预算的关系［J］．中国财政，2009（21）：36－38.

［64］杨克智，杜海霞．基于国家治理的国有资本经营预算机制构建［J］．北京工商大学学报（社会科学版），2018，33（02）：18－26.

［65］杨光．从专款专用转向统筹使用［N］．中国财经报，2015－09－08（007）.

［66］严新明，童星．“空账”不空——对国有资本与社保基金关系的社会时空研究［J］．社会保障评论，2020，4（02）：17－28.

［67］余鹏峰．社会保障预算法治化探究［J］．河北法学，2017，35（02）：145－157.

［68］周宇．全口径预算管理视角下国有资本经营预算若干基本问题辨析［J］．财政科学，2016（02）：16－24.

［69］朱柏铭．厘定“政府性基金”的性质［J］．行政事业资产与财务，2012（03）：7－13.

［70］朱柏铭．建立我国社会保障预算的构想［J］．财政研究，1998（02）：46－49.

［71］张荣芳，熊伟．全口径预算管理之惑：论社会保险基金的异质性［J］．法律科学（西北政法大学学报），2015，33（03）：159－169.

［72］张颖．完善我国政府性基金预算制度的探讨［D］．云南财经大学，2018.

［73］张驰，冯利红．改革开放四十年政府预算制度改革回顾与展望［J］．财政科学，2018（08）：85－99.

［74］“新增费转列一般公共预算”新政解读［J］．国土资源，2017（03）：43－45.

［75］Calvin Blackwell，John C. Crotts，Stephen W. Litvin，Alan K. Styles. Local Government Compliance with Earmarked Tax Regulation［J］. Public Finance Review，2006，34（2）.

致 谢

随着硕士论文的完成，我在中央财经大学的研究生生涯即将结束。由衷感谢学校和学院给予我机会，让我可以在这样优秀的平台读书深造。很多年前，“经世济民”四个字刻印在我脑海里，我坚信财政学可以让更多的人乃至一个时代受惠，能就读于这一专业就是我欣喜和荣幸之事。

感谢我的导师姚东旻老师，从论文确定选题到修改完善，姚老师给予我很多写作建议，感谢老师对我的谆谆教导，所有的帮助我都铭记于心。感谢王麒植老师、王斐然老师、耿纯老师、李慧青老师以及在我论文各个评阅阶段给出宝贵建议的老师们，所有的教诲我都极为珍视。感谢学校和学院的培养，感谢每位老师的辛苦付出，让我能接触到高水平的教育资源，见识多维的世界。

感谢我的挚友给予我关心和帮助，我们都会奔往各自的大千世界，望来日也能多多挂念、时常相聚。

感谢我的父母对我无条件的付出和支持，让我拥有良好的教育和生活条件，让我心有归所。

感谢我曾用多年让自己快速成长，成为一个足够坚韧勇敢的自我。

感谢我生命中的每份善意、期许、厚爱。

谨以热忱之心，拥抱星辰大海。

论文短评

点评人：丁怡

预算是公共财政的运行机制或基本制度框架。政府间预算关系是关系到国家财政体制是否健全、是否行之有效的重要因素。政府预算制度通过政府间预算关系体现，是公共财政的重要组成部分，或可称其为财政的基本制度和核心制度。王玥宁同学的这篇硕士学位论文，选择将研究兴趣聚焦于资金流转的特征，通过梳理政府预算关系的文本规则与实际衔接，作为政府预算间关系研究的着手点，具有一定的挑战性。这一思路旨在揭示预算资金在政府间下沉、流转的形式与逻辑，进一步分析政府间预算关系存在的问题，分析如何提升财政资金使用效率，进而讨论如何在全口径政府预算体系框架内调整财政收支结构。作者主要从资金路径的视角下，体现对政府间预算关系问题的认知、理解和总结，具有一定的创新意义。综合而言，该篇硕士学位论文的特点主要体现在如下几个方面：

一、布局合理，重点突出。

作者论述条理比较清晰，框架结构完善，研究的目的性强，研究重点突出。预算衔接问题在2014年《预算法》修订颁布后被学界所关注，其涉及的财政关系非常复杂，对硕士生同学来说，把握起来有一定的难度。政策文本层面虽为预算间的关系研究提供了大量资料，但四本政府预算收支管理的现实情况较为复杂，相关具体操作规则也不甚明确。作者希望从政府预算体系整体出发，对我国政府预算间关系这一命题进行较为系统、完整的描述，特别是能够形成对预算间关系的清晰建构、特征规律的有效刻画。为了突破这一难点，作者将研究问题聚焦到“四本账”的预算关系上，围绕预算间关系的中国特色问题进行研究，提高了研究的可操作性。在论文的主体部分，紧紧围绕政府间预算关系的两个维度，对预算收支边界和预算统筹衔接体系分别作重点论述，突出了研究的特色。

二、逻辑清晰、论述简明。

作者将政府预算间关系廓清为两个分析维度，即完整独立性和有机衔接性。从这两个维度对政府间预算关系进行梳理，对大量政策文件、全国政府性基金目录清单、政府收支分类科目等基础性事实资料进行了整理和分析，特别是运用预算科目这一工具来把握资金的性质和流向。论文进一步提出我国四本政府预算收支边界划定不清的现实问题——收入端割裂分布、支出端重叠交叉。在完整独立性方面，作者结合相关理论的分析和现实文本依据，对广义政府性基金性质进行重新判定，设计后续的预算收支边界调整方案。在有机衔接性方面，作者归纳出衔接资金的四种基本类型，即性质与预算功能设定相偏离的资金、使用效率不高的沉淀资金、体现公共财政职能的资金以及用于弥补历史遗留转轨成本的资金。在此基础上进一步分析其调剂动因与必要性，思路清晰、文字简洁，体现了作者分析问题、思考问题的能力。

三、建议具体，实践性强。

作者结合对政府预算间关系中资金路径问题的分析，提出有必要在三个方面对有关规则进行优化，并尝试给出了调整方案。首先，厘清“四本预算”的收支边界，是预算账本的完整独立性的保证；其次，优化预算衔接资金表，可进一步完善预算间资金流转规则；最后，延展预算统筹的衔接，特别是对转列资金等进行后续处理。论文在优化策略部的讨论，紧密结合前文所提出的种种问题，做到了有理有据、有的放矢，策略建议切实可行，值得进一步探讨。

总的来说，该篇硕士论文以政策文本分析和描述性分析为主要的研究方法，以大量规范性文本为基础性事实资料，这一方面体现了论文的研究特色与主要贡献，另一方面也由于研究材料的局限，在分析深度上对我国政府预算间关系的理解还不够深入。从历史来看，政府间预算关系是在政府预算制度的建立、发展和完善过程中逐步形成和进一步发展的。党的十九大报告明确指出“建立全面规范透明、标准科学、约束有力的预算制度”，对我国政府预算管理工作无论是在内涵上还是形式上都提出了新的要求。经济新常态背景下，财政预算关系发展和革新受制于显性和隐性财政支出压力的影响，财政资源的利用效率与可持续性问题亟待解决。论文对此进行了探索性的讨论，试图在具体的政策建议上提供新的视角。鉴于目前政府预算间关系仍属于预算体系研究中的一个新兴问题，尚未形成专门的全口径政府预算管理政策，作者对这一问题的把握还显得较为稚嫩，对政府预算间关系的讨论在四本政府预算之间的横向关系之外，尚未将纵向多个行政层级的政府预算或其他预算类型纳入讨论。但已显示出作为一名优秀的科研工作者所应当具备的基本素质。望王玥宁同学再接再厉，继续关注这一领域的相关问题，持续推进自己的研究课题，相信一定会在将来有更大的收获、更多的贡献。

我国区域金融中心建设的财税政策比较

——基于清晰集定性比较分析法

Comparison of Fiscal Policies for the Construction of Regional Financial Center in China: Based on crisp-set qualitative comparative analysis

杨宁欣

Yang Ningxin

摘　要

金融是促进经济发展的核心力量，如今世界的金融竞争在某种程度上可以看作是金融中心的竞争。中国各地金融发展水平参差不齐，不可否认，在北京、上海、深圳等一线城市金融发展水平超前，但是多数城市金融发展水平仍然欠发达。中国在未来的世界金融竞争中，既需要有影响力的国际金融中心，也需要有实力的区域金融中心。为响应国务院号召，中国已有33个城市提出了要在区域内建设国际、国家或区域金融中心。从形成模式上看，我国大部分区域金融中心建设都是政府引导型，地方政府在金融中心建设过程中出台了大量的财税政策促进金融资源的聚集，提升地方金融中心竞争力。然而，我国各金融中心综合竞争力水平世界排名仍较低，激烈的金融中心竞争也带来了同质化重复建设的风险。

目前多数文献对金融中心的讨论已经较为丰富，一方面大多数研究的研究对象集中在西方发达经济体国际金融中心，而对于具有显著政策推动作用形成的绝大多数亚洲金融中心的研究较少，另一方面，在金融中心形成的动因和路径研究中，缺少从政府作用和政策分析视角进行的研究，大多研究都使用实证方法从金融地理学等角度进行研究，少有研究纷繁复杂的地方政府政策工具及其组合对金融中心建设激励作用的。

为弥补这些缺失，本文结合我国金融中心形成模式的特点，重点回答了我国地方金融中心应当以何种模式和路径建设？在金融中心建设中地方政府发挥了怎样的作用？地方政府促进金融中心建设的财税政策工具是否有效？能否避免我国金融中心的同质化竞争？对上述问题的回答是加速我国金融中心建设，实现金融资源优化配置的关键。本文通过理论分析、国际比较、政策文本梳理及定性比较分析的方式，尝试从形成模式差异的角度阐述金融中心建设中政府作用的重要性，并在此基础上，对我国在建的33个金融中心规划政策和财税政策进行梳理与比较，建立相应的政策文本库，利用定性比较分析法对比不同政策工具和政策工具组合对我国金融中心竞争力提高的影响作用，为促进我国金融中心建设提供有效建议。

基于此，本文的六个研究部分分别为：

第一部分，绪论。金融中心是金融市场的枢纽，既可以聚集大量的金融资源，又能够促使资本在国际和国内之间流动，对于经济发展有着至关重要的作用。在此背景下，我国共有33个城市提出金融中心建设规划，作为政府引导的金融中心，财税政策在金融中心建设过程中发挥了较大的作用，而本文旨在研究政府政策工具如何在金融中心建设中发挥作用。

第二部分，研究基础。从现有文献来看，国内外目前已经形成了丰富且成体系的金融中心基础理论。本文将对国内外文献进行分析，总结一般意义上的金融中心的类型、特征与功能，整理不同文献中解释金融中心产生原因的研究方法和视角，找出现有文献中从政府政策角度研究金融中心建设文献的可加强之处，对文献使用的研究方法进行总结，找出现有研究的不足和缺失，以此作为本文的研究基础。

第三部分，不同形成模式下金融中心财税政策比较。首先对金融中心形成的模式进行概述，将其分为自然形成和政府引导两类形成模式，分别整理这两种形成模式下典型金融中心建设的税收政策，比较税收政策在不同形成模式下金融中心形成过程中发挥的作用，并以此为基础作为对我国金融中心建设中政策工具使用的借鉴。

第四部分，我国地方金融中心建设中政策工具使用情况比较。构建政策文本库，通过政策文本分析和现实梳理对我国地方金融中心建设中的规划文件和财政支持政策，总结各城市的财税政策特征，为下一部分的定性比较分析清理资料和打下基础。

第五部分，我国金融中心建设财税政策对其竞争力的影响评估。本部分选择我国29个金融中心城市为例，整理并编码其现行财税政策，选取相应指标定义了条件变量和以金融中心竞争力作为结果变量，运用清晰集定性比较分析法对我国金融中心城市财税政策工具使用效果差异进行评估，结合先前的分析，提出适用于我国金融中心建设的政策路径。

第六部分，结论与启示。本部分将进一步从本文的三个主要分析角度出发，对全文研究内容进行总结，重点结合第五部分清晰集定性比较分析的结论，对地方政府金融中心建设中制度与政策设计提出一些有效的政策建议。

通过研究，本文发现，地方政府在金融中心建设中的主要职责有三个方面，一是在顶层设计上发布规划政策，二是在微观层面上设计财税政策，三是进行监管和审批，这分别体现了政府在金融中心建设中的引导、激励和监管职责；在财税政策制定中，地方政府主要使用的政策工具分为对金融企业和对金融人才的财税政策，分别为变相的税收优惠政策、一次性落户奖励政策、办公场所补贴政策、创新奖励政策、经营发展奖励政策、金融人才补贴政策；在地方政府财税政策工具中，金融人才补贴和创新奖励是金融中心竞争力提高的必要条件，金融中心竞争力的提高更多地取决于各种财税政策工具的搭配，单一的财税政策很难发挥较好的作用，地方政府应当将多种财税政策工具的优势和劣势综合考量，结合区域特点选择合适的财税政策工具组合，实现财税政策工具搭配的互补性和整体性，避免财税政策工具的单调，同时在各种政策工具之间相关匹配和发挥应用之间需寻求合适的平衡点，对财税政策进一步完善和创新，使得地方政府在建设金融中心中有限的财政资金能发挥最大的效用。

关键词：金融中心　定性比较分析　财税政策　路径选择

Abstract

Finance is the core force to promote economic development. Nowadays, the financial competition in the world can be regarded as the competition of financial centers to some extent. The level of financial development in different parts of China is uneven. It is undeniable that the level of financial development in first-tier cities such as Beijing, Shanghai and Shenzhen are ahead, but the level of financial development in most cities is still underdeveloped. In the future world financial competition, China needs both an influential international financial center and a powerful regional financial center. In response to the State Council's call, 33 Chinese cities have proposed to build international, national or regional financial centers in their regions. From the perspective of formation mode, the construction of most regional financial centers in China is government-led, and local governments have introduced a large number of fiscal and tax policies to promote the accumulation of financial resources and enhance the competitiveness of local financial centers in the construction of financial centers. However, the comprehensive competitiveness level of China's financial centers is still low in the world, and the fierce competition of financial centers also brings the risk of homogenization and repeated construction.

At present most of the literature on the discussion of financial center has more abundant, on the one hand, most of the research object of study is focused on the western developed economies in the international financial center, and to promote formation of the most significant policy study is less, the financial centers of Asia, on the other hand, in the center of the financial form of motivation and path in the study, the lack of research from the perspective of government function and policy analysis, most of the research USES the empirical method from the Angle of financial geography research, few studies the complicated local government incentive policy tools and its combination of financial center construction.

In order to make up for these deficiencies, combining with the characteristics of the formation mode of China's financial center, what mode and path should China's local financial center be constructed? What role have local governments played in the construction of financial centers? Are the fiscal and tax policy tools used by local governments to promote the construction of financial centers effective? Can we avoid the homogenized competition of China's financial centers? The answer to the above questions is the key to accelerate the construction of China's financial center and realize the optimal allocation of financial resources. In this paper, through theoretical analysis, international comparison, policy text comb and qualitative comparative analysis approach, try from the Angle of the formation mode difference the importance of the government role in the construction of financial center, and on this basis, the construction of our country's 33 financial center planning policy and fiscal policy are compared, and combing with the library, and set up corresponding policy text using qualitative comparison analysis contrast different policy tools and tool combination's influence to China's financial center competitiveness improve, in order to promote our country's financial center construction to provide effective Suggestions.

Based on this, the six research parts of this paper are as follows:

Chapter one, introduction. As the hub of the financial market, the financial center can not only gather financial resources, but also promote the flow of capital between the international and domestic, which plays a vital role in economic development. In this context, a total of 33 cities in China put forward the construction plans of financial centers. As government-led financial centers, fiscal and tax policies play a greater role in the construction of financial centers. This paper aims to study how government policy tools play a role in the construction of financial centers.

Chapter two, the research foundation. Judging from the existing literature, abundant and systematic basic theories of financial center have been formed at home and abroad. This article will analysis of the literature at home and abroad, summarizes the general sense of the types, characteristics and function of financial center, to clarify the financial center of pattern and motivation, explains the role of government in the financial center construction, to the using research methods of literature summary, find out the shortage and lack of existing research, as the basis of this article.

Chapter three, the comparison of fiscal and tax policies of financial centers under different formation modes. First overview on model for the formation of financial center, financial center according to the forming mode differences can be divided into natural type and the government's leading and organizing overseas different form model of typical financial center construction tax policies, more tax policy in different forming modes of financial center play a role in the process of formation, and on this basis, as a financial center in China policy tools used in the construction of reference.

Chapter four, comparison of the use of policy tools in the construction of local financial centers in China. This paper constructs a policy text database, sorts out the planning documents and financial support policies in the construction of local financial centers in China through policy text analysis and reality, summarizes the characteristics of fiscal and tax policies of each city, and lays a foundation for the qualitative comparative analysis and data clearing in the next chapter.

Chapter five, the impact of fiscal and tax policies on the competitiveness of China's financial center construction. Taking 29 financial center cities in China as examples, this paper sorts out and codes their current fiscal and tax policies, and uses crisp-set qualitative comparative analysis to evaluate the difference in the effect of fiscal and tax policies in financial center cities in China. Combined with the previous analysis, this paper puts forward the policy path suitable for the construction of financial center in China.

Chapter six, research conclusion. This chapter will further start from the three main analytical perspectives of this paper.

Through research, this paper found that the local government in the financial center construction of the main duties and responsibilities in three aspects, the first is to design on release planning policy, at the top level the second is to design the fiscal and taxation policy on the micro level, the third is to regulate and examination and approval, and this reflects the government in the lead financial center construction, incentive and supervisory duties; In the formulation of fiscal and tax policies, the main policy tools used by local governments are fiscal and tax policies for financial enterprises and financial talents, which are disguised tax preferential policies, one-time settlement incentive policies, office space subsidy policies, innovation incentive policies, business development incentive policies, and financial talent subsidy policies. In local government fiscal and taxation policy tools, subsidies and innovation of financial talent reward is necessary for financial center competitiveness, financial center's ability to compete more depends on the collocation of the fiscal and taxation policy tools, a single fiscal and taxation policy is very difficult to play a good role, the local government should be a variety of advantages and disadvantages of the fiscal and taxation policy tool comprehensive considerations, combined with regional characteristics to choose the appropriate fiscal and taxation policy tools combination, realize the complementarity and integrity of the fiscal and taxation policy tools collocation, to avoid the monotony of the fiscal and taxation policy tools, at the same time correlation matching between the various policy tools and applications need to seek the right balance between, Fiscal and tax policies should be further improved and innovated to maximize the effectiveness of local governments' limited fiscal funds in the construction of financial centers.

Key Words: Financial center; Crisp-set qualitative comparative analysis; Fiscal policy; Tax policy

1. 绪　论

1.1 研究背景

金融中心的形成是一个历史、地理和政治因素相互影响、逐步形成的过程，世界上最早的的金融中心阿姆斯特丹的出现距今已有400年的历史。随着工业革命的发生和欧洲对外贸易的扩大，地理位置优越且拥有时区优势的伦敦逐渐取代了阿姆斯特丹的地位，这也是历史上第一个真正意义上的国际金融中心。在此之后，世界范围内逐渐开始大规模出现金融中心城市。

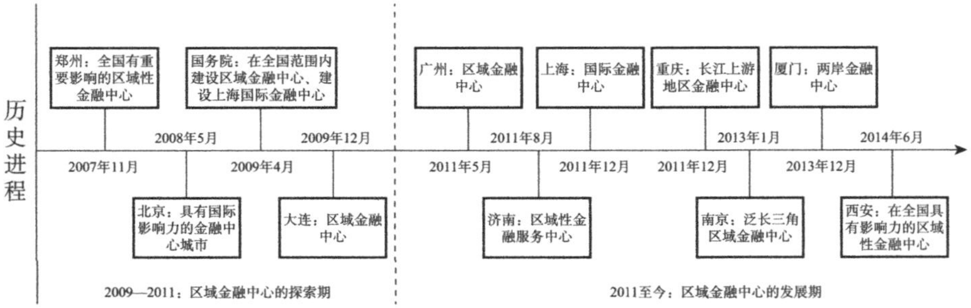

图1-1　我国金融中心形成与发展时间轴

如今世界范围内金融竞争日渐激烈，从某些意义上说亦是金融中心之间的竞争。为加快我国经济发展方式转变和经济结构转型，金融业担当了产业结构升级的重要引擎，“金融滞后”问题的解决显得尤为重要。为此，我国地方政府开始大力发展金融产业，规划国际、区域金融中心的建设，从而促使金融资源在特定的地区实现集中，地方金融中心的建设在我国渐渐兴起。与国外传统的金融中心不同，我国的金融中心大部分是在政府引导的前提下建设的。2009年4月29日国务院发布《关于推进上海加快发展现代服务业和先进制造业建设国际金融中心和国际航运中心的意见》，在全国范围内正式提出建设区域金融中心。此后，国内各大中型城市纷纷通过发文表明建设金融中心的意向，其中开始时间远早于其他城市的有北京、郑州等城市。因此，2009—2011 年，可以看作区域金融中心的探索期。真正的爆发期则是在“十二五”规划开始之后，也就是 2011—2012 年，许多城市在发布“十二五”规划时，特别是“十二五”金融业规划，确立了在区域内建设金融中心的定位和目标，越来越多的金融中心规划政策文本发布，如重庆、南京等城市。各地方政府开始按照规划实施项目，对金融企业和金融人才进行奖励、加速金融产业集聚。从这段区域金融中心数量增长迅速的时期至今，可以看作为我国区域金融中心的发展时期，如图 1 - 1 所示。

截至目前，已有 33 个城市明确提出建立要在区域内建设金融中心，使得人口、资本、技术等要素围绕金融中心城市或城市群聚拢，上海、北京、深圳作为定位为建设国际金融中心的重要城市已接连获得强有力的政策支持，国际金融中心建设进入快车道。在大力推进国际金融中心建设的同时，全国多个省会城市和核心城市也在接二连三出台促金融业发展的财税政策，希望以此为契机为地区金融发展蓄力，从而在激烈的区域金融中心金融资源竞争中脱颖而出。

金融中心是金融机构紧密聚集的区域，对于一个城市而言，金融中心能够满足经济发展过程中对金融服务所产生的需求，并且其强大的辐射作用是拉动区域经济增长的关键引擎。然而，英国伦敦金融城每年发布一期的全球金融中心指数（Global Financial Centres Index，GFCI）排名来看，在最新一期 2020 年的榜单中，全球上榜的 111 个城市中我国上榜城市已扩容至 12 个，但除上海、北京、深圳外，其余金融中心城市均排名靠后。由于政策环境、行政能力、人才环境等诸多问题的作用下，我国区域金融中心建设仍存在着很多问题，国内众多城市提出建设金融中心引发社会各界是否有此需求和必要的普遍质疑。由此可见，我国金融中心发展仍亟待完善。

结合我国金融中心建设现状看，我国金融中心的建设大多采用了政府引导模式，但在定位上有所差异。地方政府促进金融中心建设的方式主要是实施财税政策手段。地方政府在金融中心建设中主要使用的财税政策包括分别对金融企业和金融人才的财政补贴、财政奖励和变相税收优惠政策。财税政策作为金融中心制度环境的重要组成部分和政府吸引金融资源在区域内聚集的政策工具，在金融中心形成和建设、城市金融产业聚集、金融人才聚集中均发挥重要作用，但又存在不少差异。优化我国金融中心建设，必然离不开财税政策的强有力支持，对金融中心建设路径和财税政策设计的研究已是势在必行。本文将采用政策比较领域常用的新兴研究方法——

清晰集定性比较分析（Crisp-set Qualitative Comparative Analysis）的方法，对比不同金融中心城市财税政策工具使用情况，研究何种财税政策工具及其组合更有利于达到金融中心竞争力提高的结果，为我国地方政府在区域金融中心建设中的财税政策工具设计提供有效思路。

1.2 研究意义

金融发展是推动经济发展的核心动力，同时也受到经济发展的影响。从世界金融发展历史上看，政府的明晰定位、有力的政策作用和良好的制度环境是一个完善的金融中心体系的形成的必要条件。2008 年金融危机发生后，国际金融格局产生了巨大动荡，我国更应当在此时牢牢把握世界金融中心向亚太地区转移的契机，加速建设国家级甚至是世界级的金融中心，通过大力度政策支持金融业发展，提升我国在经济和金融领域的国际竞争力。

一方面，本文有助于进一步丰富相关理论研究，金融中心研究的现有文献中从政府作用视角出发的研究有限，虽有大量学者都认为政府在推动金融中心建设时应采取积极作为的态度，但其论述仅分散在各自的研究中，缺乏系统性、理论性和针对性。另一方面，本文希望通过对国外税收政策的借鉴及对我国不同地区金融中心财税政策的清晰集定性比较分析（csQ-CA），找准各种类金融中心合适的定位和适宜的政策着力点，加快我国区域金融中心的建设步伐，进一步推动我国区域经济的良好健康发展，在全球经济一体化的今天，提高我国的国际话语权。

1.3 研究方法

1.3.1 文本分析法

文本分析法是本文使用的首要研究方法。根据国务院、各省（市）人民政府、财政厅（局）、金融监管局等网站，共搜集我国 33 个金融中心城市相关规划文件和财税政策文本 200 多个。本文通过对各金融中心城市的规划文件进行梳理和对比，旨在对我国当前金融中心建设全貌进行了解，并结合金融中心城市竞争力对其支持金融中心建设中的财税政策的比较，明确各金融中心制度供给时的战略选择和政策路径。

1.3.2 国际经验对比法

文章选取了形成模式不同的两个国外金融中心作为案例对其税收政策进行总结归纳和对比分析，即自然形成模式下的金融中心伦敦和政府引导形成模式下的金融中心新加坡，以期能对我国区域金融中心建设提供参考性作用。

1.3.3 定性比较分析法

定性比较分析法（QCA）是一种从与案例相关的数据中获取因果关系的方法（Miller，2018），是由社会科学家 Charles C. Ragin 发明的。这种方法试图在因果条件组合和结果之间建立逻辑联系，不是一种通过数学推导出来的方法论，其结论是描述因果条件组合如何导致预期结果的规则，每个规则都是从因果条件到结果的可能路径，对理论和经验进行佐证。定性比较分析法的运算规则使用的是布尔代数规则，这是一种逻辑运算的规则，可以对充分条件和必要条件进行运算。文章将运用此方法对不同城市金融中心财税政策工具各种组合对金融中心竞争力的影响进行比较分析。

1.4 研究思路

各地政府积极建设区域金融中心，更大力度支持地区经济及金融发展的政策措施亦正在快速落地。其中，财政优惠政策的制定主体为地方政府，因此各地在建设区域金融中心的过程中所使用的财政政策组合存在较大差异，区域金融中心发展水平参差不齐。为给我国建设各地区金融中心的形成路径和财税政策提供参考，本文搜集了全国 33 个金融中心城市的支持金融中心建设中的财政政策（含税收政策），通过对 33 个金融中心城市政策的对比分析，找到我国区域金融中心建设精准的目标定位以及主要政策着力点，探寻优化和加快我国金融中心建设的路径。

本文主体包括四个部分。

第一部分，研究基础。从根据文献，总结一般意义上的金融中心的类型、特征与功能，归纳不同文献对金融中心形成原因的解释角度和研究方法，找出现有文献中从政府政策角度研究金融中心建设文献的可加强之处，以此作为本文的研究基础。

第二部分，不同形成模式下金融中心财税政策比较。首先对金融中心形成的模式相关理论和文献进行概述，选取并收集国外不同形成模式典型金融中心建设的税收政策，比较税收政策在不同形成模式下金融中心形成过程中发挥的作用，并以此为基础作为对我国金融中心建设中政策工具使用的借鉴。

第三部分，我国地方金融中心建设中政策工具使用情况比较。构建政策文本库，通过政策文本分析和现实梳理对我国地方金融中心建设中的规划文件和财政支持政策，总结各城市的财税政策特征，为下一章的定性比较分析清理资料和打下基础。

第四部分，我国金融中心建设财税政策对其竞争力的影响评估。以我国 29 个金融中心城市为例，整理并编码我国在建的金融中心城市现行财税政策工具，并运用清晰集定性比较分析法对我国金融中心城市财税政策使用效果差异进行评估，结合先前的分析，提出适用于我国金融中心建设的政策路径。

1.5 创新与不足

本文的创新主要体现在将清晰集定性比较分析的方法运用在金融中心建设财税政策分析上，通过此方法比较不同政策工具及组合对促进金融中心竞争力提高的作用效果，弥补了以往文献在此领域讨论的缺失。具体体现在研究视角和研究方法两个层面。在研究视角上，现有文献在探讨金融中心的形成原因和发展状况时大多采用实证的方法，鲜有从地方政府政策文本分析角度进行讨论的。同时，在对金融中心财税政策进行研究的文献中大多是对单个政策的主观理解，而几乎没有通过定性比较分析对金融中心财税政策工具组合进行分析的。基于此，本文从政策体系的角度出发，探究各类财税支持作用于各金融中心城市竞争力情况的方式和效果。在研究方法上，本研究通过收集 33 个金融中心城市的金融业财税政策文本，对各个政策文本中的财税政策工具进行归类和分析，并运用清晰集定性比较分析方法研究不同金融中心城市出台的财税政策工具效果，以期弥补对于金融中心建设中的财税政策工具组合研究的欠缺。

尽管如此，由于自身研究水平和认识的局限性，该研究还是存在诸多不足。一方面，各地政府支持区域金融中心建设的政策文本较为庞杂，且发文主体较为多样，本文在搜集政策的过程中可能存在遗漏。另一方面，本文在选取政策时主要选择针对支持金融中心建设中财税政策，具有一定的局限性，由于地方政府还有针对多行业普适性的财税政策，如针对中小企业的财税政策也同样适用与金融行业，诸如此类的政策文本同样有着统计和分析的价值，在未来的研究中还应当继续拓展政策文本库。

2. 研究基础

本部分对国际金融中心的现有研究和基础理论进行了系统的概述。在此过程中，它确定了文献中的两个关键空白。首先，国际金融中心研究的地理重点不平衡，现有研究的大部分集中在西方发达经济体。随着亚洲的经济增长和金融化，有必要了解近几十年来出现的亚洲国际金融中心。其次，现有的研究仍然集中在固定的理论和视角之间。因此，需要采取更全面的办法，将金融中心的研究和政府政策方面结合起来。

2.1 金融中心基本概念理论研究

20世纪70年代，经济学家的早期研究试图理解当时新兴的金融中心并对其下定义，如作为金融活动的集中地点的伦敦和纽约。鉴于国际金融中心在这些城市的发展处于初期阶段，这些早期研究主要集中在定义国际金融中心，以及确定导致这些早期国际金融中心出现和随后发展的因素。

首先是金融中心的概念和定义。Kindleberger（1973）对于金融中心的定义最为权威和经典，他通过历史的角度结合经济学上的规模经济效应分析了当时世界上几个主要的国际金融中心，并对金融中心做出了系统性阐释。他对金融中心的概念进行了界定，总结了金融中心形成所需要的条件和其具备的功能。金德尔伯格将金融中心定义为“具有高度专业化的职能的单一全球中心，具有向国外放贷和作为国家间支付清算所的功能”。这与Tschoegl（1989）对金融中心的定义相呼应，后者将金融中心定义为提供各种金融服务和活动的“中心市场”。Reed（1981）同样强调了国际金融中心在全球金融活动中的核心作用，他将金融中心定义为“一个城市区域，其中包含了一批专门机构，这些机构至少在一定程度上拥有促进本国经济与世界其他国家经济之间商品、服务、信息和资本流动所必需的能力”。

Reed（1981）早期的定义以及他随后对国际金融中心的研究，强调了国际金融中心的三个重要特征，这有助于指导后续对金融中心建设中政府作用的研究：（1）国际金融中心作为一个集中的金融活动中心的地位，有着推动金融资本和劳动力集群的功能；（2）政策行动的可能性，激励政策可能鼓励金融活动的密集度增长，从而建立国际金融中心成功的条件；（3）国际金融中心的城市空间性质。这三个特征对后来国际金融中心的研究者试图理解社会政治变量如何影响国际金融中心的发展带来了重要的启示，尽管这一新兴的金融中心建设中的政府作用研究仍处于相对初期阶段。

对于金融中心的分类，不同学者从多角度给出了分类方式。Johnson（1976）按照金融中心所提供服务的地理范围，将其划分为国际金融中心和区域金融中心。其中，国际金融中心是指纽约、伦敦等提供金融服务覆盖范围超越本国范围的金融中心。区域金融中心是指新加坡等金融服务范围局限于本国或相邻国家，吸引总部落户在国际金融中心的金融机构设立分支机构和子公司的金融中心。Dufey 和 Giddy（1978）从历史的角度出发以英国银行业为例，对其在漫长历史进程中逐步向伦敦迁移的过程做了详细的梳理和分析，在此基础上将金融中心划分为三种类型：传统中心、金融埠口、离岸金融中心。McCarthy（1979）按照金融中心的功能不同，将金融中心分为簿记中心和功能中心两类。簿记中心是指只是起到记载的作用，记载金融交易地点的金融中心；功能中心是指金融交易和金融业务（如证券买卖、存贷款业务）等实际发生的金融中心。Goldberg（1988）确定了与经济发展相关的因素，如进口、经济发展、目前跨国公司的数量和规模、国内城市的重要性以及时区。Reed（1981）通过聚类分析法，选取了全球80个国际和地区性的金融中心进行研究，对其进行评估排序，结合历史视角，将金融中心按照提供金融服务的范围进行了细分，按照省市级、国内、全国、区域和世界的划分档次具体分成了更加细致的5个等级。

在国内，金融中心的概念和分类问题也受到了学者们广泛的关注，起源于1990年左右。其中最为出名的是香港学者饶余庆（1997），他给出了明确的金融中心的定义，从历史回顾、地理位置等视角完成了金融中心分类图，并以供给和需求为起点解释了金融中心的成因。上述这些研究对城市建设金融中心的定位问题十分具有参考价值。

2.2 金融中心形成条件与发展动因研究

金融中心即为金融产业聚集的最高级形式，因此对于金融中心形成动因的研究，要从产业聚集理论开始。鉴于经济发展状况的原因，农业和工业先于金融的发展，学者们对产业聚集的研究在社会经济发展初期很大程度上是讨论农业和工业产业集中原因和模式的，少有研究金融产业聚集理论的。然而，随着经济增长，城市空间开始出现聚集，经济史学家 Gras（1922）从此视角出发，提出了城市发展阶段理论，其认为金融业集聚标志着城市发展的高级阶段，这也意味着学者们开始对城市中形成金融中心的过程有了初步但模糊的认识。

早期的学者们大多从外部规模经济的角度来解释金融中心形成的动因和原理。Kindleberger（1973）即是站在此角度对金融中心的形成动因进行解释的，换句话说，当一个地区形成外部规模经济时，就会有更多的金融活动参与者在此地区进行集中交易。如此一来，该地区将吸引更多的金融参与者落户。金德尔伯格指出，促成某一特定国际金融中心内金融活动集中和增长的重要因素包括面对面的市场参与者之间的互动，克服信息成本的本地化能力，以及由于时区差异造成的跨境交易错位。更重要的是，金融活动的集中和相关辅助产业的出现，如法律和会计服务，有助于国际金融中心在全球经济中发挥“交易媒介”和“空间价值储存”功能的能力。

随后，美国经济学家 Edward（1973）和 Ronald（1973）提出了“金融抑制理论”，这一理论的产生也为金融中心的形成提供了解释，即金融中心是在经济发展的推动力下形成的，反之亦能促进经济增长。Davis（1990）认为国际金融中心有望在金融服务和活动中实现充分的规模经济和集聚经济的基础上实现某种形式的“自我永续”增长，即使金融部门发展的最初动机或驱动力不再存在或不再相关，这在很大程度上是由于市场扩大以及合同、熟练劳动力和辅助服务的可获得性。

到了 20 世纪 90 年代，对金融中心的研究逐渐转向区位经济和金融地理学视角。国际金融中心不仅是一种经济现象，也是全球金融架构和地理的重要支柱。Park（1982）从区位经济的视角出发，分析了促使金融中心建成的因素，促其中包括时区优势、地理优势和政策优势等，值得一提的是，他将金融中心城市提供的法律法规与制度的灵活性和可预见性也看作是构成国际金融中心的区位优势，可见政策法规在金融中心形成过程中的重要作用。Porteous（1995）强调在研究金融中心形成的动力时提出，物理距离是金融中心形成的主要动力源。Krugman（1999）认为金融中心得形成有两种推力，分别为离心力和向心力，并建立“中心—外围”模型来解释聚集中心城市出现的过程。诸如上述这些从国际金融中心空间性和地理性角度进行的研究重申了国际金融中心城市之间的激烈竞争是由于地理位置和城市经济制度环境导致的。到了现在，国际金融中心在国内和区域两级的空间地理问题受到研究全球范围经济地理学家的特别关注。根据这些学者的研究，一些特定的城市——其中大多数是成功的国际金融中心——已经通过执行“控制和协调经济流动的更高阶功能”而成为全球经济中的重要节点（Poon，2003）。

许多国外学者亦从信息经济学和制度经济学的视角对金融中心城市的形成与发展做出了解释。Thrift（1994）认为，金融市场有着投机性，因此，进驻信息腹地是金融机构选址的优先选择，凭借地区中较为丰富的信息来对市场进行判别，而金融中心的形成即为一种大量金融机构入驻信息腹地结果。Gehrig（2000）提出了金融中心之间劳动分工的另一种解释。他认为，在信息敏感的证券交易中，可能会集中在有关这些证券的信息聚集和传播的地理位置上。Porteous（1999）从制度经济学的角度对金融中心的形成过程进行了解释，其第一次把“路径依赖”的概念引入国际金融中心的研究中。Shirai（2017）从历史的角度出发，概述了日本金融和资本市场的发展，分析了东京作为全球金融中心的领导地位。

国内学者亦从多角度对金融中心形成的原因进行了探究。唐旭（1996）对世界上主要的金融中心形成历史进行了考察分析，总结了金融中心形成的条件。冯德连和葛文静（2004）认为金融中心形成过程存在着一种“轮式模型”，并将其影响因素用“推力”和“拉力”进行阐述。孙国茂等（2013）基于 Hugh（1966）提出的金融发展的“需求反应”和“供给引导”两种模式提出了国际金融中心，形成的“自然形成”和“政府引导”两种模式。金雪军和田霖（2004）首次将金融地理学的理论系统地引入国内研究，认为金融中心也是地理的重要组成部分。潘英丽（2003）则从微观的角度对金融中心形成条件进行了讨论，重点分析了金融中心的集聚效应，并将企业区位选择理论引入金融机构区位决策中。赵晓斌等（2002）将金融中心的形成从信息经济学的角度来解释。他们认为，金融中心的形成和发展是由信息流和信息不对称来决定的。国际金融中心的形成和信息流之间有着互相决定的作用，一方面，信息的性质和流动主导着国际金融中心的发展方向，另一方面，国际金融中心的形成也推动了信息化的不断进步。陈铭仁（2010）从金融产业聚集的角度，试图通过内生性和外生性的理论分析金融机构集聚路径，并具体分析典型案例的原因如伦敦金融中心。Pan 等（2018）运用了新方法，从社会网络分析的角度出发，搜集整理了中国三家证券交易所 APS 公司的数据集，以此来展示中国金融服务企业国际化过程中所形成的地理格局和网络。

2.3 金融中心竞争力评价体系研究

近年来，国际上诸多国家开始支持金融中心建设，大批金融中心兴起，对于金融中心的评价体系和排名研究也受到了国内外学者和研究机构的广泛关注。在研究方法上，多数研究都是定义金融竞争力评价指标体系，并采用成簇分析等方法进行研究。与前文相同，国外学者对于金融中心评价指标体系的构建和排名方法的研究起步早于国内。国际金融中心的一个重要特征及其成功的决定因素是其在全球金融市场中的中心地位。与国际金融中心的“中心”地位相关联的是所支持的金融活动的数量和性质，以及人力资本和支持产业的整合。因此，学者们强烈强调金融市场的规模、流动性和复杂性，以金融机构的数量和资本或基金的流动性作为国际金融中心成功的关键决定因素（Kindleberger，1974；Choi，1986；Pagano，1990）。Reed（1981）则是运用了较为常见的成簇分析方法，选出了九个评价指标，以76个金融中心城市为案例，对这些城市进行排名，最终在竞争优势最强的11个金融中心城市中发现其存在共同特征。Choi（1986）则采用了回归分析法，选取了4个时间点的数据，以银行业为对象，将世界排名靠前的300家银行分布在14个金融中心的分支机构数量等进行了排序。Park（1982）认为金融活动的规模或数量只是衡量金融中心发展的一个指标。金融服务的类型或性质也很重要。例如，国际金融中心的特点是“重要、筹资和收集”金融中心，每种类型的中心都专门或强调一种特定类型的国际金融活动。

国内也存在着大量有关金融中心评价体系的研究。胡坚和杨素兰（2003）对在对促成国际金融中心形成的动因进行分类总结的基础上，根据政治、经济、金融等多维度建立了国际金融中心的评估指标体系。姚洋和高印朝（2007），发现国际金融中心运行过程有着高度相关性，并根据规律构建了四级指标体系。张建森等（2009）对国内外金融中心评价体系研究进行了总结和综述，结合多种理论，如产业发展理论、都市发展理论等，构建了一套符合我国金融中心城市特有特征和统计特点的评价指标体系，贯穿“钱才聚集”的核心评价原则，该评价指标从2009年起每年发布一份中国金融中心指数排名，在社会各界影响较大，也是本文后续章节中所用以参考的指标。

2.4 金融中心形成中的政府作用研究

早期的金融中心理论倾向于将其崛起与基础经济的动态和地理位置的特殊性联系起来。在这一框架内，金融中心的发展受到地理条件的限制，并由制造业或服务业的成功决定，这最终几乎没有留下指导金融中心发展的政治行动的空间。部分学者过分强调金融活动的规模和集中程度是形成金融中心的主要动因事实上掩盖了政府政策在确保国际金融中心发展和吸引金融活动方面的重要作用。首先，学者们就在金融中心形成中政府发挥作用的重要性进行了阐述，这些阐述大多分散在其他视角的研究中，并未形成体系。例如，McGahey 和 Malloy（1990）指出较好的政府优惠政策支持和人才环境等能够促进金融中心的建设。不仅如此，随着金融全球化的到来，私营部门决策者影响和塑造金融政策的能力有所增强，金融治理与私营部门的利益和偏好越来越一致（Underhill 和 Zhang，2008）。其次，学者们对推进金融中心建成的政策工具进行了研究。试图更清楚地了解金融政策如何促进国际金融中心建成的学者们注意到了这一点，纷纷提出了自己的观点，被认为有利于国际金融中心发展的政策包括确保货币的可兑换性（Nadler，1955）、优惠的税收和监管制度（McRae 和 Cairncross，1973；Choi，1986），发展一批熟练的金融专业人员（Nadler，1955；Kindleberger，1974），甚至直接政府干预或激励吸引外国金融机构。Cassis（2010）认为在世界各地，特别是在亚洲国家的金融中心，金融中心城市政府和政策制定者都在寻求将自己的城市变成国际金融中心，以获得国际金融中心成功所带来的经济效益和全球声望。国外学者 Gunter 和 Ian（1978）认为政府政策同样会影响金融中心的建设效果，其中最为核心的政策为税收优惠、放宽资本管制和外汇管制政策。

国内对于金融中心形成过程中的政策政策研究亦有一定的基础。例如，刘超和李大龙（2013）就从政府政策的角度进行研究，他们认为，政府可以从两个层面促进金融产业聚集：第一个层面，在宏观政策上，要通过科学引导和规划避免出现金融产业集聚在空间分布不均衡的现象；第二个层面，在微观激励政策上，地方政府可以通过制定财税优惠政策、构建良好的金融企业和人才环境促进金融产业及其关联产业，推动金融关联产业发展成为区域经济金融发展的主力。

2.5 本章小结

如图 2－1 所示，本章对现有的关于金融中心的研究进行了全面的概述，特别是借鉴了现有文献对金融中心进行了定义，并对政策政策在其建设中的作用进行了总结，结论如下：

（1）鉴于伦敦和纽约等西方国际金融中心的卓越地位和持续成功，现有的国际金融中心研究大多基于西方发达经济体，而具有显著政策推动作用形成的绝大多数亚洲金融中心的研究较少。

（2）作为金融活动的集中化“中心”，金融中心也会受到其境内金融活动、资本和劳动力集聚的驱动。

（3）因此，有可能通过制定政策为金融中心的成功建成建立财税激励和监管条件，鼓励金融活动聚集。

（4）金融政策制定者与金融中心内金融部门决策者之间产生了相互依赖关系，反过来影响国际金融中心的发展。

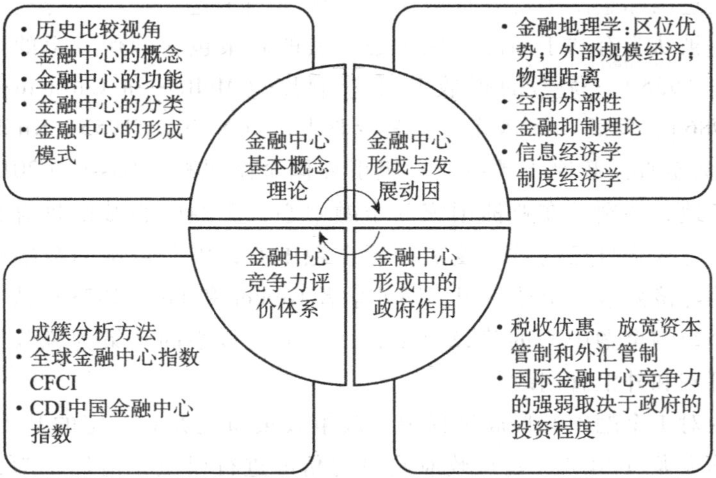

图 2－1　金融中心研究文献总结

综上所述，金融中心研究所涉及的内容广泛，以致无法将其局限与某一领域。在金融中心基础理论形成的同时，无论是从金融地理学、区位经济学、信息经济学和制度经济学的角度，国内外学者们均为金融中心形成和发展的原因作出了多种多样的解释，但是少有从政府作用、政策工具支持的角度研究金融中心发展状况。为填补金融中心研究中政策工具视角的空白，弥补过往文献中仅讨论单一政策工具或分别讨论几个政策工具，以及少有运用量化政策方法进行研究的不足。本文运用清晰集定性比较分析方法（csQCA），以我国33个金融中心城市财税政策作为研究样本，分析不同条件变量之间的多重并发的因果关系和组态，解释不同地区金融中心建设财税政策的有效工具与无效工具，并试着找出使得金融中心财税政策效果进一步提高的多元路径。

3.

不同形成模式下金融中心财税政策比较

由于西方发达经济体与亚洲后发金融中心的形成模式不同，政府政策在金融中心形成过程的政策作用、导向和效果也不尽相同，本章将通过对比老牌金融中心伦敦和后发金融中心新加坡建设过程中使用的财税政策，启发我国当前金融中心建设。

3.1 金融中心的形成模式

正如上一部分研究基础中提到的，我国学者孙国茂（2013）发现，先天区位条件和经济基础不同的城市在建设金融中心的过程中形成模式不同，以金融中心发展的路径依赖为分类标准，把金融中心的形成模式归纳为了两类（如图 3 - 1 所示），一种是自然形成模式，另一种是政府引导模式。根据 Hugh（1966）的研究，自然形成模式的金融中心是先产生金融需求，后产生聚集效应的。当经济发展到一定程度时，贸易逐渐增加，出现了一些经济和贸易体量较大的城市，为了服务和更好地匹配规模较大的实体经济发展速度，金融需求出现了，金融市场也随之应运而生，伴随着规模经济效应，金融自组织发展并开始发生产业聚集效应，金融市场开放度和自由度较高，金融企业在空间上的聚集最终导致金融制度变迁，形成国际（区域）金融中心。不同于自然形成模式下的金融中心，政府引导模式的金融中心是以“供给引导”为推力的，对于一些先天经济体量较小的城市，其金融中心的形成并不依赖于实体经济的发展程度，由政府从税收、监管等层次提供制度供给，通过政策激励刺激当地金融市场的形成和规模扩大，引导金融产业的聚集，伴随着规模经济效应，使金融企业进一步在城市中聚集，形成国际（区域）金融中心。对于不同模式下形成的金融中心，其对政府制度的依赖程度不同，财税政策供给情况差异较大。

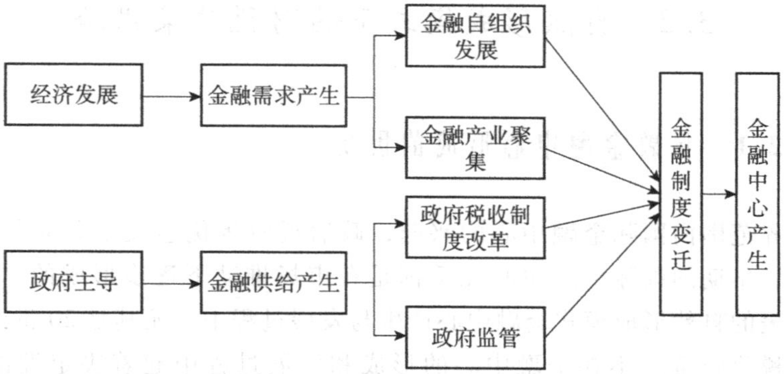

图 3-1 金融中心形成模式比较

上述两种模式下产生的金融中心在形成路径和主要动力源上差异较大。就政府引导型金融中心而言，其金融发展先于经济发展，依靠金融产业优惠等政策助力金融体系的形成，进而推动经济增长。从某种程度上讲，这种模式下形成的金融中心可以看作是政府政策助推的产物。而自然形成模式的金融中心则强调金融中心的形成是金融服务体系自身发展的必然结果，对政府政策的依赖程度更小。然而，事实上，纵观历史上所有金融中心的演化过程，几乎都是在市场推力和政府推力的双重模式下驱动的，被称为“双轮驱动”（闫彦明，2013）。因此，在自然形成模式下出现的金融中心仍然离不开政府通过行政、法律法规、经济杠杆等手段，调控金融产业的发展和运行。

本文选取了形成模式不同的两个国外金融中心作为案例对其税收政策进行分析和总结归纳。研究发现，对于自然形成模式下的金融中心（如伦敦），由于其本身经济较为发达，拥有得天独厚的区位优势，城市自然形成的金融需求较大，在金融需求的引导下，伦敦发生了以消除资本流动障碍为核心的税制改革，参与改革的税收种类主要涵盖三层，即企业所得税、个人所得税和资本利得税；对于政府引导模式下形成的金融中心（如新加坡），新加坡政府在金融中心建设中发挥巨大的作用，为了吸引金融企业落户聚集，政府的政策更具针对性和目的性，其出台的政策不是模糊的适用于各行各业，而是准确地作用在金融行业，如对基金管理行业、债券市场、银行存款准备金等的税收优惠，由于良好的制度供给，在政府税收优惠政策支持下，金融企业为了追求利益最大化，选择在该地区落户聚集。

3.2 自然形成模式下的财税政策供给

3.2.1 伦敦金融中心形成的历史

世界范围内国际金融中心的兴起，政府税收等优惠政策并非是主要推动因素，早期的国际金融中心几乎都是在市场推动下逐步形成的。在以伦敦为代表的自然形成模式金融中心产生与发展过程中，尤其是20世纪80年代前，税收政策并不在金融中心的形成和发展过程中起着决定性的作用，而是仅作为金融制度的一部分存在。国际金融中心的竞争力更多地体现在提供金融服务的能力和资金需求融通能力上。在伦敦国际金融中心早期形成和发展阶段，伦敦并未进行支持金融业发展的税制改革，其宏观税负一直处于稳定状态。可以见得，自然形成模式下的国际金融中心并不完全依赖于政策推力，而是依赖市场推力下的金融资源聚集形成的。

历史上，伦敦金融中心演变为一个典型的马歇尔产业区，为不断扩张的英国服务（Davis，1990）。随着大英帝国和英国经济作为主要工业强国的地位在20世纪的进程中下降，只能预期伦敦金融中心作为主要国际金融中心（IFC）的地位会相应下降。在二战前后，美国在战后逐步崛起，纽约也随着美国政治地位和经济地位的提升一举纽代替了伦敦成为了世界范围内最具竞争力的金融中心，这一预期确实暂时得到了满足。然而，从20世纪60年代初开始，尽管伦敦不具备纽约所享有的政治、外交或经济支持，但它却成功地与纽约竞争金融霸主地位。

伦敦金融中心是如何维持这种强劲势态的呢？这是伦敦金融中心金融家们的集体努力吗？还是英国政府的努力？抑或是历史和地理环境的独特结合？其中有一种理论指出了一系列因素，包括社会经济、政治、法律和地理因素。在这种解释下，在1986年“大爆炸”的放松监管改革的刺激下，伦敦能够利用其稳定的政治和商业环境、可靠的监管框架、优惠的政策法规条件和有利的地理位置。

1956年苏伊士运河惨败后，针对英镑的投机活动日益增多，英国政府对使用英镑作为非居民的贸易信贷实施了严格限制。许多城市银行（即主要是历史悠久的商业银行）中已成为核心业务的国际贷款逐渐衰弱。伦敦金融机构能够降低无形资产交易的一个关键的固定成本维度，即监管维度。实际上，伦敦抓住了发展国际金融市场的主动权。与普遍的看法相反，美国财政部最初反对伦敦不受监管的市场的兴起，并提出了新的监管框架的建议，而最后导致伦敦国际金融中心重新崛起的也正是监管维度。

在1980年左右，英国伦敦金融中心发生了“金融大爆炸”，推出了一系列的法律法规推动金融业的发展，种种政策的实行，都是为了在伦敦金融城内大力鼓励金融交易，其中就包括最为出名的《金融服务法案》。一方面，伦敦利用其在大英帝国中心的历史地位，发展了广泛的规模经济和市场效率。另一方面，由于一系列针对特定金融领域的歧视性监管措施，伦敦能够成为一个独特的离岸金融中心。伦敦的案例表明，发展一个庞大的国际金融中心，不仅受益于规模经济，还十分受益于政治稳定以及一个高度良好的监管和财政环境。

3.2.2 伦敦国际金融中心建设中的政策推力

20世纪80年代以来，经济全球化对已在国际金融体系中占据优势地位的伦敦等传统国际金融中心造成强烈冲击，以消除资本流动障碍为核心的税制改革对金融业发展的激励作用在全球范围内逐渐凸显。在调整制度环境和重塑国际金融中心竞争力的过程中，包括伦敦在内的自然形成模式下的国际金融中心调整了原有的税收政策。伦敦等传统国际金融中心税制改革的重点主要是对增值税、公司所得税、个人所得税和资本利得税的改革。在增值税优惠层面，伦敦将核心业务和非核心业务划分标准征税，其中对核心金融服务和业务优惠更高，可以免征增值税，而对非核心的辅助性质的金融服务则只能以正常增值税率征税，对于涉及到外资或金融业务/服务出口海外的情形与金融核心业务优惠方式类似，可以按照规定直接地免征增值税。在企业所得税优惠方面，伦敦实行单一的比例税率，企业所得税税率呈现出逐年下降的趋势。1981年至1988年，英国企业所得税率发生了大幅度的下降，从原来的52%急剧下降至35%。除了直接的税率优惠，伦敦对于金融企业采用了多层次多种类优惠待遇，给与金融业企业包括所得税税前扣除、设置抵免优惠，对于金融创新使用优惠税率等。在个人所得税优惠方面，伦敦为了吸引金融人才，采用了累进级次较低的个人所得税累进制度。在资本利得税优惠层面，税制设计以降低旨在减少金融交易成本，促进资本的国内国际流动。对于公司利得而言，资本利得税收优惠方式比较多样，包括直接的免征和少征和应纳税额扣除等。例如，如伦敦通过允许国外金融集团下属的英国金融企业之间进行损失的申报，以此来使英国金融企业获得集团减税待遇，并提供了对大型股权投资资产的税收减免或商业资产，以避免双重征税和过度限制资本流动。

因此，在这种金融中心的形成模式下，政府政策在金融中心建设中并没有起到决定性作用，在某些意义上仅作为市场推力的补充，且在金融中心建设中后期发挥作用。金融业的发展是随着经济体系发展的，在金融市场不断发达的过程中，地方政府才会根据金融市场成熟情况进一步建造金融产业制度环境，匹配金融行业发展阶段。

3.3 政府引导模式下的财税政策供给

3.3.1 新加坡国际金融中心形成的历史

新加坡作为在政府引导模式下形成的国际金融中心，影响其金融中心形成政治因素值得特别探讨。新加坡国际金融中心在形成过程中发生的政策转变和发展，超越了将国际金融中心视为金融资本流动的被动储存库的传统观点，而是认为审慎的政策行动和措施在决定国际金融中心发展方面发挥着重要作用。

新加坡作为国际金融中心的起源与1965年其作为一个主权国家成立的时间相吻合。作为一个独立的国家，新加坡从一开始就将金融服务业视为实体经济发展的关键驱动力，并将其视为自身的一个增长型产业（Montes，1999）。这种将金融服务业作为经济增长的驱动力和国民收入来源的需求，部分源于新加坡缺乏经济腹地，另一部分源于政府认识到有必要将这个新兴国家发展成一个“全球城市”，以此利用其与其他全球城市之间的联系来取得经济发展（Rajaratnam，1972）。这种早期的全球主义做法将有助于推动这个城市国家作为国际金融中心的对外定位。

在新加坡刚刚实现独立时，缺乏必要的人力和自然资源来发展强大的制造业基地。国内经济发展水平落后，金融发展水平远低于其他发达国家，在当时看来，新加坡国内的金融服务需求水平较低，不具有在国内建造国际性金融中心的必备条件。为了推动其实体经济独立于其传统腹地马来西亚，新加坡政府选择以金融服务行业为重要扶持产业进行转型，而制造业和贸易等实体经济活动辅以金融等服务。新加坡作为国际金融中心的历史发展与其政府在发展金融产业方面的政策干预和政治意愿密切相关，政府在规划和指导其金融产业的发展方面投入了大量精力，特别是通过新加坡金融管理局（MAS）的活动。

与最接近的竞争对手香港相比，新加坡金融部门有着更为“积极”的干预态度，政府在规划和指导其金融部门的发展方面投入了大量精力（Jao，1974；Yoon 1982）。此类规划和指导的很大一部分涉及到确定具有增长潜力的具体金融活动，瞄准这些活动，并通过提供税收和其他财政激励措施来刺激其发展（Tan，2006）。这种“创造利基”的努力是新加坡金融部门发展政策的一个重要方面（Lee 和 Vertinsky，1988；Ngiam，2010）。

这些努力表明，新加坡的起步、后续发展和成功，是政府在识别、定位和发展市场或具有增长潜力的利基市场方面努力的结果。因此，在新加坡发展成为国际金融中心的历史上，政府是一个重要的参与者，新加坡作为东南亚首要金融和工业中心的成功是国家的产物。

3.3.2 新加坡国际金融中心建设中的政策推力

在历史上的不同时刻，无论是创造金融市场建立的必要条件、应对外部冲击和危机，还是建立地方金融服务体系，新加坡政府都曾成功地进行过干预。从传统的监管政策到财政激励和直接促进，新加坡建设国际金融中心的政策驱动力超出了许多其他国际金融中心的中央银行和监管机构行使的政策驱动力，其政策驱动力在于的三个层次：金融监管、金融治理和特定的金融政策干预，新加坡金融产业政策讨论的中心是其主要金融政策制定者新加坡金融管理局（MAS）。本文主要对政策维度进行探讨。

在政府推动新加坡金融中心形成和发展的进程中，税收政策的调整措施及其作用具体表现为两个层次：第一层次是在 1995—1999 年，新加坡金融中心建设初期，为更好地引导和服务金融的发展，税收优惠政策主要针对金融行业；第二层次是在 2002—2004 年，新加坡金融中心快速发展建设阶段，税收优惠政策已经不再局限于金融行业，而是完成了全面税制改革，大幅降低了全行业税率，从大环境上加强经济和金融发展的活力。

在新加坡金融中心建设初期，新加坡政府的主要任务是实现重点扶持产业向金融产业过渡的转型。该阶段的税制改革主要目的是吸引金融资源，方便资本在国内和国际间流动。新加坡的金融税制改革开始在 1997 年亚洲金融危机的后一年，税收优惠政策涉及范围极其广泛，几乎涉及了金融领域所有细分行业。税收优惠的形式亦十分多样化，主要优惠方式为降低免税门槛、企业所得税减免、企业所得税税率优惠等。例如，新加坡充分发挥基金管理业务的长处，构建以资产管理业务为特色的功能型金融中心，因此，对于资产管理机构的税收优惠力度最强且免征门槛降低，其中基金管理机构若是经营的非居民资金总额达到一定数额，便可以在 5 年内免征公司所得税，特殊情况下，甚至可以将时限延长到十年，且门槛数额也降低为之前数额的一半。在吸引金融人才上，新加坡政府同样制定了个人所得税优惠政策与税收返还政策。例如，新加坡在 1999 年针对金融企业雇佣金融人才出台了所得税优惠政策，对企业雇佣非本国金融人才所需经费采取

100%加计扣除的方式给与优惠。

到了新加坡国际金融中心快速发展的时期，新加坡政府开始逐步实施全面税制改革，简化税制和降低税率不再局限于金融行业，而是逐渐覆盖到各行各业，进一步为金融快速发展创造适宜的制度环境。在企业所得税层面，新加坡政府从法律层面进行了改革，在2002年颁布了新企业所得税法，主要从两个层面更改了原有的企业所得税制度，一是在税率上有大幅降低，二是开始针对逾额部分使用税收返还等政策。在个人所得税层面，新加坡个人所得税的主要改革措施是直接地降低税率水平和间接地将纳税的累进级次减少。为了增加对金融行业高净值人员前来投资的吸引力，新加坡选择将资产管理和私人银行业务作为特色领域，并对该领域进行额外的政策优惠，入免征资本利得和遗产税等。新加坡全面税制改革的核心就在于降低税率，构建良好的税收制度环境，加强资本的流动性和金融市场的活跃程度，吸引国际投资、金融企业和金融人才聚集，形成国际金融中心建设的助推力。

新加坡政府不仅在吸引国内金融资源方面，做出了巨大的努力，在吸引外资上，也采取了许多有力的措施。在1968年，新加坡政府通过开放离岸金融业务的方式加大金融对外开放，为了降低外资入新投资的成本，决议对在新加坡的离岸外币存款的利息免于征税。另外，新加坡政府还特别承诺了美资的各类银行可以直接前往新加坡设立离岸借贷业务的“亚洲货币单位”。如此一来，新加坡政府使用较低收取较低的税收为筹码鼎力吸引外资银行入新进行金融活动，直接设立分支机构。在吸引外资的同时，新加坡也持续扶持本国的金融企业，优化国内的金融市场环境，并成功建构了独特的“内外分离式”金融管理体制。新加坡以金融的国际化为推力和活力的源泉带动本土金融产业的发展，实现金融资源内外双聚集。进入20世纪80年代，新加坡就已经一跃而成亚洲区域内十分重要的国际金融中心。根据伦敦金融城全球金融中心指数（GFCI21）的国际金融中心排名情况看，在2020年的排名中新加坡国际金融中心已经位居第三。

表3-1　新加坡促进金融业发展的税收优惠政策特点

政策特点	具体内容
税收优惠政策多集中于直接税方面	（1）金融企业所得税减免或降低税率 （2）金融企业高级管理人员个人所得税减免或降低税率
税收优惠政策形式多样	（1）降低税率 （2）缩小税基：纳税扣除、扩大免征 （3）直接减免税收：全部减免、税收抵免
税收优惠政策常态化	税收优惠政策每年出台
税收政策规范化	在政府预算报告中清晰且规范地列明

总体来看，新加坡在国际金融中心建设中使用到的税收优惠政策有着

如表3－1所示特征。第一，多用直接税收减免方式。例如对金融企业和金融人才个人都设置了相应的直接税收减免，形式通常为降低税率或特殊情况下的直接免征。第二，税收优惠形式种类十分丰富。新加坡在使用税收优惠政策工具时注重各种工具之间的协调性，而不是不拘泥于单一的优惠税率形式，还包括了通过纳税扣除、扩大免征等形式缩小税基，特殊情形下的税收抵扣等。第三，税收优惠政策常态化。新加坡政府的税收优惠政策是每年都会出台的。第四，税收优惠政策稳定且公开透明。新加坡政府的税收优惠政策每年随着预算报告发布，对于各行业的税收优惠政策具体方案都会清晰列明，所有的税收优惠政策公开透明，论述详细准确。如此一来，纳税人就能清楚地了解税收优惠政策每年的动向，方便投资行为，在进行经济活动时有法可循。除了便于纳税人外，这种清晰规范的税收优惠政策也有利于税收征收部门的行政工作，大幅度提升了行政效率和税收优惠政策的效用。

因此，这种模式下形成的金融中心，是在政府的有目的主导规划下形成的。政府部门按照区域经济发展情况做出战略决策，依靠政府大力支持的产业措施，参考金融中心形成的必备条件指标，选择相对而言更有吸引金融资源聚集潜力的城市，充分利用金融业在全行业的先导作用，并进行有目的的政府政策倾向，使得金融资源流向有潜力的城市，在较短时间内高效率建成国际或区域金融中心，最终形成产业聚集，带动区域金融业发展。

3.4 本章小结

自然形成模式与政府引导模式形成的主要差异在于国际金融中心形成和发展动力不同，因而其政府税收政策支持系统存在差异。就以伦敦为例的自然形成模式下的金融中心而言，税收优惠政策力度显著低于政府引导模式下形成的金融中心，其税收制度较为中性，优惠范围较广，主要目的是维护市场稳定和提升市场资源配置效率。从新加坡为例的政府引导模式下的金融中心的政策经验来看，税收优惠政策力度较强且发挥着主要推动力的作用，依靠税收优惠形成竞争力，提高要素流动能力，税收优惠政策目的性明确。为推动国际金融中心的进程，新加坡政府设计了细致、复杂和多层次的税收政策体系，主要采取调整税制结构、税前扣除项目和给予特定类型金融产品税收优惠等措施，并随着金融业的发展和金融监管需求的变化，完善针对专门行业和具体业务的税收政策。

表 3-2　　不同形成模式下金融中心政策对比

政策对比	形成模式	
	自然形成模式	政府引导模式
政策功能	经济发展带动金融需求	政策带动金融产业发展
政策作用方式	对经济产生被动式反作用	针对性强且作用力度大
政策特点	市场自由程度大	政府干预程度高
推动力	经济增长	财税优惠政策

无论是何种模式下形成的金融中心，经济发展水平的推动作用都是不可或缺的，但是政府力量也不容小觑。不同的是，政府引导模式形成的金融中心在建设初期更加依赖于财税优惠政策的作用，然而这两种模式到了金融中心建设的中后期的发展都离不开政府政策，政策活动在两种模式中都拥有一定的活动空间，政府通过合理的设计金融产业财税优惠政策，为其营造适宜的发展空间，如表 3-2 所示。

尽管如此，新加坡作为国际金融中心的成功很大程度上得益于政府的能力，特别是通过金融管理局，制定和实施相关和有效的扶持金融产业的政策，在确保金融稳定和市场发展之间取得平衡。简而言之，新加坡的金融部门治理既有特定的政策方面，也有与能力相关的方面。因此，其他国际金融中心从新加坡经验中获得的政策教训与具体政策和政府能力有关。从纯粹的政策角度来看，新加坡有能力在金融部门监管和促进之间取得平衡，这表明有必要明确政策制定过程，并在执行过程中进行调节。在制定方面，采取政策设计的视角可以确保更清晰地描述政策制定者在其政策“工具包”中拥有的各种类型的政策工具（Howlett，2015）。

由上述国际经验对比可知，对于先天区位优势、经济体量优势较小的城市来说，政府通过给予政策扶持和正确引导，就能够在较短时间内加快金融中心的建成。我国当前大部分的区域金融中心都是在政府引导和财税政策支持下进行建设的，应选择以政府引导为主的形成模式。根据本章的分析可知，为了引导金融资源在区域内聚集，政府引导形成模式下的金融中心针对金融企业所得税的优惠鼓励，针对金融企业高级管理人员和金融人才的个人所得税优惠鼓励政策均必不可少。而我国绝大多数金融中心都是在政府引导模式下进行建设的，因此，我国地方政府如何建立行之有效的促使金融资源聚集形成金融中心的财税政策体系是一个值得深入探讨的问题，本文将在接下来的部分对此问题进行分析。

4. 我国地方金融中心建设中政策工具使用情况比较

4.1 地方金融中心政策文本库的构建

4.1.1 政策文本的来源

用于本文研究和分析的政策文本源自我国国务院官网、中国人民银行官网、国家税务总局官网以及33个提出建设金融中心的省级和市级地方政府、财政局、发展与改革委员会、金融监督管理局官网发布的与金融中心建设相关的政策文件。2008年4月，北京市政府发布了《关于促进首都金融业发展的意见》，这是我国地方政府首次用正式发文的直接提出在城市内建设国际金融中心。因此，本文政策文本库选择以2008年为起点，以最新的年份2020年为时间区间的终点，收集地方政府关于金融中心建设的相关政策文本。最终，本文的政策文本库收集到2008—2020年期间我国国家层面直接提出的和33个提出建设金融中心的省级地方政府层面、市级地方政府层面与金融中心建设直接相关的法律、法规、意见、通知、办法、资金实施方案、规划等文件。

从国家层级到地方层级，我国政府在推动金融中心建设中都积极作为，特别是地方政府层级尤为重视本区域内金融中心的建设。据统计，目前至少已有33个大中型城市明确发布了当地金融中心的建设规划。各地区促进金融中心发展的财税政策也开始随之发布，许多省市相继成立了金融工作办公室，主要负责规划金融中心的建设，协调金融产业的发展。因此，地方政府支持金融中心发展的政策主要有两个层面，一个是地方金融中心发展规划文件，另一个是地方政府促进金融中心发展的财税政策文件。其中地方金融中心发展规划文件的主要形式为《××市人民政府关于印发××区域金融中心建设总体规划的通知》《××省金融业发展第十三个五年规划纲要》等。地方政府促进金融中心发展的财政政策文件的主要形式为《××市市级金融业发展专项资金实施方案》《××市人民政府关于印发扶持金融业发展若干措施的通知》《××省人民政府关于促进金融产业发展的若干意见》等。

4.1.2 政策文本库的构建方法

为了便于文章分析，政策文本库分为了地方金融中心发展规划文件和地方政府促进金融中心发展的政策文件两个部分。地方金融中心发展规划文件按照文件名、发文主体、时间、目的、金融中心的定位、是否出现促金融业发展的相关促进政策等对所收集政策文本加以整理并对每个政策文本的主要内容归纳总结。地方政府促进金融中心发展的政策文件按照文件名、发文主体、时间、目的、使用到的财税政策工具、具体的财税政策内容等对所收集政策文本加以整理并对每个政策文本的主要内容归纳总结。此外，为了更好地归纳和对比不同地方政府财政政策工具的使用情况和政策偏好，本文通过对地方政府出台政策文本的总体分析，初步把支持金融中心发展的财政政策工具分为针对金融机构的降低其在本地经营生产成本的优惠政策、吸引金融人才和高级管理人员的优惠政策、促进金融机构发展的优惠政策三大类，其中具体细分情况和方法如图4-1所示。对各金融中心使用的财政政策工具逐一在每个政策文本上搜索，后将结果以“0（无）”“1（有）”的方式在文本库中显示以便研究。

4.1.3 政策文本库构建的意义

本研究通过对地方金融中心规划政策和地方金融中心发展支持政策的发文机构、发文时间、财政政策工具使用情况等方面的梳理分析，以政策文本为基础，找出我国目前政府在金融中心建设中发挥的作用以及金融中心建设过程中政策工具的使用情况。另外，本文所需政策文本发文主体复杂，涉及全国30个省份的33个城市，政策内容梳理过程相对复杂和繁琐。由此可见，作为本研究的基础，建立一个收文既全面又具代表性政策文本库非常重要。

4.1.4 政策文本库可能存在的不足

第一，政策文本收集过程中可能会出现遗漏。本文涉及33个金融中心

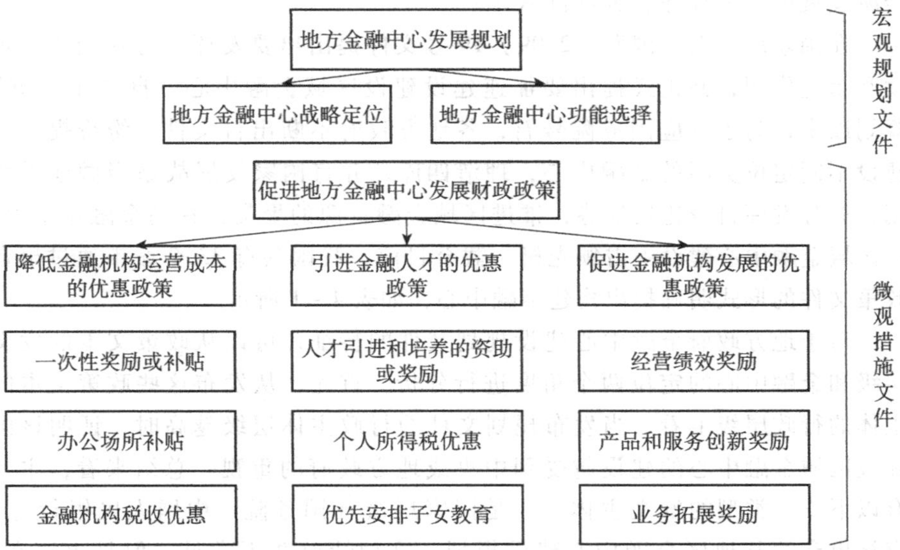

图 4－1　政策文本库构建的方法及体系

城市的政策文本，其中发文主体除了金融中心城市政府以及所在省级政府外，还有国家层面和区级的发文；本文将文件的类型限定在地方金融中心规划文件和促金融业或金融中心发展的优惠政策上，由此可能会遗漏部分地方中小企业或其他特殊类型企业普适性的优惠政策。

第二，将政策内容汇总时可能存在主观性。在促进金融中心城市发展的优惠政策收集时，金融中心城市中重点建设的区的人民政府及相关部门也会出台相应的政策，部分区级政府出台的文件可能会与上级人民政府出台的文件重复，或在只有区级政府出台文件的金融中心城市，不同区级政府之间政策存在微小差异，本文在总结和取舍的过程中可能存在主观性，无法做到完全准确。

4.2　基于政策文本库的金融中心发展规划政策比较

首先，地方政府为稳步推进金融中心建设，往往会发布地方金融中心发展规划纲要，并说明地方金融中心的定位，提出金融中心的发展目标等，这也是各地方政府金融办公室的重要职能之一。在 33 个我国金融中心城市中，大部分城市已经通过各种类型的法规文件明确发布了专门的金融业发展规划或金融中心建设规划，以此来作为指导地方金融业发展和金融中心建设的总领性纲要，突出建设金融中心的战略意义，规定主要任务和地方金融发展的主要任务、重点目标等。

在国家层面上，国发〔2009〕19号文件提出出要发挥上海在全国的带动和示范作用，并正式提出要加速建设建设区域金融中心。自“十二五”规划以来，为了响应国务院号召，各地方政府不断出台文件，纷纷提出要建设不同定位类型的金融中心，理清四库，并将国家发展战略当做建设原则，充分发挥自身比较优势，推进区域金融资源的聚集，提高金融竞争力，在区域金融中心建设中占领先机。截至目前，我国共有33个城市通过出台政策文件的形式明确提出构建金融中心，如表4－1所示。

对于地方政府金融中心建设规划文件的特征，可以从政策文本的发文层级和金融中心的定位两个角度进行分析。首先，从发布这些政策文本的主体的行政层级上看，当发布规划文件的行政主体层级越高时，证明该国际或区域金融中心的建设越受到中央或地方政府的重视。总结来看，主要有以下三个类型的发文主体、一是国家层级（国务院、中国人民银行等）直接出台的某地区金融中心建设规划。这种情况并不常见，但是也存在，比如国务院直接发文提出要加强国际合作，利用好昆明市的地理位置优势，建设主要金融业务和提供服务的范围针对东南亚、南亚的区域性金融中心；发改委直接发文提出在杭州建设区域金融中心；哈尔滨区域金融中心建设方案则是由中国人民银行直接提出的。可以发现，若是由国家直接提出建设区域金融中心，建设速度和成果就产生了质的飞跃。二是省一级政府直接发布的金融中心规划文件。省级政府相关政策文件一般不会特别具体全面，只是提出区域金融中心建设的纲领性目标，即在整体性的全省金融业发展规划中体现，但是也存在着例外情况，比如山东省较为重视济南市区域金融中心的建设，直接由省政府发布了规划文件，而不是市级政府发布的。三是由市级政府发布的金融中心规划文件。一般来说，为了方便安排具体的工作分工和任务执行，市级政府才是最主要和常见的规划文件发布行政主体。但是从现有收集到的政策文本来看，仍然存在很多金融中心建设城市的市级政府并未提出相应的详细规划，这一问题也还有待解决。

从金融中心的定位来看，部分城市在规划文件中并未指明将建设的金融中心是何定位，仅笼统称作区域金融中心，另一部分城市则已在规划文件中明确了金融中心的定位。参考第二章研究基础中Johnson（1976）对于金融中心的分类，我国地方政府规划文件对本地金融中心的定位也大体上分为了国际金融中心和区域金融中心。其中，国际金融中心提供金融产品和服务的范围远远超过区域金融中心，更具影响力，其金融服务的范围不限于本国或少数邻近国家，而是服务范围和影响力度覆盖全球，具备吸引世界范围内的金融企业总部落户或在该地设立分支机构和子公司的能力。

我国地方政府对于区域金融中心的定位比起理论研究更为细化丰富和符合我国实际情况。

表 4-1 我国 33 个区域金融中心及其目标定位

金融中心	目标定位	金融中心	目标定位	金融中心	目标定位
北京	国际金融中心城市	大连	区域性金融中心	苏州	长三角地区区域性金融中心
天津	北方现代金融中心	上海	国际金融中心	无锡	海峡两岸金融与科技合作的试验区和上海国际金融中心的辐射区、承接区、拓展区
石家庄	京津冀金融副中心	济南	黄河中下游地区具有重要影响力的区域性产业金融中心	杭州	区域金融中心
哈尔滨	对俄离岸金融中心	青岛	以财务管理为特色的金融综合改革示范区	宁波	国际化程度高、创新能力强、辐射范围广的区域金融中心
长春	东北亚区域性金融服务中心	南京	泛长三角区域金融中心	温州	高端财富管理中心
沈阳	以产业金融为特色的东北区域金融中心	厦门	两岸区域性金融服务中心	福州	海峡两岸区域性金融服务中心、海西现代金融中心
南昌	包括金融业在内的服务业综合改革试点区域	合肥	金融大数据中心、长三角西翼区域金融中心	郑州	中原经济区金融机构及企业总部聚集中心
长沙	区域金融中心	武汉	中部区域金融中心	深圳	国际化创新金融中心
广州	国家级绿色金融改革创新试验区	南宁	区域性国际金融中心	海口	海口金融机构总部聚集区
重庆	国内重要功能性金融中心	昆明	面向南亚东亚区域性国际金融服务中心	成都	西部金融中心
西安	西北内陆的区域性金融中心	乌鲁木齐	中亚区域金融中心	常德	泛湘西北金融中心

就我国地方政府的规划文件而言，共有三个城市提出要建设国际性的金融中心，即一线城市北京、上海、深圳，即建设提供金融服务范围超过本国界限，能够吸引国外金融资源聚集的金融中心。北京作为我国的首都，具有天然区位优势。一直以来，北京市的金融产业都保持着较快的增长速度，金融人才环境在全国范围内遥遥领先，金融企业和金融人才的集聚效应均十分明显。北京早在 2008 年市政府下发的《关于促进首都金融

业发展的意见》文件中明确提出，要将首都建设成为国际金融中心。同样，自我国改革开放以来，由于沿海城市受到了政策倾斜，上海市和深圳市的金融产业在极大的优势下得到了较早的起步和发展。另外，上海市和深圳市在我国有着极佳的区位优势，再加上是沪深两个证券交易所的所在地，这两个城市金融竞争力较强，具备了建设国际金融中心的优势条件。在政策支持方面，上海在我国金融发展历史上一直有着举足轻重的位置，因此，也受到了政府政策上的重视。上海的金融中心建设规划文件是由国务院直接提出的这意味着上海国际金融中心的规划文件是由中央层级直接提出的，可见其重视程度。此后，拥有了国家的支持，上海国际金融中心建设态势迅猛，连续推出了包括筹划国际板、持续扩大金融开放等在内的共 93 项需要完成的任务。同样，深圳提出的金融中心建设规划也是在国务院的支持下进行的，从顶层设计到整体推进，深圳将建设包括全球性的“金融中心”“物流中心”等在内的不同类型的五大中心，聚集发展效应明显。

除国际金融中心外，在我国城市间更为广泛兴起的其实是区域金融中心的建设。对于区位优势、经济体量和金融聚集程度不及北京、上海、深圳的城市而言，建设辐射范围仅在一定地区内的区域金融中心较为符合自身的经济和区位情况。在地方政府对区域金融中心的建设规划文件中，地方政府结合自身实际条件对本地所要进行建设的区域金融中心进行定位，因此，区域金融中心的定位又分为了跨省金融中心、沿边金融中心、省内金融中心三种。

跨省金融中心是我国区域金融中心中最常见的一种定位，也是建设密度最大，竞争最为激烈的一类区域金融中心。本文同样参照以提供金融服务的地理范围为分类标准，跨省金融中心是指提供金融服务范围覆盖本省及超越本省分为的相邻区域或城市的金融中心。例如，在华北地区，各省会城市和省内强市的定位则较为分散，各城市有着自己的考量。天津、石家庄距离较近，但由于政府着眼角度不同，提出的金融中心定位也各有特色，天津为巩固其区域内的经济地位，定位为北方现代金融中心，而石家庄政府看重京津冀协同发展战略，定位为京津冀金融副中心。作为山西省会的太原市基于其地理区位上的优势，定位为承东启西的区域金融中心。在东北地区，地处于此地区的省会城市长春、沈阳和作为计划单列市的大连均定位为了东北地区金融中心，竞争较为激烈。在华中地区，主要的强市是武汉市和长沙市，这两个城市在对金融中心的定位上也较为相似，均定位为中部金融中心，作为河南省省会的郑州市也提出了类似的定位，但还多加了辐射中西部的目标。在西部地区，由于是内陆区域且强市较多，针对西部金融中心的竞争显得最为激烈，其中作为直辖市的重庆市和作为省会城市的成都市分别不甘落后地发布了自己的区域金融中心建设规划文件，位于我国西北部的西安市也紧随其后，参与了西部金融中心的争夺，定位为西部重要金融中心。目前，跨省金融中心建设范围十分密集，若是在相同或者地理位置相近的区域内提出建设区域金融中心的城市数量较多时，对金融资源的争抢就难以避免，容易形成恶性竞争。

沿边金融中心主要是指边境、沿海地区根据自身区位优势建设的外向型区域金融中心，主要任务是扩大金融开放，吸引国外金融资源聚集。中国人民银行指出，沿边金融综合改革试验区的主要任务之一是推动沿边大开放。该政策出台后，昆明提出要面向南亚东亚建立区域性金融中心；哈尔滨由于与俄罗斯距离较近，进而利用此优势提出建设对俄离岸金融中心的定位，充分发挥中俄金融联盟作用；乌鲁木齐同样能够基于其地理优势，在“一带一路”战略的大背景下，定位为面向中亚的区域金融中心；而福州、厦门都定位为面向台湾的区域金融中心。

省内金融中心是指提供金融服务的范围局限于本省内，主要吸引本省内金融资源集中的金融中心。比如，作为省内强市的常德提出建设泛湘西北金融中心。

虽然近年来各个区域金融中心的相关评价指标数据从正面反映了各金融中心城市金融产业发展的向好趋势，但从地理角度上看，提出区域金融中心的城市密度较大，分布较为集中，同质化竞争现象难以避免，且只会随着时间越来越激烈。同质化竞争必然会带来重复建设和资源浪费的风险，为了促进我国高密度情形下区域金融中心建设的分工专业化和精细化，地方政府应当根据区域中的地理优势和经济条件优势选择自身的金融中心定位，通过实现金融中心的细化和差异化专业分工来提高自身对金融企业和金融人才的吸引力，从而脱颖而出。

4.3 基于政策文本库的金融中心财税政策比较

由于我国各金融中心城市对所建金融中心的规划不尽相同，不同定位的金融中心使用的促金融业发展财税优惠政策工具的种类和强度也差异较大，可比性不强，因此，本文在接下来的政策对比中，将我国在建的33个金融中心按照其规划文件中的定位分为国际金融中心和区域金融中心分别进行比较分析。

4.3.1 国际金融中心促进金融中心发展财政政策比较

我国提出要建设国际金融中心的城市是北京、上海和深圳三个城市，这三个城市区位优势明显，故而无论是在经济发展水平、金融机构数量、金融市场规模还是金融人才数量上都远远高于其他金融中心城市。这样看来，北京、上海和深圳不仅是国内地位，在国际地位上，均是举足轻重的金融中心。此外，在政府政策支持层面上，这三个城市直接受到中央政府政策支持，在地方政府层面，这三个城市也出台了较为系统的支持金融中心建设、促金融业发展政策。

（1）降低金融机构成本的优惠政策。

一是一次性奖励或补贴。一次性奖励或补贴是指为了吸引金融企业来本地落户，在金融企业在当地新注册或者设立分支机构时，地方政府会给与其一定的奖励或补贴，这种财政奖励或补贴大多是一次性的。从奖补方式上看，通常来讲，地方政府对于金融机构的一次性补贴根据金融机构落户时的注册资本数额或者注册类型进行分级补贴。

表 4-2　国际金融中心金融机构总部入驻的一次性奖励措施

城市 注册资本	北京	上海	深圳
10 亿元以上	1000 万元	按照注册资金百分比进行奖励，上限为 200 万元—1500 万元	2000 万元
5 亿—10 亿元	800 万元	同上	1000 万元
2 亿—5 亿元	500 万元	同上	800 万元
1 亿—2 亿元	500 万元	同上	500 万元
1 亿元以下	—	同上	500 万元

如表 4-2 所示，从奖励（补贴）金额来看，对于金融企业总部落户的一次性奖励或补贴，北京和深圳均是按照金融企业的注册资本额分级进行补贴，北京的最高额度要远远低于深圳，分别为 1000 万元和 2000 万元。上海的补贴方式与北京、深圳不同，且更加精细和复杂，其对金融机构业务类型进行了分类，如基金管理公司、资产管理公司、证券公司等，再对不同类型的金融企业给与注册资本 1%—5% 不等一次性落户奖励。由此可以见得，深圳的一次性奖励（补贴）金额最高。

从奖励（补贴）涉及范围上看，北京未规定对金融企业类型做出明确的划分；上海对补贴金融企业进行了详细的分类，不仅包括银行、证券等传统金融企业，及信托等金融中介机构，还将股权投资等准金融企业和功能性金融企业纳入了补贴的范围；深圳将财务公司和村镇银行纳入了补贴的范围。由此可以见得，上海的一次性奖励（补贴）范围最广。

对于金融企业的在本地新设立分支机构的奖励，北京并未对其进行详细的区分和说明；上海按照实缴注册资本的3%给予一次性投资奖励；深圳以分支机构投入的营运资本为依据分级奖励，北京并未对其进行详细的区分和说明；深圳的奖励额度比较高，具体来看，对不同类型的一级分支机构分类设立了50万—200万元不等的奖励。

二是办公场所补贴，该政策可以分为自购或自建办公房和租用办公场所补贴两种。对于购置或自建补贴，不同金融中心城市有不同的补贴标准，既有按照按购买办公房的占地面积为基准进行补贴的，也有按购买办公房的总价格为基准进行补贴。对于租赁补贴，一般各金融中心城市标准比较统一，一般以租房价格的基准并规定年限进行补贴。

北京、上海、深圳三个国际金融中心城市均对办公场所补贴作出了明确的规定。如表4-3所示，对于购买或自建办公房补贴而言，北京、上海、深圳均采用一次性补贴的形式，北京按照购置办公场所面积进行补贴，上海和深圳均按照购房房价的百分比进行补贴，并规定最高上限金额。其中，深圳的购置办公房一次性补贴力度明显高于上海，而北京并未规定补贴金额上限。对于租赁补贴而言，北京和上海的租金补贴年限均为3年，而深圳的租金补贴年限为5年。

表4-3　　国际金融中心城市办公场所补贴政策对比

城市	购置补贴	租赁补贴
北京	每平方米1000元人民币	总期限为3年（依次为50%、30%、10%三挡）租金补贴
上海	金额为购房价格的2%，最高额度为1000万元	期限3年，金额为年租金的20%，最多300万元/年
深圳	金额为购房房价的10%，最高额度为5000万元	总期限为5年，金额为前3年租金的30%，后2年租金的15%

三是金融机构税收优惠。我国现行法律指出，各类税收的立法权都是中央政府的权力。1994年，我国进行了分税制改革，中央政府将各个地方政府先前的自行制定税收免征、抵免等优惠政策的权力统一收归中央。地方政府自此以后不再具备单独设置本地区内税收优惠政策的权力。因此，经过此番地方税收优惠政策整理肃清后，残余的地方政府税收优惠政策几乎没有，多数地方政府只能选择采取变相的替代方法。比如，首先按照法

律法规的规定和标准正常地进行征税，之后再采用财政补贴或者财政奖励的变相形式将先前从金融企业征收的地方税款按照一定的比例返还给纳税金融企业。本文将这种方法看作一种变相税收优惠的方式，在政策文件里通常以“综合贡献奖励”的形式出现。北京均未对此项优惠政策形成明文规定；上海根据企业的经营情况给予一定的综合贡献奖励，综合贡献的测度大都以纳税数额为基数；深圳对金融服务中介机构缴纳的上一年度企业所得税税款达到相应额度的实施奖励办法，财政奖励金额最高可以到达500万元的水平。

（2）引进金融人才的优惠政策。

一是人才引进和培养的资助或奖励。如表4-4所示，就人才引进而言，北京、上海、深圳对于人才引进的一次性补贴均为安家费补贴、租房补贴等，其中仅上海详细规定了人才引进安家费和租房补贴的金额及具体补贴办法，北京和深圳都未给出详细的明文规定。就人才培养而言，北京并未出台相关金融人才培养或深造奖励政策；上海规定对于高级管理人员的学习深造，按照其经济社会发展综合贡献给与奖励；深圳市人民政府出台了专门的支持办法，对金融从业人员在职提升职业素质等行为给与奖励，并对金融人才实施发展晋升奖励等。

表4-4　国际金融中心城市金融人才引进与培养政策对比

城市	人才引进	人才培养	个人所得税
北京	可向市人事局或其委托机构申请经费资助	—	既包含直接奖励，也包括间接优惠
上海	给与安家费补贴20万—50万元不等，给与3年期限的租房补贴	鼓励开展各类培训学习和深造，对高管给与综合贡献奖励	—
深圳	采用“一事一议”的方式，包括提供人才公寓、科研支持等	《深圳市支持金融人才发展的实施办法》	—

二是个人所得税优惠。个人所得税优惠包括直接奖励和间接优惠，直接奖励是指对于高级管理人员上一年度所缴个人工薪收入所得税地方留成部分纳税额度的百分比直接予以奖励，间接优惠包括金融人才所获奖金免征个人所得税、股权期权征税按月分摊等。在国际金融中心城市中，北京对于金融人才个人所得税的优惠力度较大，既包括直接奖励，也包括间接优惠，即对于有重大贡献的金融人才所得奖金免征个人所得税等，对于高级管理人员，可按个人所得税地方留成部分80%的比例给与财政奖励；上海和深圳并未对在个人所得税层面给与优惠。

三是优先安排子女教育。北京市对企业高管来京有普适的子女优惠入学办法，金融企业同样适用于此办法，即《关于来京投资企业高级管理人员子女在京上学问题的实施办法》，上海和深圳也对金融人才子女就学出台了详细的优惠政策。

（3）促进金融机构发展的优惠政策。地方金融中心的建设，不只是需要从数量上吸引金融企业的落户，在金融企业落户后，更需要金融企业能够在区域金融中心内有良好的发展，逐渐扩大业务规模，推动当地金融业的总体发展。基于此，各地方政府也出台了帮助金融企业后续发展的一系列优惠政策，主要包括对区域内已落户的金融企业增加注册资本、在当地为扩展业务新设立分支机构、进行收购并购业务、进行金融产品和服务的创新等活动进行奖励，加强金融服务于实体经济的功能，助力区域金融中心竞争力的提高。

一是对金融机构的业务扩展给与奖励，业务扩展包括金融机构的合并、增资、上市等。北京和上海并未在金融机构业务扩展奖励方面出台详细的规定，而深圳对金融企业的重组活动给与奖励，通常根据实际金额等情况给与一次性奖励，最高可达500万元。

二是金融机构的经营绩效奖励，北京和深圳对此项未作出明文规定，上海对经营绩效、市场占有率、创造就业岗位数量等各项金融企业经营指标进行考核，对于发展成果显著的金融企业，上海设立了专项扶持资金予以奖励。

三是金融产品和服务创新奖励，即支持金融创新的相关奖励。北京、上海、深圳三个城市都对此作出了规定，鼓励在产品、技术、服务、管理等多维度多方式的创新。其中，深圳市是金融创新奖开设的先行者，并且其设置的奖金额度较高，根据金融创新的情况，金融企业最多可以获得100万元的财政奖励。

4.3.2 跨省金融中心促进金融中心发展财政政策比较

根据各地金融中心规划文件中的定位，定位为跨省金融中心的城市最为常见，包括重庆、天津、大连、沈阳、长春、济南、石家庄、杭州、南京、广州、武汉、郑州、长沙、合肥、南昌、成都、西安、南宁、海口、青岛、苏州、宁波、无锡、温州。这24个跨省金融中心城市密集程度可见一斑，竞争较为激烈。为了在竞争中脱颖而出，各城市出台的促金融业发展政策也较为全面。

（1）降低金融机构成本的优惠政策。

一是一次性奖励或补贴，跨省金融中心对新引进金融企业的落户补贴情况如表4-5所示，除温州外，几乎所有的金融中心城市都使用了此种政策工具激励金融企业落户。从补贴金融上看，一般按照新注册企业的注册资本额给与相应的补贴，补贴金额上限一般为1000万元。部分城市的补贴金额较高，可到达5000万元以上，其中大连、济南、宁波、青岛对于金融企业的一次性落户补贴最高可达1亿元。而长春、南宁、海口三个金融中心城市的一次性补贴金额相对较低，最高不足1000万元。从补贴方式来看，跨省金融中心对于新注册金融企业的补贴方式主要分为两种，一种是根据注册资本额分档进行补贴，另一种是不进行分档，直接以注册资本总额的百分比为标准进行奖补。其中，南宁并未规定明确的补贴方式，仅规定根据注册资本、企业规模给与500万—1000万元一次性奖励。

表4-5 国际金融中心金融机构总部入驻的一次性奖励措施（单位：万元）

注册资本＼城市	重庆	天津	大连	温州	沈阳	长春	济南	石家庄
10亿元以上	1000	5000	3000—10000	—	1000	300	3000—12000	1000
5亿—10亿元	800	2%	1000	—	1%	150—300	1000	800
2亿—5亿元	600	2%	500	—	1%	60—150	500	500
1亿—2亿元	500	4%	300	—	1%	60	300	500
1亿元以下	500	4%	100	—	1%	30	100	—
注册资本＼城市	**杭州**	**南京**	**广州**	**无锡**	**武汉**	**郑州**	**长沙**	**合肥**
10亿元以上	1000	1000	2000—2500	3000	1000	1000	3000—5000	3000
5亿—10亿元	800	800	1500	1500—3000	1%	700	2.5%	500
2亿—5亿元	500	500	1000	1000—1500	1%	400	2%	200
1亿—2亿元	500	500	800	500—1000	1%	400	2%	200
1亿元以下		—	500	—	1%	—	100	200
注册资本＼城市	**南昌**	**成都**	**西安**	**宁波**	**南宁**	**海口**	**青岛**	**苏州**
10亿元以上	1000	4000	6000	10000	50—500	100	2000—10000	50—300
5亿—10亿元	1%	1%	6000	4%	50—500	100	4%	50—300
2亿—5亿元	1%	1%	500	4%	50—500	100	4%	50—300
1亿—2亿元	1%	1%	200	4%	50—500	100	4%	50—300
1亿元以下	1%	1%	—	4%	50—500	100	4%	50—300

二是办公场所补贴。除温州外，其余跨省城市均出台了新引进金融企业办公场所补贴相关政策。部分城市并未给出购置办公房补贴和租赁补贴，如重庆、苏州、石家庄等。在明确规定办公场所补贴的城市中，就购置补贴的金额来看，多数金融中心城市标准相同，都是根据自行建设的办公房面积进行1000元/平方米的补贴，其中南宁、长春奖励金额较少，均未超过每平米500元。就租赁办公房补贴的金额来看，大部分城市对于补贴发放设置了具体的时限，最为常见的时限就是在企业注册后的3年内，金额大多以房屋租金的百分比为标准，控制在10% -50%的区间中，其中天津的租赁办公房补贴期限较长且金额较多，注册后5年内给予租房补贴，初始的两年给与补贴比例较大，为租金的50%，后三年逐渐减小补贴比例，降低为25%，而青岛采取了免费提供租赁的办公场所的方式。

三是金融机构税收优惠。由于直接税收优惠受限，大部分跨省金融中心城市并未给出此方面的优惠政策，仅武汉、南宁、长沙、郑州、沈阳、青岛六个跨省金融中心城市间接税收返还或奖励的形式进行税收优惠。这些城市间接税收优惠涉及的税种主要是企业所得税和增值税，如大连则是以2017年为初始年份，对新引进的金融企业，以其引进外埠后营业所征收的增值税地方政府留成税收金额的50%为基准按年给与补贴，其补贴的方式为一般性转移支付。

（2）引进金融人才的优惠政策。

一是人才引进和培养的资助或奖励。部分金融中心城市出台了金融人才引进的直接奖励或资助的专项政策，如成都出台了《成都市引进培育交子金融人才实施办法》，其中规定了对不同类型金融人才的资助和培养办法；济南对金融企业高级管理人员给与安家费补贴和工作性补贴；重庆则按照金融人才买房契税一比一进行补贴，换句话讲，对金融企业高管在重庆市购买商品房免征房契税。在人才培养方面，苏州、南宁和杭州也出台了相关政策，奖励金融人才考取职业资格证书，并对吸引的金融人才的长期培养做出了规划和安排，此外，还从国外吸纳了对金融人才专业知识和技能进行培养的培训机构等。青岛市十分看重引进人才的后续培养工作，采用劳动补助和带薪学习的方式，按照金融人才劳动报酬的8% -12%进行补助，并安排金融人才每年进行7天的学习培训并且带薪。

二是个人所得税优惠。天津、武汉、西安、长春、苏州选择使用对金融企业高级管理人员进行个人所得税优惠的方式吸引金融人才。例如，武汉直接规定了个人所得税优惠的方式和比例，武汉市落户金融企业的高级管理人员，由工资所缴纳的个人所得税武汉市级政府留成部分的50%进行为期3年的补贴。然而，天津间接地以“财政贡献额度”的形式规定了对金融企业高级管理人员个人所得税的减免，规定了最高额度不能超过金融人才对地方政府财政收入的贡献额度。

三是优先安排子女教育。大部分城市都为金融人才子女及家人提供了就学就医等便利条件，仅合肥、温州、长春等少数城市未作出相关规定。其中杭州出台了《关于杭州市高层次人才、创新创业人才及团队引进培养工作的若干意见》，重点推进高水平金融人才子女入学、住房、医疗等基础生活保障的落实。

（3）促进金融机构发展的优惠政策。

一是对金融机构的业务扩展给与奖励，业务扩展包括金融机构的合并、增资、上市等。在出台相关政策的跨省金融中心城市中，南昌、成都和济南对于金融机构业务扩展的奖励和补贴最为全面，涵盖了增资补贴、上市奖励、并购重组奖励和债券融资奖励。部分金融中心城市只出台了金融机构上市奖励，如无锡、石家庄、沈阳、南宁等，分多个阶段对在境内首次发行股票的给与上市奖励。

二是金融机构的经营绩效奖励，在跨省金融中心城市中，仅不到一半的城市设立了金融机构经营绩效奖励，且大部分为奖励特定的金融机构，如地方独立法人银行、小额贷款公司和金融科技企业等。仅济南的奖励范围较广，对金融企业年主营业务收入额度超过不同数额的分层次给与响应的财政补助和奖励。

三是金融产品和服务创新奖励，即支持金融创新的相关奖励。在跨省金融中心城市中，绝大多数城市都设立了支持金融创新的补贴或奖励，主要奖励对象为从事区块链、人工智能、生物识别等金融科技企业。其中部分城市出台了支持金融创新的专项奖励政策，如长沙出台了《长沙市金融创新奖评选暂行办法》，青岛设立了研究创新奖和项目创新奖，对金融产品、服务和研究创新进行奖励。

4.3.3 沿边金融中心促进金融中心发展财政政策比较

根据各地金融中心规划文件中的定位，沿边金融中心包括哈尔滨、昆明、乌鲁木齐、福州、厦门五个城市。其中，乌鲁木齐除在“十三五”规划纲要中提出建设中亚区域金融中心的规划和总领性措施外，并没有出台具体的促进金融中心建设和发展的配套政策文本。

（1）降低金融机构成本的优惠政策。

一是一次性奖励或补贴。哈尔滨对于新注册的金融企业总部注册资本1亿元以上的金融企业给与200万元补贴，其他金融企业给与100万补贴；昆明根据不同金融行业分别出台了相应的政策，除此之外，还追加了以注册资本数额的0.5%为标准的额外奖励；福州采用累进补贴的方式，对注册资本超过2亿元的金融企业，每增加1亿元的注册资本额度，就追加100万元的财政补贴，但是设置了最高额度的限制；厦门对于新注册的金融机构总部根据其注册资本数额给与奖励，奖励最高金融较高且奖励范围明显比其他沿边金融中心城市广泛，注册资本在1亿元以下的金融机构也可获得奖励，如表4-6所示。

表4-6　沿边金融中心金融机构总部入驻的一次性奖励措施

注册资本＼城市	哈尔滨	昆明	福州	厦门
10亿元以上	200万元	1000万元	1000万元	2000万元—5000万元
5亿—10亿元	200万元	800万元	600万元—1000万元	1200万元
2亿—5亿元	200万元	500万元	300万元—500万元	800万元
1亿—2亿元	200万元	500万元	200万元	500万元
1亿元以下	100万元	—	—	500万元

二是办公场所补贴。哈尔滨对金融企业购置办公场所给与每平方米300元补贴，对租赁办公房按照房租市场价格的10%给予为期3年的补贴；昆明对购置办公房的补贴高于哈尔滨，补贴金额为500元/平方米，然而金融企业租赁办公房却并未有明文规定的补贴；福州对购置办公房按照为期3年40%的房产税给予补助，对租赁办公房按照租金的40%给与为期1年半的补贴；厦门对金融企业也按照购房金额的一定比重补助，并且规定了金额最多不得高于2000万元，金融企业租用办公房补助相较于其他同类型金融中心城市较高且期限较长，金额以实际租金的40%给与为期5年的补助。

三是金融机构税收优惠。昆明对股权投资企业和股权投资管理企业出台了相关的税收返还优惠政策；厦门对于特色金融机构事业部和经营性机构企业增值税和所得税给与5年内50%—70%的返还；哈尔滨和福州无相关税收返还优惠。

（2）引进金融人才的优惠政策。

一是人才引进和培养补贴。福州出台了专项办法对引进的金融人才给与直接的补贴和奖励，但是该文件中没有人才培养相关规定；昆明为金融人才提供公租房，无人才培养相关规定；厦门出台了专项政策文件，为不同类型和标准的人才提供40万元—100万元不等的落户奖励，并提供培训补贴；哈尔滨未出台相关人才政策。二是个人所得税优惠。福州对金融人才按照其缴纳的个人所得税的地方政府留成50%的金额进行补贴，且规定了补贴年限为5年；厦门金融人才个人所得税优惠期限相较福州而言较短，仅仅为3年期限；哈尔滨、昆明未出台相关规定。三是优先安排子女教育。哈尔滨、福州对金融人才子女教育出台了相关优惠政策，厦门和昆明未出台相关规定。

（3）促进金融机构发展的优惠政策。

一是对金融机构的业务扩展给与奖励，业务扩展包括金融机构的合并、增资、上市等。哈尔滨对于金融企业上市给与高级管理人员最高不超过100万元的奖励；厦门对于金融机构增资和设立分支机构分别按照增资额和设立分支机构注册资本额给予相应奖励；二是金融机构的经营绩效奖励，昆明根据机构业绩，给予一定奖励；哈尔滨、厦门、福州均无相关规定。三是金融产品和服务创新奖励。厦门市专门设立了金融创新奖，并大力鼓励培育发展金融科技产业，对金融科技成果转化应用给与10万元—50万元不等的奖励；福州也跟厦门类似，设立了金融创新奖，鼓励金融技术创新等；哈尔滨和昆明未出台相关规定。

4.3.4 省内金融中心促进金融中心发展财政政策比较

根据各地金融中心规划文件中的定位，省内金融中心仅包含常德市，常德市区域金融中心的定位为泛湘西北金融中心。常德市人民政府在2015年出台了《关于加快发展现代金融业的若干意见》一文，主要鼓励银行业金融资源聚集，其中作为奖励将财政性存款存放在新落户的银行机构中，对金融机构增设分支机构给与10万元一次性奖励，对金融机构上市及业务拓展（收购、并购等）均设置相应奖励，设立扶持企业上市专项引导及奖励资金。然而，对于金融人才引进，常德市并未给出相应的优惠政策。相比之下，定位为省内金融中心的城市促金融中心发展政策强度明显较低且并未形成体系。

4.4 本章小结

当前我国多个城市提出建设金融中心的规划，但其定位不尽相同，除了作为一线城市且实力较强的北京、上海、深圳定位为国际金融中心以外，其他城市则纷纷定位为不同类型、功能的区域金融中心。这些区域金融中心存在竞争问题，大到同一个地区内，小到同一个省份内，常常会出现多个城市同时提出要建设同类型或相似类型金融中心的情形，彼此间形成竞争，例如中部区域的武汉市和郑州市，东部地区的南京市和杭州市，东北地区且同在一个省份的沈阳市和大连市，以及同在山东省内的省会济南和计划单列市青岛等。面对有限的金融资源，各个地方政府也从省级、市级层面出台了大量支持金融中心发展，促进金融资源聚集的配套财税政策。财税政策因素在区域金融中心的崛起中发挥着激励的作用，在金融中心的竞争中也起着至关重要的作用。本部分对我国金融中心的发展现状及各地政府使用的配套财税政策工具进行了梳理、对比和分析。本文接下来的部分将运用清晰集定性比较分析法对我国金融中心建设财税政策对其竞争力的影响进行评估。

5.

我国金融中心建设财税政策对其竞争力的影响评估

5.1 研究方法

5.1.1 定性比较分析法简介

定性比较分析（Qualitative Comparative Analysis，QCA）是由 Charles Ragin（1987）首次提出的，分析多种原因变量及其组合对结果变量产生的影响，有助于研究人员确定一个特定的因果条件是否是产生问题结果的各种条件组合的组成部分。继开创性著作之后，一套系统的定性比较案例分析技术一直在稳步发展。特别是在过去的几年里，定性比较分析（QCA）这一主要的初始技术已经被其他相关的方法和技术所补充。在更普遍的层面上，QCA 首先是一种方法，即设想理论与数据相结合的一种方式（Ragin，1987）。Ragin 认为，有可能发展出一种原始的“综合策略”，成为介于各种方法之间的中间方法（Ragin，1987）。该策略的目标是“将面向案例的方法的最佳特征与面向变量的方法的最佳特征结合起来”（Ragin，1987）。

关于 QCA 方法的优点，学术界也进行了许多的探讨。一方面，QCA 方法确实体现了定性的、面向案例的方法的一些关键优势。首先，它是一种整体的方法，从这个意义上说，每一个个案都被视为一个复杂的实体，作为一个需要被理解的整体，在分析的过程中不应该被忘记。因此，QCA 本质上是一种区分大小写的方法。从主流统计观点来看，这可能被认为是一个弱点；相反，从定性的、基于案例的角度来看，这是 QCA 的一个优势。另一方面，QCA 方法发展了一个因果关系的概念，为复杂性留出了空间（Ragin，1987）。在大多数硬科学中，复杂性被实验设计所中和——这是我们在社会科学中通常无法得到的东西。QCA 对此的战略回应是多重连接因果关系的概念。这意味着：（1）通常情况下，最终产生一种现象的是条件（自变量）的组合—结果（因变量）；（2）几种不同的条件组合可能产生相同的结果；（3）在不同的情况下，给定条件可能会对结果产生不同的影响。因此，不同的因果路径（每条路径都是相关的）可能以不同的方式导致相同的结果。此外，另一方面，QCA 方法也确实体现了定量方法的一些关键优势。首先，它允许人们分析更多的案例，这在以案例为导向的研究中是很少做的。这是一个关键的优势，因为它打开了由案例产生一般化的可能性。此外，它的关键操作依赖于布尔代数，它要求将每个情况简化为一系列变量（条件和结果）。

QCA 与传统回归分析的不同之处在于，它基于集合理论和逻辑，而不是统计，旨在评估具有因果复杂性特征的社会系统。因此，QCA 是研究医疗机构等保健服务干预措施的一种截然不同的方法。这对研究人员有三个重要的启示。一是 QCA 假设有许多途径可以达到相同的结果，这种现象被称为等价性。二是 QCA 假设每个通路可以包含不同的解释特征组合。因此，该方法寻找必要和充分的解释特征的组合（构型）的效果，而不是每个个体特征与其他特征相同的效果。尽管传统的回归方法似乎可以使用交互项来实现这一点，但它们并不适合单独识别必要或充分的特征。不同于传统的因果推断，QCA 方法开创了一种新兴的研究逻辑。主流因果推断研究的是净值问题，关注的是平均效应，而 QCA 方法关注的是组态问题，是由果溯因的方法，与传统的因果推断方法和因果理念有着显著差异。

在 QCA 方法的应用方面，对现有的文献进行考察，在学科定位上，政治科学和社会学的应用较为广泛，如比较政治学、福利国家研究、历史社会学、组织社会学等等。随着 QCA 方法的发展，目前在管理学和经济学领域也大有用途，其中定性比较分析方法大多应用在比较公共政策研究、企业营商环境研究等问题上。另外，一些 QCA 方法的应用也可以在历史、地理、心理学和教育研究中找到。

5.1.2 选取定性比较分析法的原因

QCA 也是为更多的理论驱动工作而设计的。在政策比较领域，Befani 和 Sager（2006）等人也开始在政策评估领域开发一种原始的理论驱动的 QCA 策略。他们建立了一个“现实主义”理论模型（Pawson 和 Tilley，1997），由环境—机制—结果（CMO）配置组成，这解释了不同类型的政策结果。然后，从这个最初的理论结构推导出一个模型，并收集经验数据，以便生成一个数据矩阵，在此基础上执行 QCA 分析。

同样，本文也将这一方法运用于金融中心建设中的财税政策工具比较中，通过 QCA 定性比较分析法分析不同金融中心城市使用的财税政策工具组合效果，找出提高金融中心竞争力的有效工具和无效工具。本文采用清晰集定性比较分析法（csQCA），主要基于以下考虑：一是本文的主要研究对象是金融中心建设过程中的财税政策，理论上来说，应当使用政策文本分析方法，然而相较于传统的政策文本分析方法，QCA 方法在进行量化文本时显得更为透明客观，不仅是研究人员主观做出选择，而且从理论和/或实证的角度来证明这些选择；这种严谨性在大多数定量研究中是缺乏的。二是通常当对案例进行深入研究时，研究人员会发现因果关系是复杂的，而且常常涉及因果条件的具体组合。QCA 方法则与传统的回归分析方法不同，大多数传统的技术都假定因果条件是“独立”变量，它们对结果的影响是线性的和可加的。QCA 的关键在于，它将案例视为条件的配置，并使用真值表来表示和分析因果配置。真值表列出了因果条件的逻辑可能组合以及与每种组合相关联的结果。这符合本文的研究目的，通过分析单个的财税政策工具及其组态，有利于识别并解释不同金融中心城市财税政策的有效工具与无效工具，从而总结出提升金融中心建设财税政策效果的多元路径。面向案例的比较研究有其自身的逻辑和严谨性，因为这种方法是明确交叉的，对不同条件组合的检查对这种类型的研究是必要的。三是 csQCA 方法有着样本数量限制，需要控制在 10—60 个的区间内（Bennett，2007），比起回归分析法，csQCA 方法更适合于中小数量的案例分析。本文根据连续性挑选了我国 29 个金融中心建设城市财税政策作为研究样本，在案例数量上能够达到使用 QCA 方法的标准。

5.1.3 定性比较分析法步骤

定性比较分析法注重研究特定的变量组合对结果的影响，是以案例为导向的研究，忠于因果关系可能是复杂的组合，相同的结果可能来自各种不同的条件组合的观点，清晰集定性比较分析的方法常常用原始的样本数量需要控制在 10—60 区间内。在研究方法的选取上，考虑到量化文本分析时条件变量定义的特点，本文选用定性比较分析方法中常用于政策比较研究的清晰集定性比较分析方法（csQCA），分为五个操作步骤进行实现：第一步，根据对政策文本收集情况和过往文献的总体把握，将条件变量和结果变量进行定义，并按照给定的定义标准将每一个案例中的政策工具使用情况进行二分（0/1）处理，将原始政策编码为二分数据表；第二步，通过

fsQCA3.0 软件将原始数据“合成”得到真值表（Truth Table），其展示了原始案例形成的所有组合，并观察是否出现矛盾组态，若未出现矛盾组态则可以进行下一步骤；第三步，在软件中进行布尔最小化运算，点击标准分析，生成结果；第四步，结果解释，观察一致性和覆盖率两个指标，这两个指标是衡量条件变量及组合是否为充分或必要条件的关键，且能够反映结果的解释力度，最后将单变量分析的结果和条件组合分析的结果代入理论中，对需要研究的现实现象进行解释。第五步，进行稳健性检验，这一步既是清晰集定向比较分析方法的最后一步，也是尤为关键的一步。现有的文献中稳健性检验的方法十分丰富，例如调解校准依据等，本文使用反向检验中间解的方法检验结果的稳健性。

5.2 研究样本选取与研究变量确定

5.2.1 研究样本的选取

由于从政策发布到政策效果显示出来，具有一定的滞后效应，一般在2—4年左右，本章选取政策文本库中的金融中心财税政策发布时间限定在2008—2020 年。由于部分金融中心城市在 2008—2020 年间未出台有关建设金融中心的财税支持方面的政策，为了保持样本的连贯性，本研究最终选择了有详细财税政策出台的 29 个金融中心城市作为研究样本，分别为上海、北京、深圳、广州、杭州、成都、天津、南京等 29 个城市市级、所在省级地方政府或地方政府财政金融部门出台的政策文本。

5.2.2 研究变量的确定

（1）条件变量的设计与选择。构建组态模型要考虑的关键问题是条件变量的数量和定义。首先是条件变量的选择，本文通过对文献的阅读发现，条件数量的确定既要考虑样本数量，也要考虑模型的简约性。由于k 个条件变量在理论上会存在 2^k种组合，如果有 k =5 个因果条件，则有 32 种组合；如果是 k =6，则有 64 种组合，以此类推。假设每个因果条件都能独立产生结果，那么唯一没有结果的组合就是所有条件都不存在的组合。因此，当条件变量的个数偏多时，就可能出现形成组态的个数远远超过原始的案例数量，进而出现“有限多样性”的问题（Ragin，2008）。研究建议小样本规模（10—40 个案例）的研究应将模型限制在 7 个前因条件之内。此外，即使大样本 QCA 研究避免了有限多样性问题，但出现组态结果较多时，研究人员对于结果的解释也将变得复杂且困难（Greckhamer，2011）。

本章的研究对象为支持金融中心建设中的财税政策。邓子基和杨志宏(2011）提出，政府财政激励政策往往有两种方式执行，最常见的就是税收优惠和财政补贴。在金融中心建设过程中使用到的财政激励同样如此，为促使金融资源聚集，地方政府主要使用财政补贴和变相税收优惠政策。根据上一部分对我国金融中心城市政策的梳理，本文根据政策文本和政策工具使用情况的特点，将支持金融中心建设中的财税政策主要分为对金融机构和金融人才的财政补贴及变相税收优惠政策，本节主要选择的条件变量和赋值情况如下。

①金融机构税收优惠。不同于国外经验，在我国，自主制定当地税收优惠政策的权力并未下放到地方政府。在 2008 年以前，各地方政府在部分税收优惠政策制定上有一定的自主权，这也是其吸引区域内金融企业落户的重要手段之一。然而，在 2008 年《中华人民共和国企业所得税法》及 2014 年《国务院关于清理规范税收等优惠政策的通知》出台后，各地方政府丧失了自主制定本地税收优惠政策的合法权力。随后在 2015 年，后由于地方政府“诉苦”，中央政府将其改为“新老划断”的税收优惠政策清理过渡政策。总体上看，目前我国并几乎不存在由地方政府直接制定的只适用于当地的税收优惠政策。然而，为了增加本地财政收入，引入税源企业，各地方政府开始自行制定一些支持企业发展财政支持政策，最为常见的即为地方税收财政返还、财政补贴、经营奖励等政策，这些政策在实质上起到了变相税收优惠政策的作用。

因此，为适应我国政策的特殊性和突出地方政府在建设区域金融中心时起到的作用，本章节研究对象仅包含地方政府自行制定的非税财政政策，如财政补贴、税收返还等优惠政策，判定的标准为政策文本中是否出现与“金融企业年度地方留成缴税额”等类似的补贴或奖励标准。同样，对于金融企业税收优惠这个变量进行二分，由于使用此类政策工具的区域性金融中心城市较少，本文将明确规定企业税收优惠政策的案例赋值为 1，未出现企业税收优惠政策的案例赋值为 0。

②金融机构财政补贴。许多学者认为财政补贴对于企业绩效的提高能产生正面的影响。如，杨伊宁（2015）将财政补贴作为研究对象，选择以可再生能源企业作为研究案例，研究结论表明，从宏观上看，企业的经营绩效与其收到的政府财政补贴呈现出正相关关系。具体到本文研究的金融企业，政府财政补贴同样是可以提高企业绩效，降低经营成本的，这也是吸引金融企业落户的重要手段。

对金融机构财政补贴包括两种类型，一个是一次性落户奖补，另一个是办公场所补贴，同样需要对这两个变量进行二分处理。由于本文研究涉及的29个案例，均涉及金融机构一次性落户奖励或补贴的财税政策，借鉴有些学者用中位数和平均数对变量进行处理的方法，最终决定以中位数来处理变量，因此，本文将各金融中心城市对于金融机构总部落户的一次性落户奖励或补贴的最高额度进行排序，将最高额度位于中位数及以上的城市赋值为1，将最高额度位于中位数以下的城市赋值为0。

与一次性落户奖励或补贴相同，本文研究涉及的29个案例，绝大部分城市都涉及了办公场所补贴的政策，该政策分为购置补贴和租赁补贴。由于租赁补贴大多强度相当，可比性不强，本文将购置补贴按照中位数方式进行二分处理，对于金融机构总部落户的购置办公场所补贴按照每平米补贴金额进行排序，将最高额度位于中位数及以上的城市赋值为1，将最高额度位于中位数以下的城市赋值为0。

③金融人才个人所得税优惠。在现有的研究中，学者们认为金融中心建设中对人才的吸引和人才环境建设亦是必不可少的。比如，McGahey和Malloy（1990）指出除了较好的政府税收优惠政策支持以外，良好的人才环境同样能够促进金融中心的建设。因此，人才环境也是本文重点考量的部分，这又分为政府对金融人才的个人所得税优惠和直接财政补贴。

类似企业税收优惠，目前地方现行的政策文件中并未出现减征、免征或者实行低税率等方式的直接税收优惠政策，大部分采用间接税收优惠政策进行。本文对于此类政策的识别标准为是否出现类似“按照个人当年缴纳所得税的百分比给予奖励”等用语，本文将使用个人所得税优惠的案例赋值为1，未明确规定个人所得税优惠的案例赋值为0。

④金融人才财政补贴。对于金融人才财政补贴政策，本文对于此类政策的识别标准为政策文本中是否直接出现类似“安家费、劳动报酬、引进奖励、培训补贴”等用语，本文将出现此类用语的政策识别为人才引进奖励，并将此类案例赋值为1，相反，将未使用此类政策工具的案例赋值为0。

⑤金融机构经营发展奖励。对于企业经营发展的奖励可以按照企业经营绩效类型的角度进行分类，故本文将金融机构经营发展奖励分类为经营绩效奖励、增资奖励、债券融资奖励、上市奖励和并购重组奖励。由于奖励种类较为丰富，因此，本文以条文数量为标准来定义这一条件变量，即将涉及不同奖励种类的政策文本条文的数量处于中位数及以上的条件变量赋值为1，而条文数量处于整体的中位数以下的条件变量赋值为0。

⑥金融机构创新奖励。本文创新奖励的识别标准为政策文本中是否有类似“设置金融创新奖”的用语。本文将使用创新奖励政策工具的案例赋

值为1，未明确规定使用创新奖励政策工具的案例赋值为0。

基于此，本研究具体的条件变量是通过对各个区域的金融中心建设财政优惠政策搜集和分析确定的。如表5-1所示，本文通过对政策文本内容的详细解读和相关文献的阅读，一共设计和定义了7个条件变量，依次分别为一次性奖励或补贴（LHBT）、办公场所补贴（BGCS）、金融机构税收优惠（SSYH）、金融人才财政补贴（RCBT）、金融人才个人所得税优惠（GSYH）、金融机构经营发展奖励（JYJL）和金融机构创新奖励（CXJL）。

（2）结果变量的设计与选择。金融中心发展情况的评价本身就是个复杂的问题，国内外有大量学术文献对这一问题进行探讨，形成了非常多的指标评价体系，至今没有统一的方法。另外，我国城市层面的金融数据年份存在缺失，各政府网站统计口径不一，数据收集工作存在较大难度。故本文采用比较常用的指标（张建森，2009），即《CDI中国金融中心指数（CDI CFCI）报告》中的“金融中心指数”的变化作为结果变量。首期指数于2009年发布，按年更新，提供了一种对中国金融中心的竞争力动态评价的方式。

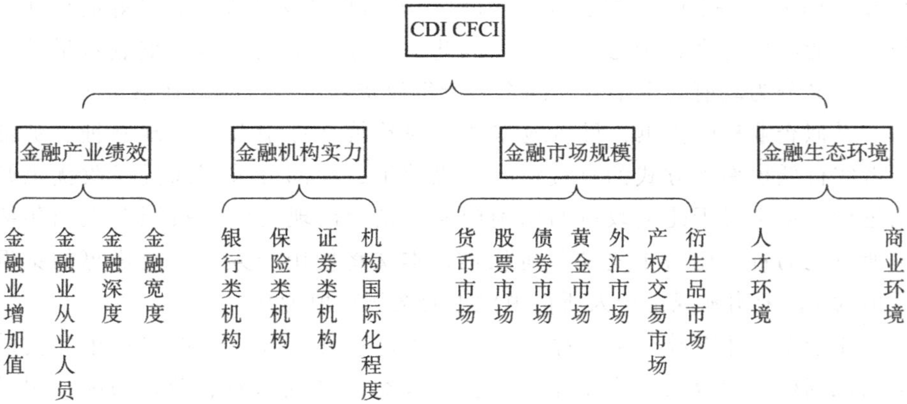

图5-1 CDI CFCI二级指标体系[①]

CDI CFCI指数研究以金融资源的聚集是包含金融企业和金融人才两个层面的集中为灵感进行指标体系设计的。如图5-1所示，CDI CFCI一级指标体系由四个指标构成：金融产业绩效、金融机构实力、金融市场规模和金融生态环境。

考虑到政策的时滞性，本文以2012—2020年我国金融中心城市金融中心指数的排名变化来衡量我国金融中心城市金融行业发展情况的变化。

① 资料来源于《第三期中国金融中心指数》。

表 5-1　　变量的赋值标准与赋值结果

变量名称及代码			赋值标准	赋值
条件变量	降低金融机构运营成本的优惠政策	一次性奖励或补贴 LHBT	奖励最高额度位于中位数及以上	1
			奖励最高额度位于中位数及以下	0
		办公场所补贴 BGCS	奖励最高额度位于中位数及以上	1
			奖励最高额度位于中位数及以下	0
		金融机构税收优惠 SSYH	明确规定企业税收优惠政策	1
			未出现企业税收优惠政策的明确规定	0
	引进金融人才的优惠政策	金融人才财政补贴 RCBT	明确规定金融人才财政补贴政策	1
			未出现金融人才财政补贴政策的明确规定	0
		个人所得税优惠 GSYH	明确规定个人所得税收优惠政策	1
			未出现个人所得税收优惠政策的明确规定	0
	促进金融机构发展的优惠政策	经营发展奖励 JYJL	政策条文数量数列的中位数及以上	1
			政策条文数量数列的中位数以下	0
		创新奖励 CXJL	明确规定创新奖励政策	1
			未出现创新奖励政策的明确规定	0
结果变量	金融中心发展状况	金融中心指数 CFCD	8 年平均排名小于或等于 2012 年排名	1
			8 年平均排名大于 2012 年排名	0

5.2.3 真值表的构建

变量赋值后，本文按照先前的步骤进行真值表的构建，即对每个案例政策文本中的条件变量和结果变量进行编码并汇总，最终得到一份包含了29 个金融中心城市条件变量和结果变量组合的二分数据表。接下来，本文运用定性比较分析工具 fsQCA3.0，得到一组没有矛盾组态的真值表，如表 5-2所示。

表 5-2　　真值表

案例数量	条件							结果
	LHBT	BGCS	SSYH	RCBT	GSYH	JYJL	CXJL	CFCD
2	1	1	0	1	0	0	0	1
2	1	1	1	1	0	0	1	1
2	1	1	0	0	1	0	1	1

续表

案例数量	条件							结果
	LHBT	BGCS	SSYH	RCBT	GSYH	JYJL	CXJL	CFCD
2	1	1	1	1	0	1	1	1
2	1	1	0	1	0	1	1	0
1	1	1	1	0	0	0	0	1
1	0	0	0	1	1	0	1	1
1	1	1	0	1	1	0	1	1
1	1	0	0	0	0	1	1	1
1	1	0	0	1	0	1	1	1
1	0	0	1	1	0	1	1	1
1	1	0	0	1	1	1	1	1
1	1	1	1	1	1	1	1	1
1	1	0	0	1	0	0	0	0
1	0	0	1	1	0	0	0	0
1	0	0	0	0	0	1	0	0
1	0	0	1	0	0	1	0	0
1	1	0	0	1	0	1	0	0
1	0	1	0	1	0	1	0	0
1	0	1	1	0	1	0	1	0
1	1	1	1	0	1	0	1	0
1	0	0	0	0	0	1	1	0
1	0	1	0	0	0	1	1	0
1	1	0	1	0	0	1	1	0

5.3 定性比较分析与稳健性检验

5.3.1 单变量必要性分析

研究人员应当首先进行单变量必要性分析，单变量必要性分析是为了监察对单个条件变量在无需加入其组态的情况下是否能够构成结果变量的充分条件或者必要条件（Fiss，2014），考虑了每个原因本身能够产生结果的可能性。在对单变量必要性分析的结果进行观察时，研究人员主要通过观察由 fsQCA3.0 软件计算得出的一致性（consistency）指标和覆盖率（coverage）指标的计算结果来判断变量之间的关系。

必要条件的一致性指标的计算公式：

$$Consistency(Y_i \leqslant X_i) = \sum[\min(X_i, Y_i)] / \sum Y_i$$
$$Consistency(X_i \leqslant Y_i) = \sum[\min(X_i, Y_i)] / \sum X_i \quad (1)$$

一般而言，判断标准如下：当结果的一致性得分大于充分条件门槛值 0.8 时，即认为该条件变量（X）构成结果变量（Y）出现的充分条件，即在组态的条件中出现变量（X）可以致使最终结果的发生，简而言之，假设不出现该条件，则最终的结果就无法产生。进而，当结果的一致性得分比构成必要条件门槛值 0.9 大时，则可以将这个条件变量认为是最终结果出现的必要条件，并且该结论要以覆盖度较高为前提。

脱离一致性的覆盖度评估无参考价值，在一致性分数评估之后，我们还要进行覆盖度评估，必要条件的覆盖率指标的计算公式：

$$Coverage(Y_i \leqslant X_i) = \sum[\min(X_i, Y_i)] / \sum Y_i$$
$$Coverage(X_i \leqslant Y_i) = \sum[\min(X_i, Y_i)] / \sum X_i \quad (2)$$

覆盖率指标的定义是条件变量（X）对结果变量（Y）的解释力度，这个指标得分越高，说明该条件变量在某些意义上更能够成为结果变量出现的原因，在样本中能够解释的案例数量越多。本文进行软件分析后，得到了单个条件变量的必要性分析情况，如表 5-3 所示。

表 5-3　单变量结果分析

条件变量	Outcome = 1		Outcome = 0	
	Consistency	Covarage	Consistency	Covarage
LHBT	0.882	0.750	0.417	0.250
~LHBT	0.118	0.222	0.583	0.778
BGCS	0.706	0.706	0.417	0.312
~BGCS	0.352	0.461	0.583	0.538
SSYH	0.411	0.583	0.417	0.417
~SSYH	0.412	0.588	0.583	0.412
RCBT	0.764	0.722	0.417	0.278
~RCBT	0.235	0.363	0.583	0.636

续表

条件变量	Outcome = 1		Outcome = 0	
	Consistency	Covarage	Consistency	Covarage
GSYH	0. 352	0. 750	0. 167	0. 250
~ GSYH	0. 647	0. 523	0. 834	0. 476
JYJL	0. 470	0. 500	0. 667	0. 500
~ JYJL	0. 529	0. 692	0. 333	0. 301
CXJL	0. 824	0. 700	0. 500	0. 300
~ CXJL	0. 176	0. 333	0. 500	0. 667

注：~表示该要素不存在时对结果的影响，结果保留三位小数。

由表 5 - 3 可知，金融中心竞争力提高（GFCD）结果存在时，“LHBT”这一变量的一致性指标大于 0. 8，说明“一次性奖励或补贴”可以成为金融中心竞争力提高的充分条件，同时，其覆盖率指标约为 0. 75，说明该变量在经验上能够解释约 75% 的案例；同样，金融企业创新奖励（CXJL）一致性指标数值大于充分条件门槛值 0. 8，这一结果可以证明条件变量金融企业“创新奖励”能够被认为是出现金融中心竞争力提高这一结果的充分条件，同时参考其覆盖率指标，可以看出该条件变量对结果变量的解释力度较高，指标得分在 70% 以上；对于这两个条件变量以外的变量而言，其一致性和覆盖率指标的数值并未达到成为结果变量充分条件或者必要条件的门槛值，但从某种程度上看同样具有一定的解释力。

从反向结果来看，由金融中心竞争力不提高（~CFCD）结果存在时单个变量的必要性分析，可以发现金融企业高级管理人员个人所得税优惠的缺失（~GSYH）与金融中心竞争力不提高结果（~CFCD）的存在较大的关联，一致性指标的数值大于充分条件门槛值 0. 8，可以认为个人所得税优惠的缺失是金融中心竞争力不提高的充分条件。一次性落户补贴或奖励的缺失（~LHBT）金融企业税收优惠的缺失（~SSYH）和金融机构经营发展奖励的缺失（~JYJL）等变量的一致性指标和覆盖率指标都并未达到成为结果变量的充分条件或必要条件的门槛值，但是从数值上看，这些条件变量对结果变量不存在的发生有一定的解释力度。

从这些分析不难发现，政策作用下的金融中心竞争力的提高不只是在单因素的作用下进行的，金融中心竞争力能否提高是由多因素共同导致的，因此，有必要通过下一步的条件组合分析来进一步研究条件变量对金融中心竞争力的影响。

5.3.2 条件组合分析

通常情况下，研究人员会从一系列与问题结果相关的理论角度，将潜在的因果因素罗列出来。本节根据 csQCA 分析的基本步骤进一步运用 fsQCA3.0 软件对条件变量的组态情况进行研究，对条件变量组态的分析同样也是通过观察一致性指标和覆盖率指标的数值来判断的。首先在小样本（10—40 个案例）中，一般需要先剔除掉不满足要求的案例组态，使用"一致性门槛值为 0.8，案例频数门槛值为 1"的规则清理掉一部分不符合要求的案例编码，接着在 fsQCA3.0 软件中点击标准分析（Standard Analyses），通过标准分析，可以依次得到三种类型的解，依次分别为复杂解（完全不包括"逻辑余项"）、简约解（包括"逻辑余项"，即容易和困难的反事实，但没有对其合理性的评价）、以及中间解（仅包括将符合理论知识与实际经验的"逻辑余项"纳入解中），其中，复杂解的构型往往较为复杂，解释起来不够便利，简单解虽然展示了最简洁的解释方案但可能漏掉了重要的必要条件，但是作为中间解，其使用范围最广泛的一个原因就是在中间解中包含了必要条件，所以，中间解的解释力优于另外 2 种解。大多数社会科学家更喜欢在复杂性和简单解之间取得平衡的解释，中间解合并不同的反事实会产生不同的解决方案，从逻辑关系的角度看，这些不同的解其实在本质上是特例复杂性解的超集和特例简单解的子集，结果更具有一般性和参考意义。因此，本文主要使用中间解的结果进行分析，软件运行的中间解如表 5-4 所示。

表 5-4　　中间解

案例编号	条件变量组合	原始覆盖率	唯一覆盖率	组合一致性	总体覆盖度	总体一致性
A1	LHBT * ~BGCS * ~SSYH * ~GSYH * JYJL * CXJL	0.118	0.059	1		
A2	LHBT * BGCS * ~SSYH * GSYH * ~JYJL * CXJL	0.176	0.176	1		
A3	LHBT * ~BGCS * ~SSYH * RCBT * JYJL * CXJL	0.235	0.118	1	0.941	1
A4	LHBT * BGCS * SSYH * RCBT * ~GSYH * CXJL	0.118	0.059	1		
A5	LHBT * BGCS * SSYH * RCBT * JYJL * CXJL	0.176	0.059	1		
A6	LHBT * BGCS * SSYH * ~RCBT * ~GSYH * ~JYJL * ~CXJL	0.059	0.059	1		

续表

案例编号	条件变量组合	原始覆盖率	唯一覆盖率	组合一致性	总体覆盖度	总体一致性
A7	LHBT * BGCS * ~SSYH * RCBT * ~GSYH * ~JYJL * ~CXJL	0.118	0.118	1		
A8	~LHBT * ~BGCS * ~SSYH * RCBT * GSYH * ~JYJL * CXJL	0.059	0.059	1		
A9	~LHBT * ~BGCS * SSYH * RCBT * ~GSYH * JYJL * CXJL	0.059	0.059	1		

资料来源：fsQCA3.0 软件运行结果。

为了将结果整理成方便查看和理解的形式，本文制作了表 5-5。根据理论，本文首先划分了每一个中间解构型中的核心条件和边缘条件。划分的标准为：当组合中的条件变量既出现在简单解又出现在中间解路径中，就将其认定为该组合中的核心条件，当中间解组合中的条件变量不出现在简单解路径上时，就将其认定为该组合中的边缘条件。根据上述规则，本文结合软件中给出的简单解和中间解的结果，分析出了提高金融中心竞争力的条件组合构型。为了更加清晰地整理和表达这 9 种中间解组态，本文采用 Ragin（2008）提出的逻辑方案表对结果进行整理，其中，A1—A9 代表 9 种中间解的结果，若在每种中间解对应的简单解的解释路径上也出现中间解中出现的变量，那么则认为该变量是提高金融中心竞争力的核心条件，该变量出现，则用●表示，该变量不出现，则用⊗表示。若变量仅仅在中间解的解释路径上出现，但并未出现在相应的简单解的解释路径上，则认为该变量是此种中间解中的边缘条件，该变量出现，则用•表示，该变量不出现，则用⊗表示。按照如上规则，提高金融中心竞争力的条件组合构型整理结果如表 5-5 所示。

表 5-5　　　　提高金融中心竞争力的条件组合构型

变量	条件组合								
	A1	A2	A3	A4	A5	A6	A7	A8	A9
LHBT	●	•	•	•	•	•	•	⊗	⊗
BGCS	⊗	●	⊗	•	•	●	●	⊗	⊗
SSYH	⊗	⊗	⊗	●	●	•	⊗	⊗	●
RCBT			●	●	●	⊗	●	•	●
GSYH	⊗	•		⊗		⊗	⊗	•	⊗
JYJL	•	⊗	•		•	⊗	⊗	⊗	•
CXJL	●	•	●	●	●	⊗	⊗	•	●

注：空格表示该条件变量在此种组合构型下是否出现无关紧要。

理论显示，结果的一致性指标数值介于 0.75—1 的区间之内时，也就意味着在这一解释路径下的条件组合与原始案例数据本身包含的条件变量组合之间的相关程度较高。结果覆盖率的观察数值越接近于 1，意味着这一解释路径中的条件变量组合对结果变量的出现有着越高的解释程度。表 5－4 结果显示，本研究中间解整个解的一致性达到了 0.941，成功匹配了前文所述的进行分析所需的条件，并且案例组合覆盖度很高，数值直接达到了 1 的水平，说明该中间解的结果几乎可以解释 100% 的案例。

根据运算结果，悉数存在 9 种条件变量组态可以对金融中心竞争力提高进行解释。从表 5－5 可知，对于结果变量为 1 的省份而言，一次性落户补贴或奖励、办公场所补贴、金融机构税收优惠、金融人才补贴、创新奖励 5 种政策工具构成了金融中心高竞争力的核心条件。其中金融人才补贴和创新奖励在 9 种组合中 5 次以核心条件存在，说明从现有的样本来看，金融人才补贴和创新奖励是提高金融中心竞争力的必要条件。金融机构税收优惠在 9 种组合中 3 次以核心条件存在，说明了更多地实施金融机构税收优惠政策也是提高金融中心竞争力的重要手段。金融人才个人所得税优惠和金融机构经营发展奖励对结果变量没有显著影响，它们在不同组合中以边缘条件的形式与其他 5 种政策工具共同作用产生不同的结果。

从组合的情况来看，以上 9 种中间解组合唯一覆盖率均不算太高，其中 A2、A3、A7 组合在所有的中间解中具有明显高于其他组态的解释率，这个情况说明了在现有的样本案例中 A2、A3、A7 组合具有较高的典型性，都有 10% 以上的导致金融中心竞争力提高结果出现的案例仅能被这三种条件变量组态解释，限于本章节的篇幅，在这里仅对这三种解释率较高的组合路径进行具体的解释。

（1）LHBT * BGCS * ～SSYH * GSYH * ～JYJL * CXJL，该组合中金融企业办公场所补贴较高是核心条件，一次性落户奖励或补贴、金融人才个人所得税优惠、创新奖励较高且发展经营奖励和企业所得税优惠较低是边缘条件，金融人才直接奖励和补贴并未出现，组合可以达到提高金融中心核心竞争力的作用。本文中的典型案例有北京和天津，如北京购买办公房补贴未规定上限金额，设立周转办公用房，三年内免交租金等优惠政策，并对企业高级管理人员给与个人所得税优惠奖励。在此种组合构型下，金融企业能够得到较高额度的一次性落户奖励或补贴及办公场所补贴，这在很大程度上降低了企业落户经营的一次性成本。此外，对于企业高管的个人所得税优惠亦较高。企业高级管理人员往往会参与企业战略决策，金融企业也不例外，对于企业的注册、设立和迁移，高级管理人员无疑有着重大的决策权和话语权。因此，对于金融企业高级管理人员的个人所得税奖励在吸引金融资源聚集时亦发挥着重要的作用。同样，由于近年来金融科技类企业的增加和传统的金融企业越来越重视进行金融创新，高额度的金融创新奖励亦能吸引金融企业的落户和金融资源的聚集。

（2）LHBT * ~BGCS * ~SSYH * RCBT * JYJL * CXJL，该组合中金融人才直接奖励或补贴、创新奖励较高且办公场所补贴较低是核心条件，一次性落户补贴和发展经营奖励较高是边缘条件，组合可以达到提高金融中心核心竞争力的作用。A3 政策工具组合与 A2 政策工具组合不同的地方在于 A3 组合中未出现金融人才个人所得税优惠，取而代之的是金融人才直接奖励或补贴且是作为核心条件出现的。本文中的典型案例是成都，成都为金融人才引进提供了丰富且具体的优惠政策且体现在对金融人才的直接奖励和补贴上。成都发布了金融人才专项政策，对不同金融人才类型给与相应的资金支持、生活保障、贡献奖励等。此外，成都同样建设了各类金融创新试点，大力鼓励金融创新。

（3）LHBT * BGCS * ~SSYH * RCBT * ~GSYH * ~JYJL * ~CXJL，该组合中办公场所补贴、金融人才补贴较高且经营发展奖励不存在是核心条件，一次性落户补贴或奖励较高是边缘条件，组合可以达到提高金融中心核心竞争力的作用。当办公补贴和金融人才直接奖励或补贴较高时，在此提高金融中心竞争力的政策路径下不需要金融机构经营发展奖励这一政策工具。本文中的典型案例是重庆、合肥。例如合肥给与新落户金融企业高额的落户补贴和办公场所补贴，为金融人才提供配套人才公寓等优惠政策，同时合肥市和重庆市对金融机构经营发展奖励的力度较低。

5.3.3 稳健性检验

QCA 定性比较分析结果的稳健性常常会受到多方的质疑，因此，许多研究 QCA 方法的学者都发明了不同类型的稳健性检验对研究结果加以佐证，例如调节校准的依据等，本文选择以 Bell（2014）的文章中采用的稳健性方法为准，即在前文对导致金融中心竞争力提高结果的条件变量组合中间解进行分析的基础上，同样也对导致金融中心竞争力不提高结果的条件变量组合中间解进行分析，这种稳健性检验的方法也被称作反向检验中间解的方法，在实际研究中的可操作性很强。本文的检验软件运行结果如表 5－6 所示。

表 5-6 反向检验的中间解

案例编号	条件变量组合	原始覆盖度	唯一覆盖度	组合一致性	总体覆盖度	总体一致性
B1	~LHBT * ~BGCS * ~RCBT * ~GSYH * JYJL * ~CXJL	0.167	0.167	1		
B2	LHBT * ~BGCS * ~SSYH * RCBT * ~GSYH * ~CXJL	0.167	0.167	1		
B3	~LHBT * ~SSYH * ~RCBT * ~GSYH * JYJL * CXJL	0.167	0.167	1		
B4	BGCS * SSYH * ~RCBT * GSYH * ~JYJL * CXJL	0.167	0.167	1	0.916	1
B5	~LHBT * ~BGCS * SSYH * RCBT * ~GSYH * ~JYJL * ~CXJL	0.083	0.083	1		
B6	~LHBT * BGCS * ~SSYH * RCBT * ~GSYH * JYJL * ~CXJL	0.083	0.083	1		
B7	LHBT * ~BGCS * SSYH * ~RCBT * ~GSYH * JYJL * CXJL	0.083	0.083	1		

由表 5-6 可知，金融中心竞争力不提高的中间解的解一致性为 1，覆盖率为 0.916，满足了对反向结果的中间解进行分析的基本要求。通过将反向检验的中间解和中间解的结果对比来看，导致金融中心竞争力不提高结果出现的条件变量组态与导致金融中心竞争力提高结果出现的条件变量组态并未出现不对称的状况，也就是说，没有出现同一种条件组态既导致金融中心竞争力的提高又导致金融中心竞争力的不提高，同时对反向检验的中间解中出现的 7 种组合进行分析，可以发现，金融人才补贴不存在和创新奖励不存在的条件组合有很大的覆盖力度，与金融竞争力不提高有一定的联系，因此金融人才补贴不存在和创新奖励方式是金融中心竞争力提高的必要性条件。反向检验中间解的结果与前文中得出的结论相符合，因此可以判断前一小节的清晰集定性比较分析结果具有一定的稳健性。

5.4 本章小结

根据前文的分析，虽然一次性落户补贴或奖励、金融人才补贴和金融创新奖励同时存在的条件变量组合，对于金融中心竞争力提高的出现具有较高的解释力，但是其他条件变量的组合方式也可以作为金融中心竞争力提高的解释路径。从单个变量的必要性分析中可以看出，金融人才个人所得税优惠和金融机构经营发展奖励等财税政策工具并不是推动金融中心竞争力提高的必要条件。同时，在中间解的条件组合构型里，促进金融中心建设的财税政策工具中个人所得税优惠、发展经营奖励多数以其不存在的形式出现。总体来看，提高金融中心竞争力从某种程度上应当更多地取决于不同的财税优惠政策工具的搭配和组合方式，适宜的政策工具组合才能较好地起到提高金融中心竞争力的作用。

6.

结论与启示

本文旨在从现有研究基础、国外经验和我国现实的政策事实出发，分析中央和地方政府在金融中心建设中所发挥的重要作用，并对比不同类型的形成模式下金融中心财税优惠政策，厘清当前我国众多金融中心城市建设的财税政策使用情况和效果。在利用定性比较分析方法对我国 29 个金融中心城市财税政策工具进行研究后，本部分将进一步结合第五部分中清晰集定性比较分析（csQCA）的结果，进一步阐释加快我国国际和区域金融中心建设的核心方法是要强化政府引导的模式，同时推进顶层制度设计和微观制度供给，重点从政策差异化扶持、培养和引进金融人才及发展金融科技三个方面入手，对我国正在大力推进的区域金融中心建设提出一些具有可行性的政策建议。

6.1 顶层设计：定位明晰，实现差异化竞争

为营造良好的金融中心制度环境，在制度的顶层设计层面，我国地方政府应当结合本地特征建设多种类功能性区域金融中心，实现区域金融中心的专业化分工，在一定程度上引导区域金融中心密度较大的区域差异化竞争，避免恶性竞争中的资源浪费。在国际金融中心建设竞争日益激烈的背景下，新兴发展中国家往往会首先选择在政府引导的模式下建设国际金融中心。根据现有的国际经验来看，我国还并未像传统的资本主义强势国家那样具备自然形成金融中心的先决必要条件，无法以单纯的区位优势和自由放任市场为动力源建设金融中心，而是更合适于后发金融中心的政府引导模式。总体上看，无论是自然形成的金融中心还是政府推动下形成的金融中心，都不能离开强有力的政府制度和政策的支持。相较于国外老牌的国际金融中心，我国在建的 33 个国际金融中心和区域金融中心，目前都

处于建设初期，仍然存在着城市经济发展水平落后、金融市场发育尚未完全、金融交易缺乏活力且规模尚小、金融人才素质参差不齐等问题。因此，在当前我国国际和区域金融中心的建设过程中政府仍然应发挥引领和主导作用，完善区域金融市场制度，吸引金融资源聚集，使得金融中心城市在区域内产生比较优势。

地方政府在如今区域金融中心竞争巨大的情形下，应发挥优势制定合理的区域金融中心定位和因地制宜发挥特色优势，各取所长打造特色功能中心。部分金融中心城市选择建设资管型金融中心，主要吸引基金、信托等资管机构入驻开展金融业务，如青岛的财富管理中心，与新加坡的经验类似，将目光聚焦在高净值群体上，采用财富管理为主体，建设财富管理型功能性金融中心。财富管理中心建设的主要任务即是吸引财富管理机构、私人银行等落户，并设立财富培训中心吸引财富管理人才，完善配套产业，在实施创新政策奖励方面，也主要是实施财富管理创新政策。同样，部分金融中心城市选择了建设交易型金融中心，即以建设功能性金融交易所为核心，主要目标为金融交易提供优质的场所和服务，在政策方面主要出台加速金融交易品种创新的优惠政策，以金融交易为功能特色，带动整个区域金融中心的发展。例如，大连市依托特殊的区位优势建立了大连商品交易所，并将区域金融中心定位为“亚洲重要期货交易中心”，实施六项战略，吸引金融资源聚集。

成熟的金融体系都是以定位明确的金融中心为支撑的。从当前我国的现状看，金融中心的还尚未能实现专业分工，地方政府大量兴起的金融中心建设无疑带来了严重的金融资源竞争问题，金融资源的聚集效率低下。因此，我国地方政府在规划区域金融中心建设时更应注重自身的差异化和比较优势，减少无序竞争。

6.2 微观供给：注重政策工具侧重和搭配

在微观层面上，地方政府应当通过适宜的财税政策体系设计，形成良好的财税制度环境，吸引金融企业落户，加快区域金融中心建设。结合上一章中清晰集定性比较分析的结果，在政策设计时多使用金融人才直接补贴政策工具和金融创新奖励政策工具会达到较好地提升金融中心竞争力的效果。同时，在使用单个财税政策工具时，也要注意财税政策工具的搭配和组合，通过有机地组合各种类型的财税政策工具，优化政策工具提高区域金融中心竞争力的作用。

6.2.1 创造良好的人才发展环境

根据清晰集定性比较分析的结果，相较于金融人才个人所得税返还等优惠，选择采取力度更大的直接金融人才补贴方式对于提高金融中心竞争力效果更佳，地方政府在制定相关金融人才政策时应对直接补贴的形式加以侧重，应该成为未来政策制定和设计的主要方向。从建设国际、区域金融中心和提升其核心竞争力的战略目标考虑，吸引高端金融人才是发展金融中心得长远之策。金融人才素质不仅是提高金融企业发展经营绩效的关键，作为企业高级管理人员的金融人才在金融企业经营决策中也起到了核心作用。因此，吸引金融人才聚集，同样是在推动金融企业的聚集。

我国各金融中心城市在建设初期，可以通过给与金融人才符合资质得个人所得税优惠，对金融人才类型进行细分，按照不同人才类型分给与奖励和补贴，补贴类型可以分为安家住房补贴、科研经费补贴等。政策执行过程中，地方政府应当严格按照要求不打折扣地落实政策，并逐步使得实施规则精细化，对于具体的优惠力度及执行方式要做出清晰的规定。对于金融人才直接补贴的形式也可以进行创新，比如可以以不同类型金融专业人才的贡献或取得的相应职业资质为标准分情况给与多层次的财政奖励，也可以在当前的基础上增加的特殊标准扣除个人所得税扣除，允许其的子女教育、扶助赡养等在税前扣除，使得税后可支配的收入增加，为金融人才生活和发展创造良好的环境。

6.2.2 鼓励金融科技和金融创新

根据清晰集定性比较分析的结果，创新奖励对于金融中心竞争力的提高有很大的作用，近年来金融科技企业的大量出现，发展迅猛，是金融业转型升级及高质量发展的关键，对于金融创新的奖励应当加大力度。与实体经济不同，金融行业几乎没有生产成本的制约，具有着更大的利润空间，也会受到利益地驱动频繁地进行创新活动。在金融资源聚集且信息流量巨大的金融中心更是如此。中国经济发展的推动力在于创新，金融亦是如此。金融业发展面临着机遇和挑战，而创新无论是对于专业的金融科技机构，还是传统金融机构，都是实现转型升级的方式。

近几年大数据和人工智能等新兴技术的出现和发展带动了金融服务的效率和质量提高，金融产品创新和金融服务创新层出不穷。一方面，金融业创新的领域正在扩大，从线上到线下，从产品到服务，创新领域逐渐全面。另一方面，金融创新的手段亦逐渐更加依赖科技，金融企业为顺应发展变化的趋势，必将加大对科技创新的研发投入。将来金融科技变革大势所趋，科技创新的能力也在很大程度上决定了金融企业的竞争力，必然会有更多的金融科技企业出现，传统金融企业也会加大对金融创新的投入。地方政府应该加大对金融创新和金融科技的奖励力度，设立高额度的“金融创新奖励”，亦可出台专项政策扶持金融创新，创新奖励办法，以此来降低金融企业的经营成本，为其未来发展保驾护航，真正营造出有利于金融创新的生态环境，吸引金融企业聚集。

6.2.3 注重财税政策工具的搭配

根据清晰集定性比较分析的结果，现有的金融企业发展经营奖励方式有一定的局限性，并不利于激励金融中心竞争力的提升，地方政府在使用此类财税政策工具的时候，需要注意其当前产生的问题并加以改进和创新，使之政策使用效果得以改善。金融机构一次性落户补贴或奖励在提高金融中心竞争力中间解的9种组合中出现频率很高，几乎在所有的提高金融中心竞争力的政策工具搭配组合中都作为核心条件或边缘条件出现。因此，地方政府在进行金融中心财税政策工具组合设计时，金融机构一次性落户补贴或奖励是必不可少的政策工具，且可以适当加大补贴或奖励的力度，以此能够较好地达到提高区域金融中心竞争力的效果。同样，对于办公场所补贴、金融创新奖励和金融人才直接奖励或补贴这三种政策工具而言，在进行财税政策工具搭配设计时也十分重要，对金融中心竞争力的提高有着较好的影响。因此，地方政府在制定吸引金融企业的政策时，可以多使用对金融企业的一次性落户补贴或奖励和办公场所补贴，减少金融企业税收优惠政策工具的使用；在制定吸引金融人才的政策时，可以多使用对金融人才的直接奖励或补贴，以此来代替对金融人才个人所得税优惠政策工具的使用；在制定促进金融企业发展政策时，可以加大对金融企业创新的奖励及对金融科技企业的支持，适当使用经营发展奖励政策工具。

总体上说，地方政府在进行金融中心微观财税制度设计时，要根据自身资源考虑不同地区经济社会发展水平和财力情况，金融中心竞争力的提高从某种程度上来说更多地取决于各种财税政策工具的搭配和组合。若是使用较为单一的财税政策，则会使得其在发挥作用时有所限制，不能达到较好地提高金融中心竞争力的效果。地方政府应当多方位考量不同财税政策工具的优势和劣势，因地制宜地设计更适宜本区域特征和经济发展水平的财税政策工具组合，使得财税政策工具组合中各政策工具既具备互补性，又不缺失整体的协调性，避免财税政策工具的单调，同时在各种政策工具之间相关匹配和发挥应用之间需寻求合适的平衡点，优化和创新财税政策工具体系，如此一来才能够更好地提高政府财政资金的使用效率。

参考文献

[1] 爱德华·S. 肖. 经济发展中的金融深化 [M]. 上海：上海三联书店，1989：10-11.

[2] 伯努瓦·里豪克斯，查尔斯·C. 拉金. QCA 设计原理与应用：超越定性与定量研究的新方法 [M]. 杜运周，李永发译. 北京：机械工业出版社，2017：25-27.

[3] 罗纳德·I. 麦金农. 经济发展中的货币与资本 [M]. 上海：三联书店上海分店，1997：8-10.

[4] 饶余庆. 香港——国际金融中心 [M]. 香港：商务印书馆（香港）有限公司，1997：30-31.

[5] 张建森. CDI 中国金融中心指数（CDI CFCI）报告 [M]. 北京：中国经济出版社，2009：15-19.

[6] 张建森. CDI 中国金融中心指数（CDI CFCI）报告. 第二期 [M]. 北京：中国经济出版社，2010.

[7] 白玉，樊丽明. 国际金融中心建设的税收政策比较研究——国际金融中心形成模式视角的分析 [J]. 税务研究，2017（06）：61-67.

[8] 陈铭仁. 金融机构集聚：国际金融中心形成过程的新视角 [J]. 会计与经济研究，2010，24（003）：67-73.

[9] 杜运周，贾良定. 组态视角与定性比较分析（QCA）：管理学研究的一条新道路 [J]. 管理世界，2017（06）：155-167.

[10] 单豪杰，马龙官. 国际金融中心的形成机制——理论解释及一个新的分析框架 [J]. 世界经济研究，2010（10）：30-36+89-90.

[11] 邓子基，杨志宏. 财税政策激励企业技术创新的理论与实证分析 [J]. 财贸经济，2011（05）：7-12+138.

[12] 冯邦彦，谭裕华. 论我国金融中心的层级体系——基于金融地理学的视角 [J]. 国际经贸探索，2007（04）：63-67.

[13] 冯德连，葛文静. 国际金融中心成长机制新说：轮式模型 [J]. 财贸研究，2004（01）：80-85.

[14] 胡坚，杨素兰. 国际金融中心评估指标体系的构建——兼及上海成为国际金融中心的可能性分析 [J]. 北京大学学报（哲学社会科学版），2003，Vol. 40（05）：40-47.

[15] 贺瑛，华蓉晖. 金融中心建设中的政府作为——以纽约、伦敦为例 [J]. 国际金融研究，2008，000（002）：60-66.

[16] 黄运成，杨再斌. 关于上海建设国际金融中心的基本设想 [J]. 管理世界，

2003，000（011）：103－110.

［17］金雪军，田霖．我国区域金融成长差异的态势：1978—2003年［J］．经济理论与经济管理，2004，000（008）：24－30.

［18］刘超，李大龙．基于复杂性理论的金融产业集聚演化动因研究［J］．当代经济研究，2013，000（010）：55－62.

［19］李成，郝俊香．金融中心发展的理论、总结与展望［J］．上海金融，2006，000（011）：4－8.

［20］李晓蒙．建立政府为主导的金融发展机制探析建立政府为主导的金融发展机制探析［J］．商品与质量理论研究，2010（8）：26－28.

［21］倪鹏飞，孙承平．中国城市：金融中心的定位研究［J］．财贸经济，2005（02）：17－22.

［22］潘英丽．论金融中心形成的微观基础——金融机构的空间聚集［J］．上海财经大学学报，2003，5（001）：50－57.

［23］孙国茂，范跃进．金融中心的本质、功能与路径选择［J］．管理世界，2013，000（011）：1－13.

［24］司晓悦，马一铭．区域科技创新的财政支持政策工具研究——基于清晰集定性比较分析方法［J］．上海行政学院学报，2020，v.21；No.112（03）：86－96.

［25］唐旭．论区域性金融中心的形成［J］．城市金融论坛，1996（3）：13－18.

［26］王程韡．腐败的社会文化根源：基于模糊集的定性比较分析［J］．社会科学，2013（10）：28－39.

［27］万筠，王佃利．中国邻避冲突结果的影响因素研究——基于40个案例的模糊集定性比较分析［J］．公共管理学报，2019，16（01）：66－76.

［28］于永达，王浩．集聚金融优势与国际金融中心发展研究——来自伦敦金融城的经验［J］．新金融，2009，000（006）：24－28.

［29］姚洋，高印朝．金融中心评价指标体系研究［J］．金融论坛，2007，12（005）：3－8.

［30］闫彦明．金融资源集聚与扩散的机理与模式分析——上海建设国际金融中心的路径选择［J］．上海经济研究，2006（9）：38－46.

［31］杨伊宁．政府补助对企业财务绩效的影响研究［D］．太原理工大学，2016.

［32］杨志军．模糊性条件下政策过程决策模型如何更好解释中国经验？——基于“源流要素＋中介变量”检验的多源流模型优化研究［J］．公共管理学报，2018，15（04）：39－51.

［33］杨再斌，黄运成．上海建设国际金融中心的模式选择与约束条件分析［J］．国际金融研究，2003（11）：70－76.

［34］赵洪．马来西亚政府在金融发展中的作用［J］．南洋问题研究，2004（1）：24－26.

［35］赵晓斌，王坦，张晋熹．信息流和“不对称信息”是金融与服务中心发展的决定因素：中国案例［J］．经济地理，2002（04）：408－414.

［36］张渝，李仲春．金融生态视觉下的地方政府与金融发展［J］．商业研究，

2009 (4): 73 - 74.

[37] Befani B, Ledermann S, Sager F. Realistic Evaluation and QCA: Conceptual Parallels and an Empirical Application [J]. Evaluation, 2007, 13 (2): 171 - 192.

[38] Bell R G, Filatotchev I & Aguilera R V. Corporate Governance and Investors' Perceptions of Foreign IPO Value: An Institutional Perspective [J]. Academy of Management Journal, 2014, 57 (1) : 301 - 320.

[39] Bennett, Andrew, Elman, et al. Case Study Methods in the International Relations Subfield [J]. Comparative Political Studies, 2007, 40 (2): 170 - 195.

[40] Cassis Y, Collier J. Capitals of capital : the rise and fall of international financial centeres, 1780 - 2009 [M]. Cambridge University Press, 2010.

[41] Charles C. Ragin. Set Relations in Social Research: Evaluating Their Consistency and Coverage [J]. Political Analysis Advance Access, 2006 (05): 8 - 9.

[42] Davis E. P. , International Financial Centers—an Industrial Analysis, Bank of England Discussion Papper, NO. 51, 1990.

[43] Dufey, Gunter, Giddy. The International Money Market [M] // The international money market. Prentice-Hall, 1978.

[44] Fiss, Peer C, Marx, et al. Comment: Getting QCA Right. [J]. Sociological Methodology, 2014.

[45] Gehrig, T. , 2000. Cities and the Geography of Financial Centers. In: J. M. Huriot and J. F. Thiesse, eds. Economies of Cities: Theoretical Perspectives. Cambridge: Cambridge University Press, 415 - 446.

[46] Gras N S B. The Development of Metropolitan Economy in Europe and America [J]. The American Historical Review, 1922, 27 (4): 695 - 708.

[47] Greckhamer, T. Cross-cultural Differences in Compensation Level and Inequality across Occupations: A Set-theoretic Analysis [J]. Organization Studies, 2011, 32 (1): 85 - 115.

[48] Goldberg M A, Helsley R W, MD Levi. On the development of international financial centers [J]. The Annals of Regional Science, 1988, 22 (1 Supplement): 81 - 94.

[49] Gunter Dufey, Ian H. Giddy. Financial Centers and External Financial Markets [J]. in Appendix2 of The International Money, Englewood Cliffs, NL, Pinceton-Hall, 1978: 35 - 47.

[50] Harry Johnson, Panama as a Regional Financial Center: A Preliminary Analysis of Development Contribution, Economic Development and Cultural Change [J], 1976.

[51] Howlett, M. Policy analytical capacity: The supply and demand for policy analysis in government [J]. Policy & Society, 2015, 34 (3 - 4): 173 - 182.

[52] Hugh T. Patrick, 1966, Financial Development and Economic Growth in Underdeveloped Countries Economic Development and Cultural Change, Vol. 14, No. 2, pp. 174 - 189.

[53] Jao, Y. C. , Hongkong as an International Financial Center: Evolution, Prospects and Policies [M]. City University of Hong kong Press, 1997: 11 - 16.

[54] Jao Y C. Banking and currency in Hong Kong : a study of postwar financial develop-

ment [J]. 1974 : 1 -3.

[55] Kindleberger C P. The formation of financial centers: a study in comparative economic history [J]. Working Papers, 1973, 5 (4): 33 - 39.

[56] Krugman, Paul. The Role of Geography in Development [J]. International Regional Science Review, 1999: 1 -2.

[57] Lee, K. -H. and Vertinsky, I. , 1988. Strategic Adjustment of International Financial Centres (IFCs) in Small Economies: A Comparative Study of Hong Kong and Singapore. Journal of Business Administration, 17 (1 -2), 151 -172.

[58] Martin, N. Thrift ed. , Money, Power and Space, Oxford: Blackwell, 1994: 327 -355.

[59] McCarthy I. S. , Hosting Offshore Banks: Benefits and Costs, IMF Working Paper 79/32 (Washington: International Monetary Fund), 1979: 3 -8.

[60] Mcrae H, Cairncross F. Capital city : London as a financial centre [J]. Capital City London As A Financial Centre, 1973: 1 -2.

[61] Mcgahey R, Malloy M, Kazanas K, et al. What Makes a Financial Center? [M]. 2019: 22 -29.

[62] Miller, D. (2018). Challenging trends in configuration research: Where are the configurations? Strategic Organization, 16 (4), 453 -469.

[63] Montes, M. F. , 1999. Tokyo, Hong Kong and Singapore as Competing Financial Centres. Journal of Asian Business, 18 (1): 153 -168.

[64] Nadler M, Heller S, Shipman S S. The Money Market and Its Institutions [M]. Ronald Press Co. 1955: 10 -11.

[65] Ngiam, T. D. , Dynamics of the Singapore Success Story: Insights by Ngiam Tong Dow [J]. Singapore: Cengage Learning Asia, 2011: 1 -2.

[66] Park Y. S. , The Economics of Offshore Financial Centers, Columbia Journal of World Business 17 (4), 1982: 31 -35.

[67] Pandit N R, Cook G A S, Swann P G M. The Dynamics of Industrial Clustering in British Financial Services [J]. Service Industries Journal, 2001, 21 (4): 33 -61.

[68] Pan F, He Z, Sigler T, et al. How Chinese financial centers integrate into global financial center networks: An empirical study based on overseas expansion of Chinese financial service firms [J]. Chinese Geographical Science, 2018, 28 (2): 217 -230.

[69] Pagano, M. , Roell, A. , Danthine, J. -P. , and Schaefer, S. M. , 1990. Trading Systems in European Stock Exchanges: Current Performance and Policy Options. Economic Policy, 5 (10), 63.

[70] Pawson R D, Tilley N. Realistic Evaluation [M]. Sage Publications Ltd, 1997: 22 -23.

[71] Poon, J. P. H. , 2003. Hierarchical Tendencies of Capital Markets Among International Financial Centers. Growth and Change, 34 (2), 135 -156.

[72] Porteous, D. , The Geography of Finance: Spatial Dimensions of Intermediary Behaviour [J], Aldershot: Avebury, 1995: 1 -5.

[73] Porteous, D. , 1999. The development of financial centres: Location, information externalities and path dependence, In Martin Red Money and the space economy Wiley, Chich-ester. 95 - 114.

[74] Ragin C C. Redesigning Social Inquiry: Fuzzy Sets And Beyond [M]. Chicago: University of Chicago Press, 2008: 11 - 17.

[75] Rajaratnam, S. , 1972. Global city' success for Spore: Raja. The Straits Times, 7 Feb, p. 1.

[76] Reed H C. The preeminence of international financial centers [M]. Praeger, 1981: 33 - 35.

[77] Rihoux, Benoit. Bridging the Gap between the Qualitative and Quantitative Worlds? A Retrospective and Prospective View on Qualitative Comparative Analysis [J]. Field Methods, 2003: 1 - 3.

[78] Shirai S. Tokyo as a leading global financial center: The vision under the spotlight again [R]. ADBI Working Paper, 2017.

[79] SR Choi, TCM Yu. Banks and the world's major financial centers, 1970—1980 [J]. Review of World Economics, 1986: 1 - 2.

[80] Tan S L. The development of Singapore's financial sector: A review and some thoughts on its future prospects [J]. Economic Prospects of Singapore, 2006.

[81] Thrift N. On the social and cultural determinants of international financial centres [J]. Key Engineering Materials, 1994, 206 - 213 (3): 2149 - 2154.

[82] Tschoegl, A. E. , 1989. The benefits and costs of hosting financial centers. In: Y. S. Park and M. Essayyad, eds. International Banking and Financial Centers. Dordrecht: Kluwer Academic Publishers, 175 - 187.

[83] Underhill, G. R. D. and Zhang, X. , 2008. Setting the rules: private power, political underpinnings, and legitimacy in global monetary and financial governance. International Affairs, 84 (3), 535 - 554.

[84] Yoon, S. P. , 1982. A Comparison of Hong Kong and Singapore as Asian Financial Centres. In: P. D. Grub, C. H. Tan, K. C. Kwan, and G. H. Rott, eds. East Asia Dimensions of International Business. Sydney: Prentice Hall, 21 - 28.

致谢

时间是最真实的记录者。三年的时间太长，长到提起笔来写不完太多的感谢，三年的时间太短，短到还没来得及回味就从指尖溜走了。当我终于从毕业论文、秋招、春招的轮番轰炸中得以喘息，才想到或许该写些什么了。

不知不觉，只是感谢。

感谢我的导师姚东旻老师，耐心地指导对科研和论文写作懵懵懂懂的我，感谢您在我进步时，给我表扬和鼓励，在我犯错时，给我警醒和帮助。没有您，就不会有这篇毕业论文。

感谢中心的所有老师，既为经师，亦是人师，让我在这三年的时光中，不论是学习上，还是生活上，都受益匪浅。特别地，我要感谢阮睿老师和李慧青老师，在我开题时和焦头烂额写初稿时都给了我很多的意见。

感谢我的父母，感谢您们给我生命，带我来看五彩斑斓的人间，带我体会或酸或甜的生活，永远支持我的决定，尽最大的可能给予我支持和帮助，是我在这个世界上最坚实的后盾。

感谢我可爱的朋友们，想到你们总会想起那些快乐的时光，即使是焦虑与不安充斥着日常，也抵不过和你们在一起的一顿火锅，一杯奶茶和一起窝在宿舍点外卖的日子。你们不仅是朋友，更是家人。相聚的日子转瞬即逝，愿今后无论是在北京、雄安、威海、成都还是武汉，都能万事胜意，岁岁平安。

还有一个特别要感谢的人，相信看到这里的你定然能够懂得。感谢你再艰难都在我身旁，以后就陪我去更远的未来吧。

转眼今天，感恩相遇，未来可期。

论文短评

点评人：李慧青

首先，一篇学术论文的选题，是决定研究好坏的关键。这篇论文的选题具有一定的现实意义。放眼国际，当前世界正处于国际金融危机后世界金融格局深刻变动时期，也是金融中心向亚太地区转移的有利时机，我国应当加快形成国家级甚至是世界级的金融中心。反观国内，在我国提出加快经济发展方式转变和经济结构转型的大背景下，加快金融产业发展、大力建设金融中心成为国家和地方解决“金融滞后”突出问题、实现经济发展长远目标的战略选择。为此，自“十二五”发展规划以来，为响应国务院号召，我国已有超过30个城市提出了发展成为国际、国家或区域金融中心的目标与具体措施。各大城市都将发展金融业作为引领产业结构升级的引擎，我国金融中心建设迎来了新一轮的热潮。自此背景下，这篇论文将研究聚焦在了金融中心形成的制度因素层面，重点研究了我国地方政府支持金融中心形成和发展的各项财税政策，为加速我国金融中心建设，实现金融资源优化配置提供了有益参考。

其次，这篇论文在研究视角和研究方法上具有一定的创新性。对于金融中心的研究，在国内已经十分丰富。然而，现有文献在探讨金融中心的形成原因和发展状况时大多采用实证的方法，鲜有从地方政府政策文本分析角度进行讨论的。同时，在对金融中心财政支持政策进行解读的文献中多源于对政策的主观理解，而少有研究通过量化文本的方法对金融中心财政激励政策工具进行研究。这篇论文填补了以往文献的空白，从政策体系的角度出发，探究各类财税支持政策作用于各金融中心城市竞争力情况的方式和效果。另外，在研究方法上，这篇论文将清晰集定性比较分析法运用在了财政研究中，通过收集31个金融中心城市的金融业财政激励政策文本，基于相关文献和政策文本内容，对各个政策文本中的财税支持方式进行归类和分析，并运用定性比较分析方法研究不同金融中心城市出台的财政激励政策工具效果，弥补了以往文献对于金融业财政激励政策工具的关联性和组合作用研究的欠缺。

值得一提的是，这篇论文的政策文本整理工作十分扎实。论文建立了政策文本库，收集到了2014—2018年期间，我国国家层面直接提出的和33个省级地方政府层面、市级地方政府层面与金融中心建设直接相关的法律、法规、意见、通知、办法、资金实施方案、规划等文件，并进行逐一分类分析。第一，本文将地方政府支持金融中心发展的政策分类为两个层面，一个是地方金融中心发展规划文件，另一个是地方政府促进金融中心发展的财政激励政策文件。第二，针对地方金融中心发展规划文件，本文按照文件名、发文主体、时间、目的、金融中心的定位、是否出现促进金融业发展的相关政策等，对所收集政策文本加以整理、归纳和总结。针对地方政府促进金融中心发展的政策文件，本文按照文件名、发文主体、时间、目的、使用到的财政激励政策工具、具体的财政激励政策内容等对所收集政策文本加以整理、归纳和总结。此外，为了更好地归纳和对比不同地方政府财政政策工具的使用情况和政策偏好，本文通过对地方政府出台政策文本的总体分析，把支持金融中心发展的财政政策工具进一步分为降低金融机构运营成本的优惠政策、引进金融人才的优惠政策、促进金融机构发展的优惠政策三大类。整体而言，本文总共收集到政策文本200多个，涉及全国30个省份的33个城市。在政策内容梳理过程中，本文克服了政策文本发文主体复杂，政策归类相对复杂和繁琐等困难，可见这篇论文在收集政策文本上做了比较扎实的功课。

最后，这篇论文的研究结论对现实问题具有一定的指导意义。本文从现有研究基础、国外经验和我国现实的政策事实出发，分析政府在金融中心建设中发挥的作用，对比不同形成模式下金融中心的财政激励政策，厘清当前我国众多金融中心城市建设的财政激励政策使用情况和效果。在第五部分中，通过定性比较分析法发现了9种使得金融中心竞争力水平提高的政策组合，发现了金融人才补贴和创新奖励是提高金融中心竞争力的必要条件，而金融人才个人所得税优惠和金融机构经营发展奖励对金融中心竞争力的提高没有显著影响。这一结论可以为地方政府在制定金融中心相关的财税政策时提供一定的参考。以此结论为依据，本文在第六部分中，重点从政策差异化扶持、培养和引进金融人才及发展金融科技三个方面入手，对我国正在大力推进的区域金融中心建设提出了一系列具有可行性的政策建议。

综上，这篇论文论证严密，行文规范，语言流畅，分析方法新颖，数据资料丰富，可以看出作者在阅读文献和整理政策文本时做了大量的工作，是一篇优秀的学术论文。

“京津冀”产业布局调整过程中税收分享政策和方案设计研究

——基于协同发展视域

Research on Tax Sharing Policy and Scheme Design in the Process of Industrial Layout Adjustment of Beijing - Tianjin - Hebei Region

——Based on the Vision of Coordinated Development

张　彤

摘 要

“京津冀”协同发展概念的提出已逾二十年，目前已经上升到国家战略层面。“京津冀”协同发展战略中的一个重点领域就是产业结构的布局调整。随着国家的政策导向，越来越多的资源消耗型工业企业从北京转移到津冀地区，“京津冀”三地共建了很多用于承接产业布局调整的园区，还有很多企业采取跨区经营的方式进行产业转移。“京津冀”产业布局调整的不断深化，导致税收利益在三地间不断流动。政府的主要收入来源是税收收入，税收收入是政府提供公共服务的基础，可以影响“京津冀”三地的政府行为。然而缺乏有效的税收分享机制会阻碍三地进行产业转移的积极性，从而阻碍“京津冀”协同发展战略的推进。因此，“京津冀”三地建立一个科学合理的税收分享机制十分必要。

基于此，本文拟解决的主要问题有四个，分别是：第一，“京津冀”地区在产业布局调整过程中现有的税收分享政策有哪些？对它们的评价如何？第二，国内外在区域协同发展领域的税收分享政策有哪些？值得“京津冀”地区借鉴的是什么？第三，通过对“京津冀”现有政策和国内外政策的对比和借鉴，一个科学合理的“京津冀”税收分享方案是怎样的？第四，改进后的税收分享方案效果如何？

首先，本文阐述了“京津冀”发展现状。“京津冀”经济发展和财税情况差距悬殊，三次产业结构差异显著，功能定位明确。本文还对“京津冀”税收分享进行了理论分析。本文认为“京津冀”协同发展过程中需要税收分享的原因有税源转移、财政支出责任变化以及激发三地产业转移积极性。接下来，本文给出了税收分享需要遵循的原则，分别为公平性原则、财政平衡原则、实质重于形式原则以及灵活性原则。本文还将税收分享政策的类型分为企业转移型、园区共建型以及跨区经营型。

其次，本文对“京津冀”地区现有税收分享政策进行梳理并给出相应评价。现有的针对“京津冀”地区企业转移的税收分享政策规定了分享税种、分享范围、分享方式以及分享办法。现有方案存在一些不足，这些不足有税收分享比例固定、未考虑多重因素影响，未考虑企业转移中的新设企业以及分配期限考虑欠佳。"京津冀"三地响应协同发展战略的共建园区很多，但目前这些园区的利益分享机制尚不明确，其税收分享方案仍然是一个空白区。因此，需要设计一个科学有效的税收分享方案来更好地协调三方利益，从而促进区域协调发展。"京津冀"三地总分机构跨区经营的税收利益按照国家层面的政策进行税收分享，该政策在"京津冀"地区存在一些不合理的地方，即总分机构间税收分配不均衡，分支机构间税收分配不均衡。研发生产机构跨区经营的情况同样需要税收分享，但目前此类型的税收分享政策空白。

接下来，本文收集分析了国内外在税收分享方面的政策，以期为"京津冀"税收分享方案的制定提供经验借鉴。本文收集了数十个在企业转移、园区共建以及跨区经营方面的国内税收分享政策，充分了解其在分享税制、分享比例、分享方式上的独特设计，并将先进经验应用到"京津冀"税收分享方案的设计上。同时，本文整理了美国、德国、巴西、阿根廷以及欧盟在税收分享方面的经验，为"京津冀"税收分析方案的设计提供更为开阔的思路。

根据对现有税收分享政策的梳理和评价以及对国内外税收分享经验的借鉴，本文设计出促进"京津冀"地区协同发展的税收分享方案。企业转移类型的税收分享方案规定了分享税种、分享准入条件、影响分享比例的因素以及分享上限。分享税种为企业所得税、增值税的地方分成部分。只有存续时间足够长，达到一定规模的企业才满足分享准入条件。企业类型、企业转移影响、占用不可再生资源情况以及项目所处时期均是影响分享比例的重要因素。同时税收分享方案规定了分享年限上限和分享金额上限。园区共建类型的税收分享方案规定了分享税种、分享方式以及分享比例等因素。分享税种为企业所得税、增值税的地方分成部分。分享方式根据园区共建模式的不同分为按照股本比例进行分享、一次性分享投资额的一定比例和按照分享比例进行长期共享三种模式。项目阶段和投入生产要素的比例是影响分享比例的重要因素。项目阶段分为建设期和投产期，投入的生产要素主要有土地要素、劳动力要素、资本要素、技术要素、经济信息要素以及经济管理要素。总分机构跨区经营的税收分享方案取消了总机构按固定比例就地预缴规定、用"员工数量"指标代替"职工薪酬"指标、增加经营收入在"三因素"法中的权重。研发生产机构跨区经营的税收分享方案按照"三因素"的方法进行分配。最后，本文为首钢搬迁、中关村海淀园秦皇岛分园建设以及跨区经营模拟案例三个项目设计税收分享方案，旨在证明本文给出的税收方案具有科学合理性和可操作性。

从理论层面看，税收对区域经济的调节作用一直是税收理论研究领域的重点问题。论证税收分享政策在区域协同发展过程中的作用，以及给出税收分享政策的影响因素，能够丰富税收在调节区域经济领域的理论。从现实层面来看，产业结构在"京津冀"三地的重新布局使得税收利益在"三地"间的不断流动，而税收利益关系到"京津冀"地方政府的公共服务的提供。在这种情况下，建立一个科学、公平的税收分享机制十分重要。

关键词：区域协调　产业布局调整　税收分享

Abstract

The concept of "Beijing-Tianjin-Hebei" coordinated development has been put forward for more than 20 years and has now become a national strategy. With the guidance of national policies, more and more resource-consuming industrial enterprises have moved from Beijing to the Tianjin-Hebei region. The "Beijing-Tianjin-Hebei" region has built a lot of industrial parks to undertake industrial layout adjustment, and many enterprises have adopted the mode of cross-regional operation for industrial transfer so as to achieve the optimal allocation of resources. The deepening adjustment of industrial layout in "Beijing-Tianjin-Hebei" has led to the continuous flow of tax benefits between the three regions. The government's main source of income is tax revenue, which is the basis for the government to provide public services, and will affect the government behavior. However, the lack of an effective tax sharing mechanism will hinder the enthusiasm of the three parties to adjust the industrial layout, thus impeding the promotion of the coordinated development of "Beijing-Tianjin-Hebei".

Based on this, there are three main problems to be solved in this paper: First, what are the existing tax sharing policies in the process of the coordinated development of "Beijing-Tianjin-Hebei" region and how to evaluate? Second, what are the domestic and foreign tax sharing policies in the field of regional coordinated development? Third, through the comparison and reference of the existing policies of "Beijing-Tianjin-Hebei" and domestic and foreign policies, what is a scientific and reasonable "Beijing-Tianjin-Hebei" tax sharing plan?

First of all, this paper carries on the theoretical analysis of "Beijing-Tianjin-Hebei" coordinated development and tax sharing. In the Outline of the Coordinated Development Plan for the Beijing-Tianjin-Hebei Region, the functions of the three regions are clearly defined. This paper argues that the reasons for tax sharing in the process of coordinated development of "Beijing-Tianjin-Hebei" include the transfer of tax sources with the adjustment of industrial layout, the change of fiscal expenditure responsibility and the motivation of industrial transfer. At the same time, this paper divides the tax sharing policies into industrial transfer type, park co-

construction type and cross-district operation type.

Secondly, this paper sorts out and evaluates the existing tax sharing policies in the "Beijing-Tianjin-Hebei" region. The existing tax sharing policies for the industrial transfer in the "Beijing-Tianjin-Hebei" region stipulate the types, scope, methods and methods of tax sharing. However, the existing scheme has some shortcomings, such as fixed tax sharing ratio, failure to consider multiple factors and the newly established enterprises in the industrial transfer, and poor consideration of distribution period. Therefore, it is necessary to design a scientific and effective tax sharing scheme to coordinate the tax of the three parties better, so as to promote regional coordinated development. The tax benefits of the trans-regional operation of the three regions of "Beijing-Tianjin-Hebei" are shared according to the national policy, which also has some unreasonable places in the "Beijing-Tianjin-Hebei" region, that is, the tax distribution between the total branches is unbalanced, and the tax distribution among the branches is unbalanced.

Next, this paper collected and analyzed the domestic and foreign policies on tax sharing, in order to provide experience and reference for the establishment of the "Beijing-Tianjin-Hebei" tax sharing mechanism. This paper collected dozens of domestic tax sharing policies in industrial transfer, park co-construction and cross-district operation, fully understand their unique design in the sharing tax system, sharing proportion, sharing way, and apply advanced experience to the design of "Beijing, Tianjin and Hebei" tax sharing scheme. At the same time, this paper summarizes the experience of the United States, Germany, Brazil, Japan, Argentina and the European Union in tax sharing, providing more ideas for the design of the "Beijing-Tianjin-Hebei" tax analysis scheme.

Based on the review and evaluation of the existing tax sharing policies and the reference of domestic and foreign tax sharing experience, this paper designs a tax sharing scheme to promote the coordinated development of the "Beijing-Tianjin-Hebei" region. The tax sharing scheme of industrial transfer type stipulates the tax types of sharing, the access conditions of sharing, the factors affecting the proportion of sharing and the upper limit of sharing. The type of enterprise, the influence of industrial transfer, the occupation of non-renewable resources, the period of the project and the degree of government contribution of the moving party (the investor) are all important factors affecting the sharing proportion. At the same time, the tax sharing scheme stipulates the upper limit of the sharing years and the upper limit of the sharing amount. The tax sharing scheme of the park co-construction type stipulates the factors such as the tax sharing type, sharing method and sharing proportion. The sharing mode can be divided into three modes according to the different co-construction modes of the park: sharing according to the proportion of capital stock, sharing a certain proportion of the investment at one time and sharing according to the proportion of long-term sharing. The project stage and the proportion of input production factors are the important factors affecting the proportion of sharing. The project stage is divided into the construction stage and the production stage. The input production should mainly include land elements, labor force elements, capital elements, technology elements, economic information elements and economic management elements. The tax sharing scheme of cross-regional operation cancels the local pre-payment requirement of the head office according to a fixed proportion, replaces the "employee salary" index with the "employee number" index, and increases the weight of the operating income in the "three factors" method. Finally, this paper designs tax sharing schemes for relocation of Shougang, construction of Qinhuangdao Branch of Haidian Park in Zhongguancun and establishment of Huanghua Branch of Beijing Automotive Group Co., Ltd., in order to prove that the tax schemes presented in this paper are scientific, reasonable and operable.

From the perspective of theory, the regulatory effect of tax on regional economy has always been a key issue in the field of tax theory research. Demonstrating the role of tax sharing policy in the process of regional collaborative development and giving the influencing factors of tax sharing policy can enrich the theory of tax revenue in the field of regulating regional economy. In reality, the relay out of the industrial structure in the three regions of "Beijing-Tianjin-Hebei" makes the tax benefits flow continuously among the three regions, and the tax benefits are related to the provision of public services by the local government of "Beijing-Tianjin-Hebei". Under such circumstances, it is very important to establish a scientific and fair tax sharing mechanism.

Key Words: Regional Coordination; Industrial Transfer; Tax Sharing

1. 绪论

1.1 研究背景与研究意义

2001年，"京津冀一体化"的战略构想首次被提出，随后的二十年，"京津冀一体化"的理念在不断深化。在这二十年中，"京津冀"三地的协同发展离不开"产业布局调整"这个关键词。这是因为"京津冀"区域发展是以产业布局调整为基础的。产业和区域是密不可分的，产业是区域的产业，区域是产业的区域。

2004年2月，北京、天津和河北的负责人于廊坊达成共识，首次提出统筹协调区域发展中的产业布局相关问题。2011年3月，在国家"十二五"规划中提到"京津冀一体化""首都经济圈"的概念。2014年2月，习近平总书记提出要"打破一亩三分地"的固化思维，推动三地协调发展，这标志着把"京津冀协同发展"上升为国家重大战略。紧接着，"加强环渤海及京津冀地区经济协作"和"京津冀协调发展"分别被写入2014年度和2015年度政府工作报告。2015年4月，《京津冀协同发展规划纲要》通过，给出了"京津冀协同发展"的功能定位。2017年12月，京津冀三地共同发布《加强京津冀产业转移承接重点平台建设的意见》。《意见》初步明确了京津冀若干个承接产业转移的平台。2018年11月，明确提出京津冀协同发展战略的核心为疏解北京压力，调整区域经济和空间布局，如图1-1所示。

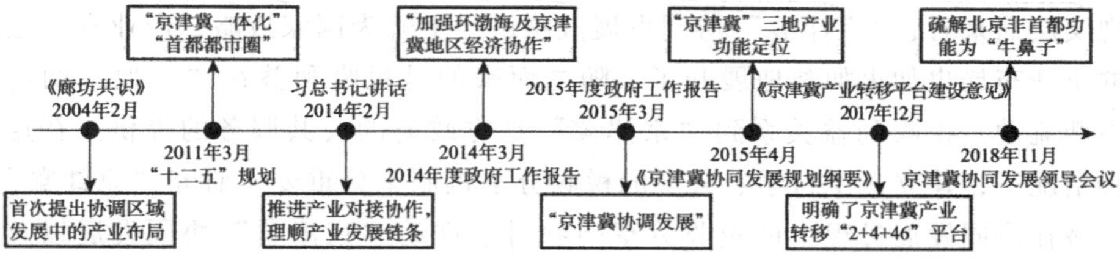

图1-1 "京津冀"协同发展过程中产业布局调整政策梳理

“京津冀”协同发展过程中产业布局调整的一个重要导向是疏解北京压力，调整区域的经济和空间结构。跟随着国家的政策导向，越来越多的资源消耗性工业企业从北京转移到津冀地区，例如首钢集团生产机构、北京焦化厂等。“京津冀”三地还跟随政策导向共建用于承接产业布局调整的园区，例如中关村海淀园秦皇岛分园、芦台汉沽协同发展示范区、天津宁河京津合作示范区。除此之外，还有许多企业采取跨区经营的方式来顺应“京津冀”协同发展战略中的产业转移政策导向，例如北汽集团将生产部门通过分公司的方式设立在河北省黄骅市从而达到资源的最优配置。

“京津冀”协同发展战略的不断深化，将会带来越来越多的产业布局调整，会导致税收利益在三地间不断流动。政府的主要收入来源是税收收入，税收收入是政府提供公共服务的基础，会影响“京津冀”三地的政府行为。然而缺乏有效的税收分享机制会阻碍三方进行产业布局调整的积极性，从而阻碍“京津冀”协同发展的推进。2008—2010 年，首钢从北京市石景山区搬迁至河北省唐山市曹妃甸区，因为当时没有建立合理有效的税收分享机制，搬迁后造成了石景山区的财政缺口。首钢当时是石景山区税收的主要来源，2008 年首钢缴纳的地税收入占到石景山区地税收入的 45%。根据石景山区政府网站披露的数据，2010 年首钢的搬迁使得石景山区财政收入骤减 4 个亿左右。缺乏合理有效的税收分享政策，使得北京市石景山区在应对首钢搬迁事件时措手不及。

“京津冀”协同发展的过程中不可避免地会产生税收利益的转移行为，因此建立合理的税收分享机制是“京津冀”协同发展过程中必不可少的一环。公平、科学的税收分享政策对调动三方积极性、更好地推行“京津冀”协同发展政策有着重要的作用。本文梳理了“京津冀”地区目前的税收分享政策，并总结了目前政策存在的问题，借鉴国内外税收分享政策的成功经验，提出影响税收分享的因素，并设计“京津冀”地区的税收分享方案。

从理论层面看，税收对区域经济的调节作用一直是税收理论研究领域的重点问题。论证税收分享政策在区域协同发展过程中的作用，以及给出税收分享政策的影响因素，能够丰富税收在调节区域经济领域的理论。从现实层面来看，“京津冀”协同发展战略已经上升为国家战略，产业在三地的重新布局也如火如荼地展开了，随之而来的是税收利益在“三地”间的不断流动。税收利益关系到“京津冀”地方政府的公共服务的提供。在这种情况下，建立一个科学、公平的税收分享机制十分重要。研究“京津冀”区域在协同发展过程中的税收分享问题对于推动“京津冀”协同发展以及激发“京津冀”地区产业转移积极性有十分重要的现实意义。同时，中国同京津冀地区相似的区域还有很多，比如长三角地区、珠三角地区。对京津冀地区税收分享研究亦可以在一定程度上推广到其他相似区域，为全国其他相似区域的协同发展提供政策参考。

1.2 文献综述

1.2.1 区域协同发展领域的研究

John Friedmann（1966）对区域经济展开了深入的研究分析，建立了区域空间结构演变理论，他认为区域空间结构演变分为四个集中程度越来越高的阶段。区域内的城市也随着四个阶段的深入而更多地进行经济交流，从而形成一个城市网，最终区域内不同结构和特征的城市一起发展，差距缩小，形成区域一体化的格局。在20世纪80年代，H. Haken（1983）创立了协同学，他给协同下的定义是系统内部各要素或各子系统相互作用和有机整合的过程。近现代的国外学者对区域协同发展的研究从不同的视角展开，Patchell（2015）分析了区域协同发展会带来的影响，认为地理集聚以及产业布局的变化是区域协同发展会带来的必然结果。Twomey（1985）分析了影响区域协同发展的因素，认为影响区域产业转移的因素有各城市之间的距离，经济规模以及经济吸引力。Freundt（2002）对区域经济协同发展的原因进行分析，认为不同因素形成的产业的集聚和分散是区域协调发展最主要的原因。

国内学者对区域协同发展的研究从含义、机理以及评价三个方面展开。陈玉杰（2018）认为，区域协同发展随着时代的进步不断发展和完善，现如今其内涵已经不仅仅包括经济、社会、环境等因素，还纳入了人类发展和可持续发展等因素。张学良、林永然（2019）认为我国区域经济协同发展需要充分促进要素流动、明确区域功能定位、加快协调机制的建立。杨朝继（2018）运用灰色关联模型分析了生产性服务业与区域经济之间的协调发展水平，结果发现生产线服务业对区域经济的支持力度不够。

对京津冀协同发展的研究主要集中在京津冀协同发展面临的挑战以及政策建议。薄文广、陈飞（2015）认为京津冀协同发展面临的挑战有产业结构差异导致难以形成良性互动、缺乏协同治理机制导致"三者共输"。天津经济课题组（2014）认为京津冀协同发展过程中最大的问题是行政分割造成的体制障碍。程恩富、王新建（2015）则重点关注了京津冀协同发展引发的环境问题。学者们在给出京津冀协调发展的政策建议时，大都借鉴长三角区域一体化的成功经验，给京津冀协同发展提出建议。张贵、王树强（2014）认为三地应该建立协调机制。孙久文、姚鹏（2015）认为应该打破行政分割、推动生产要素在区域内的有序流动。

1.2.2 税收分享领域的研究

国外对税收分享的研究集中在税收协调方面。Janeba（1999）认为国际税收分享能够解决税收竞争带来的资源无法有效配置的问题。James（2000）将税收协调分为四个强度，并给出每个强度下的税种、税基以及税率。Cremer（2015）将税收协调的视角聚焦于税收征管，认为税收征管强度是影响税收协调的重要因素之一。还有一部分国外学者在税收分享方面的研究聚焦于欧盟结构基金，不同学者从不同的角度对欧盟结构基金进行评价。Mary Farrell（2004）认为欧盟建立结构基金，通过对各个成员国的税收等利益进行分享来进一步促进各个城市之间的合作，推动整个区域的协同发展。Dall'erba（2005）研究表明欧盟结构基金起到了区域经济利益协调的重要作用，通过税收等利益再分配促进了区域经济的增长。Ramajo（2008）的研究也表明结构基金对欧盟区域增长有正向作用。

国内对税收分享的研究分为宏观和微观两个方面。从宏观方面来看，学者们的研究集中在建立税收分享机制的必要性以及如何建立税收分享机制。黄伦涛（2012）研究了地方政府合作和税收分享之间的关系，得出结论二者相互促进相互激励。郭志仪、郑周胜（2010）通过对区域经济整合的各方的税收利益分配问题进行探究，得出单单靠市场机制不能完成区域经济整合的结论，唯有建立税收分享协调机制才能保证地区间长期合作的稳定。王传芸（2018）通过分析对比地方政府的财政税务合作情况提出完善税收利益分配、建立区域共同财政以及创造地方政府合作环境的建议。王曙光（2016）分析区域经济中存在的财税问题，提出改进分配和扶持机制、完善补偿和评价机制等建议。林民书和刘明远（2012）通过事实的梳理指出我国经济区域合作中存在税收分享机制缺失的问题，并提出通过建立利益分享和补偿机制来平衡协调区域中的各方利益的建议。从微观方面来看，学者们的研究对象聚焦于长三角和“京津冀”地区。蒋瑛、郭玉华（2011）通过梳理欧盟以及长三角税收分享的成功经验，提出区域经济需要加强目标、动力、市场、协调、利益共享等机制建设。庄士成（2010）通过对长三角区域经济税收分享现状的分析提出利益平衡机制，认为实现区域经济稳定发展的重要因素有利益表达、利益协调以及利益补偿。

在对"京津冀"地区税收分享的研究中，有的学者指出了税收分享对于"京津冀"协同发展的重要性，孙宇娜（2018）认为产业转移会带来"京津冀"地区转入地和转出地的矛盾，而税收分享机制则可以很好地调和这个矛盾。龚亚洲（2017）认为税收分享作为财力分配方式在促进"京津冀"区域协同发展方面具有优越性，因为税收分享以税收收入为基准，在分配时更具科学性和灵活性。还有部分学者对"京津冀"区域的税收分享政策提出建议，包健（2019）认为为了促进"京津冀"协同发展，可以制定统一的区域财政、建立区域间横向转移制度以及建立区域生态财税补偿机制。韩学丽（2019）在京津冀协同发展背景下探讨财政整体性治理框架，提出实行整合预算、推进税收协调和财政支出协同等对策。芦俊成（2018）对"京津冀"现有税收分享机制的问题进行分析，并给出相应的解决措施。谷彦芳、王坤、李克桥（2018）通过对"京津冀"协同发展的分析，指出"京津冀"需要建立涉税争议协调机制。徐妍（2018）也指出，建立配套的转移支付机制也可以有效地推动"京津冀"协同发展。

1.2.3 小结

对于区域协同发展的研究，国内外学者的研究焦点是区域协同发展的内涵、机制以及评价。聚焦到"京津冀"区域的协同发展，学者们主要分析了目前三地协同发展中遇到的问题并给出了相应的解决措施。目前学者重点研究的"京津冀"协同发展中遇到的问题集中在产业结构、行政划分以及环境等方面。对于税收分享的研究，国外学者较多的是对欧盟结构基金对于欧盟区域经济发展的影响进行分析。国内的学者则是更多地针对我国目前区域经济存在的税收分享方面的问题来展开分析，也有的学者给出税收分享方面的政策建议。在"京津冀"税收分享的研究中，大部分研究根据现有的事实梳理了"京津冀"税收分享方面的问题并提出一些笼统的建议，例如建立涉税争议协调机制、完善税收分享机制。

现有的文献在研究区域协同发展时较少将目光聚焦于税收分享政策，少数研究区域协同发展的税收分享问题的文章大多分析税收分享对区域协同发展的重要性，其中有些文章给出一些笼统的政策建议例如建立税收分享机制或成立区域税收协调机构。对于区域协同发展的研究尽管已经取得了一定的进展，但仍存在一些不足。第一，现有研究没有对区域协同发展过程中遇到的税收分享问题进行一个全面细致的总结并进行科学合理的分类。第二，现有研究没有对"京津冀"的税收分享政策和国内外经验进行一个系统的梳理和客观的评价。第三，现有研究提出的完善“京津冀”税收分享政策的建议较为笼统，没有给出一个清晰的具有操作性的税收分享方案。本文根据上述不足展开进一步的研究，研究思路如下文所示。

1.3 论文研究思路和研究方法

1.3.1 研究思路

结合本文的主要研究内容，本文拟解决的主要问题有四个，分别是：第一，“京津冀”地区协同发展过程中现有的税收分享政策有哪些？对它们的评价如何？第二，国内外在区域协同发展领域的税收分享政策有哪些？值得“京津冀”地区借鉴的是什么？第三，通过对“京津冀”现有政策和国内外政策的对比和借鉴，一个科学的“京津冀”税收分享方案是怎样的？第四，改进后的税收分享方案效果如何？

根据以上问题，本文设计了以下研究思路：（1）对区域税收分享进行理论分析，分析区域产业布局调整过程中需要进行税收分享的原因，并给出需要遵循的原则，并对税收分享政策进行分类。（2）对“京津冀”地区现有的税收分享政策按照企业转移、园区共建以及跨区经营等不同类型分别进行梳理，并给出评价。（3）梳理国内外促进区域协同发展的税收分享经验。（4）通过借鉴国内外的优秀政策和做法，分类型设计“京津冀”地区税收分享方案。（5）分类型选取三个案例并按照本文框架给出具体的税收分享方案，并对三个方案进行评价，如图 1－2 所示。

1.3.2 研究方法

本文主要采用了文本分析法，比较分析法及案例分析法三种研究方法。

（1）文本分析法。本文通过梳理“京津冀”在企业转移、共建园区以及跨区经营等方面的税收分享政策，对于“京津冀”税收分享的现状有了初步的了解。通过梳理国内国外有关区域协同发展的税收分享方面的政策，了解到税收分享政策设置上的成功经验，对本文“京津冀”税收分享方案的提出有十分重要的借鉴意义。

（2）比较分析法。从本文的框架结构可以看出，本文将“京津冀”目前的税收分享政策与国内外其他区域的税收分享政策进行比较分析，从而

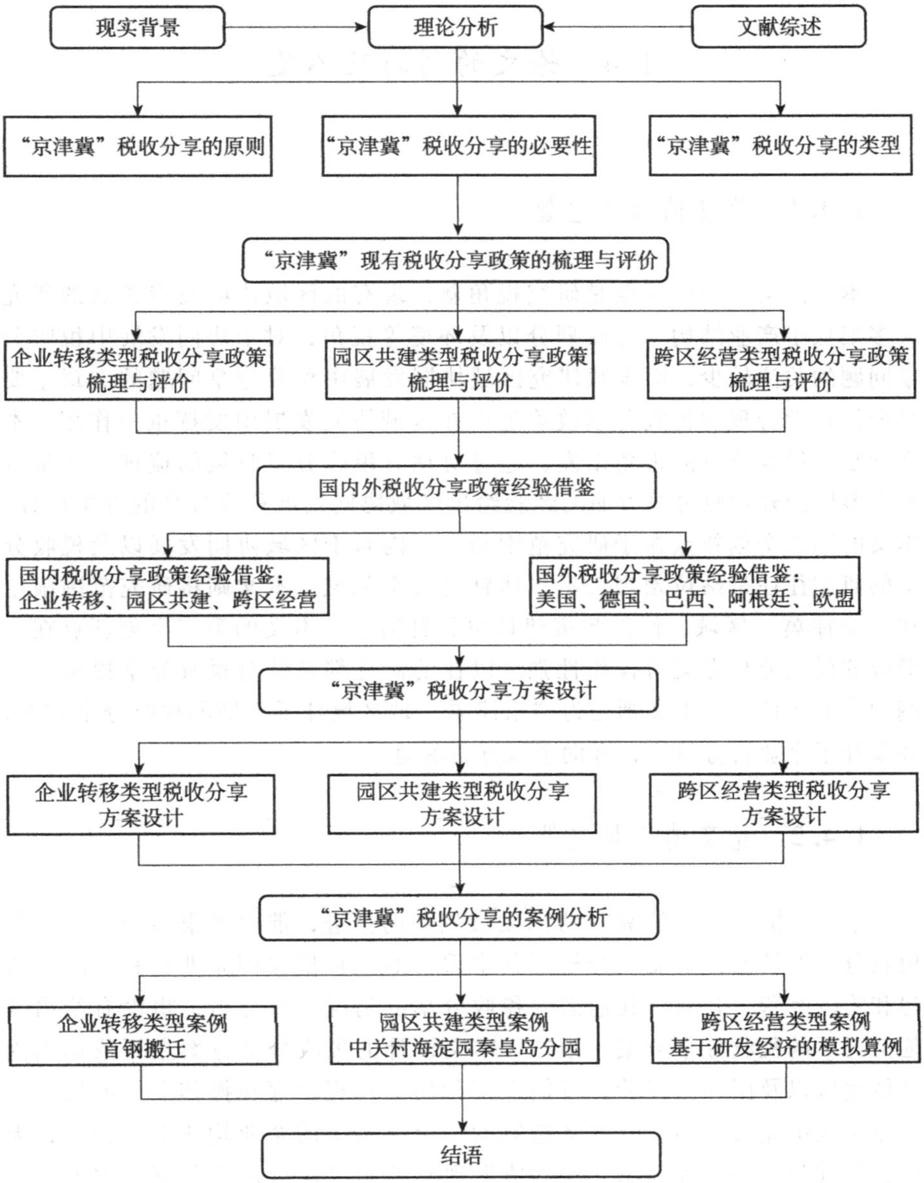

图1－2 研究框架

发现"京津冀"目前税收分享政策存在的不足，对于提出"京津冀"税收分享方案意义重大。

（3）案例分析法。本文选取首钢搬迁、京冀共建中关村海淀园秦皇岛分园以及跨区经营模拟算例三个案例，为其设计税收分享方案并用以验证本文提出的税收分享方案的恰当性。

1.4 论文的创新及不足

1.4.1 论文的创新之处

本文的第一个创新点是研究视角新，现有的区域协同发展领域的研究大多聚焦于产业结构、行政划分以及环境等视角，对于协同发展中税收分享问题的关注较少，而少数研究区域协同发展中税收分享问题的文章主要是分析科学合理的税收分享政策怎么在区域协同发展中发挥重要作用。本文则是从税收分享的视角出发，通过对现有税收分享政策的梳理与评价以及借鉴国内外税收分享方面的经验给出区域协同发展税收分享的方案设计。本文的第二个创新点在于研究范围新，国内对于区域协同发展以及税收分享的研究往往是站位宏观，不具体针对某个领域，本文则将研究范围限定在“京津冀”区域，使得政策建议更具针对性。本文的第三个创新点在于形成的税收分享方案可操作性强。以往的研究都是针对税收分享提出一些纲领式的建议，而本文则是为“京津冀”地区设计了详细的税收分享方案，并设计了企业打分量表，有助于该方案落地。

1.4.2 论文的不足之处

第一，随着“京津冀”协同发展战略的推进，催生了很多种需要进行税收分享的情况，本文只分析了其中重要的三种情况即企业转移、园区共建和跨区经营，并未对其他需要税收分享的情况进行分析，也没有给出其他情况下的税收分享方案。第二，本文设计的税收分享方案主要依据国内其他地区以及国外的经验，可能在实际使用过程中存在操作上的问题，需要在实践中完善。第三，本文选取的三个案例中的企业均非上市公司，无法获得其公开的财务信息，仅能依据现有的信息进行税收分享方案上的设计，无法进行实际税收分享金额的测算。

2.

"京津冀"的发展现状与税收分享的理论分析

2.1 "京津冀"的发展现状

2.1.1 "京津冀"的经济水平和财税现状

"京津冀"三地在经济总量、财政收支规模方面差距悬殊。从2018年的GDP指标来看，河北省的GDP和北京市处于同一量级且稍高于北京市，约为天津市生产总值的2倍。从2018年的财政收入角度看，"京津冀"三地一般公共预算收入占GDP比重分别为19.08%、11.20%以及9.75%，"京津冀"三地地方税收收入占GDP比重分别为16.30%、8.59%以及7.06%。从同年的财政支出角度看，河北省一般公共预算支出与北京市旗鼓相当，比天津市的2倍还多。2018年"京津冀"三地一般公共预算支出和一般公共预算收入的差值分别为1390亿元、998.9亿元以及4206.5亿元，如表2-1所示。由此可见，河北省虽然GDP总量处于三地最高，但是财力相对较弱，财政支出压力最大。而北京市经济总量很大，财力在三地中最强，也有着较大的财政支出压力。天津市经济总量最小，财力情况在三地间适中，财政支出压力最小。从人均角度看，"京津冀"三地的经济总量和财税情况差距更为悬殊。以人均一般公共预算收入为例，2018年河北人均一般公共预算收入为0.47万元，仅为天津市的34.81%、北京市的17.47%，如表2-2所示。

表 2 - 1　　2018 年“京津冀”三地主要经济指标

指标	北京	天津	河北
GDP（亿元）	30320.00	18809.64	36010.30
一般公共预算收入（亿元）	5785.90	2106.10	3513.70
一般公共预算支出（亿元）	7175.90	3105.00	7720.20
地方税收收入（亿元）	4942.07	1616.20	2545.24

资料来源：京津冀 2018 年《国民经济与社会发展统计公报》。

表 2 - 2　　2018 年“京津冀”三地主要人均经济指标

指标	北京	天津	河北
人均 GDP（万元）	14.07	12.06	4.77
人均一般公共预算收入（万元）	2.69	1.35	0.47
人均一般公共预算支出（万元）	3.33	1.99	1.02
人均地方税收收入（万元）	2.29	1.04	0.34

资料来源：京津冀 2018 年《国民经济与社会发展统计公报》。

2.1.2　“京津冀”的产业结构情况

表 2 - 3　　2019 年“京津冀”分产业 GDP 占比

	第一产业	第二产业	第三产业
北京市	0.32%	16.16%	83.52%
天津市	1.31%	35.23%	63.45%
河北省	10.02%	38.73%	51.24%

资料来源：京津冀 2019 年《国民经济与社会发展统计公报》。

由表 2 - 3 可知，“京津冀”三地的产业结构有很大的不同。北京市第三产业占比具有绝对的优势，第二产业占比区区六分之一，第一产业占比不到百分之一。天津市第三产业占比超过一半，第二产业占比超过三分之一，第一产业占比稍高于北京，但也不足百分之二。河北省的第三产业占比也超过了一半，但是和京津地区还有一定差距，第二产业占比高于天津，比北京的两倍还高，第一产业占比超过了十分之一，远远高于京津地区。由此可见北京已经迈入后工业化时代，天津也紧随其后，而河北还处于工业化时代。

2.1.3　“京津冀”在协同发展过程中的功能定位

2015 年，中共中央政治局审议通过了《京津冀协同发展规划纲要》

（以下简称《纲要》），这意味着京津冀协同发展战略的总体方针已明确。《纲要》给出了"京津冀"协同发展战略的功能疏解、重点领域、功能定位以及空间布局等内容。"京津冀协同发展战略"的核心是疏解北京压力，这是因为北京承载的过多的非首都功能造成了北京人口过载、环境污染严重、交通拥堵、公共服务供给不足的大城市病。"京津冀协同发展战略"的一个重点领域就是推动产业升级转移。"京津冀"地区应确认各自的产业功能定位，除了加快自身产业的转型优化外，也要推动三地间产业转移的进行。在此基础上，持续加强三地产业互动与衔接，在国家层面制定三地产业升级转移指导计划，加快三地承接平台的建设，高效推进三地产业协作。《纲要》指出了"京津冀"三地的功能定位。北京市的主要功能定位为全国的政治、文化、国际交往以及科技创新中心。天津市的主要功能有先进制造研发、国际航运、金融创新运营、改革开放先行示范。河北省则为商贸物流基地、产业转型试验区、城乡统筹示范区以及京津冀生态环境支持区。此外，《纲要》也给出了"京津冀"协同发展战略布局的空间布局（如图2－1所示）。

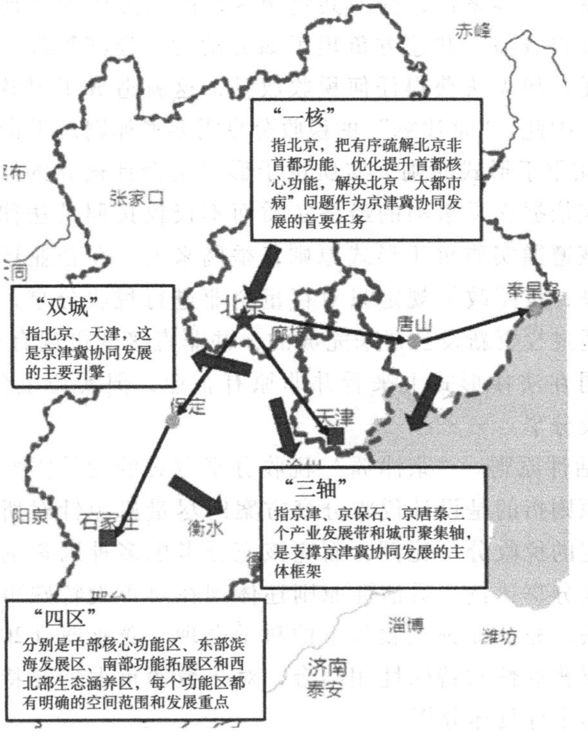

图2－1 "京津冀"协同发展战略空间布局

（根据《京津冀协同发展规划纲要》绘制）

2.2 “京津冀”税收分享的理论分析

2.2.1 “京津冀”税收分享的原则

(1) 公平原则。王鸿貌(2005)认为税收公平本质上是分配公平,具体来说,是指在税收权利和义务以及纳税负担等方面分配公平。在“京津冀”产业布局调整中进行的税收分享也应遵循公平原则,充分权衡各方利益,给出最为公平的税收分享方案。这样的税收分享方案才能使参与方信服,减少争端,有助于良好区域关系的形成。

(2) 财政平衡原则。王平、李玉红(2018)提出解决“京津冀”协同发展的财税问题的基本原则为财政平衡原则。财政平衡原则要求各级财政预算收入和支出要基本一致,即事权和支出责任要相符。在“京津冀”产业布局调整中,随着企业迁移、园区共建和跨区经营的推进,会出现财政不平衡的现象。举例来说,两地共建园区,落地方因为属地原则获得共建园区的全部税收收益。共建方负担了如劳动力、经济管理、经济信息等要素的支出责任,却无法获得任何税收收益,这就造成了财政失衡,需要进行税收分享。因此,“京津冀”的税收分享需要遵循财政平衡原则。

(3) 实质重于形式原则。实质重于形式是会计核算的原则,指的是企业会计核算应依据交易事项的经济实质而不仅仅按照其法律形式。在税收分享中也应该遵循实质重于形式原则,举例来说,在企业迁移过程中需要进行税收分享,按照政策规定只对存量企业进行税收分享,但是有很多公司的转移是通过投资新设公司来完成的,并非直接变更现有企业注册地址。这个新设公司在法律形式上来看并非原有企业,但实质上仍是企业转移,也应进行税收分享。

(4) 灵活性原则。“京津冀”税收分享方案的设计需要遵循灵活性原则。灵活性原则指的是设计税收分享方案时尽量避免针对所有情况都直接给出一个固定的税收分享比例,而应该充分考虑多种因素的影响后确定一个准确的税收分享比例。灵活性原则还体现在对重大特殊事项实施一事一议的处理办法,充分保证税收分享的科学合理。龚亚洲(2018)也提到了税收分享需要普遍性和特殊性相结合,对于数额重大情况特殊的税收分享需要进行具体事件具体分析。

2.2.2 “京津冀”税收分享的必要性

（1）“京津冀”产业布局调整引起迁出方税源骤减。“京津冀协同发展战略”实施的一个重点领域是产业布局调整，按照“京津冀”三地不同的功能定位，将会有很多存量企业在三地进行搬迁，例如为了完成疏解北京压力的战略目标，北京市将会把部分高能耗的低端制造业、区域物流贸易存量企业逐步从北京转移到津冀地区。伴随着企业搬迁，“京津冀”三地的税源也会发生转移，如本文在引言中提到的案例所示，首钢从北京市石景山区搬迁至河北省唐山市曹妃甸区后造成了2010年石景山区财政收入骤减4个亿左右。我国企业所得税是由纳税人向其所在地主管税务机关缴纳，“所在地”指的是纳税人的实际经营管理所在地，对涉及总分机构的企业实施汇总纳税的政策。根据税法规定，企业在“京津冀”三地搬迁的过程中势必会伴随企业所得税税源的转移。同时除了企业所得税，个人所得税、增值税等多税种也会因为企业迁移带来的人员和产品的转移而发生税源转移。在这种情况下，企业迁出地会造成税源流失，给迁出地的财政收入造成没有缓冲的断崖式减少，削弱了迁出地的产业转移积极性。同时，企业迁出地在企业迁出前也为该企业提供了公共服务，保障了该企业的发展，因此应该在企业搬迁的前期进行迁入地和迁出地的税收分享。

（2）“京津冀”产业布局调整引起三方支出责任变化。为了实现“京津冀”协同发展战略的目标，需要先完成“京津冀”三地的产业布局，使三地向各自的功能定位靠拢。完成三地的产业升级转移的主要途径有存量企业的搬迁，园区共建以及分支机构的转移。在存量企业搬迁的情况下，迁入地需要新建为了承接该企业的基础设施，并完成相应公共服务的配套，同时为了吸引企业迁入而给出相应的财税优惠例如企业因为迁移而新增的固定资产可以加速折旧等。迁出地则需要处理、改造或者升级原有的用于服务该企业的配套设施，同时也需要出台鼓励迁移的政策例如迁出企业存货处理的优惠政策，也面临着下一步产业布局及招商引资的财政支出压力。迁入迁出双方均为了企业转移在短期内增加了财政支出责任，因此应该进行税收分享，而不是把搬迁企业的税“一刀切”地全部缴纳给迁入地。在园区共建的情况下，大部分的情况是一方贡献土地、基础设施来建设园区，另一方贡献管理经验和技术并引导企业进驻园区。在这种情况下，按照税法规定税应缴纳给贡献土地的一方，但是贡献管理经验和技术的一方同样贡献了生产要素，也帮助了企业转移，理应通过税收分享获得利益。在分支机构转移的情况下，现行税法规定跨区经营的分支机构需要汇总纳税，因此分支机构缴纳的税收会汇总到总部所在地。但是分支机构所在地也提供了配套的基础设施和公共服务，同样应该获得税收，因此跨区经营的分支机构理应进行税收分享。

(3) 激发“京津冀”三地进行产业布局调整的积极性。“京津冀”区域协同发展战略与其他区域协同发展的战略差异较大，因为“京津冀协同发展战略”的核心是疏解北京压力。在产业转移的过程中不可避免地会遇到企业搬迁的情况，对于迁出地来说，企业迁走势必会减少当地税收收入，影响当地财政状况，因此积极性不高。综上所述，为了更好地完成“京津冀协同发展战略”的目标，尽快完成北京非首都功能的疏解工作，需要在产业转移过程中将税收进行分享，提高迁出地的积极性，更好地推进“京津冀协同发展战略”。

2.2.3 “京津冀”税收分享的类型

(1) 企业转移型。伴随着“京津冀”三地产业的重新布局，三地间的产业转移也势在必行。企业转移是指因经济成本、资源环境以及技术等制约的原因，处于产业级差高端的部分企业顺应区域比较优势的变化，转移到其他地区。企业转移对财政利益的影响是减少了迁出地政府的税收利益，增加了迁入地提供配套设施的费用。建立企业转移类型的税收分享机制有助于调动迁出地政府的积极性，从而减少企业转移的行政障碍，最终促进区域间资源配置的最优化，最终完善产业布局。

(2) 园区共建型。在“京津冀”协同发展的过程中，完善产业布局的途径除了产业转移还有园区共建。园区共建指跨地区的行政经济主体通过贡献不同的生产要素例如土地、技术、管理经验等方式共建产业园区。园区共建有着无可比拟的优势，例如充分利用土地、发挥各方的优势，使得各方的空间优势和资源优势互补，最终实现共赢。根据我国税法，税缴纳在贡献土地这类生产要素的一方，而同样贡献技术、管理经验等生产要素的一方难以获得税收收入，因此需要进行税收共享。建立园区共建的税收分享机制，可以调动园区共建各方的积极性，推动产业升级转移，且最大化产业聚集效应。

(3) 跨区经营型。跨区经营指的是企业为了优化资源配置或顺应政策导向在异地布局建立分支机构的行为。跨区经营的一个重要原因是公司总部所在地土地、劳动力等要素成本较高，显著制约企业发展，于是该公司在其他地区布局分支机构从而降低企业成本。跨区经营的第二个原因则是为了顺应国家政策导向，以“京津冀”地区为例，随着“京津冀协同发展战略”的推进，鼓励很多在京的企业，把研发管理等部门留在北京，而将生产等需要大量土地或污染较为严重的部分以分支机构的形式迁移到河北或天津地区，于是很多总部建立在北京的企业，纷纷将生产线外移至河北天津地区。建立跨区经营的税收分享方案，能够平衡企业总部和分支机构所在地的财税利益，使得跨区经营的发展成果在各个地区共享，从而推动区域协同发展。

3. “京津冀”现有税收分享政策的梳理与评价

3.1 “京津冀”现有税收分享政策梳理

京津冀协同发展税收工作小组于2014年7月正式成立，该小组的成立标志着“京津冀”三地税收分享工作协调机构的设立。2014年10月，《京津冀协同发展税收合作框架协议》签署，该协议指出了“一通三互”的措施。2018年10月，京津冀联合税收经济分析工作机制被建立，该工作机制的建立能够更好地发挥三地税收经济分析的作用，加速推进“京津冀”协同发展战略。依据税收合作框架，京津冀三地税收部门出台了一系列政策。这些政策一部分是针对税务稽查的三地合作，另一部分是针对税收利益分享的具体内容和做法。在税务稽查和税收风险的合作方面，京津冀三地税务部门分别在2015年4月和2017年12月发布了《京津冀税务稽查协查协作协议》和《京津冀税收风险管理协作机制》，建立三地税务稽查合作机制，规避跨区域税收风险。针对税收分享的具体内容和做法的政策本文将从企业转移、园区共建以及跨区经营角度系统地进行梳理，如表3-1所示。

表3-1 京津冀协同发展产业转移对接企业税收分享方案

分享因素	具体内容
分享税种	增值税、企业所得税、营业税三税地方分成部分。
分享准入条件	由迁出地区政府主导、符合迁入地区产业布局条件、且迁出前三年内年均缴纳“三税”大于或等于2000万元的企业。
分享上限	以迁出地区分享“三税”达到企业迁移前三年缴纳的“三税”总和为上限。
分享比例	由迁入地区和迁出地区按50%:50%比例分享。
分享年限	若三年仍未达到分享上限，分享期限再延长两年。

资料来源：财预〔2015〕92号。

3.1.1 企业转移类型税收分享政策梳理

在企业转移方面，2015年6月，针对京津冀地区产业转移带来的税务问题，财政部、国家税务总局出台财预〔2015〕92号文件，明确企业迁入地和迁出地三大税种税收收入五五分成等政策。2015年12月，国家税务总局出台税总发〔2015〕161号文件，要求京津冀税务机关简化纳税人跨省市迁移手续。

3.1.2 园区共建类型税收分享政策梳理

京津冀三地税务机关签署的《税收合作框架协议》提出"协商建立三地共建产业园区的税收利益分享机制，确保企业税收政策的接续执行"。京津冀在共建园区方面的税收收入方案没有形成一个政策层面的标准化税收方案，目前采用的是一事一议的税收分享方案。本文收集整理了十二个"京津冀"地区典型的共建园区的税收分享方案，其中有七个共建园区没有明确的税收分享方案，如表3-2所示。有四个园区表达了税收分享政策在共建园区建设中的必要性以及想要建立科学合理的税收分享机制的意愿。北京和河北共建的"北三县京津冀协同发展示范区"在其规划中提到建立通州和北三县的长期税收分享机制，对进驻园区的头部企业进行利益补偿，促进园区产业集群效应的形成。北京和河北共建的"京冀曹妃甸协同发展示范区"提出"共建、共管、共享"的园区共建理念，通过利益共享机制激发双方的积极性。北京和河北共建的"北京新机场临空经济区"十分重视京冀两地税收利益分享机制的建立，其税收分享理念是将产业布局调整和税收分享机制相结合，依据经济区的产业政策完善利益分享机制。天津和河北共建的"宝坻中关村科技园"提出建立新型税收利益分享机制，借助首都产业转移，带动津冀经济发展。本文选取的"京津冀"共建的十二个园区中仅有"中关村海淀园秦皇岛分园"给出了明确的税收分享方案，该方案指出入驻该园的企业产生的税收，两地政府（即北京海淀和河北秦皇岛）各得40%，其余20%作为扶持资金返还该企业。

表3-2 京津冀共建园区税收收入分享情况

园区	共建方	税收分享情况		
		给出方案	表达意愿	尚无意愿
中关村海淀园秦皇岛分园	京冀	√		

续表

园区	共建方	税收分享情况		
		给出方案	表达意愿	尚无意愿
北京大学（秦皇岛）科技产业园	京冀			√
丰台科技园保定分园	京冀			√
北三县京津冀协同发展示范区	京冀		√	
京冀曹妃甸协同发展示范区	京冀		√	
北京新机场临空经济区	京冀		√	
亦庄永清高新技术产业开发区	京冀			√
芦台汉沽协同发展示范区	津冀			√
沧州产业协同发展示范区	津冀			√
津冀循环经济产业示范区	津冀			√
宝坻中关村科技园	京津		√	
天津宁河京津合作示范区	京津			√

资料来源：笔者整理。

3.1.3 跨区经营类型税收分享政策梳理

（1）总分机构跨区经营。“京津冀”在跨区经营的总分机构税收分享政策方面没有特色的税收分享方案，均是按照国家层面的政策进行总分机构税收收入的分享。在国家层面先后出台了财预〔2008〕25号、财预〔2012〕40号、财预〔2012〕453号以及国家税务总局公告2012年第57号等政策来规定跨区域企业总分机构的税收分享问题。

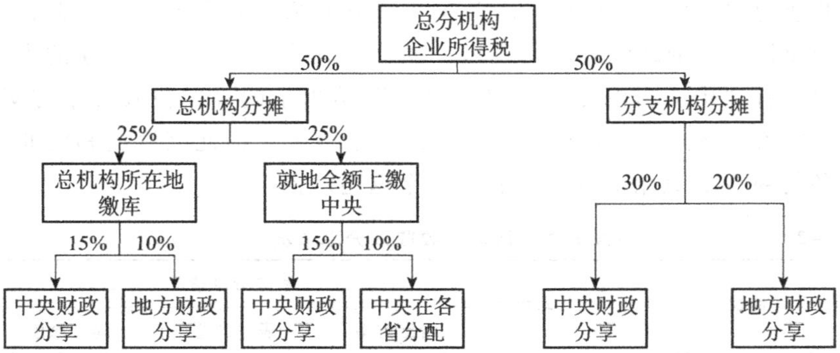

图3－1 总分机构跨区经营所得税分配图

现有政策规定总分机构预缴税款总额的百分之五十直接由总机构缴纳，其余百分之五十由分支机构分摊缴纳，如图3－1所示。分支机构按照经营收入、职工薪酬以及资产总额等三个因素进行分摊，分摊权重分别为0.35、0.35以及0.3。

（2）研发生产机构跨区经营。目前，我国以及"京津冀"地区均没有出台研发生产公司跨区经营的税收分享政策。但是针对研发企业出台了税收优惠政策。一是财税〔2015〕119号、财税〔2018〕64号以及财税〔2018〕99号规定企业研发费用按照实际发生额的175%在企业所得税的应纳税所得额中扣除。二是《企业所得税法》规定的国家需要重点扶持的高新技术企业，按照15%征收企业所得税。

3.2 "京津冀"现有税收分享政策评价

3.2.1 企业转移类型税收分享政策评价

（1）分享比例一成不变，无法反映多重因素影响。财预〔2015〕92号文件规定，所有转移企业的税收均由迁入地和迁出地双方政府五五分成，这个分享比例不随其他任何因素的变化而变化。这个固定的分享比例使得"京津冀"在企业转移方面的税收分享方案缺乏灵活性，无法给出最符合企业的个性化分享方案。在实际情况中，影响迁入地和迁出地政府税收分享比例的因素有很多，例如企业类型、企业对双方政府所在地的影响等。从企业类型角度看，新设企业对于税源的影响相较于存量企业较小，税源转移的速度也较慢，其税收应更倾向于迁出地。从企业对双方政府所在地的影响角度看，随着该企业的落地给当地带来了积极影响例如带动经济、拉动就业，则应将该企业的税收倾向于迁出地。同理，随着该企业的落地给当地带来了消极影响例如环境污染、不可再生资源消耗，则应将该企业的税收倾向于迁入地。影响税收分享的要素还有很多，只有尽可能地将这些因素都纳入"京津冀"企业转移类型的税收分享框架，才能得到一个科学合理的税收分享方案。

（2）企业转移过程中的新设企业不在分享范围内。财预〔2015〕92号文件中规定的可以进行税收分享的企业类型为存量企业，不包括新设企业。然而在企业转移过程中存在两类新设企业，其税收利益理应在"京津冀"三地进行共享。第一类企业在形式上是新设企业，但实质上是原有企业的业务转移。在"京津冀"三地企业转移的过程中，有很多企业通过在异地投资新设公司的方式完成重心的转移，达到资源最优配置的目的。这类企业虽然是新设企业，之前也未缴纳过税收，但是实质上造成了税源的迁移，同样需要进行税收分享。第二类企业是采用“飞地”模式的新设企业，即政府A负责招商以及项目谈判、签约、审批、落户等内容，但是为了顺应“京津冀”协同发展战略的产业结构布局调整而将该新设企业落户在政府B所在地。这种情况的新设企业也不在现有税收分享政策的使用范围内，但是双方政府均为该企业落地付出努力，理应进行税收分享。

（3）分配年限固定且较短。“京津冀”在企业转移方面现有的税收分享方案规定迁入地和迁出地政府进行税收分享的时间上限为3年，未达到分享上限的可以延长2年。这个分享年限存在以下两个问题。第一个问题是该分享年限是一成不变的，没有考虑到不同企业的具体情况。高新技术企业相较于传统企业理应有更长的分享年限，因为这类企业研发时间较长，大概率超过3年，在此期间可以享受研发费用加计扣除等优惠政策，总体缴纳的税收较少，如果和传统企业一样仅仅在3—5年间进行税收分享，便有失公允。第二个问题是该分享年限较短，企业转移初期会有大量的设备和材料的购入需要，产生大量的增值税进项税额，同时也可以将其作为成本从企业所得税中扣除，因此总体缴纳的税收较少，可与迁出地共享的税收有限。

3.2.2 园区共建类型税收分享政策评价

园区共建是推进“京津冀”协同发展，促进产业升级和布局的重要途径之一。“京津冀”地区响应协同发展战略共建的园区很多，但是这些园区的利益分享机制尚不明确。在本文选取的十二个有代表性的“京津冀”共建园区中，只有一个园区明确地给出了税收分享方案，剩下的园区只是简单地表达了建立利益共享方案的必要性，但是没有给出具体的利益分享方案。“京津冀”地区共建园区的税收分享方案仍然是一个空白区，需要设计一个科学合理的税收分享框架来更好地协调三方利益，从而促进区域协调发展。

3.2.3 跨区经营类型税收分享政策评价

（1）总分机构跨区经营税收分享政策评价。

①总分机构间税收分配不均衡。随着“京津冀”协同发展战略的推进，越来越多的“京津冀”企业将分支机构开设在其他两个地区，以最

优化企业资源配置。这些企业的总部大多在北京或者天津，因为京津两地的经济发展、公共服务水平以及对人才的吸引力均较强，能够吸引企业集团的总部落户。但是目前跨区经营企业的企业所得税缴纳方法的规定会造成总分机构税收分配不均衡，倾向于将税收更多地分配给总机构所在地。现有的跨区经营公司的企业所得税的分配办法规定，总部所在地可以分享总分机构缴纳企业所得税的百分之十，所有分支机构的所在地共同分享总分机构缴纳企业所得税的百分之二十，大部分企业的分支机构都是大于2的，因此平均下来每个分支机构平均分得的企业所得税不到百分之十，且分支机构越多，每个分支机构所在地分的税收就越少。因此，在京津冀布局的跨区域经营企业，税收分配往往会倾向于总部所在地，不利于区域协同发展。

②分支机构间税收分配不均衡。现有的跨区经营公司的企业所得税的分配办法规定各分支机构所在地分摊税款的影响因素为经营收入、职工薪酬和资产总额，所占权重分别为0.35、0.35和0.3。现有分支机构间税收分配办法存在以下两方面的问题。第一，"三因素"的设置未考虑"京津冀"之间差异。"京津冀"之间在薪酬、资产价格方面也存在很大落差。天津河北的薪资水平远低于北京，职工薪酬总额也随之减少。同时，天津河北房产售卖和租赁价格都远低于北京，资产总额也随之减少。这些因素必然会影响税款分配的客观性。第二，三因素所占比例设置不佳。三因素中"职工薪酬"和"资产总额"是用来衡量经营规模的指标，"经营收入"是衡量"企业所得"的指标。企业所得税的来源是企业的生产经营和其他所得，和"经营收入"直接挂钩，因此"经营收入"所占权重应该较高，但是在现有分享办法中"经营收入"所占比重仅为百分之三十五，违背了企业所得税来源于"企业所得"的基本原理。

(2) 研发生产公司跨区经营税收分享政策评价。在"京津冀"协同发展过程中，很多集团选择将研发公司设置在北京或者天津，将生产公司设置在河北。这是因为京津地区有众多高校，集聚大量人才，科技创新环境良好，并且针对高新技术企业有丰富的财税优惠政策，是研发公司进行科技创新的沃土。而河北在土地和劳动力等方面具有京津地区不具有的价格优势，适合生产公司扎根，用较少的成本将研发成果转化。

按照企业所得税的属地原则，研发公司和生产公司在各自所在地缴纳企业所得税，享受各自的税收优惠。本文对现行税收政策的梳理得到研发企业大都可以享受研发费用加计扣除以及优惠税率的税收优惠政策，而生产企业无法享受相关税收优惠。这就造成了一种税收分配不均的现象，即研发企业所在地提供科技创新环境且给出大量财税政策，但经过税收优惠，其只能得到很少的税收利益。生产企业享受到研发企业的全部研发红利，但其创造的巨额税收利益全额缴纳至生产企业所在地，而不与研发企业所在地共享。

为了更加清晰地展示研发企业和生产企业在现行税收政策下对其所在地税收贡献的差距，本文进行了模拟计算（如表 3 - 3 所示）。研发企业所处行业大多为科学研究和技术服务业（代码：M[①]），生产企业大多为制造业（代码：C[②]）。本文假定研发企业和生产企业的利润总额均为 90 元，科学研究和技术服务业营业利润率一般为 30%，制造业营业利润率一般为 10%，由此可以计算出研发企业的经营收入为 300 元，生产企业的经营收入为 900 元。国科发火〔2016〕32 号的第十一条规定认定为高新技术企业需要满足的条件之一是小型企业研发费用占比不低于 5%，中型企业研发费用占比不低于 4%，大型企业研发费用占比不低于 3%。同时，2019 年 28 家科创板上市企业研发费用占经营收入比值平均为 13%。本文提到的研发公司的主要职能即为研发，因此假设其研发费用占比为 15%，生产企业负责将研发企业的成果转化，因此不存在研发费用，即研发费用占比为 0%，通过计算，研发企业研发加计扣除的金额为 78. 75 元。同时，研发企业按照 15% 的企业所得税优惠税率缴纳企业所得税，而生产企业则是按照 25% 的企业所得税税率缴纳企业所得税。使用以上数据，按照现行税法计算得到在利润总额均为 90 元的情况下，研发企业所在地的企业所得税税收收益为 0. 675 元，而生产企业所在地的企业所得税税收收益为 9 元。综上所述，产生同样的利润额，生产企业对其所在的税收共享约为研发企业的 13 倍。在实际情况中，生产企业的利润总额还远远高于研发企业，这也会加大二者对其所在地税收贡献的差距。

表 3 - 3　　研发生产跨区经营企业所得税模拟计算对比表

序号	项目	计算公式	研发企业	生产企业
①	所属行业	—	科学研究和技术服务业	制造业
②	经营收入	—	300 元	900 元
③	营业利润率	—	30%	10%
④	利润总额	④ = ② × ③	90 元	90 元

① 来自 2017 年国民经济行业分类（GB/T 4754—2017）。

② 来自 2017 年国民经济行业分类（GB/T 4754—2017）。

续表

序号	项目	计算公式	研发企业	生产企业
⑤	研发费用占比	—	15%	0%
⑥	加计扣除	⑥=②×⑤×175%	78.75 元	0 元
⑦	应纳税所得额	⑦=④-⑥	11.25 元	90 元
⑧	税率	—	15%	25%
⑨	应纳所得税额	⑨=⑦×⑧	1.6875 元	22.5 元
⑩	中央分享比例	—	60%	60%
⑪	中央分享金额	⑪=⑨×⑩	1.0125 元	13.5 元
⑫	地方分享金额	⑫=⑨-⑪	0.675 元	9 元

3.2.4 小结

本文依据税收分享原则对"京津冀"三地在企业转移、园区共建以及跨区经营方面的税收分享政策进行评价。从企业转移类型看，其税收分享比例和年限固定违背了灵活性原则，其未考虑多因素影响违背了财政平衡原则，其分享范围不包括新设企业违背了实质重于形式原则。园区共建类型的税收分享政策空白，如果不进行税收分享将会违背财政平衡原则。从总分机构跨区经营类型看，其总分机构间税收分配不均衡、三因素未考虑地区差异等问题均违反了公平性原则。研发生产企业跨区经营类型的税收分享政策空白，如果不进行税收分享将会违背公平原则和财政平衡原则，如表 3-4 所示。

表 3-4　"京津冀"现有税收分享政策总结

目前税收分享政策存在的问题	公平性原则	财政平衡原则	实质重于形式原则	灵活性原则
企业转移类型:				
分享比例固定，未考虑所重因素		×		×
新设企业不在分享范围内			×	
分配年限固定且较短		×		×
园区共建类型:				
税收分享政策空白		×		

续表

目前税收分享政策存在的问题	公平性原则	财政平衡原则	实质重于形式原则	灵活性原则
总分机构跨区经营类型：				
总分机构间税收分配不均衡	×			
三因素未考虑“京津冀”之间差异	×			
“经营收入”占比过低	×			
研发生产企业跨区经营类型：				
税收分享政策空白	×	×		

4. 国内外税收分享政策经验借鉴

4.1 国内税收分享政策经验借鉴

4.1.1 国内企业转移类型税收分享经验借鉴

优化产业结构和布局是我国的重要发展内容之一，我国在逐步探索促进企业转移的路径。近年来，我国部分区域打破行政区划界限，创新跨区域合作模式，探索出了一条新型合作道路——"飞地经济"。"飞地经济"取得了积极成效，不仅合理地配置了不同地区的资源，也促进了企业转移。我国高度重视"飞地经济"的发展，希望其在全国推广，于2017年出台《关于支持"飞地经济"发展的指导意见》（以下简称"指导意见"）来引导全国各地积极发展"飞地经济"。因为"飞地经济"涉及两个及以上行政主体的合作，因此利益分享政策尤为重要。《指导意见》中就提到了"应建立合理的成本分担和利益共享机制"。《指导意见》出台以后，我国各地对其进行了积极响应，且均对利益共享机制给出了具体的规定，本文收集整理了30余个政策文本①，并整理了其税收分享要素，以期为本文的企业转移方面的税收分享方案的制定提供经验借鉴。

在企业转移过程中需要进行税收分享的企业类型方面，所有政策都提到了新设企业需要进行税收分享，其中有6个政策同时给出了存量企业的税收分享政策细则。在同时给出新设企业和存量企业税收分享方案的政策中，存量企业的税收收入比新设企业更倾向于多分配给迁出地。

在分享税种方面，大部分政策没有具体给出将要进行税收分享的税种，仅指出对"税收"或"新增税收"进行分享。在给出具体税种的政策中，

① 国内产业转移方面税收分享政策汇总表见附录1。

大部分地区进行税收分享的税种为增值税、企业所得税以及营业税（简称“三税”，营业税现已取消），有个别地区在“三税”的基础上加入了个人所得税或资源税，也有少数政策对几乎所有的税种都进行分享。

在分享年限方面，有少数地区未明确分享年限，大部分地区的分享年限设置为3年、5年和10年。少数地区将分享年限划分为几个时间段，针对不同的时间段给出不同的分享比例，随着分享年限的增加，税收更倾向于多分给迁出地。同时对于存量企业，一般会以企业迁出前3年平均缴纳的税收为标准，分享期间未达到上述标准，可以适当延长分享时间。

在分享比例方面，各个地区略有不同，有五五分成、四六分成、三七分成和二八分成几种。影响分享比例的除了企业类型、分享年限外还有一些其他因素，例如转移企业是否占用不可再生资源（占用不可再生资源的企业税收倾向于多分给迁出地）、转移企业处于建设期还是投产期（建设期的企业税收倾向于多分给迁出地）、企业规模、迁出地在企业转移过程中付出的努力。同时，几乎所有政策都支持重点项目一事一议。

4.1.2 国内园区共建类型税收分享经验借鉴

合作共建产业园区是区域协同发展的有力抓手，通过选取一些地理条件、自然条件、交通条件都符合的承载地，让它们集聚相应产业，带动区域经济发展。我国高度重视园区共建这一在产业重新布局和区域协同发展方面发挥重要作用的区域合作方式。我国在2010年出台的国发〔2010〕28号文件中就明确指出“鼓励中西部地区通过委托管理、投资合作等多种形式与东部沿海地区合作共建产业园区。”随着园区共建这一合作模式的推广，合作共建的产业园如雨后春笋般在全国范围内成长起来。长三角区域园区共建项目逾200个，珠三角区域园区共建项目逾200个，京津冀园区共建项目也超过了100个。随着园区共建项目的不断增加，共建园区双方的利益共享方式也日趋完善。本文收集了10余个国内合作共建产业园区的相关政策①，并整理了其税收分享要素，以期为本文的园区共建方面的税收分享方案的制定提供经验借鉴。

在分享税种方面，有个别园区规定参与税收分析的税种为企业所得税和增值税，其余园区均将所有新增税收收益纳入园区税收分享的范围。

在税收分享的影响因素方面，各地政策提到有园区的土地和基础设施建设投入、园区公共服务成本、园区所在地原有企业和共建各方迁入企业

---

① 国内园区共建方面税收分享政策汇总表见附录2。

纳税情况、入园项目性质、注册资金比例、市区财政体制、资金和资源投入以及管理责任等。

在分享年限方面，少数园区规定分享年限为10年，大部分共建园区实施永久的利益分享政策，只不过在不同年限的分享比例可能略有不同。

在分享方式方面，根据不同的园区共建模式会有不同的税收分享方式。援建模式即由发达地区提供资金、人才、技术以及管理经验在欠发达地区规划园区，借助欠发达地区的土地、劳动力优势达到优势互助、共同发展。苏州—宿迁园区采用的就是这种模式，共建园的前期新增税收全部补贴给产业园用于产业园发展，后期税收由苏州和宿迁合理分享。托管模式指的是委托方的园区托管给具有经验优势的受托方，使其负责园区产业发展定位和招商引资等活动。铜陵—恒天园区就属于这种情况，铜陵将园区全权委托给恒天集团进行管理规划和招商引资。恒天集团获得前五年的全部税收收益，之后的年限的收益由二者按协商的比例共享。股份合作模式指的是合作双方成立合资股份公司，收益按照双方股本比例分成。外高桥—启东园区就是这样的合作模式，上海外高桥和启动各自占股本的60%和40%，税收收益也按照六四进行分成。

4.1.3 国内跨区经营类型税收分享经验借鉴

国家税务总局2012年第57号公告的出台标志着在全国范围内规定了跨区经营企业的企业所得税在分支机构中的分配方法。全国各省均是按照统一规定进行企业所得税的分配，因此国内跨区经营方面税收分享经验较少。经过检索，本文仅查询到了跨省合资铁路企业缴纳的税收分配规定，财预〔2012〕383号文件规定按照相关省份铁路客、货运周转量和运营里程等因素所占比例在相关地区进行分配。

4.2 国外税收分享政策经验借鉴

4.2.1 美国的税收分享经验

美国是典型的分权模式，各级政府均可以在不违背联邦宪法的要求下制定各自的税收制度。美国的税收分配原则是各级政府对同一税收来源采用不同的税率进行征税，这就导致了美国政府间激烈的税收竞争。为了应对政府间激烈的税收竞争，美国政府也做出了不懈的努力。在制度方面，美国宪法限制了州政府间的税收竞争行为，贸易条款给洲际贸易的征税增加了限制条件，洲际税收协定来协调洲际税收争端。在组织方面，美国设立州级税收委员会、税务管理者联合会以及其他税收协调机构用来共享税收信息，协调政府间税收分配，解决政府间税收争端。

美国统一州法全国委员会通过的《应税所得统一分配法案》，给出了跨州经营公司的经营性所得采用三因素公式法在相关州进行税收分配的税收分享方案。其中，本州应税所得 = 公司总经营性所得 ×（公司在本州的资产/公司的全部资产/3 + 公司支付给本州员工的工资薪金额/公司支付给全部员工的工资薪金额/3 + 公司在本州的销售额/公司的全部销售额/3）。在实际执行过程中，美国州级税收委员会允许各州在三因素法的基础上对三因素的权重因地制宜地进行调整以适应自身情况。经统计，有 20 州根据行业等情况调整了三因素的权重，这些州不约而同地调高了销售额的权重，调整后的三因素权重为资产额权重为 1/4、工资薪金额权重为 1/4、销售额权重为 2/4。

4.2.2 德国的税收分享经验

德国是分权和集权相结合的财税模式，这一模式与我国很相近，即各级政府的税收收入分为共享税和专项税。其中共享税占到德国全部税收收入的 70% 以上，包括企业所得税、个人所得税、增值税以及营业税等。德国的《基本法》规定了全国各区居民应享有基本一致的生活条件，各区政府提供的公共服务应基本满足均等化的条件。基于上述规定，德国建立“垂直财政平衡”以及“水平财政平衡”相结合的财政平衡体系，用以协调税收入，保障区域经济协同发展。

德国的横向财政平衡包括以下三个政策。第一个政策是增值税税收收入平衡，首先将增值税收入的四分之三依据各州人口数量进行分配，余下的四分之一用来平衡洲际税收，使得税收收入低于全国平均水平的州经过此次税收分配后达到全国平均水平的 92%。第二个政策是横向转移支付制度，首先测量各州的财政能力指数（代表财力供给）以及财政平衡指数（代表财力需求），其次通过比较这两个指数确定接受或付出平衡基金的州以及金额，接下来划拨平衡基金，使得所有州的财力至少达到全国平均水平的 95%。第三个政策是联邦政府财政补充拨款，这个政策是针对经过前两个政策后依旧低于全国平均财力水平的特困州，联邦政府将会给其拨款，从而满足其财政支出需求。

4.2.3 巴西的税收分享经验

巴西政府的税收体制和我国最为相似，巴西政府税收划分为三级税收，且三级税收均设有税务机构，实行垂直管理。巴西规定所有税收中的重大改革均需要议会立法决定，税收的立法权和征收权均集中在联邦。巴西现行税制以间接税为主（占所有税收的百分之七十），具体税种包括商品流通税、市政服务税、金融证券税以及不动产处置税等。直接税作为间接税的补充（占所有税收的百分之三十），具体税种包括企业所得税以及个人所得税。因为间接税存在纳税人和实际税负人不一致的情况，因此会出现比较严重的税收分配不公平的问题。

因此，巴西规定当产品出现跨州销售的情况时，商品流通税分别在两地征收，总征收率不得超过19%。该决议还按照生产地和目的地的经济水平设置了不同的税率（如表4-1所示），使得富裕的州少得，贫穷的州多得，从而促进各地经济平衡发展。划分州为穷州和富州的标准由巴西法律规定。

表4-1 巴西商品流通税税率设置情况

生产地	目的地	生产地税率	目的地税率
富州	穷州	7%	12%
富州	富州	12%	7%
穷州	富州	12%	6%

巴西平衡不同州财政差异的途径除了税收调剂还有财政拨款。通过这些手段，巴西很好地协调了地方政府间的利益分配关系，避免了地方政府间的经济利益纠纷。

4.2.4 阿根廷的税收分享经验

阿根廷联邦税制和地方税制是独立分开的，两方具有独立的税收立法权。地方政府在不违背联邦总体税收立法原则的情况下可以根据自身的实际情况制定合理的税收法规。阿根廷的税收由联邦收入管理局（AFIP）负责，这个机构主要负责国内和进口税收的管理。

阿根廷的一个主要税种就是营业税，是地方政府的重要财政收入来源，然而公司的生产经营活动一旦跨省，就有机会产生税收分配不均的问题。对此，阿根廷签署了省际的多边协议规定省际营业税的分配。该多边协议规定，影响营业税分配的因素有两个，一个是销售收入，一个是成本费用，两者的权重各占百分之五十。同时，依据该多边协议，阿根廷还设立了解决省际税收分配争端的专门机构用来解决各省间存在的税收分配方面的争议。

4.2.5 欧盟的税收分享经验

欧盟是一个由27个成员国组成的欧洲共同体。欧洲在世界上属于富有的地区，但是欧盟的各成员国间经济发展差距较大。欧盟四分之一成员国的人均国内生产总值低于所有成员国平均水平的四分之三。为了支持欧盟内贫瘠地区的发展，缩小欧盟成员国贫富差距，更好地推动欧盟区域协调发展，欧洲委员会制定了欧盟凝聚与区域政策。欧盟凝聚与区域政策的财力由欧盟凝聚与区域发展基金保障，欧盟凝聚与区域发展基金有很多类型，具体包括农业、社会、渔业等。这些基金的政策目标不同，欧洲社会基金致力于增加就业岗位，欧洲农业保障基金致力于农业部门调整和农业发展，欧洲区域发展基金用于资助为了欧盟区域发展做出贡献的成员国，凝聚基金用于支持欧盟中将对贫困的地区。欧盟总收入来源于自有资源收入和其他收入两大部分。自有资源收入包括传统自有资源收入、基于增值税和国民总收入的资源收入，其他收入包括欧盟职工的工资税、来自成员国的资助以及罚款。欧盟凝聚与区域发展基金被列入欧盟预算，由欧盟总收入提供财力保障。欧洲委员会根据各成员国的财力状况、人口状况、就业状况等指标，给予每个成员国特定数额的欧盟凝聚与区域发展基金，从而完成对欧盟欠发达地区的扶持与帮助。

4.2.6 小结

本文收集整理了六个国家和地区的税收分享经验，以期给本文中“京津冀”税收分享方案的设计提供有效借鉴。从进行税收分享的税种角度看，有企业所得税、个人所得税、增值税、营业税、关税等涵盖了直接税和间接税的多个税种。从税收分享的原因角度看，几乎所有的税收分享都源自商品或人员的跨行政区划的流动。举例来说，美国对跨区经营企业的企业所得税进行税收分享是因为该企业的生产经营活动跨州，仅在总部缴纳企业所得税有损公平。巴西对商品流通税进行税收分享的原因是该商品出现了跨州销售的情况，仅在销售地征收商品流通税对生产地是不公平的。从税收分享的目的来看，除了促进区域税收分配的公平以外还有均衡各地经济社会发展差距。举例来说，德国将增值税的四分之一用来平衡洲际税收，欧盟通过设立欧盟凝聚与区域发展基金完成对欠发达成员国的扶持与帮助。从分享方式来看，包括美国、德国、阿根廷、欧盟在内的大部分国家采用合理的指标，并为其赋权来对税收进行分析分享。巴西通过设置不同的税率来进行税收分享，如表 4－2 所示。

表 4－2　国外促进区域协同发展的税收分享经验总结

国家	分享税种	分享方式
美国	企业所得税	本州应税所得＝公司总经营性所得×（公司在本州的资产/公司的全部资产/3＋公司支付给本州员工的工资薪金额/公司支付给全部员工的工资薪金额/3＋公司在本州的销售额/公司的全部销售额/3）
德国	增值税	将增值税收入的四分之一用来平衡洲际税收，使得税收收入低于全国平均水平的州经过此次税收分配后达到全国平均水平的92%。
巴西	商品流通税	当产品出现跨州销售的情况时，商品流通税分别在两地征收。按照生产地和目的地的经济水平设置了不同的税率，使得富州少得、贫州多得。
阿根廷	营业税	影响营业税分配的因素有两个，一个是销售收入，一个是成本费用，两者的权重各占百分之五十。
欧盟	增值税、关税等	欧洲委员会根据各成员国的财力状况等指标，给予每个成员国特定数额的欧盟凝聚与区域发展基金，从而完成对欧盟欠发达地区的扶持与帮助。

通过对国外促进区域协同发展的税收分享经验的总结和梳理，本文认为可以借鉴到"京津冀"税收分析框架中的有以下两点。第一，税收分享政策要遵循公平原则。进行税收分享的原因是在原有的税收体系下的利益分配对某一方有失公允，因此税收分享的政策要严格遵守公平原则，最大限度上保证双方得到应有的税收利益。在这种情况下才能激发双方政府的积极性，减少税收争端的产生，推动区域经济的良好发展。第二，税收分享政策要具有灵活性，具体案例具体分析。在实际执行过程中，美国州级税收委员会允许各州在三因素法的基础上对三因素的权重因地制宜地进行调整以适应自身情况。经统计，有 20 州根据行业等情况调整了三因素的权重。一个统一的规则是不可能适合所有情况的，只有允许根据实际情况进行调整的税收分享方案才是一个科学合理的方案。

5. “京津冀”税收分享方案设计

5.1 企业转移类型税收分享方案设计

5.1.1 影响企业转移类型税收分享方案的因素和机制分析

企业转移类型的税收分享方案由分享税种、分享准入条件、分享比例以及分享上限几个要素构成，如表5－1所示。

从分享税种的角度看，只有地方税和中央地方共享税的地方分成部分才可以参与分享。地方税有房产税、城镇土地使用税等。中央地方共享税有企业所得税、个人所得税、增值税等。个人所得税是为了补偿当地政府为市民提供的公共服务，因此迁出方（招商方）无法与迁入地（落地方）分享上述税种带来的税收利益。其中与企业经营挂钩的税种——企业所得税、增值税是金额较大的税种，同时也是和企业经营活动联系最紧密的税种，因此可以选为参与分享的税种。

从分享准入条件角度看，存续时间和企业规模是两个重要的指标。对于存量企业来说，在迁出地存续时间达到一定门槛时才有必要进行税收分享。存续时间可以根据企业生命周期和企业类型灵活调整。对于生命周期长的企业例如大型制造业企业，存续时间可以设置得相对较长，对于生命周期短的企业例如互联网企业，存续时间可以设置得相对较短。同样的，只有企业规模达到一定标准才能达到税收分享的准入条件。对于新设企业，可以通过投资额等指标来衡量企业规模，对于存量企业，可以通过在迁出前企业缴税的平均水平来衡量。

从分享比例角度来看，本文认为企业类型、企业转移影响、占用不可再生资源情况、项目所在时期以及迁出方（招商方）政府贡献程度均是影响分享比例的重要因素。在企业转移的过程中，参与企业转移的企业既有存量企业也有新设企业。相对于新设企业，存量企业的迁移会使得迁出地的分享比例增加。企业转移带来的迁入地和迁出地经济、社会和环境的消极或者积极影响应当考虑到税收分享方案中。有消极影响的一方应增大税收分享的比例。企业转移中很大一部分企业是耗费资源较多的企业，其中还有很多企业需要占用不可再生资源，占用不可再生资源的企业转移需要减少税收分享年限且增加迁出地的税收分享比例。项目所在时期也是影响税收分享比例的重要因素之一，建设期缴纳的各项税收倾向于多分给迁入方（落地方）。迁出方（招商方）对企业的贡献程度也是影响分享比例的重要因素，合作双方一方提供土地等生产要素，另一方只提供招商信息，不负责项目谈判、签约、审批、落户过程中的任何工作，则认为两方合作为信息中介型合作。合作双方一方提供土地等生产要素，另一方除了提供招商信息还至少负责项目谈判、签约、审批、落户过程中的所有工作，甚至提供技术和管理经验，则认为两方合作为利益共享型合作。信息中介型的企业转移可以一次性给迁出单位补贴，合作共建型企业倾向于迁入迁出地进行较长时间的税收分享。

从分享上限角度看，分为分享年限上限和分享金额上限。影响分享年限上限的因素和影响分享比例的因素基本一致，同时也和企业的生命周期息息相关。分享金额上限仅针对存量企业迁移，可以用迁出前年均缴税总额乘以分享年限作为税收分享上限。

表5-1 影响企业转移类型税收分享方案的因素分析表

分享要素	影响因子	因子选项	影响情况	因素来源
分享税种	税种归属	央/地	地方分成的税收收入进行区域横向税收分享。	国内外税收分享政策经验
	经营关联度	高/低	与企业经营活动密切相关的税种参与税收分享。	本文创新提出
分享准入条件	存续时间	长/短	存量企业迁出前的存续时间达到一定门槛才进行税收分享（可以根据企业生命周期和企业类型灵活调整）。	本文创新提出
	企业规模	多/少	企业规模（用迁出前缴税水平或投资额衡量）达到一定标准才能进行税收分享。	国内外税收分享政策经验

续表

分享要素	影响因子	因子选项	影响情况	因素来源
分享比例	企业类型	新设/存量	相对于新设企业，存量企业的迁移会使得迁出地的分享比例增加。	国内外税收分享政策经验
	转移影响	积极/消极	企业转移给一方带来经济、社会和环境的消极影响使得税收分享倾向这一方。	本文创新提出
	占用不可再生资源情况	是/否	占用不可再生资源的企业转移需要增加迁出地的税收分享比例。	国内外税收分享政策经验
	项目所在时期	建设期/投产期	建设期倾向于增加迁出地的税收分享比例，投产期倾向于增加迁入地的税收分享比例。	国内外税收分享政策经验
	迁出地政府贡献程度	信息中介/合作共建	信息中介型的企业转移一次性给迁出地补贴，合作共建型企业需要迁入迁出地进行较长时间的税收分享。	国内外税收分享政策经验
分享上限	企业迁出前收入	多/少	对于存量企业，可以用迁出前年均缴税总额乘以分享年限作为税收分享上限。	国内外税收分享政策经验

5.1.2 企业转移类型的税收分享方案

进行税收分享前需要首先确认该企业转移是否符合税收分享的准入条件。对于存量企业来说，需要了解其迁移动因、存续时间以及迁出前三年缴税均额，只有当该企业同时满足迁移动因是政府主导、存续时间大于 5 年以及迁出前三年缴税均额大于 2000 万才可以按比例进行税收分享。相反地，这三个条件有一个不满足，该存量企业的税收都不能进行税收分享。对于新设企业来说，需要了解其投资额和转移目的，只有当企业同时满足投资额大于 1 亿元且服务于“京津冀”产业布局调整时才可以进行税收分享。相反地，这两个条件有一个不满足，该新设企业的税收都不能进行税收分享。在满足税收分享的两个准入条件后，如果该招商地的作用是合作共建则双方可以进行按比例的税收分享，而如果招商地的作用仅仅是信息中介的话，则进行一次性税收分享即可，即信息中介方一次性获得该企业实际固定资产投资额的 1‰，后续不参与税收分享，如图 5 - 1 所示。

满足按比例进行税收分享的准入条件后，首先需要明确企业基础信息和企业迁移信息。企业基础信息包括企业名称、统一社会信用代码、登记机关、所属国民经济行业以及注册地址等信息。企业迁移信息包括迁入地

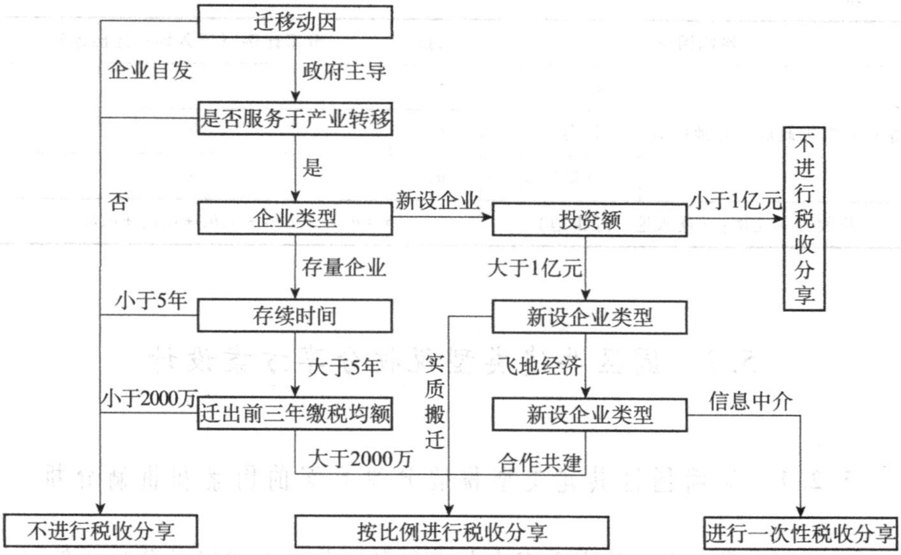

图 5-1 企业转移税收分享准入流程图

和迁出地的具体信息。

按比例进行税收分享的税收分享方案由分享税种、分享年限、分享上限以及分享比例等因素构成。进行税收分享的税种为企业所得税和增值税，理由如上文所述，此处不再赘述。税收分享年限根据具体企业的集体情况由双方政府协商给出，本方案需要确定建设期分享年限和投产期年限两个时间长度，根据两个不同的时间段给出两个不同的分享比例。税收分享上限是一个针对存量企业的指标，一般税收分享上限应为迁出前年均缴税总额乘以分享年限。

企业转移类型的税收分享比例依据企业所处时间不同可以分为建设期税收分享比例和投产期税收分享比例。建设期的税收大都与基础设施建设相关，因此倾向于多分给迁入地，这一比例由政府协商后直接给出。投产期税收分享比例的计算方法如表 5-2 所示，由双方政府协商确定企业类型、占用不可再生资源情况以及企业对双方政府所在地的经济、社会和环境影响等指标所占权重及分享比例，然后通过加权平均的方式得到最终的税收分享比例。

表 5-2 企业转移类型税收分享比例（投产期）计算方法

影响因子	权重	分享比例（迁入地：迁出地）
企业类型（存量/新设）	a_1	b_1
占用不可再生资源情况（占用/无占用）	a_2	b_2

续表

影响因子		权重	分享比例（迁入地：迁出地）
企业对双方政府所在地影响	经济影响	a_3	b_3
	社会影响	a_4	b_4
	环境影响	a_5	b_5
税收分享比例：（迁入地：迁出地）		$x = a_1 b_1 + a_2 b_2 + a_3 b_3 + a_4 b_4 + a_5 b_5$	

5.2 园区共建类型税收分享方案设计

5.2.1 影响园区共建类型税收分享方案的因素和机制分析

共建园区类型税收分享方案由分享税种、分享方式以及分享比例三个要素共同构成，如表5－3所示。从分享税种角度来看，应选取企业所得税和增值税的地方分成部分进行税收分享，选取原因与企业转移类型税收分享方案一致，此处不再赘述。

从分享方式来看，有按照股本比例进行分享、一次性分享投资额的一定比例和按照分享比例进行长期共享三种模式。双方政府通过投资入股的方式成立园区的共建园区模式为股份合作模式，在这种模式下双方政府可以直接按照股本比例进行税收分享。如上文所述，按照合作方的贡献程度，可以将共建园区分为两种模式，分别是信息中介型和利益共享型。信息中介型园区共建中信息中介方一次性获得该项目实际固定资产投资额的千分之一，后续不参与税收分享。利益共享型园区共建双方按照生产要素的贡献进行税收分享。除了这两种情况，其他的园区共建的税收分享方案均是按照一定税收分享比例进行长期的税收分享。

从分享比例的角度来看，影响共建园区类型的税收分享的要素有项目阶段和投入生产要素的比例。项目阶段分为建设期和投产期，建设期税收分享倾向于园区所在地政府。投入的生产要素主要有土地要素、劳动力要素、资本要素、技术要素、经济信息要素以及经济管理要素。通过评估共建双方对这些生产要素的贡献程度来确定最终的税收分享比例。

表5-3　　影响共建园区类型税收分享方案的因素分析表

分享要素	影响因子	因子解释	影响情况	因素来源
分享税种	税种归属	分为中央税和地方税	只有地方分成的税收收入可以进行区域横向税收分享。	国内外税收分享政策经验
	经营关联度	与企业生产经营的关联程度	与企业经营活动密切相关的税种参与税收分享。	本文创新提出
分享方式	园区共建模式	分为股份合作和非股份合作	股份合作直接按股本比例进行税收分享。	国内外税收分享政策经验
	合作方的贡献程度	分为信息中介型和利益共享型	信息中介型园区共建中信息中介方进行一次性税收分享。	国内外税收分享政策经验
分享比例	土地	包括土地本身、地下矿藏以及地上自然资源	按照土地要素的贡献程度进行税收分享。	本文创新提出
	劳动力	包括体力劳动者和脑力劳动者	按照劳动力要素的贡献程度进行税收分享。	本文创新提出
	资本	包括资本货物和金融资产	按照资本要素的贡献程度进行税收分享。	本文创新提出
	技术	有形技术和无形技术	按照技术要素的贡献程度进行税收分享。	本文创新提出
	经济信息	与产品生产、销售和消费直接相关的信息、情报、数据等	按照经济信息要素的贡献程度进行税收分享。	本文创新提出
	经济管理	生产组织要素和企业家要素	按照经济管理要素的贡献程度进行税收分享。	本文创新提出
	项目阶段	项目阶段分为建设期和投产期	建设期税收分享倾向于园区所在地政府。	本文创新提出

5.2.2 园区共建类型的税收分享方案

进行税收分享前需要首先确认该共建园区是否符合税收分享的准入条件（如图5-2所示）。首先要判断园区共建的目的是否为了服务"京津冀"三地的产业布局调整，只有服务于三地产业转移政策的共建园区才满足税收分享的准入条件。其次要判断共建园区的类型，如果是股份合作制共建园区可以采取按照占股比例进行税收分享的方式。最后判断共建园区的合作模式，如果一方仅起到信息中介的作用，那么信息中介方一次性获得该企业实际固定资产投资额的1‰，后续不参与税收分享。如果合作双方均付出很多努力，则需要按照比例进行长期的税收利益共享。

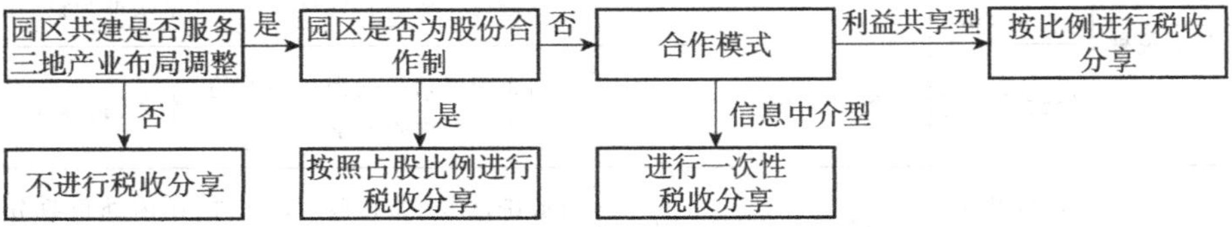

图5－2 园区共建税收分享准入流程图

满足按比例进行税收分享的准入条件后，首先需要明确园区基础和共建双方信息。园区基础信息包括园区名称、园区所在地、主要产业及职能等信息。企业迁移信息包括落地方和共建方的具体信息。

按比例进行税收分享的税收分享方案由分享税种、分享年限以及分享比例等因素构成。进行税收分享的税种为企业所得税和增值税，理由如上文所述，此处不再赘述。税收分享年限根据具体企业的集体情况由双方政府协商给出，本方案需要确定建设期分享年限和投产期年限两个时间长度，根据两个不同的时间段给出两个不同的分享比例。因为各生产要素的投入比例一般会维持不变，因此园区共建投产期税收分享年限一般为永久。

园区共建类型的税收分享比例依据企业所处时间不同可以分为建设期税收分享比例和投产期税收分享比例。建设期的税收大都与基础设施建设相关，因此倾向于多分给落地方，这一比例由政府协商后直接给出。投产期税收分享比例的计算方法如表5－4所示，由双方政府协商确定土地要素投入情况、劳动力要素投入情况、资本要素投入情况、技术要素投入情况、经济信息要素投入情况以及经济管理信息投入情况等指标所占权重及分享比例，然后通过加权平均的方式得到最终的税收分享比例。

表5－4 园区共建类型税收分享比例（投产期）计算方法

影响因子		权重	分享比例（迁入地：迁出地）
生产要素投入情况	土地要素	a_1	b_1
	劳动力要素	a_2	b_2
	资本要素	a_3	b_3
	技术要素	a_4	b_4
	经济信息要素	a_5	b_5
	经济管理要素	a_6	b_6
税收分享比例：（迁入地：迁出地）		$x = a_1 b_1 + a_2 b_2 + a_3 b_3 + a_4 b_4 + a_5 b_5 + a_6 b_6$	

5.3 跨区经营类型税收分享方案设计

5.3.1 总分机构跨区经营类型税收分享方案设计

(1) 总分机构跨区经营类型税收分享改进措施。

①取消总机构按固定比例就地预缴规定。现有政策规定在总分机构间进行税收分配时，总机构所在地直接获得应纳税额的百分之二十五，这一比例是固定的，不随企业的经营状况的变化而变化。这一规定会造成税收和税源的背离，明显有利于总部所在地区，应予以取消。按照税收贡献原则，总机构与分支机构应按照其实际贡献计算分配应纳所得税额。现实中总机构大多承担很多管理职能，难以用经营收入来量化，因此可以根据资产规模、员工数量、分支机构数量按照0.3、0.3和0.4的比重测算一个税收分享比例。分享比例确定后，总分支机构据此分摊应纳所得税额，属于总机构的税收在其所在地缴纳入库。

②用"员工数量"代替"职工薪酬"。"职工薪酬"是为了反映企业经营规模的指标，但是该指标未充分考虑不同机构所在地的经济发展水平，从而影响税收分享的公平性。2020年北京市、天津市以及河北省全市城镇非私营单位就业人员年平均工资分别为11521元、7813元、6079元。北京市平均工资接近河北省平均工资的两倍，用"职工薪酬"为分配指标会使得税收分配倾向于经济发达地区，不利于区域经济协调发展。因此，用"员工数量"代替"职工薪酬"作为税收分配的影响因素既可以反映企业经营规模，又可以消除不同地区经济发展水平对税收分享的影响。

③增加经营收入在"三因素"法中的权重。想要增加税收分享的合理性，就要在选取分享因素时充分考虑到以下两点，一是这些因素是否能够反映企业利润贡献程度，二是这些因素是否是好测量、易获取的。"经营收入"这一个指标恰好满足以上两点，其一它是常用会计科目之一，方便测量获取，其二它和企业的产出直接挂钩，是衡量机构绩效的重要指标，也是经营成果的最直接体现，可以很好地反映企业利润的贡献程度。德国和日本均是采用单一因素法进行企业所得税的分摊，即决定分摊金额的因素只有"经营收入"。我国也可以借鉴这一经验，增加"经营收入"在三因素中的权重，使得税收分配更合理。具体分配办法是将"经营收入"所占比重提高到0.6，同时，将"员工数量"和"资产总额"所占比重均降

至0.2。

(2) 总分机构跨区经营类型税收分享方案。跨区经营类型的税收分析方案设计如图5-3所示。集团总分机构各自在机构所在地缴纳企业所得税，年终所有总分机构进行汇算清缴。税收分配的第一步是集团总部和分支机构的分配，集团总部承担的大部分职能是经营管理职能，难以用经营收入来量化该职能，因此可以根据集团总部和分支机构的资产规模、员工数量以及分支机构数量①等指标测算税收分享比例。税收分享比例确认后，总分机构按照此比例分摊应纳所得税额，属于总机构的税收在其所在地缴纳入库。税收分配的第二步是集团分支机构间进行分摊，分摊税款依据经营收入、员工数量和资产总额三个因素，三个因素权重依次为0.6、0.2和0.2，由各分支机构分别在其所在地缴纳入库。

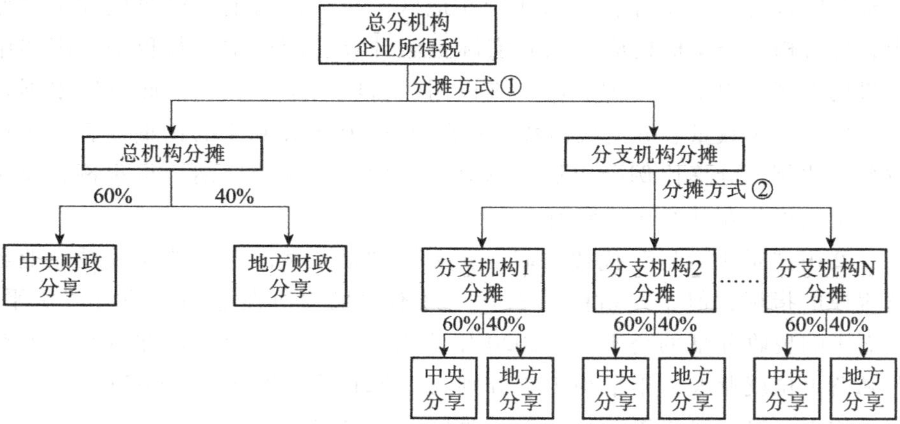

图5-3 跨区经营类型税收分享方案图

注：分摊方式①为按照资产总额、员工数量以及分支机构数量等因素在总分机构之间进行税收分享（三因素权重分别为0.3、0.3和0.4）。分摊方式②为按照经营收入、员工数量以及资产总额等因素在各分支机构之间进行税收分享（三因素的权重分别为0.6、0.2和0.2）。

5.3.2 研发生产机构跨区经营类型税收分享方案设计

依据税收公平原则，参考总分机构跨区经营企业所得税的三因素分享法，本文设计了研发生产企业跨区经营的税收分享方案。将生产企业和研发企业的企业所得税地方分享部分依据经营收入、员工工资和资产总额三

① 分支机构数为1—5个时，此因素影响下的税收分享比例为总机构：分机构=3:7；分支机构为5—10个时，此因素影响下的税收分享比例为总机构：分机构=5:5；分支机构为10个以上时，此因素影响下的税收分享比例为总机构：分机构=7:3。

因素（权重分别为0.2、0.4和0.4）进行分享。因为生产企业是重要的营利机构，所以其经营收入远高于研发企业，但是其经营收入是依赖于研发企业的研发成果，因此经营收入因素所占权重不宜过高，本文将其设定为0.2。而员工工资和资产总额相较于经营收入更能衡量研发公司的贡献，因此二者权重均设定为0.4。

6. “京津冀”税收分享的案例分析

6.1 企业转移类型案例——首钢搬迁

6.1.1 首钢搬迁的背景及过程

首钢为北京市带来了巨额的税收。随着北京环保压力的不断增大，首钢无法扩大规模，严重制约了其自身的发展。2005 年 2 月，国家发改委批准了首钢搬迁至河北唐山的方案。首钢搬迁的重要载体是首钢京唐钢铁联合有限责任公司（简称首钢京唐公司）。2005 年 10 月，首钢京唐公司挂盘成立，2007 年 3 月开工建设，2010 年建成投产。

6.1.2 首钢搬迁进行税收分享的必要性

首钢京唐公司的注册地址为曹妃甸工业区钢铁电力园区，按照“属地原则”，河北省享有该公司地方分成的全部税收收益。虽然随着首钢搬迁，缓解了北京环境和资源的压力，但同时减少了北京的就业岗位，带走了北京的税源，造成了财政缺口。首钢在北京的数十年来，北京市为首钢提供了基础建设和公共服务，财政投入很大。随着首钢搬迁，北京财政还要继续加大财政投入在更新基础建设、招商引资等方面，从而缓解首钢搬迁带来的财政缺口，首钢搬迁对北京和河北的影响如表 6 - 1 所示。

表6-1 首钢搬迁对北京和河北的影响

		北京	河北
经济领域	利	1. 首钢旧址融入城市规划，打造"首都文化休闲娱乐区CRD"。2. 最有价值的冷轧项目仍留在北京。	1. 带来巨额税收。2. 带来整个钢铁行业的发展。3. 吸引投资。
	弊	1. 减少巨额税收。	—
社会领域	利	1. 淡化北京居民对"首钢"的负面印象。	1. 增加工作岗位。2. 带动相关企业发展。
	弊	1. 减少了工作岗位，使得很多不愿意去河北工作的人员下岗。	—
环境领域	利	1. 减少二氧化硫50吨，减少粉尘排放370吨，减少烟尘排放4吨。	—
	弊	—	1. 增加大气污染。
资源领域	利	1. 得到宝贵的土地资源。2. 缓解水资源短缺。	—
	弊	—	1. 土地资源被占用。2. 水资源被占用。3. 铁矿石资源被占用。

6.1.3 首钢搬迁税收方案的设计

在确定首钢京唐公司的税收分享方案之前，需要判断其是否满足税收分享的准入条件。国家发改委于2005年2月批准首钢实施搬迁，由此可知企业转移动因为政府主导。在国家发改委的批复中明确指出，首钢京唐公司的设立是为了加快河北省钢铁工业结构调整步伐、确保北京环境质量稳定改善，由此可知首钢京唐公司的迁移动因是服务于产业布局调整的。在国家发改委批复后，首钢京唐公司于2005年10月在唐山市注册成立，由此可知首钢京唐公司的企业类型为实质上服务于企业搬迁的新设企业。首钢京唐公司的投资额为258.22亿人民币，远远超过税收分享方案中1亿元的门槛。综上所述，首钢京唐公司符合税收分享的准入条件。

税收分享方案的第二部分填列了企业基础信息和企业迁移信息。由此可知，此次进行税收分享的首钢京唐公司注册地为唐山市曹妃甸区，所属国民经济行业为褐色金属冶炼和压延加工业。进行税收分享的双方分别为北京市石景山区和河北省唐山市。

税收分享方案的第三部分填列了参与税收分享的税种、税收分享的年限以及税收分享的比例。参与税收分享的税种有增值税、企业所得税以及营业税（以下简称“三税”）。我国已于2016年全面实行了营改增政策，但是鉴于首钢京唐公司的税收分享时间中的前半部分时间存在营业税，故此处税收分享税种为三税。2005年首钢京唐公司挂牌成立，进入建设期，2010年公司一期工程竣工投产，因此首钢京唐公司税收分享的建设期年限为5年（2005—2010年）。首钢京唐公司是新设立的公司，虽然已于2010年投产，但是其各部门的磨合仍然需要一定时间。而且，首钢京唐公司大力增加环保投入，每吨钢材在环保方面的投入超过170元，远远超过行业平均水平。同时首钢京唐公司在开始投产时还遇上了整个钢铁行业的产能过剩。在重重不利因素的影响下，首钢京唐公司在2010年到2013年连续亏损，于2014年才开始盈利。企业盈利情况和三税缴纳情况息息相关，为了使税收分享方案更为合理，避免北京石景山区在税收分享中颗粒无收，本文将税收分享年限定为10年。

建设期迁入地要配合承接该企业的基础设施建设，理应将税收收益多分给迁入地，因此建设期迁入地和迁出地的税收分享比例为70%∶30%。企业类型、占用不可再生资源情况以及对其所在地的影响等因素共同决定了投产期的税收分享比例。首先，本文为这五个影响因素设置了合理的权重。税收情况和当地经济情况联系最为紧密，因此经济影响这一指标占比为50%。“京津冀”协同发展战略的核心功能是疏解北京的非首都功能，因此部分高能耗高污染的企业从北京转移到天津、河北地区。首钢京唐公司设立的目的，除了为了调节京冀间产业结构，还为了缓解北京资源压力，减少北京污染。因此环境影响和占用不可再生资源情况两个指标各占15%。除此之外，企业的社会影响和企业类型各占10%的比重。接下来，本文综合考虑京津两地的具体情况，给出不同影响因素下的税收分享比例。从企业类型因素看，首钢京唐公司是新设企业，新设企业相对存量企业对迁出地的依赖程度更低，且需要迁入地的扶持更多，因此税收倾向于多分给迁入地，故此因素下迁入地和迁出地税收分享比例为60%∶40%。从占用不可再生资源角度来看，首钢京唐公司所需的铁矿石主要有唐山市迁安地区供给，铁矿石是不可再生资源，因此税收利益倾向于多分给迁入地，此因素下迁入地和迁出地税收分享比例为60%∶40%。从经济影响因素看，对河北唐山的经济具有积极影响，为河北吸引投资，促进河北钢铁行业发展，带来巨额税收，对北京的经济更多的是具有消极影响，造成北京石景山区税源断崖式减少，加大北京市的财政压力，因此税收利益应倾向于多分给迁出地，此因素下迁入地和迁出地税收分享比例为20%∶80%。从社会影响因素看，对于河北唐山具有积极影响，拉动唐山就业，对于北京具有消极影响，减少就业岗位，很多人被迫下岗，因此税收利益应倾向于多分给迁出地，此因素下迁入地和迁出地税收分析比例为40%∶60%。从环境影响因素看，对于北京具有积极影响，使得北京减少二氧化硫50吨，减少粉尘排放370吨，减少烟尘排放4吨，因此税收利益应倾向于多分给迁入地，故此因素下迁入地和迁出地税收分享比例为60%∶40%。最后，将五个因素进行加权求得最终投产期迁入地和迁出地税收分享的比例为44.19%∶55.81%，具体方案评分表如表6-2所示。

表6-2　首钢京唐公司税收分享方案评分表

<table>
<tr><th colspan="5">税收分享准入条件满足情况</th></tr>
<tr><td colspan="5">企业转移动因：政府主导 √ 企业自发□</td></tr>
<tr><td colspan="5">是否服务于产业布局调整：是 √ 否□</td></tr>
<tr><td colspan="5">企业类型：新设企业（实质搬迁） √ 新设企业（飞地经济）□存量企业□</td></tr>
<tr><td>投资额：</td><td colspan="4">358.22亿人民币</td></tr>
<tr><td colspan="5">是否满足税收分享准入条件：是 √ 否□</td></tr>
<tr><th colspan="5">企业基础信息</th></tr>
<tr><td>企业名称：</td><td colspan="2">首钢京唐钢铁联合有限责任公司</td><td>统一社会信用代码：</td><td>911302307808371268</td></tr>
<tr><td>登记机关：</td><td colspan="2">唐山市曹妃甸区市场监督管理局</td><td>所属国民经济行业：</td><td>黑色金属冶炼和压延加工业</td></tr>
<tr><td>注册地址：</td><td colspan="4">曹妃甸工业区钢铁电力园区</td></tr>
<tr><th colspan="5">企业迁移信息</th></tr>
<tr><td>迁入地：</td><td colspan="2">河北省唐山市曹妃甸区</td><td>迁出地：</td><td>北京市石景山区</td></tr>
<tr><td colspan="3">税收分享税种：</td><td colspan="2">增值税、企业所得税、营业税三税地方分成部分（简称"三税"，营业税现已取消）</td></tr>
<tr><td colspan="2" rowspan="2">税收分享年限</td><td>建设期年限</td><td colspan="2">5</td></tr>
<tr><td>投产期年限</td><td colspan="2">10</td></tr>
<tr><td colspan="3">建设期税收分享比例（迁入∶迁出）：</td><td colspan="2">70%∶30%</td></tr>
<tr><td colspan="3">投产期税收分享比例（迁入∶迁出）：</td><td colspan="2">44.19%∶55.81%</td></tr>
<tr><td colspan="3">影响因子</td><td>权重</td><td>分享比例（迁入∶迁出）</td></tr>
<tr><td colspan="3">企业类型：新设 √ 存量□</td><td>10%</td><td>60%∶40%</td></tr>
<tr><td colspan="3">是否占用不可再生资源：是 √ 否□</td><td>15%</td><td>60%∶40%</td></tr>
<tr><td colspan="2" rowspan="3">企业对双方政府所在地影响</td><td>经济影响</td><td>50%</td><td>20%∶80%</td></tr>
<tr><td>社会影响</td><td>10%</td><td>40%∶60%</td></tr>
<tr><td>环境影响</td><td>15%</td><td>60%∶40%</td></tr>
</table>

6.1.4 小结

如表6－3所示，在分享税种方面，改进前后的税收分享方案均是对增值税、企业所得税以及营业税进行分享。在分享年限方面，改进前的税收分享方案仅分享3—5年，而改进后的税收分享方案则是在建设期分享5年，在投产期分享10年。当企业处于建设期时仍会缴纳部分企业所得税，例如企业建设期获得的利息收入需要缴纳企业所得税，因此建设期也应进行税收分享。同时，首钢京唐公司在投产的前四年均处于亏损状态，显然分享年限3－5年是远远不够的，而改进后投产期的税收分享年限为10年，使得北京可以分得相应的税收利益。在分享比例方面，改进前的分享比例是固定的，即北京和河北各分50%。改进后的分享比例随着项目所处时期的不同而不同，当企业处于建设期时，税收利益倾向于多分给河北，即北京分得30%，河北分得70%。当企业处于投产期时，双方政府充分考虑社会、经济、环境、资源等因素确定税收分享比例为北京分得55.81%，河北分得44.19%。改进后的税收分享方案给出的分享比例更能体现税收分享的灵活性原则和财政平衡原则。

表6－3 企业转移类型税收分享方案改进前后对比

	改进前	改进后
分享税种	增值税、企业所得税、营业税三税地方分成部分（营业税现已取消）	增值税、企业所得税、营业税三税地方分成部分（营业税现已取消）
分享年限	3—5年	5年（建设期）
		10年（投产期）
分享比例	北京：50%，河北：50%	北京：30%，河北：70%（建设期）
		北京：55.81%，河北：44.19%（投产期）

6.2 园区共建类型案例——中关村海淀园秦皇岛分园

6.2.1 中关村海淀园秦皇岛分园建设的背景及过程

中关村海淀园内入驻了数以万计的高新技术企业，年收入逾10000亿元。但是，由于其地处北京，中关村海淀园面临了发展空间不足、研发向生产转化较难等问题。2013 年底，中关村科技园区海淀园管委会与秦皇岛经济技术开发区管委会签订合作协议，共同建设中关村海淀园秦皇岛分园。2014 年 5 月 12 日，中关村海淀园秦皇岛分园于秦皇岛挂牌成立。

6.2.2 中关村海淀园秦皇岛分园进行税收分享的必要性

中关村海淀园秦皇岛分园在建设过程中倾注了北京市和河北省两方的心血，这一点从双方投入的生产要素中便可见一斑。如表 6-4 所示，园区地址位于秦皇岛市海港区巢湖路，由秦皇岛市贡献土地要素。京冀双方都贡献了劳动力要素，其中北京市主要贡献脑力劳动者，河北省除了贡献脑力劳动者，还贡献了建设园区的体力劳动者。河北省负责园区的基础设施的建设贡献了主要的资本要素。技术要素则主要由北京市贡献，北京市贡献园区建设管理、孵化以及投资等技术，例如中关村 e 谷在秦皇岛市设置 e 谷创想空间，将积累的大量产业园建设管理、孵化、投资的经验及各类孵化资源拓展到秦皇岛分园。北京市政府还贡献了大量的经济信息要素，例如北京市提供招商引资信息并宣传引导海淀园企业向秦皇岛分园转移。同时，也贡献了经济管理要素，例如中关村海淀园产业规划发展处干部挂职成为秦皇岛经济开发区管委会副主任，帮助管理中关村海淀园秦皇岛分园。

表 6-4 京冀在中关村海淀园秦皇岛分园的建设中贡献生产要素情况

生产要素	北京市海淀区	河北省秦皇岛市
土地要素		√
劳动力要素	√	√
资本要素		√
技术要素	√	
经济信息要素	√	
经济管理要素	√	

6.2.3 中关村海淀园秦皇岛分园税收方案的设计

在设计中关村海淀园秦皇岛分园税收方案之前，需要判断其是否满足税收分享的准入条件。中关村海淀园秦皇岛分园成立的主要目的有三个，第一缓解首都人力承载压力，第二助推产业布局调整，第三缓解中关村海淀园空间发展不足。由此可知中关村海淀园秦皇岛分园的设立是有助于

“京津冀”产业布局调整的，符合第一个准入条件。中关村海淀园秦皇岛分园并非股份合作制，因此不能简单用投股比例作为税收分享的比例。在中关村海淀园秦皇岛分园的建设中，北京市一方投入大量技术要素、经济信息要素、经济管理要素，并且鼓励海淀园的企业入驻秦皇岛分园，因此其充当的角色不仅仅是信息中介，而是不可或缺的合作伙伴，符合第三个准入条件。

税收分享方案的第二部分填列了园区基本信息和共建双方信息。由此可知，此次进行税收分享的中关村海淀园秦皇岛分园所在地为秦皇岛市海港区巢湖路。进行税收分享的双方分别为北京市海淀区和河北省秦皇岛市。

税收分享方案的第三部分填列了参与税收分享的税种、税收分享的年限以及税收分享的比例。参与税收分享的税种有增值税、企业所得税以及营业税（以下简称“三税”）。我国已于2016年全面实行了营改增政策，但是中关村海淀园秦皇岛分园于2014年5月挂牌成立，第一批企业顺利入住，因此在其税收分享时间的前几年仍存在营业税，故此处税收分享税种为三税。在确定税收分享年限之前，需要首先区分园区建设时间和投产时间。由于中关村海淀园秦皇岛分园建在秦皇岛经济技术开发区，且秦皇岛经济技术开发区在2014年以前已经建设得相对完善，因此中关村海淀园秦皇岛分园的建设期很短，故在其税收分享方案中建设期时间忽略不计。在中关村海淀园秦皇岛分园的经营过程中，北京海淀持续为其提供技术、管理经验以及经济信息，并持续不断和其展开项目合作，促进成果转化。这个合作的过程是长期且不间断的，因此中关村海淀园秦皇岛分园的税收利益在北京海淀和河北秦皇岛之间的分享是永久性的。

因此中关村海淀园秦皇岛分园的建设期很短，基本可以忽略不仅，因此本文并未给出其建设期的税收分享比例。京冀两地在土地要素、劳动力要素、资本要素、技术要素、经济信息要素以及经济管理要素上的投入共同决定了园区投产期的税收分享比例。首先，本文为这六个影响因素设置了合理的权重。中关村海淀园开设秦皇岛分园的一个重要原因就是受到空间土地的制约，可见土地要素在共建园区中的重要地位，因此本文将土地要素在税收分享中所占比重确定为40%。中关村科技园海淀园经过几十年的发展，已经形成一套完整的管理体系，其入驻企业大多为高新技术企业，拥有先进的科学技术，其经济管理要素和技术要素的投入对秦皇岛分园的发展至关重要，因此本文确定经济管理要素和技术要素两个指标在税收分享中各占20%。除了土地因素的提供，要想使得秦皇岛分园顺利运转，办公楼、厂房以及机器设备等也需要配套完善，因此本文将资本要素在税收分享中所占比重确定为10%。为了使得秦皇岛分园运营顺畅，还需要为其配备相应的工作人员，提供及时有效的经济信息，但是这两个因素同前四个因素相比，对园区的影响较小，因此本文确定劳动力要素和经济信息要素两个指标在税收分享中各占5%。

接下来，本文综合考虑京冀两地的具体情况，给出不同影响因素下的税收分享比例。从土地要素来看，园区落地在秦皇岛市海港区巢湖路，占用河北秦皇岛的土地。同时，当地政府需要投入大量财政资金为其提供所需的基础设施和公共服务，故此因素下落地方和共建方税收分享比例为100%:0%。从劳动力要素来看，脑力劳动者即园区的管理技术人员大部分来自北京，体力劳动者即建设人员来自河北，且体力劳动者投入要大于脑力劳动者投入，因此税收分享比例倾向于河北，故此因素下落地方和共建方税收分享比例为70%:30%。从资本要素来看，绝大部分的厂房设备均由秦皇岛方提供，故此因素下落地方和共建方税收分享比例为80%:20%。从技术要素来看，北京市贡献园区建设管理、孵化以及投资等技术，例如中关村e谷在秦皇岛市设置e谷创想空间，将积累的大量产业园建设管理、孵化、投资的经验及各类孵化资源拓展到秦皇岛分园，故此因素下落地方和共建方税收分享比例为20%:80%。从经济信息要素来看，北京市提供招商引资信息并宣传引导海淀园企业向秦皇岛分园转移，故此因素下落地方和共建方税收分享比例为20%:80%。北京市贡献了经济管理要素，例如中关村海淀园产业规划发展处干部挂职成为秦皇岛经济开发区管委会副主任，帮助管理中关村海淀园秦皇岛分园。故此因素下落地方和共建方税收分享比例为20%:80%，最后，将五个因素进行加权求得最终投产期落地方和共建方税收分享的比例为60.50%:39.50%。同时为了吸引企业进驻园区，扶持园区企业发展，双方各让出10%的税收利益分享给园区企业。因此，最终落地方、共建方和园区企业的税收分享比例为50.50%:29.50%:20%，具体打分表如表6-5所示。

表6-5　　中关村海淀园秦皇岛分园税收分享打分表

按比例税收分享准入条件满足情况			
是否服务于产业布局调整：是 √ 否□			
是否为股份制合作模式：是 √ 否□			
园区共建类型：信息中介□合作共建 √			
是否满足按比例税收分享准入条件：是 √ 否□			
园区基础信息			
园区名称：	中关村海淀园秦皇岛分园	园区所在地：	秦皇岛市海港区巢湖路
主要产业及职能：	整合京冀两地科研资源、加速科技成果转移转化		

续表

共建双方信息			
落地方：	河北省秦皇岛市	共建方：	北京市海淀区
税收分享方案			
税收分享税种：	增值税、企业所得税、营业税三税地方分成部分（营业税现已取消）		
税收分享年限	建设期年限	无	
	投产期年限	永久	
建设期税收分享比例（落地方:共建方）：		无	
投产期税收分享比例（落地方:共建方:园区企业）：		50.50%:29.50%:20%	
影响因子	权重	分享比例（落地方:共建方）	
土地要素	40%	100%:0%	
劳动力要素	5%	70%:30%	
资本要素	10%	80%:20%	
技术要素	20%	20%:80%	
经济信息要素	5%	20%:80%	
经济管理要素	20%	20%:80%	

6.2.4 小结

如表6-6所示，在分享税种方面，改进前的方案没有明确给出税收分享的范围，改进前后的税收分享方案均是对增值税、企业所得税以及营业税进行分享，这是因为这三个税种是和企业经营息息相关的。改进后的税收分享方案更明确清晰，更具指导性。在分享年限方面，改进前的税收分享方案没有明确具体的分享年限，改进后的税收分享方案明确京冀二者进行永久的税收分享，这是因为双方投入生产要素是持续不断的，而不是到某一个节点就停止投入。在分享比例方面，改进前的分享比例是北京分得40%，河北分得40%，园区企业分得20%。改进前的分享方案只是简单的五五分成，没有考虑到多种因素的影响，改进后的方案在充分考虑双方在土地、劳动力、技术、经济信息、资本、经济管理等方面的贡献后给出的分享比例为北京分得29.5%，河北分得50.5%，园区企业分得20%。改进后的税收方案更满足税收分享的灵活性原则和财政平衡原则。

表 6－6 企业转移类型税收分享方案改进前后对比

	改进前	改进后
分享税种	未明确	增值税、企业所得税、营业税三税地方分成部分（营业税现已取消）
分享年限	未明确	永久
分享比例	北京：40%，河北：40%，企业：20%	北京：29.5%，河北：50.5%，企业：20%

6.3 跨区经营类型案例——基于研发经济的模拟算例

6.3.1 总分机构跨区经营的税收分享模拟算例

（1）基本假定。假设A集团总部位于北京市西城区，A集团下设三个分支机构，分别位于北京市顺义区（分公司B）、天津市（分公司C）以及河北省（分公司D）。

为了方便比较本文假设三个分公司经营收入相同均为10000万元，如表6－7所示。因为A集团总部承担领导、绩效管理、资源配置、运营支持等职能，分公司则承担生产销售职能，所以A集团总部经营收入远低于其分支机构，本文将其设置为1000万元。同样的，为了方便比较本文假设三个分公司经营规模相似，即职工数量均为100人，总公司虽然经营收入远远低于分支机构，但其承担的多重职能需要较多的员工，因此假设A集团总部的职工数量为50人。接下来，根据不同地区的平均工资水平和工作性质确定不同分支机构的平均工资。经计算，A集团总部、分公司B、分公司C以及分公司D的工资总额分别为600万元、960万元、840万元和600万元。根据各地物价和资产规模，本文假定A集团总部、分公司B、分公司C以及分公司D的资产总额分别为9000万元、30000万元、25000万元以及20000万元。同时，本文假定A集团分支机构2020年应纳税所得额为1000万元。

表 6－7 A集团分支机构经营指标设定表

项目	A集团本部	A集团B分公司	A集团C分公司	A集团D分公司
经营收入（万元）	1000	10000	10000	10000

续表

项目	A 集团本部	A 集团 B 分公司	A 集团 C 分公司	A 集团 D 分公司
职工数量（人）	50	100	100	100
平均工资（万元）	12	9.6	8.4	6
工资总额（万元）	600	960	840	600
资产总额（万元）	9000	30000	25000	20000

（2）改进前税收分享方案模拟计算。

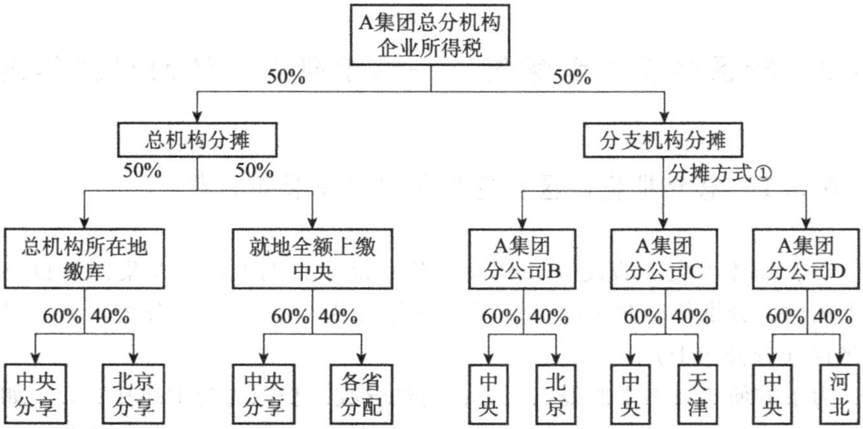

图 6-1　A 集团现有政策下总分机构税收分享方案

注：分摊方式①为按照经营收入、职工工资和资产总额在分机构之间进行税收分享（三因素权重分别为 0.35、0.35 和 0.3）。

如图 6-1 所示，A 集团 2020 年应纳税所得额为 9000 万元，根据现行所得税税率（25%），求得其应纳所得税额为：

9000×25%＝2250（万元）

①总机构。

按照现有政策，首先进行总分机构的分摊，A 集团总机构所在地分得：

2250×50%＝1125（万元）

其中，总机构所在地（北京）就地缴库金额为：

1125×50%＝562.5（万元）

其中，北京财政分享金额为：

562.5×40%＝225（万元）

②分支机构。

分支机构进行分摊的总金额为：

2250×50%＝1125（万元）

按照分摊方式①，求得分公司 B、分公司 C 和分公司 D 就地缴纳金额分别为：

分公司 B =1125 × （1/3 ×0.35 +8/20 ×0.35 +6/15 ×0.3） =424（万元）

分公司 C =1125 × （1/3 ×0.35 +7/20 ×0.35 +5/15 ×0.3） =381（万元）

分公司 B =1125 × （1/3 ×0.35 +5/20 ×0.35 +4/15 ×0.3） =320（万元）

其中，北京财政分享金额为：

424 ×40% =170（万元）

天津财政分享金额为：

381 ×40% =152（万元）

河北财政分享金额为：

320 ×40% =128（万元）

（3）改进后税收分享方案模拟计算。

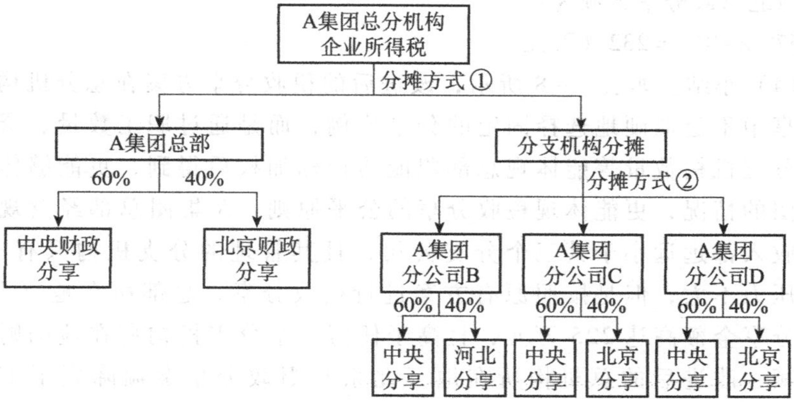

图 6－2 A 集团总分机构改进后税收分享方案

注：分摊方式①为按照资产总额、员工数量以及分支机构数量等因素在总分机构之间进行税收分享（三因素权重分别为 0.3、0.3 和 0.4）。分摊方式②为按照经营收入、员工数量以及资产总额等因素在各分支机构之间进行税收分享（三因素的权重分别为 0.6、0.2 和 0.2）。

如图 6－2 所示，A 集团 2020 年应纳税所得额为 9000 万元，根据现行所得税税率（25%），求得其应纳所得税额为：

9000 ×25% =2250（万元）

①总机构。

按照改进后的税收分享方案，首先按照分摊方式①进行总分机构的分摊，A 集团总机构所在地分得：

2250 × （5/35 ×0.3 +9/84 ×0.3 +0.3 ×0.4） =439（万元）

其中，北京财政分享金额为：

439 ×40% =175（万元）

②分支机构。

分支机构按照分摊方式②进行分摊的总金额为：

2250 - 439 = 1811（万元）

按照分摊方式②，求得分公司B、分公司C和分公司D就地缴纳金额分别为：

分公司B = 1811 ×（1/3 ×0.6 + 1/3 ×0.2 + 6/15 ×0.2）= 628（万元）

分公司C = 1811 ×（1/3 ×0.6 + 1/3 ×0.2 + 5/15 ×0.2）= 604（万元）

分公司B = 1811 ×（1/3 ×0.6 + 1/3 ×0.2 + 4/15 ×0.2）= 579（万元）

其中，北京财政分享金额为：

628 ×40% = 251（万元）

天津财政分享金额为：

604 ×40% = 242（万元）

河北财政分享金额为：

579 ×40% = 232（万元）

（4）小结。如表6 - 8所示，改进后的税收分享方案在总分机构的税收分享中不是僵硬地选择固定的分享比例，而是通过职工数量、资产总额和分支机构数量等能体现总部职能的指标加权后得到，更能够体现不同集团的情况，更能体现税收分享的公平原则。A集团总部经营规模和经营收入都远远小于其三个分支公司，且其管理的分支机构只有三个，管理压力不大，但是按照原有方案进行税收分享，总部所在地（北京）财政分享金额高达225万元，且高于任何一个分支机构所在地的财政分享金额。改进后的总机构所在地（北京）财政分享金额降到了175万元，且低于任何一个分支机构所在地的财政分享金额，更加符合A集团总部的实际情况。

改进后的分支机构间的税收分享方案更加体现了税收分享的公平性原则。按照改进前的税收分享方案进行税收分享后的北京、天津、河北的财政分享金额差距较大，而按照改进后的税收分享方案进行税收分享后的北京、天津、河北的财政分享金额差距很小。本文设置的三个分支公司经营收入和营业规模基本相同，三者所在地财政分享金额也应该相近，改进后的税收分享方案将经营收入这一与企业所得税直接相关的指标权重加大，尽量避免了工资水平和房价差异对税收分享方案的影响，更加科学合理。

表 6-8　　改进前后税收分享方案模拟计算对比

项目	改进前	改进后
总机构所在地		
北京财政分享金额	225 万元	175 万元
分支机构所在地		
北京财政分享金额	170 万元	251 万元
天津财政分享金额	152 万元	242 万元
河北财政分享金额	128 万元	232 万元
总计①	675 万元	900 万元

6.3.2 研发生产机构跨区经营类型案例

（1）基本假定。假设 E 公司为研发公司，位于北京市海淀区，其借助北京高校、科研院所和行业协会的力量进行产品创新研发。E 公司被北京市教学技术委员会、北京市财政局、北京市国家税务总局批准为高新技术企业，并取得《高新技术企业证书》，且在 2020 年度有效，其 2020 年度企业所得税税率为 15%。F 公司为生产公司，位于河北省廊坊市，其负责将研发公司的科研成果转化，投产销售。其借助河北省廊坊市相对低价的土地和劳动力，最大限度地降低其生产成本。

根据 E 公司和 F 公司所承担职能、员工需求量和素质以及所在地物价等因素，本文假设两者的经营收入、工资总额和资产总额如表 6-9 所示。

表 6-9　　A 集团分支机构经营指标设定表

指标	E 公司（研发公司）	F 公司（生产公司）
经营收入（万元）	1000	5000
职工数量（人）	30	125
人均年工资水平（万元）	15	8
工资总额（万元）	450	1000
资产总额（万元）	3000	10000

① 改进前后的税收分享方案中地方税收分享总金额差值是由于改进前税收分享方案将总分机构企业所得税总额的 25% 直接上缴中央，其中的 10% 后续会由中央在各省进行分配。

（2）改进前税收分享方案模拟计算。按照第3部分中表3－1的模拟计算，按照改进前政策，当研发企业经营收入为300元时，可以为当地财政贡献0.675元的企业所得税；当生产企业经营收入为900元时，可以为当地财政贡献9元的企业所得税。据此，计算出E、F公司改进前为北京财政和河北财政贡献的企业所得税金额如下所示。

北京财政分享金额：

10000000/300×0.675＝2.25（万元）

河北财政分享金额：

50000000/900×9＝50（万元）

（3）改进后税收分享方案模拟计算。依据经营收入、工资总额以及资产总额将研发企业和生产企业的税收总额进行分摊，结果如下所示。

北京财政分享金额：

52.25×（1/6×0.2＋9/29×0.4＋3/13×0.4）＝13.05（万元）

河北财政分享金额：

52.25×（5/6×0.2＋20/29×0.4＋10/13×0.4）＝39.20（万元）

（4）小结。目前，对于异地生产和研发的情况没有相应的税收分享政策。研发公司所在地政府为研发公司提供优越的研发环境和税收优惠政策，这也使其可分享的企业所得税金额很小。而生产公司享受研发公司研发成果转化的红利，且不享受高新技术企业的税收优惠，从而可以缴纳大额的企业所得税至生产公司所在地。如表6－10所示，改进前，北京（研发企业所在地）财政分享金额仅为2.25万元，河北（生产企业所在地）财政分享金额高达50万元。这个差距产生的原因有两个，一是生产企业是重要的营利机构，其经营收入远高于研发企业，其缴纳的企业所得税也随之升高；二是研发企业是高新技术企业，其享受众多税收优惠，经过税收减免，其需要缴纳的企业所得税大幅减少。

按照经营收入、工资总额以及资产总额三因素对研发企业和生产企业的企业所得税进行分配后得到改进后的税收分享方案，即北京（研发企业所在地）财政分享金额为13.05万元，河北（生产企业所在地）财政分享金额为39.20万元。改进后的税收分享方案有以下两个优点：一是按照三因素进行分配更具灵活性，更能准确地计算出合理的税收分享比例；二是通过税收分享，将生产企业的税收分享给研发企业，对研发企业所在地有一定的补偿作用，符合税收公平原则。

表 6-10　改进前后税收分享方案模拟计算对比

项目	改进前	改进后
研发企业所在地		
北京财政分享金额	2.25 万元	13.05 万元
生产企业所在地		
河北财政分享金额	50.00 万元	39.20 万元
总计	52.25 万元	52.25 万元

7.

结　语

我国对“京津冀”协同发展战略十分重视，已经将其上升到国家战略层面。“京津冀”协同发展战略中的一个重点领域就是以疏解北京压力为目标的产业结构布局调整。随着“京津冀”产业结构布局调整的逐步推进，很多企业在三地间搬迁，越来越多的产业园区由三地合作共建，还有部分企业选择跨区域经营的方式将分支机构设在异地，这些经济活动均导致了税收利益在三地间转移。伴随着产业结构布局调整的税收利益转移以及财政支出责任的变化均要求进行税收分享，同时税收分享机制的建立可以有效激发双方政府的积极性。因此本文将“京津冀”协同发展过程中需要进行税收分享的情况分为企业转移、园区共建以及跨区域经营，并分别通过“京津冀”现有税收分享政策与国内外税收分享政策对比给出现有税收分享政策的评价，并在现有税收分享政策的基础上给出改进后的税收分享方案。

“京津冀”现有的关于企业转移的税收分享政策存在以下几个问题，分别为税收分享比例固定、未考虑多重因素影响、未考虑企业转移中的新设企业以及分配期限考虑欠佳。通过对国内外税收分享政策的经验借鉴，本文给出了企业转移类型的税收分享方案。税收分享方案规定了分享税种、分享准入条件、影响分享比例的因素以及分享上限。分享税种为企业所得税、增值税的地方分成部分。只有存续时间足够长，达到一定规模的企业才满足分享准入条件。企业类型、企业转移影响、占用不可再生资源情况、项目所在时期以及迁出方（招商方）政府贡献程度均是影响分享比例的重要因素。同时税收分享方案规定了分享年限上限和分享金额上限。

“京津冀”三地响应协同发展战略的共建园区很多，但目前这些园区的利益分享机制尚不明确。通过对国内外税收分享政策的经验借鉴，本文给出了园区共建类型的税收分享方案。税收分享方案规定了分享税种、分享方式以及分享比例等因素。分享税种为企业所得税、增值税的地方分成部分。分享方式根据园区共建模式的不同分为按照股本比例进行分享、一次性分享投资额的一定比例和按照分享比例进行长期共享三种模式。项目阶段和投入生产要素的比例是影响分享比例的重要因素。项目阶段分为建设期和投产期，投入的生产要素主要有土地要素、劳动力要素、资本要素、技术要素、经济信息要素以及经济管理要素。

"京津冀"地区跨区经营的税收分享政策存在以下问题，分别为总分机构间税收分配不均衡以及分支机构间税收分配不均衡等问题。通过对国内外税收分享政策的经验借鉴，本文给出了跨区经营类型的税收分享方案。在新的税收分享方案中取消了总机构按固定比例就地预缴规定、用"员工数量"指标代替"职工薪酬"指标、增加经营收入在"三因素"法中的权重。

参考文献

[1] Cremer H, Gahvari F. Tax evasion, fiscal competition and economic integration [J]. European Economic Review, 2015, 44 (9): 1633 - 1657.

[2] Farrell M. Regional integration and cohesion—lessons from Spain and Ireland in the EU [J]. Journal of Asian Economics, 2004, 14 (6): 927 - 946.

[3] Freundt A. Culture industries in old industrialized regions: a successful strategy for innovative regional development [C]. ERSA conference papers. European Regional Science Association, 2002.

[4] Gian-Carlo, Rota. Differential forms in algebraic topology. Quantum physics: R. Bott and L. W. Tu, Springer-Verlag, Berlin/New York, 1982, 331 pp. J. Glimm and A. Jaffe, Springer-Verlag, Berlin/NewYork, 1981, 417pp [J]. Advances in Mathematics, 1985.

[5] Haken H. Synergetics An Introduction [J]. Springer Verlag Berlin New York, 1983.

[6] James, D. "Can we harmonize our views on European tax harmonization?". International Bureau of Fiscal Documentation, 2000, 6: 263 - 268.

[7] Janeba E, Wilson J D. Tax Competition and Trade Protection [J]. Social Science Electronic Publishing.

[8] Julián Ramajo, Miguel A. Márquez, Hewings G J D, et al. Spatial heterogeneity and interregional spillovers in the European Union: Do cohesion policies encourage convergence across regions? [J]. European Economic Review, 2008, 52 (3): 551 - 567.

[9] Odell P R. Book Review: Regional Development Policy: A Case Study of Venezuela by J. Friedmann, M. I. T. Press, 1966, pp. 279, 64/ - [J]. Urban Studies, 1967, 4.

[10] Patchell J. Kaleidoscope Economies: The Processes of Cooperation, Competition, and Control in Regional Economic Development [J]. Annals of the Association of American Geographers, 2015, 86 (3): 481 - 506.

[11] Sandy Dall'erba. Distribution of Regional Income and Regional Funds in Europe 1989 - 1999: an Exploratory Spatial Data Analysis [J]. Annals of Regional ence, 2005, 39 (1): 121 - 148.

[12] Twomey J, Taylor J. Regional Policy and the Interregional Movement of Manufacturing Industry in Great Britain [J]. Scottish Journal of Political Economy, 1985, 32 (3): 257 - 277.

[13] 包健．京津冀区域协同发展的财政思考明．中国财政，2017 (20): 66.

[14] 薄文广，陈飞．京津冀协同发展：挑战与困境 [J]．南开学报（哲学社会科学版），2015 (01): 110 - 118.

[15] 程恩富，王新建．京津冀协同发展：演进、现状与对策 [J]．管理学刊，

2015，28（01）：1－9.

［16］郭志仪，郑周胜．地方政府、利益补偿与区域经济整合［J］．经济问题，2010（08）：31－35.

［17］龚亚洲．地区协同发展过程中税收分享政策研究［D］．山东大学，2017.

［18］谷彦芳，王坤，李克桥．京津冀协同发展下产业转移税收分享政策研究［J］．经济研究参考，2018（46）：4－7.

［19］黄伦涛．地方政府合作中的利益共享机制研究［D］．浙江大学，2012.

［20］韩学丽，赵新峰，吕德铭．京津冀协同发展背景下雄安新区财政整体性治理框架研究．中国财政，2019（01）：65－68.

［21］蒋瑛，郭玉华．区域合作的机制与政策选择［J］．江汉论坛，2011（02）：25－28.

［22］林民书，刘名远．区域经济合作中的利益分享与补偿机制［J］．财经科学，2012（05）：62－70.

［23］芦俊成，王思月．关于京津冀协同发展中税收分享机制的探讨［L］．税收经济研究，2019，24（04）：86－95.

［24］庞玉萍，陈玉杰．区域协调发展内涵及其测度研究进展［J］．发展研究，2018（09）：73－79.

［25］孙久文，姚鹏．京津冀产业空间转移、地区专业化与协同发展——基于新经济地理学的分析框架［J］．南开学报（哲学社会科学版），2015（01）：81－89.

［26］孙宇娜．京津冀协同发展背景下的税收分享机制研究［J］．现代经济信息，2018（04）：230.

［27］天津经济课题组，张丽恒，王黎明，虞冬青，孟力，曲宁，仲成春．京津冀一体化的综述与借鉴［J］．天津经济，2014（04）：22－29.

［28］王传芸．区域经济一体化背景下地方政府的财税合作分析［J］．中国商论，2018（22）：26－27.

［29］王曙光，樊迪．促进区域经济协调发展的财税机制研究［J］．会计之友，2016（13）：114－118.

［30］徐妍．京津冀协同发展中的税收协调问题刍议［J］．税务研究，2018（08）：95－99.

［31］杨朝继．生产性服务业与区域经济的协调发展：以中部地区为例［J］．改革，2018（06）：127－137.

［32］张学良，林永然．都市圈建设：新时代区域协调发展的战略选择［J］．改革，2019（02）：46－55.

［33］张贵，王树强，刘沙，贾尚键．基于产业对接与转移的京津冀协同发展研究［J］．经济与管理，2014，28（04）：14－20.

［34］庄士成．长三角区域合作中的利益格局失衡与利益平衡机制研究［J］．当代财经，2010（09）：65－69.

附录1：国内企业转移方面税收分享政策经验借鉴

序号	文号	政策名称	企业类型	分享税种	分享比例（迁入:迁出）	分享年限	备注
1	鲁政办字〔2015〕257号	山东省人民政府办公厅关于建立“飞地”项目主体税收分享制度的通知	存量企业	增值税、营业税、企业所得税	50%:50%	3年	1. 迁出前3年内年均缴纳“三税”原则上不少于2000万元。 2. 若3年内迁出地分享的“三税”未达到企业迁出前3年缴纳“三税”总和，可再延长2年分享。
			新设企业	增值税、营业税、企业所得税	60%:40%	3年	无
2	辽政发〔2018〕43号	辽宁省人民政府关于支持“飞地经济”发展的实施意见	存量企业	增值税、企业所得税	40%:60%（前5年）；60%:40%（后五年）	10年	重大项目双方可协商确定分享比例。
			新设企业	增值税、企业所得税	50%:50%	10年	
3	哈政办规〔2019〕15号	哈尔滨市人民政府办公厅印发关于促进“飞地经济”发展的实施意见的通知	存量企业	未明确	无分享比例，分享金额见备注	5年	1. 服从全市产业布局，符合产业发展集聚要求的市域内原有企业搬迁改造“飞地经济”项目。 2. 以企业搬迁前3年平均缴纳区级税收额度核定基数，由“飞入地”补助“飞出地”。对当年缴纳区级税收未达到核定基数的，按实际税收数额划转。
			新设企业	未明确	50%:50%	5年	无

续表

序号	文号	政策名称	企业类型	分享税种	分享比例（迁入∶迁出）	分享年限	备注
4	庄政发〔2019〕3号	庄河市人民政府关于推进“飞地经济”发展的实施意见	存量企业	未明确	50%∶50%	10年	10年后缴纳的税收地方留成部分全部归飞入地。
			新设企业	未明确	50%∶50%	5年	5年后缴纳的税收地方留成部分全部归飞入地。
5	牡政办发〔2012〕18号	牡丹江市人民政府办公室关于印发牡丹江市飞地经济管理办法的通知	存量/新设企业	增值税、营业税、企业所得税、个人所得税	100%∶0%	1—2年	1. 从牡丹江市行政区域外新落户我市，且落户地为非招引项目政府所在地的项目或者区域内不同行政区间迁移的项目。 2. 可以按“一事一议”原则确定。
					70%∶30%	3—5年	
					50%∶50%	6年以后	
6	明政〔2008〕4号	三明市人民政府关于印发三明市共建园区、重大基础设施和飞地项目财税分成试行办法的通知	新设企业	未明确	50%∶50%	未明确	以市本级为主引进的重大生产性、服务性项目（投资1亿元人民币或1000万美元及以上）。
7	葫政办发〔2006〕94号	辽宁省葫芦岛市人民政府办公室印发关于建立飞地政策暂行规定的通知	新设企业	未明确	70%∶30%（占用不可再生资源）	未明确	特殊情况，双方本着友好协商的原则，可自己商定税费分成比例。
					50%∶50%（未占用不可再生资源）		
8	南政综〔2013〕120号	南平市人民政府关于促进县域间飞地工业发展的若干意见	新设企业	未明确	50%∶50%	未明确	项目建设期内固定资产投资额计入引进方（正式投产后扩大再生产投资额计入落地方），投产后工业产值由引资方、落地方按照5∶5共享。

续表

序号	文号	政策名称	企业类型	分享税种	分享比例（迁入:迁出）	分享年限	备注
9	东政办发〔2014〕262 号	东阳市人民政府办公室关于加快推进“飞地经济”发展的若干意见	新设企业	未明确	80%:20%	未明确	无
10	市政〔2007〕54 号	桂林市人民政府关于发展“飞地工业”的决定	新设企业	未明确	70%:30%	5 年	情况特殊的也可另行协商分成比例。
11	三政〔2015〕46 号	三门峡市人民政府关于鼓励“飞地经济”发展的意见	新设企业	除土地使用税的其他税收	50%:50%	未明确	土地使用税归迁入地。
12	日政发〔2006〕10 号	日照市人民政府关于印发日照市招商引资跨区县落户企业税收分配暂行办法的通知	新设企业	“飞地经济”企业实现的地方财政收入	70%:30%	未明确	对“飞地经济”项目和税收分成比例，双方应签订书面协议予以确认。
13	北政办发〔2010〕28 号	北流市人民政府办公室关于进一步明确招商引资跨镇落户企业税收划分的通知	新设企业	未明确	60%:40%	未明确	也可以按双方协商的比例划分。

续表

序号	文号	政策名称	企业类型	分享税种	分享比例（迁入:迁出）	分享年限	备注
14	沧政字〔2013〕29号	沧州市人民政府关于印发《沧州渤海新区飞地开发管理办法（试行）》的通知	存量企业	增值税、营业税、企业所得税	30%:70%	未明确	以迁建前3年收入平均数为基数，超基数部分飞出地政府与渤海新区7:3比例分成。
			新设企业	增值税、营业税、企业所得税	20%:80%（建设期）	未明确	一是飞地项目建设期间产生的税收地方留成部分，飞出地与渤海新区按8:2比例分成。二是飞地项目自正式投产之日起，实际缴纳的增值税、营业税、企业所得税地方留成部分，3年内全额划转给飞出地政府；3年后，新建项目飞出地政府与渤海新区按照6:4比例分成。
					0%:100%（投产后）	3年	
					40%:60%（投产后）	3年以后	
15	龙政办〔2013〕87号	龙岩市人民政府办公室关于印发福建（龙岩）稀土工业园"飞地项目"实施办法的通知	新设企业		30%:60%	5年	无
16	阳政办发〔2013〕39号	阳泉市人民政府办公厅关于发展飞地经济的指导意见	新设企业	未明确	50%:50%	未明确	"飞出方"与"飞入方"政府按照前期投入比例协商分成。
17	宁政〔2006〕文62号	宁德市人民政府关于进一步促进"飞地"项目实施的意见	新设企业	未明确	30%:70%（重大） 50%:50%（一般）	未明确	引进、落户双方一致认同可以另行协商税收分成的引进项目，按双方协商议定的比例分成。

续表

序号	文号	政策名称	企业类型	分享税种	分享比例（迁入:迁出）	分享年限	备注
18	安政发〔2014〕19号	安康市人民政府关于印发安康市推进“飞地经济”发展暂行办法的通知	新设企业	未明确	0%:100%	投产前5年	项目建设期各种税收归“飞出地”享有。
					30%:70%	投产5年后	
19	青政办〔2013〕57号	青海省人民政府办公厅关于促进“飞地经济”发展的指导意见	新设企业	未明确	40%:60%	未明确	重大项目分成比例由省“飞地经济”协调推进机制协调确定。
20	琼府〔2015〕102号	海南省人民政府关于在省级园区实行飞地经济政策的实施意见	新设企业	增值税、营业税、企业所得税、个人所得税、资源税	20%:80%	未明确	无
21	宁政〔2003〕文214号	宁德市人民政府关于发展飞地项目的若干意见	新设企业	新增税收	30%:70%	未明确	无
22	菏政办发〔2013〕47号	菏泽市人民政府办公室关于鼓励“飞地经济”发展的意见	新设企业	未明确	60%:40%	未明确	特殊项目可协商确定。
23	铜政办〔2008〕67号	铜陵市招商引资跨县区企业（项目）税收分配办法（暂行）	新设企业	未明确	70%:30%	5年	无

续表

序号	文号	政策名称	企业类型	分享税种	分享比例（迁入:迁出）	分享年限	备注
24	海政办发〔2016〕46号	海城市人民政府办公室关于在开发园区实行“飞地”项目政策实施意见（试行）的通知	新设企业	增值税、企业所得税、个人所得税	50%:50%	未明确	三项税收之外的其他税收、非税收入和政府性基金等归项目飞入地享受。
25	鄂州政发〔2012〕16号	关于印发鄂州市重大招商项目异地落户（飞地经济）利益共享实施意见的通知	新设企业	所形成的税收（地方财政实得部分）	30%:70%（利益共享型）		联合论证后，项目需要异地落户，由项目引进方与落户地共同投资建设，共同参与项目的落户、沟通协调、社会治安等工作，项目投产后，对其所形成的分成比例在7:3的比例分成基础上，从项目利益分成主要受益方中再按投资的比例进行分成。
					一次性奖励固定资产投资额的1‰（普通中介型）		
26	新政发〔2019〕3号	新民市人民政府关于推进“飞地经济”发展的实施方案	新设企业	项目建设期产生的建安税及项目投产运营后产生的增值税、所得税等经营性税种	40%:60%	1—3年	无
					50%:50%	4—10年	
					100%:0%	10年以上	
27	沈政发〔2019〕4号	沈阳市人民政府关于支持“飞地经济”发展的实施意见	新设企业	新增项目产生的全部税收收入，包括项目建设、土地使用等缴纳的税款	50%:50%	10年	重大项目可“一事一议”商定税收分成比例及分成年限。

续表

序号	文号	政策名称	企业类型	分享税种	分享比例（迁入:迁出）	分享年限	备注
28	北政办发〔2010〕28 号	北流市人民政府办公室关于进一步明确招商引资跨镇落户企业税收划分的通知	新设企业	未明确	40%:60%	未明确	也可以按双方协商的比例划分。
29	鄂州政发〔2012〕16 号	关于印发鄂州市重大招商项目异地落户（飞地经济）利益共享实施意见的通知	新设企业	未明确	30%:70%	未明确	土地指标、项目落户工作、土地平整、沟通协调、基础建设等工作责任分配由双方自行商定。
30	三政〔2015〕46 号	三门峡市人民政府关于鼓励“飞地经济”发展的意见	新设企业	未明确	40%:60%（建设期） 50%:50%（投产期）	未明确	无

附录2：国内园区共建方面税收分享政策经验借鉴

序号	文号	政策名称	园区名称	分享税种	分享影响因素	分享方式	分享年限
1	鲁政办字〔2015〕257号	山东省人民政府办公厅关于建立“飞地”项目主体税收分享制度的通知	跨市以及跨省园区共建项目	增值税（含“营改增”收入）、营业税、企业所得税	园区基础设施投资比例、入园项目性质	省内“飞地”双方可结合实施，综合考虑财政体制、基础设施配套投入、优惠政策兑现主体等因素，协商确定具体分享比例。	未明确
2	明政〔2008〕4号	三明市人民政府关于印发三明市共建园区、重大基础设施和飞地项目财税分成试行办法的通知	市本级与县（市）级共建园区的项目	未明确	注册资金比例	未明确	未明确
			本级与区级共建园区的项目	未明确	市区财政体制	未明确	未明确
3	市政〔2007〕54号	桂林市人民政府关于发展“飞地工业”的决定	桂林国家高新区园区共建项目	未明确	未明确	引资方、落地方、管理方按50%：15%：35%的比例分配；管理方所占35%由市政府、高新区、园区公司三方按20%：5%：10%的比例进行分配。	未明确
4	莆政综〔2006〕102号	莆田市人民政府关于建立“飞地工业”机制的若干意见	飞地产业园共建项目	未明确	未明确	飞地工业园的项目，建设期和生产经营期间所得财力，先由市财政留成20%用于基础设施建设资金还本付息，80%引资方与落地方分别按7：3和3：7的比例分成。	10年

续表

序号	文号	政策名称	园区名称	分享税种	分享影响因素	分享方式	分享年限
5	川府发〔2015〕4号	四川省人民政府关于建立健全区域合作发展利益分享机制的指导意见	跨市以及跨省园区共建项目	共建园区产生的所有税收及附加收入	园区的土地和基础设施建设投入、园区公共服务成本、园区所在地原有企业和共建各方迁入企业纳税	未明确	未明确
6	赣市府发〔2010〕25号	赣州市人民政府关于印发赣州开发区飞地工业园开发建设工作方案的通知	赣州开发区飞地工业园	飞地工业园范围内应交的各项税费	未明确	原属市本级税基的企业因退城进园、出资兴办等方式进入飞地工业园的，缴纳税收在确保基数的基础上，增量部分由赣州市与崇义县、上犹县分享，分享比例另行确定。	未明确
7	粤府函〔2011〕198号	关于进一步推进省产业转移工业园合作共建工作的指导意见	省产业转移工业园	新增税收地方留成部分	资金和资源投入、股本比例	未明确	未明确
8	潮府〔2007〕24号	关于印发深圳市南山区（潮州）产业转移工业园区税收利益分享操作办法的通知	深圳市南山区（潮州）产业转移工业园	流转税、所得税	未明确	1. 按40%∶60%比例在潮州市、深圳市南山区财政之间进行分配。 2. 园区内产业转移企业所缴纳的除流转税、所得税外的其他税费全部留归潮州市。	未明确
9	—	—	外高桥—启东园区	全部税收收益	占股比例	上海启东各占股本60%和40%，税收收益按照六四分成。	永久

续表

序号	文号	政策名称	园区名称	分享税种	分享影响因素	分享方式	分享年限
10	—	—	铜陵—恒天园区	全部税收收益	管理责任	恒天集团获得前五年所有收益（铜陵方面将土地交于恒天集团进行招商和运营管理）	5年内
						铜陵和恒天按比例分享	5年后

致　谢

读研三年度过的时光是我一生的宝贵财富，在此我要感谢读研路上支持、鼓励和帮助我的师长和亲友们。

感谢我的导师姚东旻老师给予我学习上的教导和生活上帮助。在姚老师身上，我不仅学习到了专业知识，更学习到了受用一生的认真钻研的态度。在毕业论文的撰写过程中，姚老师的每一次点拨都使我豁然开朗。感谢从开题到预答辩给我的毕业论文提出宝贵意见的王斐然老师、耿纯老师、阮睿老师、周世愚老师、王麒植老师和罗伟杰老师，各位老师给我提出的宝贵意见为我的论文添色良多。感谢曹明星老师、李慧青老师和丁怡老师，三位老师的课堂干货满满，使我受益匪浅。感谢方蕾老师、姚广老师、田阳老师和王雪老师对我在生活和学习上的关心和照顾，你们让我感受到了中心的温暖。

感谢我的挚友欣欣、然然、紫薇、婧婧和阳阳在我最需要帮助的时候向我伸出援助之手，在遇到重要选择时为我出谋划策。每晚的宿舍茶话会给我带来了无数的快乐和力量。

感谢我的家人从小到大对我的无条件的支持，永远做我坚实的后盾、温暖的港湾。你们不仅是我前进的动力，更是我坚硬的盔甲。

感谢我的男朋友邸金珊，承受了我无尽的负能量，为我排忧解难，祝愿下一个阶段我们一切顺利。

论文短评

点评人：王斐然

自2001年"京津冀一体化"战略构想提出以来，经过不断发展和完善，逐渐受到党和国家的高度重视。2014年2月，习近平总书记提出要"打破一亩三分地"的固化思维，推动三地协调发展，标志着把"京津冀协同发展"上升为国家重大战略。《中华人民共和国国民经济和社会发展第十四个五年规划和2035年远景目标纲要》（以下简称《"十四五"规划》）更是把"加快推动京津冀协同发展"作为深入实施区域重大战略的首要任务。根据《"十四五"规划》，京津冀协同发展的核心在于有序疏解北京非首都功能，其中的一个重点领域就是产业结构的布局调整。随着产业布局调整的不断深化，北京市、天津市和河北省之间的经济发展与财政收入状况不匹配、税收利益在三地之间分配不合理成为亟待解决的问题。这种现象不仅存在于"京津冀"区域，也同样反映在长三角、珠三角、成渝地区，对该问题的探讨是健全城市群一体化协调发展机制的重要部分。基于此，张彤同学的论文《"京津冀"产业布局调整过程中税收分享政策和方案设计研究——基于协同发展视阈》的选题具有重要的现实意义。文章围绕"京津冀"税收分享政策和方案设计这一核心命题，从区域发展不均衡的现状中发现问题，从已有的税收分享政策梳理中分析问题，从国内外区域协同发展领域的税收分享政策进行针对性的经验借鉴，从而给出"京津冀"税收分享问题的解决方案，最后从案例入手评估税收分享方案的实际效果。

全面的文献梳理为后续研究找准了切入点。张彤同学从两个方面对现有文献进行梳理：一是对区域协同发展领域的研究进行系统性梳理，发现当前学界研究焦点是区域协同发展的内涵、机制以及评价，同时较为关注"京津冀"协同发展中的产业分布、行政划分和环境问题。二是就税收分享领域的研究进行系统性回顾，发现国内外学者目前对区域协同发展中的税收分享问题关注相对较少，且相关研究存在全面性欠缺和研究深度不足的问题。鉴于此，作者聚焦京津冀协同发展中的税收分享问题，通过原因剖析、政策梳理与评价和国内外经验借鉴，最终给出具有操作性的"京津冀"

地区税收分享方案，为现有研究做了重要补充，这也是本文的主要贡献和创新点所在。

张彤同学在第二部分通过对京津冀发展现状和财政现状的描述说明了构建区域税收分享机制的紧迫性，同时对“京津冀”税收分享的原则、必要性和类型的阐述为后续研究奠定了良好的分析基础。接着，作者在第三部分进行了系统性的政策梳理与评价，也是本文的一个亮点。依据第二部分确立的“京津冀”税收分享的三种类型（企业转移型、园区共建型和跨区经营型），作者分别进行了相应的政策梳理。研究发现，企业转移型税收分享政策存在分享比例单一、分享范围受限、分享年限较短等问题；园区共建型税收分享政策存在机制不明确、方案不明晰的问题；跨区经营型税收分享政策主要存在分享比例不均衡的问题。整体而言，“京津冀”各个类型的现有税收分享政策都无法全面满足税收分享的公平性原则、财政平衡原则、实质重于形式原则和灵活性原则。这一结果表明，当前的滞后税收分享政策已经成为制约“京津冀”协同发展的重要因素，优化税收分享政策、完善分享方案设计的需求已经刻不容缓。

在第四部分，张彤同学对国内外税收分享政策经验进行了有针对性的梳理和总结，为后文设计和提出税收分享方案提供了科学的依据。国内方面，基于对40余个税收分享政策文本的整理和搜集，作者从分享税种、分享因素、分享年限、分享方式等维度进行了系统性分析。国外方面，作者则重点从分享税种和分享方式两个维度，对美国、德国、巴西、阿根廷和欧盟五个国家和地区的税收分享经验进行了整理。国内外税收分享的实践经验表明，公平原则是税收分享问题中最重要的原则，只有在最大限度上保障各方主体应有的税收利益，才能激发税收分享的积极性，减少税收争端，推动区域协同发展。此外，灵活性原则也必不可少，因地制宜地确定税收分享的因素和其权重，才能得到科学合理的方案。

第五部分，张彤同学基于“影响因素—机制分析—方案设计”的逻辑链条，最终提出“京津冀”不同类型的税收分享方案设计，也是本文的重难点所在。就企业转移类型的税收分享方案而言，影响要素包括分享税种、分享准入条件、分享比例和分享上限四个方面共计税种归属、经营关联度、存续时间、企业规模、企业类型、转移影响、占用不可再生资源情况、项目所在时期、迁出地方政府贡献度和企业迁出前收入10个影响因子。就园区共建类型的税收分享方案而言，影响要素包括分享税种、分享方式以及分享比例三个方面共计税种归属、经营关联度、园区共建模式、合作方的贡献程度、土地、劳动力、资本、技术、经济信息、经济管理和项目阶段11个影响因子。就跨区经营类型的税收分享方案而言，作者依据现有的总分机构跨区经营类型的税收分享方案，从因素调整和权重优化的角度提出了改进措施，并以此为参考设计了研发生产企业跨区经营的税收分享方案。

在前文的基础上，作者在第六部分的首钢搬迁、中关村海淀园秦皇岛分园建设以及跨区经营模拟案例三个项目上进行了新方案的应用。研究发现，相比较原税收分享方案，论文所提的方案能够更好地满足公平性原则、财政平衡原则和灵活性原则，在更大程度上兼顾了迁出地北京市与迁入地河北省的利益，在一定程度上证明了所给出方案的合理性和可操作性。

作者在第七部分对前文内容做了总结并列举了论文的主要发现。研究对当前前沿的"京津冀"税收分享问题进行了探索，通过文本分析法、比较分析法和案例分析等多种研究方法的熟练应用，达到理论分析与实践问题的结合、国内做法与国际经验的统一，最终提出的分类型"京津冀"税收分享方案为政府下一步制定相关的政策措施提供了重要参考，对相关领域的研究具有一定贡献。但不可否认的是论文仍存在以下三点表现出不足：一是研究范围相对较窄。论文仅列举了企业转移、园区共建和跨区经营三种税收分享情况，未对其他税收分享情况进行分析。二是方案设计对实践的指导意义有待审视。通过经验借鉴来确定各方案的影响因子和权重是否足够科学合理，仍有待实践检验。三是基于案例研究的定量分析尚需完善。现有的数值模拟更多是一种理论上的测算，限于数据可得性缺乏真实的财务数据支撑。因而论文仍有很大提升空间。

总的来说，张彤同学的论文选题具有前沿性，尤其是对推动区域协调发展具有重要的应用价值；论文结构完善，思路清晰，对所要研究的问题和研究目标都十分明确，在研究方法的选择上科学合理，并应用自如。论文文字通顺流畅，引用文献符合学术规范，体现出作为学术型硕士研究生的研究素养。综上所述，本论文作为硕士研究生毕业论文在各方面都达到标准，为政府完善区域协同发展中的税收分享机制提供了重要参考，具有较为突出的应用价值。